LA PENSÉE DE FICIN

ITINÉRAIRES NÉOPLATONICIENS

DU MÊME AUTEUR

L'économie des passions. Essai sur le 'Décaméron', « Cahiers de philologie », Villeneuve d'Ascq, Presses Universitaires du Septentrion, 2012.

— (éd.), *Penser entre les lignes. Philologie et philosophie au Quattrocento*, « Cahiers de philologie », Presses Universitaires du Septentrion, Villeneuve d'Ascq, 2001.

— et BIARD J. (éd.), Ut philosophia poesis, *La philosophie chez Dante, Pétrarque et Boccace. Questions philosophiques dans l'œuvre de Dante, Pétrarque et Boccace,* « Philologie et Mercure », Paris, Vrin, 2008.

— et BIARD J. (éd.), *Les lieux de l'argumentation. Histoire du syllogisme topique d'Aristote à Leibniz*, « Studia Artistarium », Turnhout, Brepols, 2009.

— et THOUARD D. et VOLLHARDT F. (Hrsg.), *Philologie als Wissensmodell*, Berlin, Walter de Gruyter, 2010.

BIBLIOTHÈQUE D'HISTOIRE DE LA PHILOSOPHIE

NOUVELLE SÉRIE

Fondateur : Henri GOUHIER Directeur : Jean-François COURTINE

LA PENSÉE DE FICIN
ITINÉRAIRES NÉOPLATONICIENS

par

Fosca MARIANI ZINI

Ouvrage publié avec le concours du Centre national du livre

PARIS

LIBRAIRIE PHILOSOPHIQUE J. VRIN

6, Place de la Sorbonne, V[e]

2014

Imprimé en France
ISSN 0249-7980
ISBN 978-2-7116-2583-3

www.vrin.fr

Per mio padre e mia madre, per le loro anime,
ovunque esse siano.

INTRODUCTION

UN PLATONISME DÉSENCHANTÉ

L'historiographie récente a ôté beaucoup de charme au retour de Platon dans la Florence de Laurent de Médicis, opéré par Marsile Ficin[1]. On aurait du mal aujourd'hui à soutenir que le platonisme fut le modèle culturel le plus influent de l'époque, voire la « substance » de la Renaissance[2]. Au lieu de reprendre telle quelle l'autoreprésentation des humanistes en « hommes nouveaux », on a montré que l'Italie du XVe siècle présentait trois caractères principaux : la coprésence de la culture courtisane et des savoirs de l'université médiévale, notamment de la tradition plurielle de l'aristotélisme[3] ; une situation linguistique marquée par la diglossie[4] ; l'élargissement des références philosophiques, comprenant non seulement le néoplatonisme, mais aussi l'épicurisme, le stoïcisme, la pensée

1. *Marsili Ficini Florentini, Opera et quae hactenus exitere et quae in lucem nunc primum prodiere omnia,* Basilae, ex officina Henricpetrina, 1563 (2 vol., 4 t.), repr. anast. par P. O. Kristeller et M. Sancipriano, Torino, Bottega d'Erasmo, 1959 (et Ivry sur Seine, Phénix, 1999, intr. de S. Toussaint). Je traduis et souligne, là où je ne donne pas de références.

2. W. Beierwaltes, « Neuplatonisches Denken als Substanz der Renaissance », *Studia leibnitiana* 7, 1978, p. 1-18 ; *id., Marsilio Ficinos Theorie des Schönen im Kontext des Platonismus,* Siztungsberichte der Heidelberger Akademie der Wissenschaften, phil.-hist. Klasse, Jg. 1980, 11. Abh. Le renouveau historiographique sur le platonisme humaniste est dû à J. Hankins, *Plato in the Italian Renaissance*, 2 vol., Leiden, Brill, 1990.

3. Voir B. Nardi, *Saggi sull'aristotelismo padovano : XV e XVI secoli*, Firenze, Sansoni, 1958 ; Ch. B. Schmitt, *Aristotle and the Renaissance*, Cambridge (Mass.), Harvard University Press, 1983 ; E. Kessler, « The Intellectual Soul », dans Ch. B. Schmitt *et al.* (eds), *The Cambridge History of Renaissance Philosophy*, Cambridge, Cambridge University Press, 1988, p. 485-534.

4. M. Tavoni, *Latino, grammatica, volgare : storia di una questione umanistica*, Padova, Antenore, 1984.

académique[1]. Dans ce contexte, Ficin occupa toujours une position précaire dans les milieux de la vie intellectuelle de Florence : il était de plus en plus écarté par les savants les plus proches du Magnifique, Ange Politien et Jean Pic de la Mirandole, qui se considéraient comme des aristotéliciens[2].

Par ailleurs, la renommée de Ficin fut en partie la cause de la dépréciation de sa propre pensée. Car le succès de ses œuvres de vulgarisation, comme le commentaire du *Banquet,* le traité de magie médicale du *De Vita* ou l'écrit sur la religion, dissimula quelque peu les aspects plus originaux et plus austères de sa réflexion[3]. Celle-ci se confronte avec les questions fondamentales de l'ontologie et de la gnoséologie, héritées du néoplatonisme, et que l'on retrouve non seulement dans sa *Théologie,* mais aussi dans ses commentaires des grands dialogues de Platon. Le renouveau historiographique récent autour de Ficin a été rendu possible par l'édition critique de ses commentaires et par les études qui ont suivi[4].

Pourtant, une étude systématique des principales questions philosophiques abordées dans l'œuvre de Ficin semble encore faire défaut. Cet essai entend répondre au besoin d'une interprétation d'ensemble, une entreprise quelque peu délaissée depuis l'essai influent de Kristeller[5]. Mais avant d'en présenter la ligne d'interprétation, il faut préciser la signification de *platonicus*.

1. J. Kraye, « The Philosophy of the Italian Renaissance », dans G. H. R. Parkinson (ed.), *Routledge History of Philosophy. IV: The Renaissance and Seventeenth-Century Rationalism*, London-New York, Routledge, 1993, p. 19-69.

2. A. De Pace, *La scepsi, il sapere e l'anima. Dissonanze nella cerchia laurenziana*, Milano, LED, 2002.

3. Je renvoie à la bibliographie finale.

4. Notamment grâce à M. J. B. Allen, voir la bibliographie.

5. P. O. Kristeller, *Il pensiero filosofico di M. Ficino*, Firenze, 1953. Cet essai, achevé en allemand en 1937 et en italien en 1938 (grâce à A. Perosa), fut publié en anglais (USA) en 1943 et en italien en 1953, puis finalement en allemand en 1970. Voir M. J. B. Allen, « Paul Oskar Kristeller and Marsilio Ficino. *E tenebris revocaverunt* », dans J. Monfasani (ed.), *Kristeller Reconsidered. Essays on his Life and Scholarship*, New York, Ithaca Press, 2006, p. 1-18. Il existe des essais qui s'occupent d'un thème ou d'un écrit de Ficin et surtout de ses sources ; des études comparatives sur Ficin et Pic ou Politien ; des commentaires introduits par des chapitres exégétiques, ou des recueils d'articles, mais pas vraiment de monographies. L'étude la plus systématique reste, après Kristeller, le livre de T. Albertini, *M. Ficino. Das Problem der Vermittlung von Denken und Welt in einer Metaphysik des Einfachheit*, München, Fink, 1997. Cette discrétion est d'autant plus étonnante, si l'on considère la richesse des études d'ensemble sur Jean Pic de la Mirandole.

PLATONISME, NÉOPLATONISME

Assurément, les érudits byzantins furent largement responsables du retour de Platon à Florence et dans la péninsule[1], en renouvelant le conflit entre les partisans de l'aristotélisme et du platonisme, lequel avait été connu de manière mutilée et indirecte[2]. La lutte entre les villes italiennes favorisa l'enrichissement des bibliothèques et le travail de traduction et d'écriture des savants, puisque le mécénat culturel joua un rôle stratégique dans la réalisation des ambitions politiques. Les exigences spirituelles de nouvelles élites courtisanes ne furent pas étrangères à l'essor d'un certain platonisme citadin, soucieux de définir le rapport entre la vie active et la vie contemplative et s'interrogeant sur le possible salut de l'âme[3]. Pourtant, la reprise d'un thème isolé, par exemple la fonction de la beauté dans la conversion de l'âme ou d'une inspiration générale ne sont pas des signes suffisants pour diagnostiquer la nature platonicienne d'une doctrine[4]. Car la tradition platonicienne fut une philosophie fortement structurée par un réseau cohérent de problèmes et de dispositifs conceptuels, où chaque élément a du sens par rapport au tout[5].

En revanche, Ficin est le premier philosophe dans l'Occident latin qui, après la fin des écoles néoplatoniciennes, conduisit une réflexion systématique métaphysique, en suivant l'ordre des problèmes « endogènes » de la tradition néoplatonicienne[6]. En effet, sa réflexion porte essentiellement sur les sujets suivants : les modalités de procession et de conversion de l'être à partir de l'Un ineffable ; l'interprétation des hypothèses du *Parménide* et leur correspondance avec les niveaux de réalité, jusqu'à l'impossibilité de se représenter une quelconque forme d'unité ; la conception de l'étant comme un mélange d'infini et de limite ; la signification de la théologie physique à l'intérieur de laquelle la magie et la

1. B. Tambrun, *Pléthon. Le retour de Platon*, Paris, Vrin, 2008.

2. B. Faes de Mottoni, *Il Platonismo medievale*, Torino, Loescher, 1979.

3. F. La Brasca, *C. Landino et la culture florentine de la Renaissance*, 3 vol., Lille, Atelier National, 1989.

4. W. Beierwaltes, « Marsilio Ficino », dans *id.*, *Plotino. Un cammino di liberazione verso l'interiorità, lo spirito e l'uno*, Milano, Vita e Pensiero, 1993, p. 85-90.

5. Cela ne signifie évidemment pas que le platonisme fut un bloc massif, voir A. C. Lloyd, *The Anatomy of Neoplatonism*, Oxford, Clarendon, 1990. Sur sa diffusion, voir le volume *The Libraries of the Neoplatonism*, C. D'Ancona (ed.), Leiden, Brill 2007.

6. Je reprends la notion de « problème endogène » à R. Sorabji, *Self. Ancient and Modern Insights about Individuality, Life and Death*, Oxford-Chicago, Chicago University Press, 2006.

théurgie assument une signification spécifique; la détermination des frontières entre l'intellect et l'âme et la détermination de la fonction médiatrice de celle-ci; l'hypothèse de *l'ochema,* ou corps spirituel, comme médiation entre l'âme et le corps - pour ne citer que les sujets principaux.

Or, deux remarques s'imposent. Il faut souligner, d'abord, que Ficin ne distingue évidemment pas entre la philosophie de Platon et le néoplatonisme. Suivant l'autorité exégétique de l'école, il considère que la lecture néoplatonicienne vise à restituer, voire à *sauver* la doctrine de Platon luimême. Mais les conflits d'interprétation montrent que les néoplatoniciens ont eu parfaitement conscience des nouveautés qu'ils ont introduites dans la pensée de Platon. Ficin lit Platon avec des lunettes néoplatoniciennes, bien que son activité de traducteur et de commentateur le conduise parfois à des observations philologiques astucieuses et à une compréhension fine de la pensée platonicienne. Ensuite, puisque le néoplatonisme est porteur d'un horizon philosophique fortement unitaire, il peut absorber et métaboliser des éléments provenant d'autres traditions de pensée. Par conséquent, le néoplatonisme de Ficin accueille et transforme des sollicitations diverses, provenant aussi bien de la *philosophia togata* que de certains auteurs médiévaux, ou encore de la tradition hermétique, sans que sa structure unitaire en soit menacée. Dans ce cadre, l'hermétisme ne se borne certainement pas à susciter des inquiétudes, mais propose des objets théoriques propres, comme la signification du culte, le rôle de la magie ou l'exigence sotériologique, mais le néoplatonisme présente un espace conceptuel où ces sujets trouvent leur assiette théorique[1].

Pour autant, *Ficin n'est pas un philosophe antique et ne veut pas l'être.* D'une part, il s'insère sciemment dans les débats de son temps, qu'il s'agisse de l'interrogation sur les rapports entre la vie active et la vie contemplative ou sur la compatibilité entre l'amour et la connaissance. Il prend aussi position dans les discussions byzantines sur quelle philosophie, aristotélicienne ou platonicienne, est la plus adéquate pour répondre aux exigences sotériologiques. D'autre part, il puise aux ressources conceptuelles du néoplatonisme pour résoudre les problèmes philosophiques contemporains ou hérités de la tradition médiévale, évidemment le rapport entre le platonisme et la théologie chrétienne, mais aussi, par exemple, la discussion sur les transcendantaux ou sur la légitimé

1. Par exemple, la magie et la théurgie trouvent leurs coordonnées théoriques dans la théologie physique néoplatonicienne et dans la discussion sur les puissances de l'âme acquises par sa chute dans le corps; la signification des cultes à mystères est élaborée par Platon lui-même.

de la croyance religieuse. La simple constatation de l'usage créatif de la tradition néoplatonicienne de la part de Ficin est à l'origine de cet essai.

ÊTRE, APPARAÎTRE

L'étude de ressources conceptuelles du néoplatonisme à Cambridge au XVIIe siècle ou dans l'Idéalisme allemand constitue un chapitre nourri de l'histoire de la philosophie. Dans cet essai, je me propose d'examiner comment Ficin utilise les modalités de pensée néoplatoniciennes pour tenter de résoudre des problèmes qui n'appartiennent pas nécessairement à l'horizon de sens originaire, mais qui dépendent des exigences philosophiques de son propre temps. Il s'agit alors d'analyser en même temps l'usage ficinien de la tradition néoplatonicienne et la capacité de celle-ci d'être adaptée et transformée, sans pour autant devenir méconnaissable. L'interrogation centrale porte sur une difficulté, propre à la tradition platonicienne, que déjà Plotin trouvait fastidieuse. Est-ce que la métaphysique platonicienne, caractérisée par la continuité de la procession, peut rendre compte de la production d'êtres nouveaux ? Ou, dit en d'autres termes : *est-ce que la causalité du premier principe se borne à faire apparaître les êtres, sans les faire venir à l'existence* ? À cet égard, c'est bien le concept de création *ex nihilo* d'importation chrétienne qui permet de penser, d'une part, la venue à l'existence de tout étant comme une valeur inédite et, d'autre part, le rapport de dépendance entre le créateur et la créature comme un incrément de sens.

Le défi de Ficin réside en partie dans la tentative de montrer que la procession *hors* de la première cause produit des étants nouveaux : l'apparaître implique le surgissement de l'inédit. Sur ce point, les catégories néoplatoniciennes sont soumises à dure épreuve, mais elles sont également pensées à nouveaux frais. Le projet de Ficin est cohérent et détermine sa conception de la procession et de la conversion ainsi que les rapports entre l'intellect et l'âme, ou mieux de l'un-multiple et de l'un-et-multiple. Son dispositif central est la compréhension de la procession comme *production des unités différenciées inédites* qui ne se bornent pas à déployer ou à expliciter l'implication réciproque des idées, mais apportent un incrément de sens. C'est pourquoi la conversion au principe originaire signifie un enrichissement de l'Un et non l'inutile retour du même au même.

Car l'actualité et la conservation des étants ne sont pas les effets principaux de la cause divine. C'est plutôt leur possibilité de s'accomplir dans des mélanges nouveaux qui prédomine. À cet égard, le beau désigne un achèvement dans le temps que les transcendantaux intemporels, comme le vrai ou le bon, ne prennent pas en compte. L'âme, entrant dans le temps, produit les meilleurs mélanges, en vertu de sa multiplicité spécifique, qui est aussi le résultat de la dialectique entre l'identité et la différence, de l'un et du multiple, de l'être et du non-être. Somme toute, l'âme présente la même structuration interne que l'étant, tous deux sont des mélanges où les contraires ne se confondent pas, mais trouvent une articulation inédite. Ainsi la médiation de l'âme ne présente-t-elle pas seulement le meilleur point de vue sur l'ordre de l'être, mais elle en est le principe de constitution. L'individualité de l'âme trouve sa justification dans sa nature rationnelle, qui désigne sa capacité de développer des formes nouvelles dans une multiplicité *unie*. La réflexion ficinienne révèle sa profonde connaissance de la tradition post-plotinienne.

L'examen du projet ficinien conduit à mettre en lumière son incompatibilité avec de nombreux présupposés de la théologie chrétienne. Comme Sénèque par rapport au stoïcisme, Ficin n'a jamais fait la paix avec la *doctrine* chrétienne, tout en revendiquant une forme de croyance religieuse naturelle et rationnelle.

Les chapitres de ce livre suivent un parcours tracé par les principales questions ontologiques et gnoséologiques agitées par le néoplatonisme et peuvent être résumés de la manière suivante. D'abord, nous examinons le contexte de discussion dans lequel Ficin s'insère, en proposant une philosophie platonicienne pour les classes cultivées de la cour. Les notions de transcendance et d'immanence, de génération et de contemplation sont au centre de cette analyse (chapitre premier). L'interprétation de la conversion révèle son originalité, en restituant la signification exacte de la beauté et de l'unité différenciée des étants. Ici l'argument principal porte sur la possibilité de légitimer l'apparaître de la procession, en le comprenant comme la production des êtres nouveaux (chapitre II). La conception de la conversion exige une mise au point des rapports entre l'acte de croire et l'argumentation philosophique (chapitre III). Suit l'analyse de la théorie de l'âme, comprise comme le mélange sans confusion des opposés. La distinction entre la multiplicité de l'intellect et la multiplicité de l'âme est la condition nécessaire pour montrer comment Ficin transfère la fonction de connexion, que le néoplatonisme attribuait à l'un-plusieurs, de l'intellect à l'âme (chapitre IV). L'interprétation du *Parménide* est un moment essentiel de la construction métaphysique de Ficin, que nous suivons jusque dans ses manifestations dernières, par les déductions tirées du non-être de l'un-qui-est (chapitre V). Nous nous penchons, ensuite, sur l'individualité de l'âme, en tant que différence et singularité, en analysant la lecture ficinienne de la chute de l'âme dans le corps, dans le contexte des discussions néoplatoniciennes sur la substance et les facultés de l'âme (chapitre VII).

Remerciements

Je remercie chaleureusement tous ceux qui ont discuté avec moi des sujets que je traite ici ou qui ont lu des chapitres de ce livre : S. Ebbermeyer, M. Erler, A. Hasnawi, A. Lernould, J. Müller, Chr. Tornau et les membres de mon jury d'habilitation : J. Biard, R. Imbach, F. La Brasca, I. Maclean, R. Pozzo et surtout Ph. Hoffmann qui a lu attentivement une première version de cet essai, en me proposant des corrections astucieuses. Merci à J.-F. Courtine pour avoir accepté un auteur humaniste dans sa collection d'histoire de la philosophie. Toutes ces pages sont débitrices de la lecture généreuse et du soutien indéfectible de D. Thouard. Toutefois, je reste la seule responsable de toutes les erreurs et les imperfections, puisque même le regard le plus bienveillant ne peut ni ne doit voir toutes les taches.

Berlin, printemps 2014

CHAPITRE PREMIER

L'INITIATION PHILOSOPHIQUE

AMOUR ET CONNAISSANCE

Introduire/Initier

La première œuvre significative[1] de Ficin, le *De Amore* (*De l'amour,* 1469), présente un commentaire du *Banquet*[2]. Il y propose *in nuce* ses thèses principales, en s'adressant au public cultivé de la cour, qui n'est pas philosophe par profession[3]. Il poursuit deux buts: il introduit les

1. Auparavant, il avait composé des opuscules, édités par P. O. Kristeller et A. Perosa, « Un nuovo trattatello inedito di M. Ficino », *Rinascimento*, 1950, p. 25-43 et P. O. Kristeller, « The Scholastic Background of M. Ficinos, with an Edition of Unpublished Texts », *Traditio* II, 1944, p. 247-318 ; *id.*, *Studies in Renaissance Thought and Letters*, Roma, Edizioni di storia e letteratura, 1956, p. 35-99. Ensuite, les écrits des années1457-1459 sont rappelés dans une lettre à A. Politien, voir Ficin, *Opera et quae hactenus exitere et quae in lucem nunc primum prodiere omnia,* Basilae, ex officina Henricpetrina 1561 (désormais cité Ficin, *Op.*), ici I, p. 619. Sur ses *commentariola* sur Lucrèce, qu'il dit avoir brûlés, voir les lettres éditées par P. O. Kristeller, *Supplementum ficinianum. Marsilii Ficinii Florentini philosophi Platonici opuscula inedita et dispersa primum collegit et ex fontibus plerumque manuscriptis edidit P. O. Kristeller*, Florentiae, Olschki, 1973, 2e éd., 2 vol., ici II, p. 81-87.

2. M. Ficin, *Commentaire sur le Banquet de Platon*, éd., introd. et trad. fr. P. Laurens, Paris, Belles Lettres, 2002 (désormais cité Ficin, *DA*). Voir S. Gentile, « Per la storia del testo del "Commentarium in Convivium" di M. Ficino », *Rinascimento* 21, 1981, p. 3-27.

3. Sur l'influence considérable du *De Amore* dans la culture littéraire et philosophique italiennes voir S. Ebbersmeyer, *Sinnlichkeit und Vernunft. Studien zur Rezeption und Transformation der Liebestheorie Platons in der Renaissance*, München, Fink, 2002. Le succès du *De Amore* fut cependant international et persistant, jusqu'à la caricature. Le doux et hilarant oncle Toby lit Platon, Plotin et Ficin pour séduire sa belle dans Laurence Sterne,

philosophes novices à la pensée platonicienne, tout en les initiant à ses « mystères » qui concernent les fondements du réel et la destinée de l'âme.

Car le *Banquet* associe l'apprentissage à la philosophie avec l'initiation à ses vérités les plus absconses. D'abord, l'élève est conduit par la réflexion sur l'amour à en comprendre progressivement la nature essentielle : un désir d'immortalité se traduisant par la génération des enfants ou, là où l'âme est féconde, par la production des belles œuvres de l'esprit[1]. Ensuite, il est initié, presque brusquement, à la révélation suprême, qui réside dans la contemplation de l'unité de la forme, par laquelle s'effectue l'union au divin et la génération de la vertu véritable[2]. Toutefois, l'apprenti philosophe est ici Socrate lui-même, guidé par Diotime, une prêtresse étrangère, laquelle n'hésite pas à souligner les difficultés cognitives de son pupille[3]. Car une telle instruction implique une transformation radicale de soi-même, que le rite d'initiation effectue par sa propre dramaturgie. Les discours de Socrate, après l'enseignement de Diotime, suscitent le délire et le transport bachique[4].

Pourtant, l'initiation n'est pas achevée. Bien que la vision, *epopteía*, soit le degré suprême de l'initiation aux Mystères d'Eleusis, elle n'est pas suffisante pour le philosophe platonicien puisqu'elle ne rend l'homme ni immortel, ni divin, mais lui confère seulement *l'honneur* d'être aimé des dieux et le *mérite* de devenir immortel[5]. Car la thèse de l'immortalité de l'âme qui ne permet pas seulement d'être digne des dieux, mais de leur ressembler[6], n'est pas énoncée dans le *Banquet*, mais dans le *Phèdre*. Ici elle est posée comme la condition préalable à l'interrogation sur la nature de l'âme[7]. Pourtant, seul le mythe de l'attelage ailé peut suggérer ce à quoi l'âme ressemble, puisque sa nature demeure un mystère[8].

Dès lors, dans le *Banquet,* il suffit provisoirement que le novice platonicien apprenne à comprendre l'unité de la forme et à pressentir la destinée immortelle de l'âme. Il faut que l'âme de l'initié soit purifiée de

Tristram Shandy (1760), trad. fr. Ch. Mauron, *Vie et opinions de Tristram Shandy, Gentilhomme*, Paris, Flammarion, 1982.

1. Platon, *Banquet*, 207a-208c ; 208e-209e.
2. Platon, *Banquet*, 209e-212a.
3. Platon, *Banquet*, 202b-c ; 207c.
4. Platon, *Banquet*, 220b et 218b.
5. Platon, *Banquet*, 212a.
6. Platon, *Rép.*, 474b-480b ; *Prot.*, 483b.
7. Platon, *Rép.*, X, 608c6-611a2.
8. Platon, *Phèdre*, 245c-249d : ici la théorie de la réminiscence et son lien avec les formes idéales trouvent leur fondement.

ses opinions fallacieuses, lesquelles ne sont pas tant méprisées que corrigées. Le guide apprend à y voir ce qu'elles contiennent de vrai, en les situant à leur juste place[1]. C'est pourquoi Alcibiade peut tresser l'éloge de Socrate en lui prêtant des traits que les convives avaient précédemment attribués à l'amour. Pareillement, l'élévation de l'âme vers l'idéalité de la forme ne conduit pas seulement à une vision synoptique, mais elle offre également une vue non cavalière sur le parcours accompli, montrant à la fois la nature partielle et nécessaire de chaque étape[2]. Ainsi l'amour est-il l'objet approprié d'une telle initiation philosophique, puisqu'il exprime une expérience familière, voire anodine, à partir de laquelle le novice peut s'exercer, en découvrant l'unicité des formes, tout en reconnaissant la fonction de l'élan érotique, qui n'est pas ce qu'il croyait. Mais l'amour laisse la place à bien d'autres thèmes, dès que la formation de l'apprenti philosophe est terminée[3].

Une question italienne : pour l'amour de l'âme

Grâce au dispositif éducatif et initatique du *Banquet* et à son rapport étroit avec le *Phèdre*, Ficin présente le *De Amore* à la fois comme une propédeutique à la pensée platonicienne[4] et une initiation aux mystères de l'âme, en introduisant sa propre conception du lien entre la discipline

1. D. Frede, « Out the Cave : what Socrates Learned from Diotima », dans R. M. Rosen et J. Farrell (eds), *Greek Studies in Honor of Martin Ostwald*, Ann Arbor, University of Michigan Press, 1993, p. 397-422.

2. R. Patterson, « The Ascent in Plato's "Symposium" », dans J. J. Clearly (ed.), *Proceeding of the Boston Area Colloquium in Ancient Philosophy*, vol. VII, Boston-Leiden, Brill, 1991, p. 193-214.

3. Ch. Rowe, *Il* Simposio *di Platone*, Sankt Augustin, Akademia, 1998.

4. Le *De Amore* fut édité dans *l'editio princeps* des *Platonis Opera,* Firenze, Lorenzo Veneto, Francesco Berlinghieri, Filippo Valori et frère Domenico da Pistoia auprès des bénédictins de San Iacopo di Ripoli, 1484. Le ms. grec des dialogues, le Laur. 59, 1, fut donné à Ficin en 1463 par Cosimo (voir aussi les extraits copiés par Ficin dans le Ambros. Cod. F 19 sup). Ficin offrit en 1484 un exemplaire de sa traduction, le Laur. Plut. 82, 6, à Lorenzo de Medici. La seconde édition, avec des corrections, fut imprimée à Venezia, le 13 août 1491 par Bernardino de Cori et Simone da Lovere. Voir Ficin, *Op.*, II, p. 1128-1536. Voir S. Gentile, « Note sui manoscritti greci di Platone utilizzati da M. Ficino », dans *Scritti in onore di Eugenio Garin*, Pisa, SNS, 1987, p. 51-84 ; *id.*, « Sulle prime traduzioni dal greco di M. Ficino », *Rinascimento* XXX, 1990, p. 57-104 ; *id.*, « Marginalia umanistici e tradizione platonica », dans V. Fera *et al.* (eds), *Talking to the Text : Marginalia from Papyri to Print*, Messina, Centro Interdipartimentale di Studi Umanistici, 2002, I, p. 407-432 ; A. Carlini, « M. Ficino e il testo di Platone », *Rinascimento* XXXIX, 1999, p. 3-36 ; *id.*, « M. Ficino e il testo di Platone » (2), dans S. Gentile et S. Toussaint (a cura di), *M. Ficino. Fonti, testi, fortuna*, Roma, Edizioni di storia e letteratura, 2006, p. 25-64.

philosophique et l'expérience religieuse. Revendiquant le droit d'emprunter une troisième voie, entre le christianisme et le platonisme[1], ouvrant sur une *pia philosophia*, Ficin se réclame d'une ancienne tradition sapientiale, d'une *philosophia perennis*, ou pour mieux le dire, d'une *prisca theologia*, caractérisée par le souci eschatologique et les pratiques cultuelles[2]. Le projet n'est pas nouveau, tant s'en faut.

D'une part, l'intégration du platonisme dans le christianisme est une expérience de pensée controversée[3] qui a été déjà tentée par les Pères de l'Église[4]. La valeur de la philosophie des Anciens a été souvent reconnue par les philosophes chrétiens, ainsi que la légitimité de l'origine prophétique de la philosophie[5]. Par ailleurs, l'hermétisme constitue une tradition significative de la pensée médiévale[6].

Toutefois, il faut rappeler la composante religieuse interne au néoplatonisme, qui s'efforça de l'articuler dans un espace conceptuel

1. A. Etienne, « Entre interprétation chrétienne et interprétation néoplatonicienne du *Timée* : M. Ficin », dans A. Neschke-Hentschke (éd.), *Le* Timée *de Platon. Contributions à l'histoire de sa réception*, Louvain-Paris, Peeters, 2000, p. 173-200.

2. Ch. B. Schmitt, « *Prisca Theologia* et *Philosophia perennis* : due temi del Rinascimento italiano e la loro fortuna », dans G. Tarugi (a cura di), *Il pensiero italiano del Rinascimento e il tempo nostro*, Firenze, Olschki, 1970, p. 211-236 ; M. Idel, « *Prisca Theologia* in M. Ficino and Some Jewish Treatements », dans M. J. B. Allen *et al.* (eds), *M. Ficino : His Theology, His Philosophy, His Legacy*, Leiden, Brill, p. 137-148 ; J. Monfasani, « *Prisca Theologia* in the Plato-Aristotle Controversy before Ficino », dans J. Hankins et F. Meroi (eds), *The Rebirth of Platonic Theology. For M. J. B. Allen*, Firenze, Olschki, 2013, p. 47-62.

3. Voir E. von Ivanka, *Plato Christianus*, Einsiedeln, Johannes Verlag, 1964 ; H. Dörrie, « Was ist Spätantiker Platonismus ? », *Platonica minora*, München, Fink, 1976, p. 508-523 ; W. Beierwaltes, *Platonismus im Christentum*, Frankfurt a. M., Klostermann, 1998 ; Th. Kobusch, « Christliche Philosophie : das Christentum als Vollendung der antiken Philosophie », dans Th. Kobusch et M. Erler (Hrsg.), *Metaphysik und Religion. Zur Signatur des spätantiken Denkens*, München-Leipzig, Saur, 2002, p. 239-259 ; J. Opsomer et C. Steel, « Did Christian Neoplatonism Evolve Directly From the Ancient Philosophical Tradition ? », dans P. A. Miller et Ch. Platter (eds), *History in Dispute*, Detroit *et al.*, St. James Press, 2005, p. 204-221.

4. Voir Th. Fuhrer, « Die Platoniker und die "Civitas Dei" (Buch VIII-X) », dans Ch. Horn (Hrsg.), *Klassiker Auslegen. Augustinus, Civitas Dei*, Berlin, Akademia Verlag, 1997, p. 87-108 ; *ead.*, « Philosophie und Christliche Lehre im Widerstreit. Augustins Bemühungen um eine Integration », *Zeitschrift für Antikes Christentum* 1, 1997, p. 291-301.

5. Roger Bacon, *Opus maius*, ed. J. H. Bridges., 3 vol., Oxford, Clarendon, 1987-1990, III, t. 1.

6. Voir P. Lucentini, « L'"Asclepius" ermetico nel secolo XII » (1992), dans *id.*, *Platonismo, ermetismo, eresia nel Medioevo*, Louvain-La-Neuve, FIDEM, 2007, p. 71-105 ; C. Moreschini, *Storia dell'ermetismo cristiano*, Brescia, Morcellaina, 2000.

adéquat. Car la pensée post-plotinienne a développé une anthropologie soulignant la faiblesse de l'âme humaine, incapable de s'élever seule au divin, en s'assimilant à Dieu[1]. La préoccupation sotériologique s'est alors dramatisée[2], en faisant appel à des rites invoquant le secours divin : la prière, les hymnes, mais aussi les pratiques théurgiques[3]. La figure de Socrate s'est assombrie. Tout en étant considéré comme un don des dieux, presque un *saint païen*[4], il brille par sa solitude : la plupart des hommes demeure rétive à la philosophie[5]. Compte tenu de ce désarroi, la *via Hermetis*[6] propose un chemin initiatique, visant la régénération de l'homme, lequel est transformé radicalement, en s'assimilant au divin[7]. Cette exigence de renouvellement ainsi que la discipline qu'elle impose peuvent être aisément intégrées dans l'ascèse.

Or, Ficin entend manifestement présenter son projet à la fois philosophique et religieux aux cercles cultivés de Florence à travers un programme cohérent de traduction en vernaculaire de ses œuvres

1. Platon, *Rép.*, 474b-480a ; *Théét.*, 176b. Voir D. Sedley, « Becoming like God in the "Timaeus" and Aristotle », dans T. Calvi et L. Brisson (eds), *Interpreting the Timaeus-Critias*, St. Augustin, Akademia, 1997, p. 327-339.

2. Voir H. Dörrie, « Religiosität des Platonismus im IV und V Jh. N. Chr », dans H. Dörrie (éd.), *De Jamblique à Proclus*, Vandoeuvres-Genève, Fondation Hardt, 1975, p. 257-286.

3. En particulier avec Jamblique, *De Myst.*, II, 11, 97 ; III, 18, 144 ; V, 12, 216. Le titre *De Mysteriis Aegyptorum, Chaldaeorum, Assyriorum,* éd. E. des Places, Paris, Belles Lettres, 1966, est donné par Ficin : voir H. D. Saffrey et A. Ph. Segonds, « Ficin sur le "De Mysteriis" de Jamblique », *Humanistica* 1/2, 2006, p. 117-124. Le titre exact est : *Réponse d'Abamon, son professeur, à la lettre adressée par Anebon à Porphyre*, écrite comme réponse à Porphyre, *Epistola ad Anebo* (texte grec édité par A. R. Sodano, Napoli, L'Arte, 1958). Ficin connut le *De Mysteriis* par le Vallicellianus F20 sans doute en 1460, bien que sa traduction soit plus tardive (cf. l'édition de Venezia, Aldo Manuzio, 1497).

4. J. Dillon, « Holy and not so Holy : on the Interpretation of Late Antique Biography » (2006), dans *id.*, *The Platonic Heritage. Further Studies in the History of Platonism and Early Christianity*, Aldershot, Ashgate/Variorum, 2012, XVIII.

5. Voir M. Erler, « Hilfe der Götter und Erkenntnis des Selbst. Sokrates als Göttergeschenk bei Platon und den Platonikern », dans *Métaphysik und Religion*, *op. cit.*, p. 387-413.

6. Jamblique, *De Myst.*, VIII, 4-5. Voir les témoignages d'Augustin, *De civitate Dei (La cité de Dieu),* Turnhout, Brepols, 1959-1960, BA 33-37, X, 9 et 11. Voir B. Nasemann, *Theurgie and Philosophy in Jamblichs « De Mysteriis »*, Stuttgart, Teubner, 1991 ; G. Shaw, *Theurgy and the Soul : the Neoplatonism of Jamblichus*, Pennsylvania, Pennsylvania University Press, 1995.

7. Voir A. J. Festugière, *La Révélation d'Hermès Trismégiste*, Paris, Gabalda, 1950 ; G. Fowden, *The Egyptian Hermes. A Historical Approach to the Late Pagan Mind* (1985), Princeton, Princeton University Press, 1993 ; A. Van der Kerchove, *La voix d'Hermès. Pratiques rituelles et traités hermétiques*, Leiden, Brill, 2012.

lesquelles, tout en se situant sur des plans différents, mettent en forme sa propre conception de la *pia philosophia*[1]. Dans les années 1463-1478, la vulgarisation de sa traduction des textes hermétiques (1463), de la *Monarchia* de Dante (1468) ainsi que de ses œuvres comme le *De Amore*, le *De Christiana religione* (écrit en toscan en 1474-1475, puis en latin en 1476), du *De raptu Pauli* (1476-1477), du premier livre de ses lettres (1476-1477) ainsi que la diffusion de sa *Théologie* avant sa publication (en 1482, mais la première rédaction remonte à l'année 1474) témoigne d'une ferme détermination[2]. Bien que l'ordre d'apparition des manifestations de la *prisca theologia* soit sujet à controverse[3], un fonds commun des vérités absconses peut être établi entre l'orphisme[4], l'hermétisme[5], la sagesse chaldéenne et le platonisme[6].

1. Th. Leinkauf, « Philosophie und Religion bei M. Ficino », *Accademia* 4, 2002, p. 29-57. Ce projet table sur le fait que la religion païenne n'est pas nécessairement en contradiction avec le monothéisme : voir M. Frede, « Monotheism and Pagan Philosophy in Later Antiquity », dans P. Athanassiadi et M. Frede (eds), *Pagan Monotheism in Late Antiquity*, Oxford, Oxford University Press, 1999, p. 41-67.

2. G. Tanturli, « M. Ficino e il volgare », dans *M. Ficino. Fonti, testi, fortuna, op. cit.*, p. 184-213.

3. Voir *Marsilii Ficini Florentini Theologiae Platonicae de Animorum Immortalitate*, ms. Laur. Plut. LXXXIII, 10, qui fut offert à Laurent de Médicis ; voir M. Ficin, *Théologie platonicienne de l'immortalité des âmes*, éd. et trad. fr. R. Marcel, 3 vol., Paris, Belles Lettres, 1964-1970 (désormais cité Ficin, *TP*), ici XII, 1, t. 2, p. 159 ; XVII, 1, t. 3, p. 148 ; trad. ang. M. J. B. Allen et J. Hankins (dir.), *Platonic Theology*, 6 vol., Cambridge (Mass.), Harvard University Press, The I Tatti Renaissance Library, 2001-2006, qui utilse largement l'éd. de R. Marcel.

4. Le *corpus* hétérogène des hymnes fut traduit en latin par Leodrisio Crivelli en 1464 et, en partie, en 1462 par Ficin, *Op.*, I, p. 993. Voir L. Brisson, *Orphée et l'orphisme dans l'Antiquité gréco-romaine*, Aldershot, Ashgate/Vivarium, 1995 ; S. Klitenic Wear, « Ficinos Hymnes and the Renaissance Platonic Academy », dans S. Clucas *et al.* (eds), *Laus Platonici Philosophi. M. Ficino and his Influence*, Leiden, Brill, 2011, p. 133-148 et l'introduction de P. Laurens à Ficin, *Commentaire sur le Banquet, op. cit.*, p. XLVIII *sq*.

5. Ficin traduisit les quatorze premiers traités du *Corpus hermeticum* en 1463, sollicité par Cosimo, en leur donnant le titre de *Pimander* (qui est le deuxième traité) : il fut édité en 1473 à Treviso, Geraert van de Leye. Voir S. Gentile et C. Gilly (a cura di), *M. Ficino e il ritorno di Ermete Trismegisto*, Firenze, Centro Di, 1999 ; C. Moreschini, *Dall'Asclepius al Crater Hermetis : studi sull'ermetismo latino tardo-antico e rinascimentale*, Pisa, Giardini, 1985 (qui contient le texte lat. de l'*Asclepius*, désormais cité *Ascl.*) ; *id.*, « L'ermetismo nel Rinascimento da M. Ficino a L. Lazzarelli », *Ariès* 5, 2005, p. 33-59 ; *id.*, « Ancora alcune considerazioni su M. Ficino e l'ermetismo », dans *M. Ficino. Fonti, testi, fortuna*, *op. cit.*, p. 89-120.

6. Les *Oracles chaldaïques*, perdus, remontent à l'époque de Marc Aurèle (IIe siècle de notre ère) et sont censés mettre en scène l'initiation platonicienne de Julien le Chaldéen par son père, Julien le théurge : voir l'édition d'E. des Places, Paris, Belles Lettres, 1971. Sur leur

L'urgence de telle initiative, qui élabore de manière originale la double exigence, d'accorder des traditions de savoir différentes et de trouver une voie médiane entre le christianisme et le platonisme, se comprend à partir du contexte historique de la Florence du XVe siècle, caractérisé par l'inquiétude eschatologique[1]. L'interrogation sur le salut de l'âme se trouve au centre d'un *conflit* entre les traditions théologiques aristotélicienne et platonicienne. C'est une question propre à la cour italienne. Car la scène où se joue la confrontation entre la théologie et la philosophie n'est pas tant l'université médiévale que la cour princière. Le débat ne concerne pas les différentes facultés, prétendant à des formes relativement autonomes de savoir[2], mais éclate *entre la tradition latine de la théologie*, s'appuyant sur l'héritage de la pensée aristotélicienne, *et la culture théologique byzantine*[3], revendiquant le legs de la philosophie platonicienne. Le problème principal ne porte plus sur l'objet et la méthode des savoirs dans les facultés théologique et philosophique, selon la distinction entre l'étant en général et l'être suprême, ou entre l'abstraction et l'intuition intellectuelle[4]. Ce qui agite la cour florentine est l'interrogation sur la tradition philosophique la plus à même de répondre non seulement aux prétentions scientifiques de la théologie comme science, mais aussi

présence dans le néoplatonisme voir L. Brisson, « Les "Oracles chaldaïques" dans la "Théologie platonicienne" de Proclus », dans A. Ph. Segonds et C. Steel (éd.), *Proclus et la « Théologie platonicienne »*, Leuven-Paris, Leuven University Press-Les Belles Lettres, 2000, p. 109-162. Le ms. Ricc. 76, annoté par Ficin, contenait le texte (perdu) des *Oracles* et les commentaires de Psellos et de Pléthon. Voir M. Tardieu, « Pléthon, lecteur des "Oracles" », *Mêtis* II, 1987, p. 141-164 ; B. Tambrun, « M. Ficin et le Commentaire de Pléthon sur les "Oracles Chaldaïques" », *Accademia*, 1999, p. 9-48 ; *ead.*, « F. Gémiste Pléthon et la doctrine de Zoroastre », dans *M. Ficino. Fonti, testi, fortuna*, *op. cit.*, p. 121-143.

1. Voir le recueil d'articles de C. Vasoli, *Quod sit deus. Studi su M. Ficino*, Lecce, Conte, 1999.

2. A. de Libera, *Raison et foi. Archéologie d'une crise d'Albert le Grand à Jean–Paul II*, Paris, Seuil, 2003, p. 174-215 et p. 264-298.

3. En particulier, Georges Gémiste Pléthon, *Traité des lois*, éd. C. Alexandre, trad. fr. A. Pellissier, Paris, 1858 (rééd. partielle R. Brague, Paris, Vrin, 1982). Voir. S. Gentile, « Giorgio Gemisto Pletone e la sua influenza sull'umanesimo fiorentino », dans P. Viti (a cura di), *Firenze e il concilio del 1439*, Firenze, Olschki, 1994, t. 2, p. 813-832 ; B. Tambrun, *Pléthon. Le retour de Platon*, Paris, Vrin, 2008, p. 145-172.

4. Voir O. Boulnois, « Le besoin de philosophie. Théologie et structure des métaphysiques médiévales », dans J.-L. Solère et Z. Kaluza (éd.), *La servante et la consolatrice. La philosophie dans ses rapports avec la théologie au Moyen Âge*, Paris, Vrin, 2002 p. 45-94 ; P. Porro, « Introduzione. Dalla "Metafisica" alla metafisica e ritorno : una storia medievale », *Quaestio 5. Metaphysica, sapientia, scientia divina. Soggetto e statuto della filosofia prima nel Medioevo*, Turnhout, Brepols, 2005, p. IX-LI.

aux espérances eschatologiques qui caractérisent les inquiétudes religieuses des communautés citadines en Italie[1]. L'attention se déplace des discussions sur l'objet ou la méthode de la théologie à la capacité de celle-ci à prendre en charge *le désir de palingenèse de la société ainsi que l'espérance du salut individuel*[2].

C'est dans ce contexte qu'il faut situer le projet, avorté au demeurant, de trouver un accord entre l'Église d'Orient et l'Église d'Occident pendant le Concile de Ferrare-Florence en 1438-1439. Beaucoup d'érudits byzantins étaient présents, introduisant une interprétation renouvelée du platonisme, étroitement liée à la politique et à la théologie. Le philosophe grec Pléthon proposa ainsi une lecture du néoplatonisme à la fois comme une forme de théologie compatible avec le christianisme[3] et comme une conception politique pouvant concilier le monothéisme du monarque avec le polythéisme des pouvoirs locaux[4]. Le byzantin Bessarion avait cherché d'établir un accord entre les Latins et les Grecs, en affirmant que la méthode démonstrative d'Aristote pouvait s'appliquer au monde de la nature, tandis que l'intuition intellectuelle platonicienne était plus apte à saisir la divinité[5]. Les différences entre l'Église orthodoxe et l'Église

1. L'expérience de Savonarole ne serait pas compréhensible sans ces attentes. Voir A. Edelheit, *Ficino, Pico and Savonarola. The Evolution of Humanist Theology*, Leiden, Brill, 2008 ; M. Vanhaelen, « L'entreprise de traduction et d'exégèse de Ficin dans les années 1486-1489. Démons et prophétie à l'aube de l'ère savonarolienne », *Humanistica*, 2010, p. 125-137 et P. Viti, « Ficino, Plato e Savonarola », dans *M. Ficino. Fonti, testi, fortuna*, *op. cit.*, p. 295-318.

2. On peut mesurer la nouveauté de cette urgence, si l'on considère qu'Augustin, tout en reconnaissant que le Christ a été envoyé dans un monde « vieux », *De Civ. Dei*, *op. cit.*, XXI, 8, ne pense pas que sa fin soit imminente.

3. E. Garin, « Platonici bizantini e Platonici italiani », *Rivista critica di storia della filosofia* 12, 1957, p. 3-21 ; J. Monfasani, « Pletone, Bessarione e la processione dello Spirito Santo. Un testo inedito e uno falso » (1994), dans *id.*, *Byzantine Scholars in Renaissance Italy. Cardinal Bessarion and Other Emigrés. Selected Essays*, Aldershot, Ashgate/Vivarium, 1995.

4. B. Tambrun, *Pléthon, le retour de Platon*, *op. cit.*, p. 197-219.

5. George de Trébizonde, *Comparationes phylosophorum Aristotelis et Platonis*, Venezia, 1458 (reprint Frankfurt a. M., Minerva, 1965). Voir L. Moheler, *Kardinal Bessarion als Theologe, Humanist und Staatsmann*, Paderborn, Schöningh, 1923-1942 ; J. Monfasani, *George of Trebizond : A Biography and Study of His Rhetoric and Logic*, Leiden, Brill, 1976, p. 207 *sq.* ; *id.*, « M. Ficino and the Plato-Aristotle Controversy », dans *M. Ficino : His Theology, His Philosophy and His Legacy*, *op. cit.*, p. 179-202 et A. Pontani, « Note sulla controversa platonica-aristotelica del Quattrocento », dans *ead.*, *Contributi di filologia greca medievale e moderna*, Catania, Edizioni dell'Università di Catania, 1989, p. 99-165.

romaine seraient ainsi surmontées en se référant à l'autorité néoplatonicienne et chrétienne de Denys l'Aréopagite[1].

Dans ce cadre, le rôle de l'amour platonicien devint également un objet de controverse. La traduction partielle du *Banquet* et du *Phèdre* par Leonardo Bruni[2] ainsi que la découverte, chez Aulus Gellus, des vers licencieux attribués à Platon et dédiés à un jeune garçon[3], suscitèrent la querelle entre Trébizonde et Bessarion, celui-ci défendant la compatibilité de l'élan platonicien avec l'amour de Dieu, celui-là en en dénonçant la frivolité et préférant l'amitié intellectuelle des aristotéliciens[4]. La violence du différend, concernant le pouvoir sotériologique de l'amour, s'explique si l'on prend en vue deux autres composantes historiques : l'héritage de la poésie « averroïste » du Trecento et la discussion sur la meilleure forme de vie, mise en scène par les *Disputationes Camaldulenses* de Cristofero Landino (1472)[5].

Car une des questions les plus agitées dans les milieux courtisans florentins du XIVe siècle portait sur la compatibilité entre l'amour et la connaissance[6]. Ce débat, spécifiquement italien, se trouvait à la convergence de deux traditions différentes : la reprise de l'idéal de vie propre aux maîtres universitaires et la sublimation de la femme inatteignable, chantée par la poésie amoureuse du *dolce stil novo*. Pour les *magistri artium*, les philosophes des universités médiévales, la véritable félicité sur terre pour l'homme[7] ainsi que sa magnanimité[8], ne résident que dans l'exercice contemplatif de l'intellect. La contemplation, par nature solitaire et intérieure, pouvait toutefois être partagée avec un ami, pourvu que

1. J. Hankins, *Plato in the Italian Renaissance*, 2 vol., Leiden, Brill, 1992, I, p. 64-65 ; p. 267-268 ; *id.*, *Humanism and Platonism in the Italian Renaissance. II. Platonism*, Roma, Edizioni di storia e letteratura, 2004, p. 399-431.

2. J. Hankins, *Plato in the Italian Renaissance*, *op. cit.*, I, p. 66-81.

3. Aulus Gellius, *Noctium Atticarum libri XX*, *editio princeps*, Roma, Ioannes Andreas, 1469, XIX, 11.

4. S. Ebbersmeyer, *Sinnlichkeit und Vernunft, op. cit.*, p. 55-71.

5. C. Landino, *Disputationes Camaldulenses*, éd. P. Lohe, Firenze, Sansoni, 1980.

6. S. Gentili, « Il Desiderio di conoscere è impedito dall'amore ? Il dibattito in poesia », dans *ead.*, *L'uomo aristotelico alle origini della letteratura italiana*, Roma, Carocci, 2005, p. 181-216.

7. M. Corti, *La felicità mentale. Nuove prospettive per Cavalcanti e Dante*, Torino, Einaudi, 1983 ; L. Bianchi, *Il vescovo e i filosofi*, Bergamo, Lubrina, 1990, p. 149-197.

8. La définition du philosophe comme « magnanime » se trouve dans Aristote, *Ethique à Nicomaque*, 1123a34-1124a3. Voir R.-A. Gauthier, *Magnanimité. L'idéal de la grandeur dans la philosophie païenne et dans la théologie chrétienne*, Paris, Vrin, 1951.

l'affection et l'intimité ne troublassent pas l'autonomie du philosophe[1]. Cette conception s'était vite répandue en Italie dans les milieux laïcs et semblait satisfaire les exigences spirituelles des hommes de cour, puisqu'elle proposait une forme d'excellence, voire de noblesse liée à l'activité de l'intellect et non plus aux origines sociales, ainsi qu'une félicité mentale mondaine, n'imposant ni les pratiques d'humiliation, ni la mortification des sens et encore moins la solitude et l'*accidia* de la retraite monastique[2]. Cette forme de vie avait été développée par la poésie de Guido Cavalcanti[3] qui avait exploité l'image de la femme inaccessible pour lui faire représenter la contemplation philosophique. La poésie d'amour était devenue non seulement le paladin du primat de l'intellect, mais aussi le registre de discours qui pouvait soustraire à la philosophie son statut de science morale[4]. L'exigence de satisfaire les attentes spirituelles du public courtisan, peu enclin à s'instruire dans la discipline philosophique, avait poussé Landino à mettre en scène, sous la forme du dialogue entre Lorenzo, Alberti et Ficin, la controverse sur la meilleure forme de vie. Dans ses *Disputationes* la confrontation entre la vie contemplative et la vie active trouve une solution dans la revendication du rôle fondateur de la première sur la seconde, lequel est exprimé par le mythe d'Amphion : le chant de sa lyre, sa force spéculative, meut les pierres utilisées pour construire les murs de Thèbes, se traduisant donc par une action efficace[5]. Bien que le dialogue de Landino soit postérieur au *De Amore*, il est censé s'être tenu en 1468 et témoigne des relations étroites entre les deux platoniciens[6].

1. On peut parler ici d'un égoïsme vertueux, voir A. de Libera, *Penser au Moyen Âge*, Paris, Seuil, 1991, p. 203-244.

2. R. Imbach, *Dante, la philosophie et les laïcs*, Paris-Fribourg, Éditions de l'Université de Fribourg-Cerf, 1996 ; L. Sturlese, « Filosofia in volgare », dans N. Bray et L. Sturlese (a cura di), *La filosofia in volgare nel Medioevo*, Turnhout, Brepols, 2003, p. 1-14 ; F. Mariani Zini, *L'économie des passions. Essai sur le "Décaméron" de Boccace*, Villeneuve d'Ascq, Presses du Septentrion, 2012, chap. 1.

3. B. Nardi, « L'averroismo del "primo amico" di Dante », *Dante e la cultura medievale*, Bari-Roma, Laterza, 1985, p. 93-129.

4. Sur ce transfert de compétences de la philosophie à la poésie de Dante, Pétrarque, Boccace, voir le recueil d'articles édités par J. Biard et Mariani Zini (éd.), *Ut philosophia poiesis. Questions philosophiques dans l'œuvre de Dante, Pétrarque, Boccace*, Paris, Vrin, 2008.

5. C. Landino, *Disputationes*, *op. cit.*, I, 42-43. Voir F. La Brasca, *C. Landino et la culture florentine de la Renaissance*, Lille, Atelier National, 1989, 3 vol., ici II, chap. 6.

6. Ficin attribue à Landino, dans son commentaire du *Banquet*, IV, 1, p. 66, l'interprétation du discours d'Aristophane et le qualifie de philosophe « orphique et platonicien ».

Ainsi le *Banquet*, proposant une voie d'éducation et d'initiation pour les philosophes novices, en affrontant le sujet de l'amour, dont le désir d'immortalité se traduit par la génération sensible et la contemplation divine, permet-il à Ficin de prendre position dans le contexte florentin aussi bien sur le lien entre la philosophie, la théologie et l'expérience religieuse que sur la meilleure forme de vie pour l'homme de bien qui, ne négligeant pas les conditions concrètes de l'exercice de la vertu mondaine, aspire à ressembler aux dieux.

La constitution du réel

Généalogie de l'amour

Afin de présenter son propre projet philosophique, Ficin emprunte la *voie inverse* à celle parcourue par les convives grecs. Ses hôtes florentins, se retrouvant à un banquet pour célébrer Platon [1], sont censés commenter le dialogue platonicien, mais ils ne tressent pas des éloges contradictoires de l'amour, avant que Socrate en révèle la vérité secrète, apprise par l'initiation de Diotime. Ils s'accordent dès le début sur ses fondements ontologiques et en déduisent ensuite les multiples significations sur les

1. Il s'agit de personnages réels de la vie politique et culturelle de Florence, par lesquels Ficin exprime son souci d'initier le public cultivé de la cour à la pensée platonicienne. Le rituel du banquet faisait partie de la tradition néoplatonicienne, voir Porphyre, *La Vie de Plotin. I: Travaux préliminaires et index grec complet,* éd. L. Brisson *et al.,* préface J. Pépin, Paris, Vrin, 1982, 2, 40; 15, 1. C'est un texte que Ficin traduisit avec les *Ennéades* de Plotin, éd. P. Henry et H.-R. Schwyzer, V.1 (*En*., I-III), Paris, Desclée de Brouwer, 1951 ; V. 2 (*En*., IV-V), Paris, Desclée de Brouwer, 1959; V. 3 (*En*., VI), Paris, Desclée de Brouwer, 1973; trad. fr. E. Bréhier, *Ennéades*, Paris, Belles Lettres, 1924-192 (désormais cité Plotin, *En*.,). Voir dans la bibliographie finale le détail des nouvelles traductions (Paris, Cerf et Flammarion). Je suis l'ordre chronologique dans la procédure de citation. En revanche, sur les critères thématiques adoptés par Porphyre, voir H. D. Saffrey, « Pourquoi Porphyre a-t-il édité Plotin ? », *Recherches sur le néoplatonisme après Plotin*, Paris, Vrin, 1990, p. 3-26. Ficin travailla sur la copie transcrite en 1460 par Johannes Scutariotes (le Parisinus gr. 1816) du ms. Laur. 87, 3, acheté d'abord par Niccolò Niccoli à Giovanni Aurispa, puis repris, après la mort de Niccoli, par Cosimo, pour que Ficin en fît la traduction. Voir le ms. Ambr. Cod. F 19 sup., qui était vraisemblablement un recueil de passages à usage personnel. Ficin commença la traduction en 1484 (incité par Pic, voir Ficin, *Op*., II, p. 1537), et la termina en 1486. Elle fut publiée en 1492 et se trouve dans Ficin, *Op.,* II, p. 1537-1800. Voir H. D. Saffrey, « Florence 1492 : Réapparaît Plotin » (1995), dans *id., Recherches sur le néoplatonisme*, *op. cit*., p. 277-293 et surtout Ch. Förstel, « M. Ficino e il parigino greco 1816 di Plotino », dans *M. Ficino. Fonti, testi, fortuna*, *op. cit*., p. 65-88.

plans de la nature, de l'art, de la vie de l'âme et de l'expérience émotive. Le but philosophique ne sacrifie rien à la nature expressive du *Banquet*: il s'agit d'une louange qui, suscitée par l'admiration devant quelque chose de beau et de mystérieux, veut en rendre raison, tout en le célébrant par une parole inédite. La louange poétique est étroitement liée à l'exercice révérenciel de la contemplation. L'argumentation emploie ainsi souvent les références littéraires et mythiques qui peuvent frapper le novice en philosophie en lui donnant à penser[1].

Cette perspective fondatrice exige assurément d'intégrer le commentaire du *Banquet* avec des thèses et des images tirées du *Phèdre*, qui concerne également l'amour et la beauté[2] et du *Philèbe*, puisque ce dialogue s'interroge sur le véritable bien et sur la forme de vie vertueuse et heureuse[3]. Toutefois, Ficin demeure fidèle au fil conducteur du *Banquet*.

1. Sur la conception de la poésie de Ficin, voir M. J. B. Allen, *Synoptic Art. M. Ficino on the History of Platonic Interpretation*, Firenze, Olschki, 1998, p. 93-124 et p. 213-219.

2. M. J. B. Allen, « Cosmogony and Love: the Role of "Phaedrus" in Ficino's "Symposium Commentary" » (1980), dans *id.*, *Plato's Third Eye: Studies in M. Ficino's Metaphysics and its Sources*, Aldershot, Ashgate/Vivarium, 1995, IV, p. 131-153. Ficin traduisit et commenta le *Phèdre* dans les années 1466-1474, puis il s'adonna à son interprétation dans les années 1490. Mais le commentaire intégral du *Phèdre* resta inachevé. Ce qui reste se trouve dans Ficino, *Commentaria in Platonem*, Firenze, *editio princeps*, Lorenzo d'Alopa, 1496 (qui contient les commentaires latins de : *Parménide*, *Sophiste*, *Timée*, *Phèdre*, *Philèbe* et l'exégèse de *République*, 546a-d). Voir S. Gentile *et al.* (a cura di), *M. Ficino e il ritorno di Platone : mostra di manoscritti, stampe e documenti (17 maggio-16 giugno 1984). Catalogo*, Firenze, Le Lettere, 1984, p. 155-156. Sur le genre du commentaire, voir Th. Leinkauf, « M. Ficinos Platon-Kommentar », dans R. Häfner et M. Völkel (Hrsg.), *Der Kommentar in der Frühen Neuzeit*, Tübingen, Niemeyer, 2006, p. 79-114 et Ph. Hoffmann, « What Was a Commentary in Late Antiquity ? The Exemple of the Neoplatonic Commentators », in M. L. Gill et P. Pellegrin (eds), *A Companion to Ancient Philosophy*, Oxford, Blackwell, 2006, p. 567-622.

3. Ficin lut très tôt le *Philèbe* qu'il commenta publiquement dans les années 1460. Le commentaire n'est pas achevé. Il s'arrête en fait à 23b et donne un bref aperçu de 24b. La lecture ficinienne néglige l'équilibre fragile du dialogue platonicien entre le plaisir, le bonheur et la sagesse pour établir que le bien souverain réside dans l'exercise de l'intelligence. C'est pourquoi une large partie du commentaire est consacrée à prouver l'existence des idées et les modalités de la participation : voir Ficin, *The "Philebus" Commentary*, éd. et trad. ang. M. J. B. Allen, Berkeley, University of California Press, 1975, en particulier chap. 8-10, p. 121-134 ; chap. 15-18, p. 157-190. Pour une appréciation critique voir D. Frede, « Ficino über das gute Leben im Platonischen "Philebos" », dans E. Rudolph (Hrsg.), *Die Renaissance als erste Aufklärung* I, Tübingen, Mohr Siebeck, 1998, p. 35-56. Sur la signification de ce dialogue en relation à Cosimo, voir Th. Ricklin, « M. Ficino und Diogenes Laertius. Vor der mitunter beachtlichen Tragweite scheinbar banaler Neuverschriftlichungen », dans M.-Ch. Leitgeb *et al.* (Hrsg.), *Platon, Plotin und M. Ficino. Studien zu den*

L'analyse de l'amour comme *désir* d'immortalité fait pressentir quelque chose de l'âme et de sa destinée divine, mais seul l'examen des *preuves* de son immortalité peut en déterminer la nature spécifique et le rôle dans l'ordre de l'être par une approche conceptuelle et discursive rigoureusement philosophique. C'est la tâche que Ficin assignera à sa *Théologie*, laquelle marque la fin du noviciat philosophique.

Néanmoins la voie de retour, entreprise par le *De Amore,* impose de renverser la perspective du dialogue. Dans le *Banquet,* Diotime initie Socrate à la vérité de l'amour en tant que désir d'immortalité se traduisant par la production de belles œuvres et, à un niveau supérieur, par la contemplation de l'unité de la beauté en soi, laquelle ne dévoile ni la théorie de la forme comme cause, ni sa parenté avec l'âme. Deux moments de cet enchaînement ne sont pas clairement établis : le recouvrement entre le beau et le bien, qui permet de clore la discussion sur les raisons qui poussent à comprendre la félicité comme possession[1] et l'ambiguïté entre le beau comme *objet* (la production des choses belles) et *condition* (le fait de rechercher de belles conditions pour enfanter, puisque l'être nouveau qui est engendré n'est pas nécessairement beau)[2].

Le chemin à rebours du *De Amore* s'effectue alors par la détermination de ces deux éléments à partir de la double direction de l'enfantement : engendrer des œuvres belles et contempler la beauté. Le Bonté divine produit, par un élan amoureux, tout l'ordre du réel : l'Intelligence angélique, l'Âme du monde et le Corps de l'univers. Elle n'attribue pas seulement l'existence, mais aussi la beauté, conçue comme l'actualisation de la nature formée et unitaire de l'étant. Une telle réalisation de l'étant n'est pas donnée, puisqu'elle est le résultat d'un élan (un *appetitus*) vers l'achèvement qui doit être compris en termes ontologiques et non temporels :

> Au commencement est Dieu, auteur de l'univers, que nous nommons le Bien en soi. Il crée d'abord l'Intelligence angélique, puis, selon Platon, l'Âme de ce monde et enfin le Corps de ce monde... Dans ces trois mondes, trois chaos sont à considérer. Au commencement, Dieu crée la substance de cette Intelligence -nous l'appelons aussi son essence. Celle-ci, au premier moment de sa création, est informe et obscure. Mais, étant née de Dieu, elle est portée par un appétit inné à se tourner vers lui, qui est son principe. Se tournant vers lui, elle est éclairée par son rayon. Sous l'éclat de ce rayon,

Vorläufen und der Rezeption des Florentiner Neuplatonismus, Wien, Wiener Studien Beiheft 33, 2009, p. 95-119.

1. Platon, *Banquet*, 205d-205a.

2. Platon, *Banquet*, 206c-208c ; 209b-209e.

son appétit s'enflamme et l'appétit enflammé adhère tout entier à Dieu. Cette adhésion lui donne forme, car Dieu tout-puissant façonne dans l'Intelligence qui s'unit à lui les natures pour créer les choses [1].

L'amour est l'expression de cette tendance universelle, poussant tout être vers son origine divine :

> Qui doutera dans ces conditions que l'Amour ne succède immédiatement au Chaos et ne précède le monde ainsi que tous les dieux qui se partagent les parties de ce monde ? Puisque cet appétit de l'Intelligence préexiste à sa formation et que les dieux aussi bien que le monde naissent dans l'Intelligence une fois formée. C'est donc à bon droit qu'Orphée l'a nommé *le plus ancien*... L'intelligence se tourne vers Dieu tout ainsi que l'œil se tourne vers le soleil. L'œil regarde d'abord, puis voit la lumière du soleil, et en troisième lieu perçoit dans la lumière du soleil couleurs et figures. Aussi l'œil, d'abord obscur et sans forme, à l'instar du Chaos, aime la lumière dès qu'il la regarde ; la regardant, il est illuminé par son rayon ; recevant ce rayon, il prend la forme des couleurs et des figures des choses. Or, de même que l'Intelligence, à peine née et informe, se tourne par amour vers Dieu et reçoit sa forme, de même l'Âme du monde se tourne vers l'Intelligence et vers Dieu, dont elle est née, et elle qui n'est d'abord qu'un chaos informe, orientée par l'Amour vers l'Intelligence et recevant d'elle les formes, elle devient le monde. Pareillement pour la nature de ce monde : au commencement elle gisait, Chaos informe, privée de l'ornement des formes ; mais aussitôt grâce à un amour inné, elle s'est portée vers l'Âme, docile à son influence et recevant, toujours sous l'effet de l'amour, l'ornement de toutes les formes visibles dans le monde, de chaos elle est devenue monde [2].

1. Ficin, *DA*, I, 3, p. 10-11 : « Primum omnium est deus, uniuersorum auctor, quod ipsum bonum dicimus. Hic mentem primo creat angelicam, deinde mundi huius animam, ut Plato uult, postremo mundi corpus... In his utique mundis tribus, tria et chaos considerantur. Principio deus mentis illius creat substantiam, quam etiam essentiam nominamus. Hec in primo illo creationis sue momento informis est et obscura. Quoniam uero a deo nata est, ad deum sui principium ingenito quodam appetitu conuertitur. Conuersa in deum, ipsius radio illustratur. Radii illius fulgore ille suus appetitus accenditur. Accensus appetitus deo totus inheret. Inherendo formatur. Nam deus, qui potest omnia, in mente sibi inherente creandarum rerum naturas effingit ».

2. Ficin, *DA*, I, 3, p. 12-14 : « Quis igitur dubitabit quin amor statim chaos sequatur precedatque mundum et deos omnes qui mundi partibus distributi sunt ? Cum mentis ille appetitus ante sui formationem sit, et in mente formata dii mundusque nascantur. Merito igitur antiquissimum hunc Orpheus nominauit... Eodemque modo mens ad deum, quo ad lumen solis dirigitur oculus. Hic enim aspicit primo, uidet deinde solis lumen, tertio in solis lumine rerum colores et figuras comprehendit. Quare oculus obscurus primo et chaos instar informis lumen amat, dum aspicit ; irradiatur aspiciendo ; radium accipiendo rerum coloribus figurisque formatur ».

La beauté est à la fois la qualité propre de ce qui est formé, par la diffusion de la bonté divine, et la condition par laquelle tout étant achève sa propre formation. Le réel se constitue en se déployant. De la sorte, la contemplation peut prendre en vue tout niveau du réel, puisque chacun manifeste, par sa beauté, le pouvoir de la forme dans une unité spécifique. Le regard intelligible ne s'est pas tant baissé que diffracté. À y regarder de près, le *De Amore* complète ce qui était resté suspendu dans le *Banquet*: la théorie des formes et le mystère de la contemplation, qui se révèle être une modalité de l'engendrement. La fécondité de l'âme ne réside plus dans la production des œuvres excellentes, mais dans la compréhension des formes qu'elle porte en elle grâce à la lumière divine :

> Mais toute la fécondité de notre âme consiste en ceci, qu'au plus profond d'elle-même resplendit cette lumière éternelle de Dieu, archipleine des raisons et des idées de toutes choses ; vers cette lumière, chaque fois qu'elle le veut, notre âme se tourne, aidées par la pureté de sa vie et par l'attention intellectuelle la plus vive, et tournée vers elle brille des étincelles des idées[1].

Voilà pourquoi Ficin engage les convives florentins à parcourir la voie de retour. Ayant saisi les fondements de la génération du réel, le novice philosophe peut suivre le bon ordre, comme le voulait Diotime, mais en sens inverse, en descendant : il comprendra alors les belles œuvres de la machine du monde, l'activité artistique des hommes, mais aussi leurs vertus, puis leurs passions, parfois funestes. Car Ficin demeure fidèle à l'analyse de Platon : l'amour est une affection qui se trouve au centre des impulsions les plus sensuelles et des désirs les plus vertueux. De la sorte, il peut élever l'âme au divin, mais difficilement : il reste situé entre la sagesse et l'ignorance[2]. Les pulsions humaines sont souvent dictées par leur composition physiologique ou leur tempérament, que Ficin comprend, suivant la culture de son temps, comme le résultat des composantes astrologiques de l'individualité.

Ce n'est donc pas un hasard si les dangers de l'amour bestial et ses remèdes sont présentés à la fin du dialogue, en continuité avec l'éloge de

1. Ficin, *DA*, VI, 13, p. 182-183 : « In hoc plane tota anime consistit fecunditas, quod in eius penetralibus lux illa dei fulget eterna, rerum omnium rationibus ideisque plenissima, ad quam anima, quotiens uult, uite puritate et summa studii intentione conuertitur, conuersa scintillis emicat idearum ».

2. Ficin, *DA*, VI, 10, p. 172. Car le danger de la luxure est la désintégration de soi-même, voir C. Casagrande et S. Vecchio, *I sette vizi capitali. Storia dei peccati nel Medioevo*, Torino, Einaudi, 2000, chap. « Lussuria ».

Socrate. Le commentaire du discours d'Alcibiade expurge les remarques les plus critiques et l'analogie avec la statuette hideuse. Pourtant, la figure de Socrate s'est également assombrie, comme dans le néoplatonisme post-plotinien[1]. Ce n'est pas sa solitude qui le caractérise, mais son inquiétante ressemblance avec l'amant malheureux[2]. Les doutes de Diotime sur la capacité de son pupille ne sont peut-être pas infondés, puisque Tommaso Benci invite Socrate à s'éloigner de la beauté fallacieuse d'Alcibiade. Socrate semble rêver une image de l'aimée qui ne correspond pas à la réalité. L'amour reste enraciné dans l'expérience ordinaire des hommes de sorte que son idéalisation est toujours menacée par l'échec.

Pourtant, le désir d'immortalité, qui caractérise l'amour, dévoile quelque chose de la destinée de l'âme sous la forme d'image ou de récit, non d'argument et de preuve. À cet égard, le mythe de l'androgyne ne révèle pas seulement que l'homme est l'âme, mais que celle-ci possède une double lumière, l'une naturelle ou innée, l'autre infuse par Dieu, par lesquelles elle dirige son regard vers les choses inférieures ou supérieures. Lorsque l'âme se tourne vers sa lumière naturelle, elle néglige la divine, chute dans son corps terrestre et se voue à la procréation. Mais, en étudiant l'ordre des choses naturelles, l'âme pressent, *presentit,* qu'il existe un architecte de la machine du monde et progressivement élève son regard vers la contemplation céleste, en recouvrant sa lumière divine, dont l'engendrement est la contemplation elle-même. L'androgyne exprime donc la séparation des deux lumières et l'élan amoureux « sous la conduite duquel la moitié de l'homme désire son autre moitié »[3].

1. M. Erler, « Das Socratesbild in Ficinos Argumenta zu den kleineren platonischen Dialogen », dans A. Netschke-Henschke (Hrsg.), *Argumenta in Dialogos Platonis*, Basel, Schwabe, 2010, p. 247-267. Voir aussi J. Hankins, *Platon in Italian Renaissance*, *op. cit.*, I, p. 239.

2. Proclus, *In Alcibiadem*, qui commente jusqu'à Platon, *Alcib.*, 116a3-b1 ; éd. et trad. fr. A. Ph. Segonds, *Sur le premier Alcibiade de Platon*, Paris, Belles Lettres, 1985-1986 (désormais cité Proclus, *In Alc.*) 49.16-50.15, p. 39-40, s'était demandé pourquoi on utilise le même vocable pour l'amour sensuel et l'amour spirituel. Pour P. Megna, « Per Ficino e Proclo », dans F. Bausi et V. Fera (a cura di), *Laurentia laurus. Scritti offerti a Mario Martelli*, Messina, Centro Interdipartimentale di Studi Umanistici, 2004, p. 313-362, Ficin utilisa ici surtout le ms. Vat., Pal. gr. 63. On trouve la traduction ficinienne de certains extraits, avec celle de Proclus, *De sacrificio et magia*, connu par le Vallicellianus F20, dans Ficino, *Op.*, II, p. 1908 *sq.*

3. Ficin, *DA*, IV, 5, p. 76 : « …quo duce dimidium hominis alterum alterum eiusdem dimidium concupiscit ».

L'âme a le pressentiment du divin [1] de sorte qu'elle est prise parfois par une fureur qui la mène hors d'elle et l'introduit au mystère de sa parenté avec Dieu. Mais la génération, en tant qu'instinct naturel, reste la condition de possibilité de l'assimilation :

> Récréer se fait par la génération. Aussi l'instinct de génération est universel. Mais comme la génération, assurant la continuité, rend les choses mortelles semblables aux divines, il s'agit assurément d'un don divin. Les choses divines, en raison de leur beauté, ont pour contraires les choses laides, et les belles pour semblables et amies. Voilà pourquoi la génération, œuvre divine, s'accomplit parfaitement et aisément en ce qui est beau, et inversement… (L'amour) est le désir d'engendrer dans la beauté, afin d'entretenir une vie éternelle au sein des choses mortelles [2].

Par cette lecture qui reprend l'examen là où le *Banquet* l'avait laissé, au seuil de la théorie de la forme et de sa parenté avec l'âme, désireuse d'immortalité, Ficin propose aux novices platoniciens son projet philosophique et religieux. Ce faisant, il prend ses distances, grâce aux nouvelles sources dont il dispose, d'avec un certain platonisme chrétien, notamment de celui de Denys l'Aréopagite [3].

1. Cicéron, *Tusc.*, I, 70. Voir C. Auvray-Assayas, *Cicéron*, Paris, Belles Lettres, 2006, p. 115 *sq*.

2. Ficin, *DA*, VI, 11, p. 172-173 : « Generando recreatio fit. Hinc innatus est omnibus generationis instinctus. Generatio autem cum mortalia diuinis continuatione similia reddat, munus est profecto diuinum. Diuinis utpote pulchris deformia contraria sunt, formosa similia et amica. Iccirco generatio diuinum opus in eo quod pulchrum est perfecte et facile consumatur… (Amor est) Cupido generationis in pulchro, ad seruanda uitam mortalibus in rebus perpetuam ».

3. « Denys » fut sans doute un moine du ve siècle, auquel on attribue le *Corpus dionysiacum*, composé de dix lettres et de quatre traités : éd. B. R. Suchla, Berlin, de Gruyter, 1990 (I : « *De divinis nominibus*, *Sur les noms divins* », désormais cité Denys, *DN*) ; éd. G. Heil et A. M. Ritter, Berlin, de Gruyter, 1991 (II : *De Mystica theologia*, *La théologie mystique*, désormais cité Denys, *MT*). Voir aussi *De caelesti hierarchia*, *La hiérarchie divine* et *De ecclesiastica hierarchia*, *La hiérarchie ecclésiastique*), trad. fr. M. de Gandillac, *Œuvres complètes du Pseudo-Denys l'Aréopagite*, Paris, Aubier, 1980. Denys fut traduit en latin au Moyen Âge et devint une référence très diffusée. La traduction et le commentaire de *De diuinibus* et de *De mystica theologia* remontent aux années 1491-1492, et se trouvent dans Ficin, *Op.*, II, p. 1013 (voir l'*éditio princeps* 1496, Firenze). Voir J. Monfasani, « Pseudo-Dionysius the Areopagite in Mid-Quattrocento Rome » (1987), *Language and Learning in Renaissance Italy. Selected Articles*, Aldershot, Ashgate/Vivarium, 1994, IX ; M. Cristiani, « Dionigi dionisiaco : M. Ficino e il "Corpus Dionysianum" » dans P. Pini (a cura di), *Il neoplatonismo nel Rinascimento*, Roma, Istituto dell'Enciclopedia Italiana, 1993, p. 185-203.

Transcendance

À première vue, Ficin reprend à Denys l'Aréopagite l'identification de Dieu avec l'Un, au-delà de l'être, absolument transcendant et ineffable du néoplatonisme[1]. Dans les *Noms divins*, l'objet de la théologie est alors l'analyse des différentes manifestations par lesquelles le rayon suressentiel divin se communique dans la procession du réel. Ces manifestations sont le beau, l'amour, le bien, qui nomment de manière symbolique la divinité *indicible*[2]. Par contre, dans la *Théologie mystique*, l'objet divin est atteint par un procédé conséquent de négation : Dieu n'est ni égalité, ni inégalité, ni éternel, ni temporel, ni lumière, ni abstraction. Mais ces négations sont encore inappropriées à exprimer l'ineffabilité divine[3].

Grâce à Denys, l'Occident latin eut accès à quelque chose comme une théologie platonicienne chrétienne qui influença aussi bien Albert le Grand que Thomas d'Aquin[4]. Néanmoins, sa présence considérable n'excluait point sa possible banalisation en tant qu'*auctoritas*, à laquelle on pouvait puiser, sans susciter le courroux de l'orthodoxie, des thèses peu controversées dans le néoplatonisme lui-même (comme la transcendance de l'Un absolu) ou des éléments aisément compatibles avec le christianisme (la diffusion du Bien par amour et non par nécessité). C'est sûrement, au moins en partie, ce rôle stratégique que Denys joua chez Ficin[5].

1. Ph. Hoffmann, « L'expression de l'indicible dans le néoplatonisme grec de Plotin à Damascius », dans C. Lévy et L. Pernot (éd.), *Dire l'évidence*, Paris, Harmattan, 1997, p. 335-390.

2. Ch. Schäfer, *Philosophy of Dionysius the Areopagite. An Introduction to the Structure and the Content of the Treatise « On the Divine Names »*, Leiden, Brill, 2006.

3. Denys, *MT*, I, 3, 144, 6. Voir Y. de Andia, *Denys l'Aréopagite. Tradition et métamorphoses*, Paris, Vrin, 2006, p. 129-139.

4. Voir E. Jeauneau, « Denys l'Aréopagite, promoteur du néoplatonisme en Occident », dans L. Benakis (éd.), *Néoplatonisme et philosophie médiévale*, Turnhout, Brepols, 1997, p. 1-23 ; A. Speer, « Lichtkausalität. Zum Verhältnis von dionysischer Lichttheologie und Metaphysik bei Albertus Magnus und Thomas von Aquin », dans T. Boiadjiev *et al.* (Hrsg.), *Die Dionysius-Rezeption im Mittelalter*, Turnhout, Brepols, 2000, p. 342-372.

5. Voir C. Vasoli, « L'Un-Bien dans le commentaire de Ficin à la "Mystica Theologia" du Pseudo-Denys », dans P. Magnard (éd.), *M. Ficin. Les platonismes à la Renaissance*, Paris, Vrin, 2001, p. 179-193, bien que Ficin définisse Denys comme « le sommet de la doctrine platonicienne et la cime de la théologie chrétienne », *Op.*, II, p. 1013-1014 et *id.*, *De christiana religione* (*Sur la religion chrétienne*, 1474-1476), *Op.*, p. 25 (désormais cité Ficin, *CR*). Par ailleurs, D. Luscombe, « Denis the Ps. Areopagite in the Writings of Nicholas of Cusa, M. Ficino and Pico » dans *Néoplatonisme et philosophie médiévale*, *op. cit.*, p. 93-109, souligne la nature somme toute superficielle de la lecture de Denys de la part aussi bien de Pic que de Ficin.

Certes, Ficin reconnaît, dans son commentaire du *Parménide*[1], qu'il « a discuté souvent avec Denys » sur l'ineffabilité de l'Un *simpliciter*[2], lequel est le principe final et la cause efficiente de manière éminente de toutes les choses[3]. Les négations qui concernent le premier principe n'expriment pas des privations, mais son incommensurabilité, qu'il faut adorer en silence[4]. L'un absolu est donc au-delà de l'être : contre l'identification imprudente des deux, Ficin présente une série d'arguments cohérente[5].

Pourtant, sa conception de la *transcendance* est très différente de celle de Denys. D'abord, Dieu est rarement présenté par Ficin comme un mystérieux oxymore entre la lumière et les ténèbres, même là où celle-là prédomine par son éclat aveuglant[6]. La *théologie négative,* maniée avec

1. Ficin, *Commentarium in Parmenidem* (désormais cité Ficin, *In Parm.*,), éd. et trad. angl. M. Vanhaelen, M. Ficino, *Commentaries on Plato. Parmenides*, Harvard, Harvard University Press, The I Tatti Renaissance Library, 2 vol., 2012, d'où je tire les citations en latin, l'ordre des chapitres et la pagination. Voir aussi la trad. it. de F. Lazzarin, *M. Ficino, Commento al Parmenide di Platone*, Firenze, Olschki, 2012. Le commentaire du *Parménide* fut commencé en 1492 et terminé en 1494 (voir *Suppl., op. cit.*, I, p. CXX) ; l'*argumentum* remonte aux années 1463-1464, publié d'abord dans la traduction des dialogues platoniciens en 1484, puis dans les *Commentaria in Platonem*, voir *Suppl., op. cit.*, p. CXVII-CXXIII, où il occupe la première position (en soulignant le premier principe comme Un), alors que dans les dialogues traduits il se trouve entre l'*Eutyphron* et le *Philèbe* (en considérant le premier principe surtout comme Bien), voir *Suppl., op. cit.*, II, p. 105.

2. Ficin, *In Parm.,* II, LII, p. 16 : « Sed de his una cum Dionysio Areopagita in commentariis in eum nostris saepe tractamus ».

3. Ficin, *In Parm.*, II, LII, p. 14 : « Est (*i.e.* unum simpliciter) enim ab omnibus absolutum, tanquam principium finale praecipue et eminenter efficiens ».

4. Ficin, *In Parm.*, I, XLVIII, p. 224.

5. Ficin, *In Parm.,* XXXVIII-XLIX contre le *De Ente et uno* de Pic, certes « mirandus ille iuvenis » (*ibid.*, I, XLIX, p. 234), mais insolent (*confidenter*) et peu perspicace dans la lecture du *Parménide*, qu'il aurait dû lire *diligenter*. Voir M. J. B. Allen, « The Second Ficino-Pico Controversy : Parmenidean Poetry, Eristic and the One » (1986), dans *id.*, *Plato Third Eye. Studies in M. Ficino's Metaphysics and Its Sources*, Aldershot, Ashgate/Variorum, 1995, chap. X ; M. Vanhaelen, « The Pico-Ficino Controversy : New Evidence in Ficino's Commentary on Plato's "Parmenides" », *Rinascimento* XLIX, 2009, p. 301-339 ; F. Lazzarin, Introduction à *M. Ficino, Commento al Parmenide, op. cit.*, p. LXXXIX-CI.

6. Denys, *DN*, 593B-C. Dans l'« Oratio ad deum teologica », *Op.*, p. 665-666 ; trad. fr. J. Reynaud et S. Galand, « Oraison théologique à Dieu », *M. Ficin, Lettres*, Paris, Vrin, 2010, p. 113-118, Ficin présente l'union avec Dieu comme une lumière immense, dépourvue de toute ombre. Pour l'édition intègrale des lettres, voir Ficin, *Epistolarium libri XII,* Venezia 1495 (Ficin, *Op.*, p. 607 *sq.*) ; éd. S. Gentile, *Lettere. Epistolarium familiarum liber I,* Firenze, Olschki, 1990 ; *liber II*, 2010 (au moment de consigner mon manuscrit, la trad. fr. du 1er livre des lettres, Paris, Vrin, 2014 n'est pas encore sortie). Pour une analyse détaillée de la lumière invisible divine, étrangère aux ténèbres, voir A. Rabassini, « *Amico lucis*. Considerazioni sul tema della luce in M. Ficino », dans *M. Ficino. Fonti, testi, fortuna, op. cit.*, p. 255-294.

précaution, a principalement la fonction de rappeler la conviction selon laquelle l'Un absolu est supérieur à l'Être[1]. Pourtant, l'Un ineffable peut être mis entre parenthèses, libérant de la sorte tout l'espace de réflexion sur les choses qui viennent *tout de suite après* et révèlent la procession.

Dès lors, Ficin considère la transcendance plus dans sa fonction constitutive, s'exerçant *à même le réel* que dans son ineffabilité. Lorsque Ficin reprend à Denys l'image du cercle qui mène du Bien au Bien[2], il en transforme l'ordre et la signification. La diffusion du Bien, qui se déverse dans tout être, en suscitant désir, amour et dilection[3] assure à tout être la possibilité de s'accomplir, en se tournant vers son origine. L'universalité de *renovatio* ne touche donc pas seulement tous les hommes, comme dans le message paulinien, mais tout étant[4]. Cette approche permet à Ficin de réfuter deux accusations qui sont adressées habituellement aux *platonici*. D'une part, la procession de l'Un ne ferait pas *être* mais seulement apparaître l'ordre du monde par une nécessité interne, alors que la création est un acte de bonté et de volonté[5]. D'autre part, l'élévation de l'âme platonicienne serait solitaire, « une fuite de seul à seul »[6] : elle manque d'humilité[7].

Pourtant, pour Denys, le cercle du bien est *interne* au cercle de l'unité. Bien qu'il caractérise les manifestations symboliques les plus hautes du divin (comme le beau, la vie, la sagesse, la paix, la vérité, la justice etc.), il reste *secondaire, voire complètement hétérogène au principe transcendant*[8]. Par contre, Ficin souligne plus la nature *bonne* de son œuvre que la bonté ineffable. Assurément, le réel est bon de par son origine, mais aussi parce qu'il est un processus, se développant de manière intrinsèquement

1. P. Podolak, « *Unitas apex animae*. Il commento ficiniano allo ps. Dionigi Areopagita fra aristotelismo, platonismo e mistica medievale », *Accademia* 9, 2009, p. 27-60 ; M. Vanhaelen, « The Pico-Ficino Controversy », *op. cit.*, p. 338.

2. Denys, *DN*, 712C et 713D ; Ficin, *DA*, II, 2, p. 24.

3. Denys, *DN*, 705A-708A ; Ficin, *DA*, II, 2, p. 24-26.

4. Denys, *DN*, 697C-D ; 700B-C.

5. L.-B. Geiger, *Penser avec St. Thomas*, études présentées par R. Imbach, Paris, Cerf/Éditions Universitaires de Freibourg, 2000, p. 231-232.

6. Plotin, *En.*, 9 (VI, 9), 1, 50-51.

7. Augustin, *Confessiones (Les confessions)*, Turnhout, Brepols, 1962, BA 13-14, VII, 24 et 27. Voir M. Erler, « Die helfende Hand Gottes. Augustins Gnadenlehre im Kontext des kaiserzeitlichen Platonismus », dans Th. Fuhrer (Hrsg.) *Die christliche-philosophischen Diskurse der Spätantike. Texte, Personen, Institutionen*, Stuttgart, Steiner, 2008, p. 189-204.

8. Y. de Andia, *L'Union à Dieu chez Denys*, Leiden, Brill, 1996, p. 123-167 ; J. M. Dillon et S. Klitenic, *Dionysius Areopagite and the Neoplatonic Tradition : Despoilling the Hellenes*, Aldershot, Ashgate/Vivarium, 2007, chap. 1.

positive. Les deux cercles sont si enlacés que l'un ne va pas sans l'autre, tandis que Denys distingue le mouvement qui, procédant de l'Un revient à l'Un, du cercle tracé par le Bien, caractérisé par le désir, la tension et l'amour. À la différence de Denys, pour qui la sagesse ou l'amour expriment de manière inadéquate le pouvoir divin, Ficin attribue à l'élan érotique la fonction de tracer le cercle du Bien au Bien[1]. Par ailleurs, Dieu possède son nom propre, qui est l'unité, laquelle grave sur toute chose son *symbolum*, qui n'est pas un signe d'indigence, mais de positivité :

> Puisque l'Un-Bien est le seul principe qui a été communiqué à tous, il s'ensuit, comme nous l'avons dit, que seulement l'Un-Bien est le principe de tous, de sorte qu'il revient au premier d'imprimer de manière prégnante sa propre marque aux choses singulières… Donc l'unité est le nom propre de Dieu ; l'unité qui est absolument au-delà de l'essence est le Dieu unique et premier[2].

Ficin transforme donc l'approche de Denys : il ne faut pas appréhender les *symboles* à partir de l'indicibilité de Dieu, en les considérant comme des noms inappropriés, mais à partir de son pouvoir productif, les saisissant comme les empreintes de sa positivité[3]. Somme toute, une différence essentielle distingue Ficin de Denys. Tandis que la transcendance de l'Un-Bien demeure, pour Denys, dans sa manence et son identité immuable, *incommensurable* à tout étant fini[4], pour Ficin, la stabilité ne correspond pas tant à la réalité première ineffable, mais définit plutôt l'effort de permanence propre à la réalité, une fois qu'elle a été produite. Plus qu'un principe

1. Ficin, *DA*, II, 2, p. 24 ; *In Phil.*, chap. 30, p. 291.

2. Ficin, *In Parm.*, II, L, p. 2 : « Unum ergo bonumque solum communicatum omnibus testatur, ut diximus, ipsum simpliciter unum bonumque omnium esse principium, siquidem ad primum pertinet proprium symbolum in singulis potenter exprimere… Unitas ergo proprium est dei nomen -unitas omnimo super essentiam, deus unicus atque primus ».

3. Dieu imprime la marque de son sceau sur l'âme, voir Ficin, *TP*, III, 10, t. 1, p. 198 ; Dieu reste incommensurable, mais les idées divines impriment en nous des *sigilla*, des formules auxquelles elles adhèrent sans cesse, *ibib.*, XI, 4, t. 2, p. 125.

4. Pour S. Lilla, *Dionigi Aereopagita e il platonismo cristiano*, Brescia, Morcelliana, 2005, p. 187-197, Denys emprunte aux Pères Cappadociens l'idée selon laquelle l'Un est au-delà de l'infini (*DN*, 588C), tandis que pour les néoplatoniciens, notamment Proclus, *Elementatio theologica*, éd. et trad. ang. E. R. Dodd, Oxford, Clarendon, 1933 (2ᵉ éd. : 1963) ; éd. et trad. fr. J. Trouillard, *Éléments de théologie*, Paris, Aubier, 1965 (désormais cité Proclus, *ET)* ici 150, l'Un est au-delà de l'être.

métaphysique inaccessible, la constance traduit la continuité cosmologique[1].

Par conséquent, la procession du réel n'est ni secondaire, ni inadéquate à l'inaltérabilité imperturbable du principe[2] parce qu'elle exprime la *positivité intrinsèque au déploiement du réel*, produit par un dieu dépourvu d'envie. Tandis que Denys met l'accent sur la stabilité et l'ineffabilité du premier principe ainsi que sur l'incommensurabilité de celui-ci par rapport à ses manifestations, Ficin s'efforce, tout au long de son œuvre, de trouver une médiation entre l'un et les autres. C'est pourquoi dans son horizon spéculatif prédominent la *continuité entre les différentes manifestations* de la bonté, lesquelles corrigent la structuration hiérarchique du réel et la transcendance obscure de Dieu.

Cette approche est rendue possible par les nouvelles sources néoplatoniciennes[3], lesquelles déterminent les problèmes «endogènes» de la pensée ficinienne ainsi que les matrices conceptuelles de leurs solutions. Avant que le novice philosophe ne puisse être introduit à la stricte discipline de la dialectique et affronter les problèmes de la participation ou de la conversion par la seule force de l'élaboration théorique, les images propres à la tradition néoplatonicienne, comme la lumière et le cercle, lui permettent de s'instruire. Ficin montre ici la nouveauté conceptuelle de la pensée néoplatonicienne à laquelle il puise, afin de proposer ses propres thèses.

Immanence

Car Ficin se sert ici des dispositifs empruntés à Plotin et à Proclus pour soutenir deux thèses majeures : la nature positive et perméable du réel, en lieu et place d'en souligner la dépendance à l'égard du premier principe ; le caractère uni de l'ordre des choses, contre la dépréciation de ses manifestations ultimes. Une telle correction de la verticalité du cycle de la

1. Comme le remarquait E. Wind, *Pagan Mysteries in the Renaissance*, London-New Haven, Barnes & Noble 1958, repris par M. J. B. Allen, *The Platonism of M. Ficino, op. cit.*, p. 92 *sq.*

2. Ficin, *In Dionysium Areopagita, De Div. Nom. comm.*, *Op.*, II, p. 1049.

3. Non seulement Plotin, mais aussi Proclus, *Théologie platonicienne* de Proclus, éd. et trad. fr. H.D. Saffrey et L. G. Westerink, 6 vol., Paris, Belles Lettres, 1968-1997, que Ficin lut avant l'année 1463 (cf. le ms. Ricc. 70, qui contient aussi *l'Elementatio theologica* et *l'Elementatio physica*). Une première traduction en latin fut donnée par Balbi en 1462, voir H. D. Saffrey, «Pietro Balbi et la première traduction latine de Proclus» (1980), dans *id.*, *Recherche sur la tradition platonicienne au Moyen Âge et à la Renaissance*, Paris, Vrin, 1987, p. 189-201.

procession et de la conversion néoplatonicien peut surprendre, mais une remarque préliminaire s'impose. De la transcendance indicible et ineffable de l'Un, le néoplatonisme a pu accentuer ou bien sa séparation d'avec ses effets ou bien son pouvoir productif, se déployant dans une série de médiations complexes[1]. Tandis que Denys a privilégié la stabilité du premier principe et la nature symbolique des biens diffusés dans son état d'ivresse, Ficin tente, stimulé par les nouvelles sources néoplatoniciennes, de penser plus la nature positive de la procession[2] à partir de l'Un que la transcendance ineffable de celui-ci[3].

Pour ce faire, Ficin reprend la thèse néoplatonicienne de *la supériorité qualitative de la cause sur l'effet*[4], laquelle est conçue comme une *transmission de valeur*[5]. Il lui attribue cependant une nouvelle signification, en liant l'image plotinienne de la propagation de la lumière[6] au modèle de la série, emprunté à Proclus[7] :

1. Comme le souligne Proclus, *ET*, 37, tout être peut être considéré comme quelque chose qui préexiste dans sa cause, ou bien comme produit par rapport au producteur, enfin dans son être propre.

2. Manifestement Ficin pense ici au problème soulevé par Boèce dans le *De Hebdomadibus* : *Quomodo substantiae in eo quod sint bonae sint cum non sint substantialia bona*, dans *Opuscula Sacra*, trad. fr. A. Tisserand, *Traités théologiques*, Paris, Flammarion, 2000. Voir L. M. de Rijk, « Boèce logicien et philosophe : ses problèmes sémantiques et sa métaphysique de l'être », dans L. Obertello (a cura di), *Atti del Congresso internazionale di studi boeziani*, Roma, Herder, 1981, p. 141-156 ; A. Gallonier, « Axiomatique et théologie dans le *De Hebdomadibus* », dans A. de Libera *et al.* (éd.), *Langages et philosophie. Hommage à J. Jolivet*, Paris, Vrin, 1997, p. 311-330.

3. Il faut prendre au sérieux ce que dit Plotin, *En.*, 39 (VI, 8), 18, 1-3 : si tu cherches le premier principe, ne le cherche point en dehors de lui, laisse-le en paix et cherche les choses qui viennent après lui !

4. Plotin, *En.*, 38 (VI, 7), 17, 7-9 ; Proclus, *ET*, 18.

5. C. D'Ancona, « Plotinus and Later Platonic Philosophers on The Causality of the First Principle », dans L. P. Gerson (ed.), *The Cambridge Companion to Plotinus*, Cambridge, Cambridge University Press, 1996, p. 356-385 ; F. Romano, « L'idée de causalité dans la "Théologie platonicienne" de Proclus », *Proclus et la « Théologie »*, *op. cit.*, p. 325-337.

6. Plotin, *En.*, 23 (VI, 5), 5, 1-25 : les rayons, qui partent et reviennent à un même centre, expriment les processus simultanés de la procession et de la conversion ; 10 (V, 1), 2, 18-25 : ici l'âme est comparée aux rayons de soleil qui éclairent le nuage obscur du corps du Ciel ; 31 (V, 8), 3, 4-6 : la beauté de l'âme divine est comparée à une lumière ; 24 (V, 6), 4, 14-20 : l'Un est comparé à une lumière supérieure qui confère la lumière à l'intellect ainsi qu'à l'âme.

7. Le modèle de la série est central pour Proclus : *ET*, 21, p. 75-76 : « Tout ordre part d'une monade, procède vers une multiplicité homogène à cette monade, et en tout ordre la multiplicité se ramène à une monade unique. La monade, faisant fonction de principe, engendre la multiplicité qui lui est appropriée. C'est pourquoi chaque série est une et chaque ordre est un,

> Or comme un seul rayon du soleil éclaire quatre éléments, feu, air, eau, terre ainsi un seul rayon divin illumine l'Intelligence, l'Âme, la Nature, la Matière. Et comme quiconque perçoit la lumière en ces quatre éléments voit le rayon du soleil lui-même et à travers lui est invité à contempler la lumière supérieure du soleil, de même celui qui contemple et aime la beauté en ces quatre instances de l'Intelligence, de l'Âme, de la Nature, du Corps, voit et aime en eux la splendeur de Dieu et, à travers cette splendeur, Dieu lui-même [1].

Mais, en suivant Proclus, il estime que la cause transmet son pouvoir formateur à la série. Car le rayon divin, en tant que beau, illumine les rangs de l'être, en leur communiquant les espèces, mais adaptées à leurs propres modalités :

> Ces espèces, nous les appelons Idées quand elles sont dans l'Intelligence, raisons quand elles sont dans l'Âme, semences dans la Nature et formes dans la Matière [2].

La force opératrice et diffusive de la lumière se structure alors dans une séquence d'effets différents qui reçoivent la détermination de la cause *selon un ordre décroissant* à mesure que les êtres s'éloignent dans la procession de l'unité transcendante [3]. Les manifestations multiples de l'unité originaire sont considérées comme les moments d'une série proportionnelle qui peut être remontée selon un ordre croissant, permettant à chaque étant de retrouver son principe causal [4].

Le résultat de cette association de notions est triple. D'abord, puisque la lumière se répand dans une série sans déperdition, mais seulement de manière décroissante, *l'univers des hypostases peut être élargi* : la nature, la matière, le corps ne sont pas tant représentés comme des moments de

lui qui d'un bout à l'autre tient de sa monade sa descente vers la multiplicité. Car il n'est pas d'ordre ni de série si la monade demeure en elle-même inféconde ».

1. Ficin, *DA*, II, 2, p. 36 : « Quemadmodum uero solis radius unus corpora quatuor, ignem, aerem, aquam terramque illustrat, sic unus dei radius mentem, animam, naturam, materiamque illuminat. Atque ut in quatuor iis elementis quicumque lumen inspicit, solis ipsius aspicit radium, perque ipsum ad supernam solis lucem intuendam conuertitur, ita quisquis decorem in quatuor istis, mente, anima, natura, corpore contemplatur amatque, dei fulgorem in iis, per que fulgorem huiusmodi, deum ipsum intuetur et amat ». Il développe ainsi ce qu'on a appelé en 1927, avec l'historien C. Baeumker, la « métaphysique de la lumière ». Les sources sont grecques et arabes, voir P. Adamson, *The Arabic Plotinus. A Philosophical Study of the Theology of Aristotle*, London, Duckworth, 2002, p. 5-26.

2. Ficin, *DA*, II, 3, p. 30-31 : « Speties illas in mente ideas, in anima rationes, in natura semina, in materia formas apellare solemus ».

3. Proclus, *ET*, 57 ; 60 ; 70-72.

4. Proclus, *ET*, 37.

sombre opacité que comme des rayons de lumière diffractés. La positivité du réel est fondée sur une séquence dont les moments sont des degrés de valeur variable dans un mouvement unitaire. Ensuite, bien que l'Un absolu soit l'origine imparticipable de la procession, son déploiement dépend en partie du concours des autres niveaux de réalité, puisque chacun, comme moment d'une séquence, anticipe et contient *in nuce* le degré successif[1]. La positivité de la procession à partir de l'Un va de pair avec *la continuité et la coopération* entre les niveaux du réel.

Cete approche ne surprend sans doute pas un *platonicus*, mais peut inquiéter un chrétien. Car elle présuppose que la création soit une action concertée entre plusieurs instances, qui continuent la production selon leur propre loi de développement. Ficin exploite ici la distinction entre dieu et le divin, développée par Proclus[2], ainsi que le rôle productif assigné aux dieux mineurs dans la constitution de l'univers[3]. Dès lors une tension demeure entre Dieu, qui est au-delà de l'être et de l'intelligible, et Dieu comme vie divine et « féconde », possédant toutes les idées en lui[4]. Toutefois, le lien entre la cause comme transmission de valeur et la propagation en série de la lumière étincelante confèrent au réel une beauté éclatante, laquelle réfute l'accusation adressée aux platoniciens de concevoir la procession comme une simple nécessité. Car la défense de la nature bonne et libre de la divinité bienfaitrice[5] est une des préoccupations théoriques principales du néoplatonisme[6]. Ainsi les étincelles de beauté qui parsèment les séries des choses produites témoignent-elles d'une

1. On peut mesurer la distance ficinienne à l'égard de Thomas d'Aquin, *Super Boetium de Trinitate, Expositio libri Boetii De Ebdomadibus*, éd. P.-M. Gils, *Sanctii Thomae de Aquino Opera omnia iussu impensaque Leonis L P. M. edita,* Roma, Ex Typographia Polyglotta S. C. de Propaganda Fide, 1992, 3 et 4 expositiones, lequel soutient que les choses sont bonnes par substance, non par participation, à moins de limiter la participation au rapport entre la puissance et l'acte ou entre la substance et les attributs. Thomas récuse la participation entre l'universel et l'individuel qui est, en revanche, une thèse fondamentale du néoplatonisme.

2. Proclus, *Théologie*, I, 26, 114, 5-15 et 115, 10-18 : on peut être dieu simplement ou par participation, ressemblance, contact, unification. Non seulement l'intellect est divin, mais aussi les hénades qui se situent entre l'Un et l'intellect.

3. J. Opsomer, « La démiurgie des jeunes Dieux selon Proclus », *Les Études Classiques* 71, 2003, p. 5-49.

4. Ficin, *TP*, XI, 4, t. 2, p. 113 et p. 118.

5. Proclus, *ET*, 133.

6. Plotin, *En.*, 39 (VI, 8), 9, 14-16 : l'Un n'est pas par hasard, mais par nécessité. Cependant, *ibid.*, 13, 50-55 en tant que Bien, l'être, le vouloir et le choix sont identiques dans l'Un, lequel est libre, car il n'est même pas soumis à soi-même, *ibid.*, 21, 32-33. Manifestement, la critique de l'absence présupposée de liberté dans l'Un des *platonici* était déjà triviale à l'époque de Plotin, lequel la définit, *ibid.*, 7, 16, un discours grossier et embarrassant.

procession qui n'est pas seulement orientée vers un lointain souverain bien, mais finalisée aussi à une plénitude présente, propre à chaque niveau de l'être[1].

De la sorte, tout en reprenant des dispositifs néoplatoniciens, Ficin les soumet à un savant travail de dissociation et de recomposition qui en exploite les ressources conceptuelles dans la direction de pensée qui lui est propre. Par là, la même attitude de montage des images se retrouve dans la réélaboration d'une des métaphores cruciales du néoplatonisme, le cercle, la circonférence, le point, afin d'établir la positivité de la procession sous la forme d'un ordre enchaîné à soi-même. Dans le deuxième discours, Giovanni Cavalcanti affirme :

> Ce n'est pas sans raison que les anciens théologiens ont placé la Bonté au centre et la Beauté à la circonférence. Plus exactement la Bonté en un centre unique et la Beauté en quatre cercles. Le centre unique du Tout est Dieu, et les quatre cercles autour de lui l'Intelligence, l'Âme, la Nature, la Matière... Et il est de la nature du centre, tout unique, indivisible et immobile qu'il soit, de se retrouver en de nombreuses, que dis-je ? En toutes les lignes divisibles et mobiles : puisque dans la ligne le point est partout[2].

Ce passage et l'analyse qui suit dépendent d'une reprise novatrice de plusieurs sources néoplatoniciennes[3]. Dans la pensée de Plotin, l'image dominante du centre et des rayons, combinée tantôt avec la métaphore de la lumière, tantôt avec l'ajout de circonférences diverses, suggère comment la multiplicité s'origine dans l'Un et revient à lui, sans qu'il subisse aucune perte[4]. Tout comme les rayons d'un cercle semblent sortir de leur centre commun pour y revenir, tous les êtres également procèdent et reviennent

1. Pour J. Dillon, « Ficino and the God of the Platonists », dans *Laus Platonici, op. cit.*, p. 13-24, Ficin, dans sa *Théologie*, souligne plus la nature productrice, bonne et libre de Dieu que sa transcendance ineffable. Cette approche est donc constante chez Ficin. Cependant Dillon rapporte cette conception ficinienne à Plotin et en signale le souci d'orthodoxie, tandis que je signale plutôt, dans le *De Amore* (mais pas seulement, comme on le verra) l'influence de la notion de *série*, tirée de Proclus, et la tension entre la réflexion de Ficin et certaines convictions fondamentales du christianisme.

2. Voir Ficin, *DA*, II, 3, p. 26-27 : « Neque ab re theologi ueteres bonitatem in centro, pulchritudinem in circulo posuerunt. Bonitatem quidem in centro uno, in circulis autem quatuor pulchritudinem. Centrum unum omnium deus est, circuli quatuor circa deum, mens, anima, natura, materia... Atque ea est centri natura, ut licet unum, indiuiduum, immobile sit, in multis tamen, immo in omnibus lineis diuiduis et mobilibus ubique reperiatur. Ubique enim est in linea puntum ».

3. Ficin semble conscient de son geste, puisqu'il s'y réfère explicitement en *TP*, XVIII, 3, t. 3, p. 190 et des passages semblables se retrouvent dans *In Phil.*, 31, p. 305-307.

4. Plotin, *En.*, 4 (IV, 1), 1, 20-27 ; 23 (VI, 5), 9, 1-25, *passim*.

vers l'unité : le double mouvement centrifuge et centripète est simultané et constitutif pour tout étant. Le centre n'est ni le cercle ni le rayon, mais leur condition de possibilité [1]. Les différents degrés de l'être sont alors compris comme des cercles suspendus au même centre [2]. La stabilité et l'identité du centre rendent compte du lien de tous les êtres dans leur mouvement de conversion, puisqu'ils dansent tous autour de l'Un, ou plus vraisemblablement autour de l'intellect [3].

L'image de la danse autour de l'Un est développée par Proclus. Sa préoccupation majeure n'est pas tant l'identité et l'indissolubilité de l'unité originaire que la cohérence de l'ordre établi par le cycle constitutif du réel. Proclus distingue deux significations de la centralité. Dans le sens le plus prégnant, il y a un mouvement autour du centre originaire, la danse de l'ensemble des étants qui se serrent autour de l'Un dans leur conversion vers le premier principe. Toutefois, pour que les étants puissent s'élever ensemble, il faut que leur totalité soit au préalable une unité médiatisée de l'intérieur, afin de former un ordre enchaîné à lui-même [4].

C'est ici qu'intervient le second sens du centre, entendu comme une médiation interne entre des extrêmes. Car ce qui est médiatisé est la partie inférieure de l'ordre supérieur avec la partie supérieure de l'ordre inférieur qui lui est contigu. Ainsi les extrêmes se ramènent-ils à l'unité par la médiation comme dans un centre [5]. C'est par ce centre médian que tous les êtres se trouvent enchaînés à un ordre et peuvent engager le mouvement de conversion vers le premier principe. La médiation exprime alors une *convergence* des extrêmes dans le centre. En revanche, Denys emploie l'image du cercle et des rayons pour établir la priorité inaccessible de la manence du premier principe. De même que le point contient potentiellement toutes les lignes, de même tous les rayons *préexistent* dans le centre immuable [6]. Mais le cercle n'est pas le modèle de la véritable conversion ou de l'union de l'âme avec Dieu, laquelle demeure ineffable, au-delà de toute intelligibilité [7].

1. Plotin, *En.*, 39 (VI, 9), 18, 9-31.
2. Plotin, *En.*, 37 (V, 3), 17, 10-32 ; 10 (V, 1), 11, 5-15 ; *passim.*
3. Plotin, *En.*, 28 (IV, 4), 16, 20-30 ; Platon, *Tim.*, 40c.
4. Proclus, *ET*, 21, 33, 75, 140, 197.
5. Proclus, *ET*, 28, 38, 132 ; 147, 148.
6. Denys, *DN*, 820C-821A.
7. Denys, *DN*, 592B-C. Il est significatif que Ficin, dans ses notes sur les *Noms divins*, souligne que pour Denys tout se retrouve en Dieu comme les lignes dans le centre ou les nombres dans l'unité : Ficin, *In Dionysium Areopagitam, De Div. Nom., Com., Op.*, II, p. 1094.

À partir de ces brèves considérations, le travail ficinien de démontage et de remontage des éléments tirés de la réflexion néoplatonicienne apparaît plus clairement. L'image des cercles autour du centre représentant le Bien est plotinienne[1], mais elle connaît des modifications significatives. Le contexte est d'abord différent : tandis que Plotin tente de définir par là le rôle de l'âme ou le rapport entre l'un et l'intelligible, Ficin attribue à cette image la fonction d'exprimer la valeur spécifique propre à chaque ordre, puisqu'il affirme *la positivité intrinsèque du réel par sa beauté*. Celle-ci joue un rôle médiateur : tout étant doit se serrer autour du centre du Bien, mais aussi puiser à la beauté relevant de son propre ordre de réalité.

L'exigence d'une double rotation dépend de Proclus, car le centre n'est pas seulement un point de départ ou d'arrivée, mais le lieu où s'effectue la médiation qui permet d'enchaîner la totalité des étants à un ordre. Toutefois, Ficin se distingue de Proclus parce que son critère de la médiation n'est pas la contiguïté entre des extrêmes (le niveau inférieur du supérieur et le niveau supérieur de l'inférieur), mais *l'universalité qualitative et transversale de la beauté*. C'est par celle-ci que les étants se joignent, poursuivant leur accomplissement. Ficin tente, tout comme Denys, d'envisager une *renouatio* pour toutes les créatures, mais il ne considère pas le cercle de l'amour comme un mouvement second et dérivé par rapport à la stabilité parfaite du premier principe.

Il introduit, en fait, une exigence nouvelle de réciprocité entre Dieu et le Monde, qui est étrangère à la jalousie de l'ivresse divine, célébrée par Denys. Dès lors, la signification principale de l'image ficinienne du centre réside dans la *positivité intrinsèque à toutes les manifestations du réel* et dans la *réciprocité circulaire entre celles-ci et leur principe*. La conversion vers le premier principe exprime le désir de toute créature que le retour lui apporte un incrément de valeur, voir une possible *renovatio*. Elle est sans doute le chemin qui conduit l'homme à sa divinisation.

La signification morale et métaphysique de la conversion doit donc être examinée.

1. Plotin, *En.*, 28 (IV, 4), 16, 20-31.

CHAPITRE II

LA CONVERSION

DOCTRINE DE LA VERTU

L'homme de bien et l'homme divinisé

Ficin renverse l'idéal de vie propre aux maîtres ès arts en revendiquant le primat de l'amour sur l'intellect[1] : loin d'être un obstacle à la connaissance, l'élan érotique mène à la contemplation divine et rend heureux, comme l'enseignait Diotime[2]. L'amour promet une félicité mondaine[3]

1. Ficin, *DA*, IV, 6, p. 82-83 : « Ce qui nous ramène au ciel, ce n'est point la connaissance de Dieu, mais l'amour… Ainsi les âmes jouissent-elles des idées et des raisons de l'intelligence divine, chacune en fonction de la manière dont l'amour l'a ravie… C'est donc par un bienfait de l'amour que dans les degrés divers de la félicité chacun se satisfait de sa part, sans éprouver aucune envie ». (« Quod ergo nos celo restituit non dei cognitio est, sed amor… Toto autem deo fruuntur omnes, quia totus in singulis est ideis… Quapropter amoris beneficio factum est ut in diuersis felicitatis gradibus portione sua quilibet sine ulla inuidia sit contentus »).

2. M. Corradi, « Il "Simposio" e il "De Amore" di Ficino », *Rivista di filosofia neoscolastica* 69, 1977, p. 406-422 ; S. Ebbersmeyer, *Sinnlichkeit und Vernunft, op. cit.*, p. 72-94.

3. La possibilité d'une félicité mondaine, liée à la contemplation amoureuse de Dieu ici-bas, fut sévèrement critiquée par Giovanni Pico de la Mirandola dans son *Commento dello illustrissimo signor conte Iovanni Pico Mirandolano sopra una canzona d'amore composta da Girolamo Benivieni cittadino florentino secondo la mente et opinione de platonici*, *Opera omnia* (1572), rééd. E. Garin, Firenze, Vallecchi, 1942 ; trad. fr. S. Toussaint dans *Les Formes de l'Invisible, essai sur l'Ineffabilité au Quattrocento*, Lausanne, Éditions de l'Âge d'Homme, 1989. Voir L. Valcke, *Pic de la Mirandole. Un itinéraire philosophique*, Paris,

dont tout un chacun, selon ses possibilités, peut jouir. De surcroît, le *De Amore* attribue le rôle principal à Giovanni Cavalcanti, ami intime de Ficin et parent du poète Guido, en les considérant tous les deux comme des partisans de l'amour socratique[1]. Guido Cavalcanti est fictivement enrôlé dans la défense d'une position qu'il n'a jamais soutenue, donnant congé à l'idéal de la félicité mentale, qui était pourtant le sien.

Quant au débat sur la meilleure forme de vie, le *De Amore* présente une véritable *doctrine de la vertu* sur trois plans qui s'enchevêtrent: le classement de la prudence, du courage, de la justice et de la tempérance[2] ; le parcours éthique qui commence par les vertus politiques ou civiles et mène aux vertus paradigmatique ou exemplaires, en passant par les vertus cathartiques et les vertus de l'âme purifiée[3]; l'articulation de la vie contemplative avec la vie active par la vie amoureuse[4]. Le recoupement des deux premiers moments revient au néoplatonisme : prudence, courage, justice et tempérance assument une signification diverse, de plus en plus épurée, selon le niveau éthique, politique, cathartique, contemplatif et paradigmatique de leur exercice.

Puisque, pour Plotin, la vertu réside dans l'assimilation à Dieu par la contemplation, l'âme doit se séparer du corps et de ses représentations[5]: l'impassibilité va de pair avec l'intelligibilité. La contemplation est possible car les objets intelligibles sont dans l'âme, parfois obscurcis par les vicissitudes du corps. L'ascèse culmine avec l'abandon des vertus civiles ou politiques : elle exige, en fait, « une fuite de seul à seul »[6]. Bien

Belles Lettres, 2005, p. 287-295 ; U. I. Aasdalen, « The First Pico-Ficino Controversy », dans *Laus Platonici Philosophi, op. cit.*, p. 66-88.

1. Ficin, *DA*, VII, 1, p. 206-208, où il interprète la poésie de Cavalcanti, *Donna me prega*, dans sa propre perspective. Ficin partage la même fascination étrange pour Guido que les poètes du XIVe siècle. Il demanda à Antonio Manetti d'écrire une biographie de Guido, P. O. Kristeller, *Suppl.*, *op. cit.*, II, p. 257. Voir M. Ciavoletta, « *Eros/Ereos* ? M. Ficino's Interpretation of Guido Cavalcanti's *Donna me prega* », dans K. Eisenbichler et O. Zorzi-Pugliese (eds), *Ficino and Renaissance Neoplatonism*, Ottawa, Dovehouse, 1986, p. 39-48 ; A. Wurm, *Platonicus amor. Lesarten der Liebe bei Platon, Plotin und Ficin*, Berlin, de Gruyter, 2008, p. 181-220.

2. Platon, *Rép.*, IV, 431e ; 443b ; *Phédon*, 64c-66a ; 82a-83d ; *Phèdre*, 250 b, *Théét.*, 176a-b.

3. Plotin, *En.*, 19 (I, 2), 1, 16-21 ; 3, 13-19 ; 6, 12-13 et 19-26 ; 7, 1-6 ; Porphyre, *Sentences*, 32. Voir Proclus, *ET*, 98 ; Macrobe, *Commentari in Somnium Scipionis*, éd. et trad. fr. M. Armisen-Marchetti, 2 vol., Paris, Belles Lettres, 2003, 1, 8, 3-11.

4. Ficin, *DA*, IV, 5, p. 74-80 ; V, 8, p. 122-118 ; VI, 18, p. 196-202 et VI, 8, p. 148-151.

5. Plotin, *En.*, 26 (III, 6), 5, 1-15 et 6, 1-7.

6. Plotin, *En.*, 9 (VI, 9), 1, 50-51.

que le repli sur soi-même n'exclue pas nécessairement l'engagement politique[1], celui qui a beaucoup contemplé juge l'activité politique indigne de soi[2]. Incontestablement le sage peut, suivant le modèle stoïcien[3], s'engager dans la cité et avec les amis. Néanmoins, il est capable de vivre seul ou en exil, sans que cela signifie qu'il le veuille[4]. C'est de la sorte que l'âme devient son « moi véritable »[5]. Mais Ficin traduit pour la première fois dans l'Occident latin les *Sentences* de Porphyre[6] qui offrent une autre lecture de ces vertus. Se montrant plus conscient des difficultés que rencontre l'âme, médiatrice entre l'intelligible et le sensible, dans son assimilation à dieu, Porphyre pose l'accent sur les vertus cathartiques que l'on doit pratiquer dans cette vie et qui précèdent les vertus contemplatives permettant à l'âme d'opérer intellectuellement. L'impassibilité (*vacuitas affectionum* dans la traduction de Ficin) demeure la condition de l'assimilation à Dieu (*similitudo cum Deo*), mais elle est atteinte grâce à la discipline contemplative, une fois que l'âme a été purgée. Par conséquent, l'homme de bien adopte les vertus politiques, l'homme divin ou le bon démon agissent selon les vertus cathartiques, mais seul un dieu parvient

1. Platon, *Lois*, 624a7-b3 et Plotin, *En.*, 9 (VI, 9), 7,16-35. D. O'Meara, *Platonopolis. Platonic Political Philosophy in Late Antiquity,* Oxford, Clarendon, 2003, p. 31-65 et p. 73-139, remet en question l'image conventionnelle du néoplatonicien, détaché de la cité.

2. Plotin, *En.*, 9 (VI, 9), 7, 26-30, en faisant écho à Platon, *Rép.*, 519d4-6 et *Phèdre*, 248d2.

3. Plotin, *En.*, 9 (VI, 9), 11, 5-16. Voir J.-Cl. Fraisse, *Plotin. L'Intériorité sans retrait*, Paris, Vrin, 1985, p. 133 *sq.* ; H. Blumenthal, « The History and Destiny of the Individual Soul in Plotinus », dans A. Charles-Saget (éd.), *Retour, repentir et constitution de soi*, Paris, Vrin, 1998, p. 114-132 et A. Schniewind, *L'éthique du sage chez Plotin*, Paris, Vrin, 2003, chap. 4. On peut comparer Plotin avec Sénèque, *Ep.* 42,10. Voir G. Lolito, *Suum esse. Forme dell'interiorità senecana*, Bologna, Patron, 2002, p. 131-175 ; B. Inwood, *Reading Seneca. Stoic Philosophy at Rome,* Oxford, Oxford University Press, 2005, p. 302-321.

4. Plotin, *En.*, 36 (I, 5) 10, 10-25, le bonheur du sage réside dans un acte intérieur. On peut être heureux, même si l'on n'agit pas. Au contraire, moins on agit, plus on est heureux.

5. Plotin, *En.*, 19 (I, 2), 3, 11-20 ; 4, 16-27 ; 6, 1-7 ; 7, 25-30.

6. Ficin, *De occasionibus siue causis ad intelligibilia nos ducentes*, Venezia, 1487. Le ms. grec de Ficin contenait seulement 28 sentences, notamment les n. 1-8, 10-13, 15-28 et 30-31. La traduction de Ficin fut corrigée et complétée (grâce aux sentences transmises par Stobée) par le néoplatonicien allemand Holstenius à Rome en 1630. F. Creuzer publia la version de Ficin-Holstenius avec le texte grec ensemble à l'édition des *Enneades* : *Plotini Enneades cum Marsili Ficini interpretatione castigata, ediderunt F. Creuzer et G. H. Moser, primum accedunt Porphyrii et Proclii Institutiones et Prisciani Philosophi Solutiones*, Paris, Didot, 1855.

aux vertus contemplatives, les vertus paradigmatiques ne convenant qu'au père des dieux [1].

Le rapport à la contemplation devient alors problématique. Ficin adopte la solution suivante : il considère les vertus intellectuelles et paradigmatiques comme des vertus dianoétiques aristotéliciennes (*intellectives*) et toutes les autres formes d'excellence comme des vertus morales [2]. Ainsi les vertus contemplatives et paradigmatiques sont-elles accessibles à l'homme de bien, qui peut s'assimiler à un bon démon, voir se diviniser. Pourtant, une telle contemplation n'implique pas l'attitude exceptionnelle et décharnée de la félicité mentale. Bien que la sagesse divine donne aux hommes une lumière qui, comme pour Plotin, prédispose à la vertu, celle-ci est toujours, comme le souligne Aristote, l'objet d'une éducation, d'un *habitus* et d'un exercice [3]. Cela est clairement exprimé dans la *Théologie* :

> Tous donc cherchent Dieu. Mais ceux qui le cherchent par le chemin le plus direct sont ceux qui, d'abord, par les vertus civiques retranchent les désirs secondaires de l'âme, qui ensuite, par les vertus purificatrices, les extirpent, et qui en troisième lieu par les vertus de l'âme déjà purifiée modèrent en outre les premiers désirs, pour qu'une fois tempérés, ils soient formés par les vertus exemplaires qui sont en Dieu. Or nous pouvons, cela n'est pas douteux, être formés par les vertus exemplaires qui sont en Dieu. Car la préparation ou disposition concerne la forme ainsi que l'habitus, et une disposition déterminée l'habitus déterminé... Dieu, qui est la vertu exemplaire, dote dès l'origine l'espèce de l'âme humaine de certains germes et de certains stimulants des vertus, lesquels nous préparent aisément aux vertus exemplaires et divines par l'intermédiaire des vertus humaines, c'est-à-dire les vertus civiques, purifiantes et les vertus de l'âme purifiée [4].

1. Dans la traduction de Ficin : « Ideoque qui secundum practicas virtutes operatur, vir probus est : qui secundum purgativas, *homo daemonius sive divinus, seu genius bonus*. Qui vero secundum sola intellectuales, deus. At qui secundum exemplares, deorum pater. Inprimis ergo purgativis nos studere oportet, *id nobiscum considerantes*, eas in hac vita obtineri posse : et per eas deinde gradus patere *ad excellentiores* ».

2. Ficin, *DA*, VI, 18, p. 198 ; *TP*, VIII, 3, t. 1, p. 296-298, où les vertus intellectives sont appelées spéculatives. Voir Aristote, *Ethique à Nicomaque*, I, 13, 1103a1-10.

3. Aristote, *Ethique à Nicomaque*, II, 1, 1103a15-1103b1.

4. Ficin, *TP*, XIV, 6, t. 2, p. 268 : « Omnes igitur Deum quaerunt. Quaerunt autem illi Deum rectissimo calle, qui primo per civiles virtutes affectus animi secundos amputant, deinde per virtutes purgatorias eos extirpant, tertio loco per virtutes animi iam purgati affectus primos insuper moderantur, quibus temperatis denique virtutibus exemplaribus quae sunt in Deo formentur. Formari vero quandoque virtutibus exemplaribus procul dubio possumus. Nam praeparatio sive affectio formam habitumque respicit, atque certa quaedam affectio

Le lien entre l'homme de bien et l'homme divinisé ou le bon démon, se noue à l'intérieur de la modération et de la tempérance[1]. Contrairement à Plotin, l'acquis de la vertu divine n'exige pas, pour Ficin, d'abandonner les autres. Suivant Porphyre, Ficin est attentif à la vertu pratiquée durant la vie, qui est une médiation, conduisant à la saisie des germes exemplaires que Dieu a infusés en nous et dont le déploiement exige une éducation, voire une initiation. Deux conséquences s'ensuivent. D'abord, la continuité des vertus ne désigne pas tant un idéal progressif et universel que la multiplicité des formes de vie. Il y aura ainsi le courageux, le tempérant, le juste et le prudent[2]. Chacun accomplit son *officium*, la tâche qui lui est la plus appropriée, puisque, comme l'enseignait Cicéron, la vertu se donne dans ses conditions concrètes d'exercice[3]. Dès lors l'apprentissage implique une certaine inclination, la prédisposition d'un tempérament que Ficin retrouve dans les astres[4]. Ensuite, la multiplicité des vertus et des formes de vie renvoie à un fondement unitaire, qui est l'amour. Ici se situe le geste novateur de Ficin. Le recoupement entre les vertus platoniciennes, les degrés de l'ascèse et la distinction entre les activités dianoétique et morale trouve sa condition de possibilité dans l'amour. Celui-ci est compris, grâce à Diotime, comme le pouvoir d'engendrer (*generandi potentia*) aussi bien les images de la vertu, par la production des œuvres ou des plaisirs, que la vertu elle-même, par la saisie des exemplaires divins dans notre esprit. Si l'Amour comprend deux démons, qui poussent l'un à l'intelligence exceptionnelle du divin, par la philosophie, la justice et la piété, l'autre à

certum habitum… Deus qui virtus ipsa exemplaris est, animae humanae speciem afficit ab initio seminibus quibusdam incitamentisque virtutum, per quae humanis virtutibus, id est civilibus, purgatoriis, purgati animi ad exemplares divinasque virtutes commode praeparamur ».

1. M. Vanhalen, « M. Ficin, traducteur et interprète du *Charmide* de Platon », *Accademia*, 2001, p. 23-52 traduit et analyse l'*argumentum* ficinien du *Charmide*, en reconstruisant les sources néoplatoniciennes, ainsi que l'influence des Pères de l'Église, d'Avicenne, de Pléthon et des *Oracles*.

2. Ficin, *DA*, IV, 5, p. 76-77 : « Aussi à cette fin (*i.e.* la béatitude), cette étincelle issue de lui, Dieu la dispense-t-il diversement selon les âmes : sous la conduite de la prudence, elles retrouvent leur créateur, les unes en pratiquant le devoir de courage, d'autres celui de justice, d'autres celui de la tempérance ». (« Scintillam itaque suam in uariis animis deus ad finem huiusmodi uarie temperat, ita ut prudentia duce, alii per fortitudinis, alii per iustitie, alii per temperantie officia suum repetant auctorem »).

3. C. Landino a joué un rôle considérable dans le renouveau de la philosophie morale de Cicéron à Florence, voir F. La Brasca, *Cristofero Landino et la culture, op. cit.*, chap. 3.

4. Ficin, *DA*, IV, 5, p. 76-79 : le courage est un être mâle, comme le Soleil ; la tempérance est une entité femelle, comme la Terre ; la justice est un mixte, comme la Lune.

procréer des enfants, les âmes des hommes comptent trois affects (*affectus*)[1], qui en définissent les vertus :

> D'où vient que s'insinue en nous ce triple Amour dont nous avons parlé. En effet de naissance ou par éducation, nous sommes disposés et enclins soit à la vie contemplative, soit à la vie active, soit à la vie voluptueuse[2].

Ni Plotin, ni Porphyre n'ont ramené explicitement l'exercice de la vertu dans cette vie à l'amour, puisque l'impassibilité est, pour eux, le signe de l'intelligible et le présupposé de la contemplation. En revanche, Ficin ouvre un espace moral où les passions, les *affectus*, trouvent leur juste place, sans les réduire aux modalités primitives du plaisir et de la peine, pas plus qu'à des éléments de jugement. L'amour est ce qui fait sortir de l'impassibilité et inaugure un cours d'action dans le monde : il produit de belles œuvres, de belles âmes et engendre la cohésion de la société, car « la cité n'est pas faite de pierres, mais d'hommes »[3]. Ainsi l'amour permet-il de sortir des équilibres fragiles établis entre la vie active et la vie contemplative, s'engageant résolument dans l'engendrement et/ou la contemplation, laissant derrière lui Hercule hésitant à la croisée des chemins[4]. L'idéal du *negotiosum otium*, chéri par le public laïc de Florence, ne trouve pas seulement dans l'amour socratique une vie composée ou mixte[5], mais une force productive qui est à la fois fondement et médiation des vertus

1. Ficin, *DA*, VI, 8, p. 148-151.

2. Ficin, *DA*, VI, 8, p. 150 : « Hinc triplex, ut diximus subrepit amor. Aut enim ad contemplatiuam, aut activam, aut uoluptuosam uitam prompti et procliues geniti educatiue sumus ».

3. Ficin, *DA*, VII, 16, p. 244 : « Civitatem profecto non lapides sed homines faciunt ». Comme le disait Aristote, *Ethique à Nicomaque*, II, 1, 21-25, la vertu ne se produit pas selon la nécessité d'une pierre qui tombe. L'image plaira à Duns Scot et à Spinoza, servant des propos sur la liberté humaine.

4. Ficin, *DA*, VII, 16, p. 246-247. La recherche des équilibres caractérise la réflexion de Landino, lequel reprend à son compte, mais autrement, le croisement entre les vertus porphyriennes et la distinction aristotélicienne. Pour une lecture qui rapproche, par contre, Ficin de Landino voir M. Lentzen, « Le virtù, *vita activa, vita contemplativa* e il concetto di nobiltà nelle opere di C. Landino », dans F. La Brasca et Ch. Trottmann (éd.), *Vie solitaire, vie civile. L'humanisme de Pétrarque à Alberti*, Paris, Champion, 2011, p. 195-208 et C. Vasoli, « L'esempio della vita speculativa nelle "Camaldulenses Disputationes" di C. Landino : Paolo del Pozzo Toscanelli », *ibid*., p. 601-618, où l'homme de science est considéré comme un modèle de vie studieuse et active. Voir aussi S. Fellini, « C. Landino e M. Ficino sull'origine dell'anima », *Rinascimento* 50, 2010, p. 263-298.

5. Augustin, *De Civ. Dei, op. cit*., XIX, 2.

morales et intellectives[1]. L'homme de bien n'est pas un courtisan bien élevé, mais un bon démon, guidé par la tentative de s'assimiler au divin, suivant l'instruction ordonnée des vertus. La divinisation de soi exige la conduite irréprochable de l'homme de bien dans son engagement civique[2].

Toutefois, c'est en tant qu'élan que l'amour n'est pas seulement la condition essentielle de l'éducation des vertus, mais aussi le présupposé de l'initiation de l'âme au mystère de sa destinée. Pour cela, il doit se transformer en fureur.

La fureur de l'âme

La fureur est l'élan qui élève l'âme aux mystères divins :

> Or la fureur divine nous élève aux régions supérieures, comme il ressort de sa définition. Il y a donc quatre espèces de délires divins. Le premier est le délire poétique, le deuxième le mystérique, le troisième est la prophétie, la quatrième la passion amoureuse. Or la poésie dépend des Muses, les mystères de Dionysos, la prophétie d'Apollon, l'amour de Vénus[3].

Ficin s'inspire directement du passage du *Phèdre*, consacré aux quatre modalités de la folie, bien qu'il en change l'ordre[4]. Dans le commentaire au *Banquet* et au *Ion*, il classe les fureurs en poétique, télestique, mantique et érotique, selon l'élévation de l'âme[5]. Par contre, dans le commentaire du

1. Sur la nécessité de lier la vie contemplative et la vie active par l'amour, voir le proême adressé à Lorenzo dans la seconde version du commentaire *In Phil.*, p. 480-483.

2. En revanche, pour Plotin, *En.*, 19 (I, 2), 7, 25-30, lorsque le sage possède les vertus supérieures, « il ne vit plus la vie de l'homme de bien ». Il abandonne la vertu civique et choisit la vertu des dieux, « puisqu'il veut ressembler aux dieux, non aux hommes de bien ».

3. Ficin, *DA*, VII, 14, p. 240 : « Furor autem diuinus est qui ad supera tollit, ut in eius definitione consistit. Quatuor ergo diuini furoris sunt speties. Primus quidem poeticus furor, alter mysterialis, tertius uaticinium, amatorius affectus est quartus. Est autem poesis a Musis, mysterium a Dionysio, uaticinium ab Apolline, amor a Venere ».

4. Platon, *Phèdre*, 244a-257 : la mantique (244a-d), la télestique (244d-e) ; la poétique (245a), l'érotique (245a-c). Voir L. Brisson, « Du bon usage du dérèglement », dans J.-P. Vernant (éd.), *Divination et Rationalité*, Paris, Seuil, 1974, p. 220-248.

5. Ficin, *DA*, VII, 14, p. 240-245 ; *In Phaedr.*, chap. 4, p. 82-86 ; *Epitome in Ionem*, *Op.*, II, p. 1281-1284 ; *Argumentum in Phaedrum*, *Op.*, II, 1363-1364. Voir la lettre « De divino furore », *Op.*, I, p. 612-615, trad. fr. « Sur la fureur divine », *Lettres, op. cit.*, p. 23-33 ; la lettre à Peregrino degli Agli (1457), dans *Lettere*, *op. cit.*, I, p. 19 *sq.* et la lettre à Naldo Naldi, *Op.*, I, p. 830. Sur l'évolution de la conception ficinienne de la fureur, voir S. Gentile, « In margine all'epistola "De Divino furore" di M. Ficino », *Rinascimento* 23, 1983, p. 33-77 et M. J. B. Allen, *The Platonism of M. Ficino. A Study of his « Phaedrus » Commentary, its Sources and Genesis*, Berkeley, University of California Press, 1984, p. 41-67. Sur le contexte florentin de la discussion, voir D. Coppini, « L'ispirazione per contagio : *furor* et *remota lectio*

Phèdre[1], il reconstruit l'origine des folies, en les faisant correspondre aux diverses facultés humaines.

> Mais après avoir observé plus attentivement la beauté sensible et reconnu la beauté divine, alors nous aimons Dieu, que nous avons déjà longuement chéri comme bon. Dans mes commentaires du *Banquet* et du *Ion*, j'ai établi l'ordre des fureurs eu égard à la restauration de l'âme ; ici, par contre, selon l'origine des fureurs[2].

Il range alors les fureurs en mantique ou prophétique, en télestique, en poétique et en amoureuse, ordonnées respectivement à la cognition, à la volonté, au pouvoir auditif et à la vue. Puisque la vue est le pouvoir sensible le plus spirituel, il n'est pas contradictoire de célébrer la fureur suprême de l'amour qui permet de se joindre à Dieu[3], comme l'enseigne le rapt de Paul et comme le confirme Denys[4] :

nella poesia latina del Poliziano », dans V. Fera e M. Martelli (a cura di), *A. Poliziano, poeta, scrittore, filologo*, Firenze, Le Lettere, 1998, p. 127-164 ; P. Megna, *Lo « Ione » platonico nella Firenze medicea*, Messina, Centro Interdipartimentale di Studi Umanistici, 1999 (2e éd.).

1. Voir M. Ficino, *Commentarium in Phaedrum*, éd. et trad. ang. M. J. B. Allen, *Marsilio Ficino and the Phaedran Charioteer*, Berkeley, University of California Press, 1981, chap. 1, p. 72-73. Les premiers chapitres correspondent à l'*argumentum* (1484), les *summae capitulorum* ont été rédigées dans les années 1490. C'est pourquoi j'utilise Ficin, *In Phaedr.*, pour les chapitres et Ficin, *In Phaedr., sum.* pour les *summulae*.

2. Ficin, *In Phaedr.,* chap. 3, p. 84-85 : « Sed postquam attentius sensibilem pulchritudinem spectaverimus, agnoverimusque divinam, deum tandem amamus ut pulchrum quem iam pridem dilexeramus ut bonum. In Convivio quidem et Ione furorem quatuor ordinem quantum pertinet ad reductionem anime disposuimus, hic autem quantum spectat ad ipsam furoris originem ».

3. On peut mesurer ici la distance de Ficin à l'égard d'Augustin, pour lequel l'amour se systématise dans *l'ordo amoris*, *De Civ. Dei*, *op. cit.*, XV, 22 : « Definitio brevis et vera virtutis est ordo amoris ». L'*ordo amoris* est *ordinatio* et *lex* ainsi que la *caritas* est *ordinata dilectio*. Mais Ficin privilégie l'amour comme fureur qui dépasse les limites de tout ordre. Certes, pour Augustin, l'amour renouvelle l'homme et lui permet de retrouver une félicité sans deuil, *Conf.*, *op. cit.*, X, 20, 29. Néanmoins, l'amour est étroitement lié à la mémoire, puisqu'il transforme le temps fixé dans le passé dans le temps pris dans son devenir (*prateriuntia tempora, non praeterita*, *ibid.*, XI, 26, 33). Voir R. Bodei, *Ordo amoris. Conflitti terreni e felicità celeste*, Bologna, Il Mulino, 1991, p. 91 *sq*.

4. Co. 13.1-13. Voir la lettre de Ficin à Orlandini, *Op.*, p. 1425-1426.

> L'amour est une fureur qui aliène l'âme, laquelle est enlevée par un dieu et élevée au-dessus de l'homme. Il faut vénérer cette fureur, qui vient de Dieu et qui nous fait divins, et qui est surtout le remède de plus grands maux et la cause de plus grands biens [1].

Par conséquent, on pourrait penser que Ficin emprunte à Denys la conception de l'amour comme ivresse et fureur. Dans les *Noms divins*, non seulement l'amour est considéré comme une puissance unificatrice au cœur du bien, se diffusant avec largesse jusqu'à la matière informe [2], mais surtout *Dieu lui-même est présenté comme hors de soi par amour* engendrant le monde dans un état d'ébriété [3]. Pourtant, la césure entre les deux auteurs est profonde. Tandis que, pour Ficin, l'amour vise *l'intégration et l'unité* aussi bien de l'âme que de l'ordre du réel, pour Denys, il implique *la désintégration de soi* et *l'instauration d'une unité indicible.* Car Dieu est un amant aimé, s'aimant d'abord soi-même, et exigeant d'être l'unique objet d'amour, excitant même la passion d'autrui jusqu'à la jalousie. Par contre, une des convictions essentielles de Diotime, reprise par Ficin, est l'absence d'une telle passion négative dans la divinité. Dieu est généreux et paisible, dépourvu d'envie [4]. Ce n'est donc pas un hasard si l'union entre l'âme humaine et Dieu n'est pas pensée par l'Aréopagite selon le modèle des amants platoniciens : ni le *Banquet* ni le *Phèdre* n'ont de place dans sa réflexion sur l'amour. L'amant idéal est, pour Denys, le *moine solitaire* ou Moïse lui-même [5]. L'union amoureuse implique la dépossession de soi dans l'extase. L'amant appartient entièrement à l'aimé et cesse de vivre en soi-même. Il est transformé, par ce ravissement, en un autre qu'il ne peut ni être ni reconnaître. L'union marque résolument le glissement dans les ténèbres [6].

1. Ficin, *In Phaedr., sum.*, chap. 13, p. 142-143 : « Est enim praeterea et furor aliquis per quem animus alienatur deo raptus super hominen elevatus ; hic venerandus est, quoniam est a deo facitque divinum, atque est maximorum tum malorum medicina tum bonorum causa ».

2. Denys, *DN*, 696C-697A ; 709C-D.

3. Denys, *DN*, 708A-B ; 712A-713A.

4. Ficin, « Oraison théologique à Dieu », *Lettres*, *op. cit.*, p. 11 ; « Sur la félicité », *ibid.*, p. 112.

5. Denys, *DN*, 700A. Sur la signification de Moïse dans la philosophie médiévale, voir Albert le Grand, *Commentaire de la Théologie mystique*, éd. et trad. fr. E.-H. Weber, Paris, Cerf, 1993, chap. 1, qu. 6, p. 94 *sq.*

6. Denys, *DN*, 592B-593B.

Ficin, en revanche, demeure fidèle à l'intention du *Phèdre*, qui dévoile, par la palinodie de l'amour opérée par Socrate, la nature de l'âme ainsi que la réminiscence, lesquelles fondent la théorie des idées[1]. Dès lors, la théorie des fureurs intervient à la fin du commentaire : l'initié de fraîche date[2], dont parle le *Phèdre*, peut accéder finalement aux mystères platoniciens par la fureur amoureuse. Le langage initiatique est très présent dans le *Phèdre*, mais Ficin en change le parcours sur un point significatif. Tandis que, dans le dialogue de Platon, la révélation de la nature de l'âme précède et fonde le dévoilement de la signification de l'amour, dans le commentaire de Ficin, la rencontre heureuse avec autrui est analysée avant que soit établi le rapport entre l'élan amoureux et l'ascension de l'âme. Le renversement de perspective s'explique par la prise en compte de la conception néoplatonicienne de l'Un comme principe de toutes les choses. L'apprenti philosophe accomplit son initiation, en saisissant les liens entre la fureur amoureuse, les degrés du réel[3] et les modalités correspondantes d'unité[4], puisque :

> L'âme ne peut revenir à l'Un qu'en devenant une elle-même[5].

Un tel résultat n'est pas tant la simple restauration d'une origine perdue que la production d'une unité inédite qui est passée avec succès par l'épreuve de la dépossession de soi. Avant de traduire en termes conceptuels cette nouvelle unité, qui apporte un surcroît d'intégrité, le novice doit y être initié par le bonheur de l'expérience amoureuse. À la différence de Denys, l'attachement pour autrui ne conduit pas à la désintégration de soi dans une union indicible, mais à la constitution d'une nouvelle identité acquise par le don de la réciprocité :

1. Platon, *Phèdre*, 241d-257a.

2. Platon, *Phèdre*, 251a-252c.

3. Ficin, *DA*, VII, 13, p. 238-239 : les degrés sont l'Un, l'Intelligence, la Raison (la partie supérieure de l'âme) ; l'Opinion (la partie inférieure de l'âme), la Nature et le Corps.

4. À cet égard la lecture d'Hermias, *Scholia in Phaedrum*, Paris, Bouillon, 1901, fut déterminante, comme l'a suggéré A. Sheppard, « The Influence of Hermias on Marsilio Ficino's Doctrine of Inspiration », *J. W. C. I.* 43, 1980, p. 97-109, reprise par P. Laurens, Introduction à *M. Ficin, Commentaire sur le Banquet, op. cit.*, p. XXXV-XXXVII, malgré les réserves de M. J. B. Allen, « Two commentaries on the "Phaedrus" : Ficino's Indebtedness to Hermias », *ibid.*, p. 110-129. Ces *scholia* sont les notes prises par Hermias à partir des leçons de Syrianus sur le *Phèdre* et portent la trace des discussions controversées sur la nature et la descente de l'âme dans le corps. Ficin les traduisit en 1488, mais les connaissait bien auparavant, comme le montre le *De Amore*.

5. Ficin, *DA*, VII, 14, p. 240-241 : « Redire quippe ad unum animus nequit nisi ipse unum efficiatur ».

> Chaque fois que deux êtres s'entourent d'une mutuelle affection, l'un vit en l'autre et l'autre vit en l'un. De tels êtres s'échangent tour à tour et chacun se donne à l'autre pour recevoir l'autre à son tour. Comment ils se donnent en s'oubliant eux-mêmes, je le vois. Mais comme ils reçoivent l'autre, c'est ce que je ne comprends pas. Car ce qui ne se possède pas soi-même, encore moins en possédera-t-il un autre. Or tout au contraire chacun d'eux se possède lui-même et possède l'autre. Celui-ci se possède, mais en l'autre; l'autre aussi se possède, mais en celui-ci. Evidemment, puisque je t'aime, toi qui m'aimes, je me retrouve en toi qui penses à moi et je recouvre en toi, qui les conserves, le moi perdu par moi du fait de ma propre négligence. Et toi tu fais la même chose en moi. Ceci encore paraît une chose merveilleuse. Si, après m'être perdu, je me retrouve en toi, *je me possède par toi*; mais si je me possède par toi, je te possède avant et plus que moi-même et je suis plus proche de toi que de moi, puisque je n'adhère à moi-même que par ton intermédiaire[1].

Tandis que, pour Ficin, le rapport de l'amour à la mort entre les deux amants est producteur d'une identité nouvelle et réciproque, il signifie, pour Denys, dans le sillage de Paul, la perte unilatérale de la vie de l'amant pour se dissoudre dans Dieu :

> C'est ainsi que le grand Paul, possédé par l'amour divin et prenant part à sa puissance extatique, dit d'une bouche inspirée: «je ne vis plus, c'est le Christ qui vit en moi» (*i.e.* Gal. 2, 19-20), ce qui est bien le fait d'un homme que le désir a fait, comme il dit, sortir de soi pour pénétrer en Dieu et qui ne vit plus de sa vie propre, mais de la vie de celui qu'il aime[2].

Par contre, lorsque Ficin reprend la métaphore déjà éculée de l'amoureux mourant à lui-même, il souligne que les amants acquièrent, par une seule mort, un gain inestimable (*O inestimable lucrum !)*, à savoir une double résurrection, une double vie. De la sorte, chacun est presque dédoublé (*tamquam germinatus*)[3]. La condition de la *reconnaissance*,

1. Ficin, *DA*, II, 8, p. 44-45 : « Quotiens duo aliqui mutua se beniuolentia complectuntur, iste in illo, ille in isto uiuit. Vicissim huiusmodi homines se commutant et seipsum uterque utrique tribuit, ut accipiat alterum. Quomodo seipsos tribuant, dum sui obliuiscuntur, uideo. At quomodo accipiant alterum, non intelligo. Nam qui seipsum non habet, multo minus alium possidebit. Immo uero habet seipsum uterque et habet alterum. Iste quidem se habet, sed in illo. Ille quoque se possidet, sed in isto. Equidem dum te amo, me amantem, in te de me cogitante me reperio, et me a me ipso negligentia mea perditum in te conseruante recupero. Idem in me tu facis. Mirum rursus et hoc apparet. Nam ego postquam me ipsum amisi, si per te me redimo, per te me habeo; si per te habeo, te prius ac magis habeo quam me ipsum, tibi propinquior quam mihi sum, quippe cum mihi non aliter quam per te medium inherescam ».

2. Denys, *DN*, IV, 12-13.

3. Ficin, *DA*, II, 8, p. 46-47. Ficin va au-delà de l'exigence d'une médiation intérieure à l'amour, mise en avant par Proclus, *In Alc., op. cit.,* 45.15-46.13, où Socrate se présente

posée déjà par Aristote comme fondement de toute amitié amoureuse, signifie ici surtout un *dédoublement, la capacité de prendre en charge l'autre*[1]. Toutefois, l'amant ne découvre pas qu'il est habité intérieurement par un Autre, au lieu de soi[2]. Au contraire, autrui est un être en chair et os, qui peut être comparé à une statue divine. Que les dieux puissent être présents directement dans les statues animées est une croyance hermétique qui nourrit les pratiques théurgiques[3]. Bien que le néoplatonisme post-plotinien intègre ces rites, il possède un espace conceptuel propre qui permet d'assigner à la statue une signification philosophique adéquate. C'est la notion de statue, *ágalma*, élaborée par Plotin, rétif aux pratiques théurgiques. D'abord, l'*ágalma* ne désigne pas seulement la statue divine,

comme le bon démon d'Alcibiade, en représentant sa meilleure partie, l'intellect, ou l'âme, si l'on considère le composé de l'âme et du corps. La relation n'eut pas le succès escompté. Justement, Proclus, *ibid.*, 95.17-96.11, reconnaît que la connaissance d'autrui est, dans l'amour, l'objet d'une dialectique incertaine, puisqu'il y a toujours une *prémisse contingente*.

1. Ficin critique par là la conception comparative de l'amour entre soi-même, son prochain et Dieu dans la pensée de Thomas d'Aquin, *Summa theologiae* dans *Sanctii Thomae de Aquino Opera omnia iussu Leonis XIII P.M. edita, IV-XII,* Roma, Ex Typographia Polyglotta S. C. de Propaganda Fide, 1888-1906; trad. fr. A.-M. Rouguet (dir.), *Somme de théologie*, 4 vol., Paris, Cerf, 1984-1986 (désormais cité Thomas d'Aquin, *ST*): ici II-II, qu. 25, art. 4; qu. 26, art. 5. Les notions d'intégrité et d'unité sont essentielles, mais à partir de l'affection que l'on porte à soi-même (car on ne peut pas se haïr soi-même, *ibid.*, I-II, qu. 29, art. 4). Pour Ficin, l'élan amoureux ne compte pas et cherche une tout autre unité, acquise par l'ouverture à autrui. C'est pourquoi il est étranger à certaines questions que Thomas se pose, comme : doit-on aimer tel prochain plus qu'un autre ? Doit-on aimer plus celui qui est meilleur ou celui qui nous est le plus uni ? Doit-on s'aimer soi-même plus que son prochain ? *Ibid.*, II-II, qu. 26, art. 1-13.

2. Le maître intérieur augustinien ne joue pas ici de rôle significatif : les références sont à cet égard allusives (par exemple Ficin, *TP*, VII, 6 et Augustin, *De magistro (Le maître)*, *Œuvres*, Turnhout, Brepols, 1941, BA 6, XII, 40). Car, pour Ficin, la rencontre amoureuse n'indique pas seulement le vecteur : moi, toi, mais la réciprocité entre des êtres humains, par laquelle la divinité est approchée. Ficin est donc loin des manifestations d'amour qui s'expriment dans le soliloque, à la différence de la prière d'Augustin, *Soliloquia* (*Soliloques*), éd. et trad. fr. P. de Labriolle, introd. B. Groethuysen, Paris, Schiffrin, 1927, I, 2 : « Dieu, toujours le même, fais que *je* te connaisse, que *je me* connaisse. C'est ma prière ». (« Deus semper idem, noverim te, noverim me. Oratum est »). Pour Ficin, il n'y a pas de place véritable pour *l'interior intimo meo,* puisque le dispositif essentiel de la confession est absent. Sur la nécessité de ce lien, voir J.-L. Marion, *Au lieu de soi. L'approche de Saint Augustin*, Paris, P.U.F., 2008. Pour une autre lecture, voir A. Tarabocchia Canavero, « S. Agostino nella "Theologia platonica" di M. Ficino », *Rivista di filosofia neoscolastica* 70, 1978, p. 626-646 ; C. Vasoli, « M. Ficino e il suo rapporto con Agostino » (1996), dans *id.*, *Quod sit deus, op. cit.*, p. 91-112.

3. *Ascl.*, 22-24, 37-38 : voir A. van de Kerchove, *La voix d'Hermès, op. cit.*, p. 191-221.

mais aussi le ciel et le jardin de Zeus[1]. Elle exprime la beauté du divin, son éclat et surtout sa nature dépouillée et, partant, essentielle. On peut alors imaginer que dans l'âme d'un homme sage les réalités élevées apparaissent comme de belles statues, lorsqu'elle peut la nettoyer de la rouille du temps[2]. Surtout, l'âme doit rentrer en elle-même pour sculpter sa propre statue, faire briller la vertu et devenir unie à soi-même[3].

Quoique Ficin condamne le commerce avec les démons et l'idolâtrie et affirme que seule l'âme est le véritable temple de Dieu[4], il est fasciné par la théurgie, l'animation des statues et surtout l'acte de sculpter[5] : l'âme aime le corps comme un sculpteur la statue de pierre, à laquelle il donne une forme déterminée[6]. Pourtant Ficin reste fidèle au *Phèdre* : la statue bien sculptée et vivante n'est pas tant l'effigie de Dieu que de l'aimé. Pour Platon, l'initié de fraîche date offre à l'aimé des sacrifices comme s'il était la statue d'un dieu, tandis que, pour Ficin, la divinité brille dans les êtres beaux telle une statue divine au point que l'amant sculpte en son âme la figure de l'aimé[7]. Le déplacement de sens est ici considérable : l'élévation de l'âme ne s'effectue pas par une statue divine animée, mais par autrui, en tant que statue de la divinité. Car l'amant ficinien, en apprenant à aimer autrui comme une statue, est plus que l'initié de fraîche date du *Phèdre*, puisqu'il est introduit, par l'excès de son amour[8], aux mystères de l'Un et

1. Plotin, *En*, 27 (IV, 3), 11, 1-3 ; 47 (III, 2), 14, 20-30 ; 50 (III, 5), 9, 8-14. Voir J. Laurent, *Les fondements de la nature selon Plotin. Procession et participation*, Paris, Vrin, 1992, p. 49-52.

2. Plotin, *En.*, 31 (V, 8), 5, 20-25. La référence est à l'*ágalma* la plus célèbre de la philosophie, Socrate, dans le discours d'Alcibiade, voir Platon, *Banquet*, 216e6.

3. Plotin, *En.*, 2 (IV, 7), 10, 45-47 ; 1 (I, 6), 9, 9-20. Ficin reprend, *DA*, VI, 17, p. 192-193, ce passage de Plotin comme illustration de la méthode du retranchement (*aphairèsis*), mais ne mentionne pas la statue. Il préfère prendre en compte les couleurs et les figures. Il est vrai que le contexte ne se prête pas, puisqu'il s'agit d'une comparaison entre la beauté de l'ange, de l'âme et du corps afin de comprendre la beauté divine et non d'un processus d'intériorisation pour saisir son propre soi.

4. Ficin, *TP*, XIV, 8, t. 2, p. 275. En tant que temple, le sage apprend également à s'honorer comme un dieu, en imitant le culte qu'il doit aux dieux, *ibid.*, p. 274.

5. Ficin, *DV*, III, 13, p. 288. Voir M. J. B. Allen, « To Gaze upon The Face of God again : Philosophic Statuary, Pygmalion and M. Ficino », *Rinascimento* 48, 2008, p. 123-136.

6. Ficin, *TP*, XIII, 3, t. 2, p. 231.

7. Platon, *Phèdre*, 251a-b ; 252d ; Ficin, *DA*, II, 6, p. 36-37 et II, 8, p. 48-49.

8. Par le caractère excessif de l'amour, Ficin critique l'égoïsme vertueux des maîtres ès arts. Ceux-ci avaient emprunté à Cicéron, *Tusc.*, III, 72-73, la conviction selon laquelle on ne peut pas aimer quelqu'un plus que soi-même : voir Siger de Brabant, « Utrum aliquis posset magis amare alium quam seipsum », dans *id.*, *Ecrits de logique, de morale et de physique*, éd. B. Bazan, Louvain-Paris, Peeters, 1974. La largesse, vertu médiévale par excellence, connaît

de ses modalités d'unification. Son initiation est donc plus avancée. Car les quatre fureurs sont classées[1] selon *la nature de leur unité*, par laquelle l'âme remonte à la source originaire :

> On a besoin d'abord du délire poétique pour réveiller par les accents musicaux les parties endormies, pour calmer par la douceur de l'harmonie les parties troublées, pour chasser par l'accord des opposés la discorde et la dissonance et ramener l'équilibre entre les diverses parties de l'âme. Mais ce n'est pas assez : car reste encore dans l'âme la multiplicité. S'ajoute donc le mystère qui relève de Dionysos : par des purifications et des sacrifices, et toutes les pratiques de la piété, il oriente l'attention de toutes les parties vers l'intelligence, instrument du culte divin. Dès lors, chacune des parties de l'âme se trouvant ramenée à la seule intelligence, l'âme, de multiple qu'elle était, devient un tout unique. Il est pourtant encore besoin d'un troisième délire pour reconduire l'intelligence à l'unité même, qui est le sommet de l'âme. C'est l'œuvre d'Apollon, par la prophétie. Car lorsque l'âme s'élève au-dessus de l'intelligence jusqu'à l'unité, elle prédit l'avenir. Enfin, l'âme ayant accédé désormais à l'unité, j'entends cette unité qui relève de la nature et de l'essence de l'âme, il lui reste encore à revenir vers cette unité qui est au-dessus de l'essence, savoir Dieu lui-même. Et cela c'est la Vénus céleste qui l'accomplit grâce à l'Amour, autrement dit le désir de beauté divine et l'ardeur vers le Bien[2].

En définitive, la folie poétique produit une unité qui se définit comme *l'accord tempéré entre des choses hétérogènes*, tandis que le délire mystérique établit *un tout qui peut encore être divisé dans ses parties*.

ses limites : voir les interprétations différentes de J. Le Goff, *Les Intellectuels au Moyen Âge*, Paris, Seuil, 1975, p. 129 *sq.* et d'A. de Libera, *Penser au Moyen Âge, op. cit.*, p. 212 *sq.*

1. Quelle est la fureur la plus appropriée au philosophe platonicien ? Pour R. Bodeüs, « Je suis devin (*Phèdre* 242c). Remarques sur la philosophie selon Platon », *Kernos 3 : Oracles et Mantique en Grèce ancienne,* 1990, p. 45-52, la divination est le paradigme de la démarche philosophique, mais, pour M. Dixsaut, *Platon et la question de l'âme, op. cit.,* p. 115-131, la prophétie serait plus légitime.

2. Ficin, *DA*, VII, 14, p. 241-243 : « Poetico ergo furore primum opus est, qui per musicos tonos que torpent suscitet, per harmonicam suauitatem que turbantur mulceat, per diuersorum denique consonantiam dissonantem pellat discordiam et uarias partes animi temperet. Neque satis hoc est. Multitudo enim adhuc restat in animo. Accedit ergo mysterium ad Dionysium pertinens, quod expiationibus sacrisque et omni cultu diuino, partium omnium intentionem in mentem, qua deus colitur, dirigit. Unde cum singule animi partes ad unam mentem redacte sint, iam totum quoddam unum ex pluribus factus est animus. Tertio uero adhuc opus est furore, qui mentem ad unitatem ipsam, anime caput, reducat. Hoc Apollo per uaticinium efficit. Nam cum anima supra mentem in unitatem surgit, futura presagit. Demum cum anima facta est unum, unum, inquam, quod in ipsa natura et essentia anime est, restat ut illico in unum, quod est super essentiam, id est, deum se reuocet. Hoc celestis illa Venus per amorem, id est, diuine pulchritudinis desiderium bonique ardorem explet ».

Ensuite, l'âme s'élance, par la prophétie, vers une unité plus simple où *le tout ne se réduit plus à la somme de ses parties*. Enfin, la fureur amoureuse reconduit l'âme à Dieu et atteint *l'unité au-delà de la totalité présente, passée et future*. Au lieu d'être une pathologie ou une forme de ravissement, la fureur est un dispositif puissant d'intégrité. Sur ce point, la fureur ficinienne se différencie radicalement de l'ivresse dionysienne. La fureur n'est pas tant un ravissement coupant de tout contact avec la réalité, qu'une modalité de réciprocité entre Dieu et le monde[1], dans laquelle réside notre véritable accomplissement :

> Et alors qu'ici-bas nous sommes divisés et mutilés, alors, réunis à notre idée nous deviendrons des hommes accomplis et il apparaîtra que nous avons d'abord vénéré Dieu dans les choses pour révérer ensuite les choses en Dieu, et que nous les avons vénérées en Dieu pour nous retrouver nous-mêmes en Dieu avant toutes choses, et nous aimer nous-mêmes en aimant Dieu[2].

L'amour dessine un chiasme. Il faut passer par la médiation des choses, y reconnaître Dieu, pour pouvoir les honorer en Lui. L'amour de soi n'est pas prioritaire, mais il doit s'exercer d'abord dans l'amour des choses et l'amour de Dieu. Pourtant, l'omniprésence de l'amour ne suppose pas l'immanence de la transcendance dans la totalité du réel. Il est vrai que, dans le *De Amore* de Ficin, la diffusion généreuse de la lumière et la transmission de la cause témoignent de l'unicité du premier principe. L'aspiration amoureuse de la totalité des êtres vers *l'unité* ne doit pas être confondue avec la réalisation de l'unité principielle dans la *totalité* des êtres. Dans un cas, l'étant est caractérisé par sa *tendance à l'accomplissement* et par son *ouverture à l'altérité*[3] ; dans l'autre, il est déterminé par son *effectivité* et par sa *clôture*[4]. Puisque l'appétit est une orientation vers l'unité originaire transcendante, l'amour ne peut jamais aboutir à la

1. Ficin, *In Dionysium Areopagita, De Div. Nom. comm.*, *Op.*, II, p. 1068 ; p. 1071.

2. Ficin, *DA*, VI, 19, p. 204 : « Cumque his discerpti simus et mutilati, idee tunc nostre amando coniuncti, integri homines euademus, ut deum primo in rebus coluisse uideamur, quo res deinde in deo colamus, resque in deo ideo uenerari, ut nos ipsos in eo pre ceteris amplectamur, et amando deum, nos ipsos uideamur amasse ».

3. Même si Ficin utilise le terme *conatus*, la signification ne doit pas être confondue avec l'effort de persévérer dans son être, à la différence de Spinoza, *Ethica ordine geometrico demonstrata* (1677), trad. fr. A. Guérinot, Paris, Ivrea, 1993, III, prop. 7-9.

4. Th. Kobusch, « Das Eine ist nicht das Ganze. Die Idee der Totalität im Werk des Proklos, besonders in der *Platonischen Theologie* », dans *Proclus et la Théologie*, *op. cit.*, p. 311-324.

possession d'une joie constante[1]. Le désarroi et le désir appartiennent essentiellement à l'amour[2].

Mais pour comprendre exactement la signification de cette inquiétude dans la pensé de Ficin, il faut examiner le désir amoureux de la beauté dans le contexte de la tradition platonicienne[3] et sa fonction dans le retour de l'âme au premier principe.

POURQUOI DÉSIRONS-NOUS LA BEAUTÉ ?

Intériorité/Extériorité

Une des questions qui est laissée en suspens dans le *Banquet*[4] porte sur la valeur de la beauté : pourquoi la *désirons-nous* ? Certes, la beauté est considérée comme la condition la plus propice pour engendrer des êtres bien formés : elle est comparée au rôle tutélaire d'Ilithye, la déesse qui préside au pénible travail de l'accouchement[5]. Pourtant, Diotime n'explique ni pourquoi la beauté serait la condition *adéquate* pour engendrer des œuvres, ni pourquoi celles-ci *devraient* être belles plutôt que bonnes, justes ou vertueuses. Pour la prêtresse, nous désirons la beauté tout simplement parce qu'elle n'implique pas un effort cognitif particulier : nous la reconnaissons dès notre plus jeune âge comme une évidence. Le beau est la qualité visible la plus manifeste de tout ce qui se donne à l'expérience comme *positif*. Diotime suggère alors qu'il faut partir des beautés d'ici-bas pour aller vers cette beauté-là. Pourtant, ce regard tourné vers le haut ne signifie pas une simple subordination hiérarchique. Car l'élévation du sensible à l'intelligible et du multiple à l'unité est un mouvement

1. Spinoza, *Ethica*, *op. cit.*, III, scholies des prop. 11 et 13 ; IV, scholie de la prop. 45. C'est pourquoi, même si Spinoza admet l'amour réciproque entre les hommes et Dieu, *Ethica*, V, cor. de la prop. 36, Dieu au fond n'aime, ni ne hait, *ibid.*, V, cor. de la prop. 17, tandis que le Dieu de Ficin est un être généreux et aimant. La joie est un trait constitutif du sage, mais sa plénitude reste toujours troublée par un zeste d'inquiétude : Ficin, « Sur la félicité », *Lettres*, *op. cit.*, p. 111-113. Sur l'*appetitus*, voir P. O. Kristeller, *The Philosophy of M. Ficino* (1938), New York, Columbia University Press, 1943 (*Il Pensiero filosofico di M. Ficino*, 1938, Firenze, Le Lettere, 1953).

2. Spinoza, *Ethica*, *op. cit.*, III, prop. 9 et scholies, le désir ou l'appétit sont la condition de possibilité du bien, tandis que pour Ficin c'est exactement le contraire.

3. W. Beierwaltes, *M. Ficinos Theorie des Schönen im Kontext des Platonismus*, Heidelberg, Akademie der Wissenschaften, 1980.

4. Platon, *Banquet*, 201d-212b.

5. Platon, *Banquet*, 206d.

d'explicitation progressive de la valeur de chaque étape eu égard à la forme idéale qui en est le fondement. La beauté est alors désirable parce qu'elle ne permet pas seulement l'élévation vers *l'unicité de la forme*, mais aussi l'évaluation en retour, par l'exercice philosophique, de la légitimité comparative de tous les moments du parcours, voire de *la multiplicité de ses manifestations*. En définitive, on aime la beauté parce qu'elle enseigne facilement à l'apprenti philosophe à exercer l'art dialectique, tandis que la compréhension du bien ou de la justice exige une tout autre éducation.

Manifestement, Ficin reprend à son compte le rôle pédagogique et provisoire de l'amour dans l'initiation de l'apprenti philosophe aux mystères de l'âme, lesquels seront abordés de manière conceptuelle dans la *Théologie platonicienne de l'immortalité des âmes*. Car les traits de l'amour seront attribués ici à la nature de l'âme[1]. Ficin partage également l'exigence platonicienne de considérer l'élévation de l'âme vers les réalités idéales non seulement comme une ascension accomplie au mépris des moments inférieurs, mais aussi comme la compréhension de la signification relative des manifestations sensibles de l'unicité de la forme[2]. Dès lors, le chemin à rebours emprunté par le *De Amore* se laisse mieux comprendre. La détermination du fondement de l'amour permet d'en apprécier les diverses modalités sur les plans cosmologique, cognitive, psychologique ainsi que d'apporter les remèdes appropriés à ses pathologies.

Pourtant Ficin, à la différence de Platon, n'attribue pas à la beauté une fonction seulement pédagogique, mais aussi constitutive dans le cycle de procession et de conversion. Sur ce point, il se confronte avec Plotin et Proclus. Plus précisément : il emprunte à Plotin la conception de la *nature* de la beauté, conçue comme l'expression de l'accomplissement de l'unité de l'étant et il reprend à Proclus la *signification* de la beauté dans le parcours de remontée vers l'Un. Ficin se distingue cependant de Plotin par la conception du rapport entre *l'intériorité et l'extériorité* de la beauté et de Proclus par son interprétation de *l'incrément de sens* qu'elle apporte dans la conversion[3].

1. Comme le remarqua P. O. Kristeller, *Il pensiero filosofico*, *op. cit.*, II, chap. 5.

2. Plotin, *En.*, 33 (2, 9), 8, 40-45, critique les Gnostiques qui méprisent le monde sensible, mais la véritable beauté demeure intérieure et intelligible. Le traité 33 fut un des premiers traduits par Ficin : voir l'introd. de S. Toussaint à la reproduction de l'édition, Ficin, *Plotinus, Opera*, Basel, 1580, Villiers-sur-Marne, Phénix, 2005, p. I-XV.

3. L'historiographie a étudié plutôt le rapport entre Ficin, Platon et Plotin, voir A. Wurm, *Platonicus amor, op. cit.*, p. 146-152.

Plotin affronte directement la question : pourquoi la beauté nous émeut-elle[1] ? Pour y répondre, il se livre à une analyse des modalités d'apparition de la beauté. D'abord, la manifestation de la beauté suscite une adhésion immédiate. Loin d'exiger une explication, la beauté produit spontanément l'accord de l'âme entière, qui se traduit par un sentiment d'expansion et d'intensité. L'âme reconnaît la beauté comme sa parente[2]. La beauté exprime, en fait, comme pur apparaître, une forme d'autonomie : elle se présente comme l'unité d'une multiplicité dont l'ordre est immanent à sa modalité d'expression[3]. Pourtant, elle ne met pas en œuvre une simple symétrie[4]. La beauté compose plutôt une harmonie qui n'admet pas de dissonance dans une construction unitaire[5]. Un tableau peut être beau même si ses couleurs ne le sont point[6]. La beauté rompt les attentes perceptives, suscitant en même temps étonnement, frayeur, plaisir[7], puisqu'elle consiste dans une forme de grâce (*kháris*). C'est pourquoi :

> Si l'âme demeure dans l'intelligence, elle contemple alors des objets beaux et vénérables, mais elle n'a pas encore du tout ce qu'elle cherche : c'est comme lorsqu'on est en présence d'un visage, beau sans doute, mais incapable d'émouvoir parce que sa beauté n'est pas empreinte de grâce. C'est pourquoi même ici bas, il faut dire que la beauté consiste moins dans la symétrie que dans l'éclat (*khàris*) qui brille en cette symétrie[8].

L'éclat du Beau est alors désirable puisqu'il fait signe vers le Bien, lequel ne réside pas seulement dans la maîtrise de l'intelligence, mais dans la joie que celle-ci procure. Ainsi, non le Beau est désirable, mais le Bien, en tant que tel[9]. Le Bien transcende le Beau, mais lui transmet une forme de grâce qui rend l'intelligible désirable, car la beauté de l'âme est inerte avant qu'elle n'accueille la lumière du Bien[10]. Ainsi la beauté offre-t-elle une

1. Potin, *En.*, 1 (I, 6), 1, 19-20.

2. Plotin, *En.*, 1 (I, 6), 2, 1-11 ; 6, 20-31.

3. Plotin, *En.*, 1 (I, 6), 3, 6-31.

4. Plotin, *En.*, 1 (I, 6), 1, 24-31 et 45-55. Voir Ficin, *In Plotinum, Op.*, *op. cit.*, II, p. 1574.

5. Plotin, *En.*, 20 (I, 3), 1, 27-35.

6. Plotin, *En.*, 47 (III, 2), 11, 10-16 : Seuls les spectateurs ignorants critiquent un tableau parce que le peintre n'a pas mis partout de belles couleurs, alors qu'il a mis partout les couleurs qui convenaient. De même un drame est plus beau, quand il y a de rôles secondaires.

7. Plotin, *En.*, 1 (I, 6), 4, 11-21.

8. Plotin, *En.*, 38 (VI, 7), 22, 21-25. De même, *ibid.*, 30-33, on est plus ému par un homme vivant, mais laid, que par une statue parfaite.

9. Plotin, *En.*, 38 (VI, 7), 25, 17-19. Voir Ch. Tornau, « Der Eros und das Gute bei Plotin und bei Proklos », dans M. Perkams et R. M. Piccione (Hrsg.), *Proklos. Methode, Seelenlehre, Metaphysik*, Leiden, Brill, 2006, p. 201-229.

10. Plotin, *En.*, 38 (VI, 7), 22, 5-14.

représentation sensible de la perfection des entités idéales, laquelle ne peut être un objet immédiat de l'expérience[1]. L'âme peut s'élever à cette beauté et bonté idéales, par lesquelles elle ressemble à Dieu[2], mais doit prendre congé de ses modalités sensibles, qui l'enlaidissent[3].

À cet égard, Plotin inverse la perspective platonicienne. Si, pour Platon, on comprend ce qu'est la forme par la beauté, pour Plotin, c'est la notion de forme qui permet de saisir ce qu'est la beauté. Pour les deux philosophes, la beauté n'est ni une forme parmi d'autres, ni une forme supérieure, mais elle est désirable parce qu'elle donne une représentation sensible à l'unité intelligible d'un multiple. Toutefois, la beauté exprime, pour Platon, l'achèvement de la forme idéale, à savoir son unité par rapport à ses manifestations multiples, tandis qu'elle signifie, pour Plotin, la réalisation de l'étant comme unité. Ainsi le beau est-il, pour Plotin, la même chose que l'être formé en tant qu'uni, de sorte que l'absence de forme et d'unité définissent la laideur absolue[4]. Somme toute, le beau ne renvoie pas tant à l'idéalité de la forme qu'à l'Un transcendant[5].

Dès lors, non seulement le Beau en soi est incommensurable à ses manifestations, mais aussi il ne doit pas être confondu avec le Bien[6]. Le Beau comme nature du Bien est dépourvu de forme, invisible[7]. L'élévation de l'âme par la beauté visible des phénomènes conduit alors à une beauté de tout autre genre, rompant avec toute manifestation sensible. L'âme, qui demeure fascinée par les beautés corporelles, tombe amoureuse, comme Narcisse, d'une image reflétée par l'eau. Elle doit fuir ce monde d'ombres infernaux, pour remonter à sa véritable patrie, seule à seule[8]. Cette fuite est possible en rentrant en soi-même, en abandonnant la vision perçue par les yeux[9]. Ainsi la dépendance de la beauté par rapport au premier principe introduit-elle une césure entre l'intérieur et l'extérieur. La rencontre avec la beauté véritable ne peut advenir qu'à l'intérieur de soi-même[10].

1. Ficin, *In Plotinum, Op.*, II, p. 1577. On peut représenter la beauté divine comme une lumière, la beauté de la *mens* humaine comme une couleur et la beauté de l'âme comme une figure.

2. Plotin, *En.*, 1 (I, 6), 6, 20-21.

3. Plotin, *En.*, 1, (I, 6), 5, 36-50.

4. Plotin, *En.*, 1 (I, 6), 2, 14-22.

5. J. Laurent, *Les fondements, op. cit.*, p. 55-69.

6. Plotin, *En.*, 31 (V, 8), 8, 13-16 et 21-22 ; *En.* 1 (I, 6), 9, 37-43.

7. Plotin, *En.*, 38 (VI, 7), 33, 22-23 et 31-33.

8. Plotin, *En.*, 1 (I, 6), 8, 9-17 ; *ibid.*, 7, 9-10.

9. Plotin, *En.*, 1 (I, 6), 8, 4-5.

10. Plotin, *En.*, 1 (I, 6), 9, 16-20 ; 31 (V, 8), 10, 21-23.

Le voyant se fait vision elle-même et, comme celui qui est inspiré par Apollon ou par une Muse, il suscite en lui la vision de Dieu[1]. Plotin affirme la nécessité, étrangère à Platon, de *devenir soi-même beau* pour devenir une seule chose avec Dieu[2] :

> Jusqu'au moment où l'on voit le beau comme différent de soi, on n'est pas encore dans le beau. Mais si l'on devient beau, alors on est, au plus haut degré, dans la beauté[3].

Par conséquent, la qualité le plus universellement positive du réel se mue dans la solitude intérieure du sage, qui devient lui-même beau. Les modalités d'apparition de la beauté sont la vue, l'ouïe et l'âme, qui ne sont pas tant des facultés que des lieux où la beauté vient à se manifester[4]. Cette issue méritait d'être indiquée puisqu'elle détermine le point précis où Ficin prend ses distances d'avec la conception plotinienne de la beauté[5] et renouvelle en partie l'enseignement de Platon.

D'abord, la beauté pour Ficin est, comme pour Plotin, une grâce qui est au-delà de la symétrie et désigne, comme *venustas*, le déploiement intelligible des idées :

> Je pense, comme je l'ai souvent dit, que *la beauté concerne la série totalement développée des idées*, dans laquelle nous pouvons considérer surtout trois choses : la grâce, l'éclat et le pouvoir. Nous pouvons appeler la première Vénus, la deuxième Apollon, la troisième Pallas[6].

La lueur de la divinité (*diuinitatis fulgor*) qui brille dans l'être beau, comme s'il était une statue divine (*quasi dei simulacrum*), suscite immédiatement l'adhésion de l'âme, puisqu'elle désire et s'efforce de devenir Dieu (*deus... fieri cupit atque conatur*)[7]. La beauté est donc désirable et aimable parce qu'elle est divine :

1. Plotin, *En.*, 31 (V, 8), 10, 35-42.

2. Nous sommes beaux quand nous appartenons à nous-mêmes, c'est-à-dire quand nous nous connaissons nous-mêmes : Plotin, *En.*, 31 (V, 8), 13, 19-25.

3. Plotin, *En.*, 31 (V, 8), 11, 20-23.

4. Plotin, *En.*, 1 (I, 6), 1, 1-10.

5. Sur l'autorité de Plotin quant à la conception du lien entre la beauté et l'amour, voir Ficin, *In Phaedr.*, *sum.*, chap. 12, p. 140-141.

6. Ficin, *In Phaedr.*, chap. 10, p. 116-117 : « Pulchritudinem ibi, quod alibi sepe diximus, ad ipsam idearum seriem penitus explicatam pertinere putamus ; in hac tria potissimum cogitantes, gratiam, et splendorem atque virtutem. Illam quidem Venerem, istum vero Apollinem, hanc denique Palladem possumus nominare ».

7. Ficin, *DA*, II, 6, p. 36-38.

> Car quelque chose de divin est le désir de contempler la beauté divine ou de l'imiter, qu'il s'agisse du désir dans l'esprit divin, ou dans l'âme céleste ou dans une âme particulière comme la nôtre [1].

Pourtant, Ficin se distingue de Plotin par deux traits significatifs : la relative autonomie du Beau par rapport au Bien et le lien étroit entre les manifestations extérieures et intérieures de la beauté. Le Beau n'exprime pas seulement la transcendance du Bien, mais, comme nous l'avons déjà signalé, un pouvoir générateur de réalité : en tant que rayon de lumière, il ensemence les idées de l'intelligence, les formules dans l'âme et les semences de la nature. Car Ficin ne considère pas tant le déploiement, l'*explicatio*, de la série des idées comme l'explicitation d'un mouvement intérieur, que comme la production d'une véritable extériorité, laquelle démontre, par l'exposition de son être, une certaine autonomie par rapport au principe d'où elle dérive. La nature manifeste de la beauté n'est pas seulement un instrument pédagogique, mais le résultat, le « rejeton », de la fécondité de la procession. C'est pourquoi la beauté indique une voie privilégiée pour l'élévation de l'âme :

> L'âme reviendrait *plus rapidement et mieux* si elle chérissait non seulement la bonté divine, avec l'étude de la sagesse divine, mais aussi si elle reconnaissait dès le début sa beauté admirable et l'aimait avec ardeur [2].

La reconnaissance des ressemblances, plus que la réminiscence, est la condition essentielle de l'élévation de l'âme, puisqu'elle suscite l'admiration et le désir. La beauté se propage partout, de sorte que ses manifestations intérieures et extérieures ramènent l'âme aux idées :

> Certes les idées de sagesse, justice, tempérance ont introduit leurs ressemblances aux âmes, mais pas du tout aux corps. C'est pourquoi nous nous en souvenons à peine et seulement tard et par des instruments quelque peu occultes, à savoir les syllogismes. Mais la beauté divine propage ses images non seulement aux âmes, mais aussi aux formes sensibles, parce qu'elle est le bien lui-même palpitant dans la série même des idées. Ici la beauté nous ramène à elle aussi par des choses externes et internes, et là où elle a plus de lumière que les idées, d'autant plus elle émeut les âmes et les enflamme. Elle a cependant plus de lumière, parce qu'elle est la plus

1. Ficin, *In Phaedr., sum.*, chap. 12, p. 140-141 : « Profecto divinum quiddam est amor ille, qui est desiderium divine pulchritudinis contemplande vel etiam imitande ; sive hoc desiderium sit in mente divina, sive in anima celesti, sive particulari quadam atque nostra ».

2. Ficin, *In Phaedr., sum.*, chap. 25, p. 170-171 : « Celerius autem redibit et melius, si una cum sapientie divine studio non modo divinam dilexerit bonitatem, sed etiam pulchritudinem eius mirabilem agnoverit ab initio et ardenter amaverit ».

> accessible pour nous, en particulier par la vue qui est le sens le plus aigu et parce qu'elle n'est pas une certaine partie, mais l'éclat universel dans toutes les choses et le plus accompli, de même que la beauté du corps n'est pas une partie, mais le modèle universel et précis [1]. Comme la beauté nous apparaît d'abord dans le corps, de même cet éclat-là. L'éclat se présente en premier à ceux qui s'élèvent, et surtout ici et là saisit et charme, de même que la volupté érotique, parce que la délectation concerne le corps entier et, en tant que plaisir le plus évident, elle excite plus que tout [2].

Apparence et universalité

Or, deux remarques s'imposent. La première concerne le rapport entre la beauté extérieure et la beauté intérieure ; la seconde porte sur le lien entre son apparence et son universalité. D'abord, la référence à la volupté ne doit pas surprendre. De même que l'homme divinisé doit être auparavant un homme de bien, de même l'appréciation de l'éclat intelligible ne conduit pas à mépriser ses manifestations sensibles. Cependant, il faut pointer les dangers des ressemblances troublantes puisque tout amour commence par la vision (*ab aspectu*) [3]. Le pouvoir de l'apparence est tel que la plupart des hommes se perd le long du chemin (*in uia ispa restare uidentur*), au lieu de s'acheminer (*proficisci*) vers la beauté véritable [4].

Il ne s'agit pas tant d'une réprimande que de l'aveu des difficultés du « proficiens ». En lecteur de Cicéron et Sénèque, Ficin estime que la césure entre le sage et le sot s'est réduite. Les troubles de l'âme se sont révélées

1. Plotin, *En.*, 1 (I, 6), 2, 25-28.

2. Ficin, *In Phaedr., sum.*, chap. 27, p. 176-177 : « Idee quidem sapientie, iustitie, temperantie similitudines suas animis indidere, corporibus vero nequaquam ; propterea vix recordamur illarum et sero quidem per instrumenta quedam occulta scilicet syllogismos. Pulchritudo vero divina, quoniam est splendor ipsius boni in ipsa idearum serie micans, imagines suas non solum ad animas sed etiam usque ad formas sensibiles manifeste propagat. Hinc nos per interna et per externa revocat ad se ipsam, et quanto plus habet luminis quam idee, tanto magis movet animos et infiammat. Plus autem luminis habet non solum quoniam circa nos magis pateat, presertim per visum sensuum acutissimum, sed quoniam illic est non pars quedam sed universus in cunctis splendor et is quidem consummatissimus, sicut et pulchritudo corporis non pars quedam est sed universale specimen et exactum ; et sicut hec nobis apparet prior in corpore, sic splendor ille. Primus ascendentibus illuc occurrit, maximeque hic et ibi rapit atque delectat, sicut venerea voluptas, quia totius corporis delectatio est atque manifestissima pre ceteris voluptatibus maxime concitat ».

3. Ficin, *DA*, VI, 8, p. 150-151.

4. Ficin, *DA*, VI, 9, p. 160-161.

plus contagieuses, la thérapie moins efficace[1]. Ainsi Ficin reprend-il l'idée de Sénèque selon laquelle les hommes ont du mérite à imiter les esprits divins, car ceux-ci ont par nature ce que ceux-là obtiennent par un plus long parcours[2]. C'est justement au nom du dur labeur que, pour Ficin, le savant mérite de vivre longtemps, en bénéficiant des résultats de son application studieuse[3]. La thérapie médicale du *De Vita*[4] table sur deux présupposés : l'unité sérielle et analogique des *qualités naturelles*, qui dépendent de l'influence des astres[5] et la possibilité de capter celle-ci dans des *pratiques théurgiques et magiques*[6]. Ficin défend une conception *naturelle* de la magie[7], qui avait été développée en particulier par Roger Bacon[8]. Le savant se doit d'être joyeux, puisque sa maladie professionnelle est la mélancolie[9], une affection de la bile qui, due à un excès de concentration, conduit à la désintégration de soi. Celle-ci n'est pas n'est pas encore le

1. Cicéron, *Tusc.*, II, 35-36 ; IV, 58-59 ; Sénèque, *Ep.*, 27, 1 ; 53, 11-12 ; *De Const.*, XVI, 1. Voir Ficin, « Stultitia et miseria hominum », *Op.*, I, 637, trad. fr. « Déraison et misère des hommes », *Lettres*, *op. cit.*, p. 58.

2. Ficin, *TP*, XVI, 5, t. 3, p. 119-120 ; Sénèque, *Ep.*, 120, 16.

3. Un des modèles principaux dans la tradition latine est R. Bacon, *De retardatione accidentium senectutis*, éd. A. G. Little et E. Withington, Oxford, Clarendon, 1928.

4. Ficin, *De Vita libri tres*, 1489, *Op.*, p. 493-579 ; éd. et trad. ang. C. V. Kaske et J. R. Clark, *Three Books of Life*, Binghamton, State University of New York Binghamton, 1989 (désormais cité Ficin, *DV*) I, 3 ; II, 8. Voir aussi l'éd. lat-all. M. Boenke, *Drei Bücher über das Leben*, München, Fink, 2012. Je cite de cette édition le texte latin.

5. N. Weill-Parot, *Les images astrologiques au Moyen Âge et à la Renaissance. Spéculations intellectuelles et pratiques magiques (XIIe – XVe siècles)*, Paris, Champion, 2002.

6. Grâce au « Spiritus Mundi », de nature ignée et stellaire, qui est « auctor proximus » de toute génération et de tout mouvement : il se situe entre l'Âme du monde et le corps du monde : voir Ficin, *DV*, II, 3-4, p. 228-236.

7. La frontière entre les mages, qui produisent naturellement de grandes choses (*magna agentes*) et les magiciens, compris comme de méchants sorciers (*magos, quasi malos, seu male agentes*) fut tracée par Guillaume d'Auvergne, *De Universo*, III, chap. XXI, dans *Opera omnia*, Orléans-Paris, Dupuis, 1674 (reprint Frankfurt a. M., Minerva, 1963), t. 2, p. 1058B. Voir Ficin, « Quid sentiat de astrologia » (1494), dans *Suppl.*, II, p. 11-77 et p. 279. Sur les sources arabo-latines de la magie voir G. Federici Vescovini, *Le Moyen Âge magique. La magie entre religion et science aux XIIIe et XIVe siècles*, Paris, Vrin, 2011, chap. 1.

8. Voir Roger Bacon, *Opus maius*, éd. J. H. Bridges, 3 vol., Oxford, Clarendon, 1987-1990 (reprint Frankfurt a. M., Minerva, 1964) : *Astrologie*, I, p. 395-403 ; id., *Epistula de secretis operibus artis et naturae et de nullitate magiae*, éd. J. S. Brewer, *R. Bacon Opera quaedum hactenus inedita*, London, Longman, 1859, I, p. 522-551. Voir I. Rosier, *La Parole comme acte*, Paris, Vrin, 1994, p. 208-230.

9. C'est l'interprétation influente de R. Klibansky, E. Panofsky, F. Saxl, *Saturn and Melancholy. Studies in the History of Natural Philosophy, Religion and Art*, New York, Basic Books, 1964. Mais Ficin, *DV*, III, p. 272, *passim*, insiste sur le caractère jovial de l'érudit.

signe d'une génialité artistique[1], mais une passion largement négative, apparentée à l'*accidia* médiévale[2].

À première vue, cette minutieuse thérapie du corps est étrange[3]. Même si Ficin affirme que, comme la *Théologie platonicienne* concerne le salut de l'âme, le *De Vita* porte également sur la santé du corps[4], il n'en reste pas moins que leur lien demeure contradictoire. Le désir de vivre ici et maintenant, voire de vieillir, est surprenant pour un stoïcien, pour qui la santé est un indifférent préférable[5], mais encore plus pour un platonicien, qui doit apprendre à mourir[6]. Manifestement, l'impassibilité du sage stoïcien et le désir platonicien de se délester du fardeau corporel sont des réponses inadéquates devant la peur de la mort[7]. Ficin est également peu sensible au courage du martyre chrétien[8]. Pourtant, cet attachement tenace à la vie ne traduit pas seulement une réponse défensive face à la peur de la mort et les insuffisances de la thérapie de l'âme, mais un élan positif, le désir de jouir ici et maintenant des choses belles, non seulement bonnes ou justes. Les biens secondaires, indifférents mais préférables, deviennent

1. Que Ficin ait joué un rôle significatif dans l'essor des arts à Florence est une conviction historiographique largement remise en question. A. Chastel, *Marsile Ficin et l'art*, Genève, Droz, 1996 (3e éd.), qui suggéra jadis cette interprétation, y est revenu dans la préface à la réédition en 1982 de son *L'art et l'humanisme à Florence au temps de Laurent le Magnifique,* Paris, P.U.F., 1959, p. XVIII *sq*.

2. C. Casagrande et S. Vecchio, *I sette vizi capitali, op. cit.*, chap. « Accidia ». Elle peut conduire aussi à l'athéisme, voir J. Hankins « Monstrous Melancholy : Ficino and the Physiological Causes of Atheism », dans *Laus Platonici Philosophi, op. cit.,* p. 25-44.

3. Il y a sept remèdes principaux : les pierres et les métaux (Lune) ; les herbes (Mercure) ; les odeurs, les poudres, les vapeurs (Vénus) ; les chants (qui occupent la position médiane) ; l'imagination (Mars) ; la raison (Jupiter) et l'intelligence séparée (Saturne). Sur la fascination pour les minéraux voir Albert le Grand, *De Mineralibus I-II,* éd. A. Borgnet, *Opera omnia*, Paris, Vivès, 1890, t. 5, p. 1-116 ; trad. fr. A. Angel, *Saint Albert le Grand, Le monde minéral. Les pierres*, Paris, Cerf, 1995.

4. Ficin, *DV*, proême, p. 42.

5. Cicéron, *De Fin.,* III, 20-23.

6. Platon, *Phédon*, 62b-66a.

7. Sur les difficultés de traiter la mort comme un problème *philosophique*, voir V. Jankélévitch, *La mort*, Paris, Flammarion, 1977, p. 5-38 ; sur l'angoisse et l'espoir eschatologique, *ibid.*, p. 371-402. Mais on pourrait dire : « C'est peut-être la mort qui est l'aventure la plus prodigieuse », J. M. Barrie, *Peter Pan* (1911), trad. fr. H. Robillot, Paris, Gallimard, 1988, p. 130.

8. Un courage qui peut vaciller devant la peur de la mort, c'est pourquoi il a besoin, pour Thomas d'Aquin, *ST*, II-II, qu. 124-129 du soutient de quatre autres vertus (magnanimité, magnificence, patience et persévérance) pour en assurer la ferme résolution. Voir E. Gilson, *Saint Thomas moraliste*, Paris, Vrin, 1974, p. 315-329 (2e éd., Thomas d'Aquin, *Textes sur la morale*, choisis et commentés par E. Gilson, Paris, Vrin, 1998).

désirables en eux-mêmes[1]. Si mêmes les sages sont fragiles, sombrant dans la mélancolie ou succombant aux maladies du corps, à plus forte raison la plupart des hommes sont affectés par les infortunes pathologiques de l'amour, lorsqu'ils sont captivés par l'apparence de la beauté. Mais un tel égarement est constitutif de la nature elle-même de la beauté, de par sa manifestation universelle.

Ficin opère ici une dissociation et un remaniement de notions significatifs. La manifestation éclatante de la beauté est certes la condition de sa facilité cognitive : elle apparaît en première, aisée à reconnaître. Mais un tel *apparaître* est distinct de la simple acception négative de *surface* et rattaché à la notion positive *d'universalité*, en tant qu'« éclat universel dans toutes les choses ». La beauté apparaît partout non parce qu'elle désigne la surface des choses, mais parce qu'elle en est la propriété la plus universelle. Elle signifie plus l'unité transcendante que la forme identique et homogène. Dès lors, la beauté du corps du monde n'explicite pas seulement la participation de la nature à l'idée, mais elle montre surtout *l'achèvement* heureux de cette participation.

On peut apprécier ici la distance ficinienne à l'égard de la conception du beau de Thomas d'Aquin. Quoique le beau n'apparaisse jamais dans la liste thomasienne de transcendantaux[2], il exprime la nature positive des effets produits par la première cause[3] ainsi que l'intelligibilité de la forme par sa *claritas* et son *integritas*[4]. Pourtant, le beau est compris comme la manifestation d'une juste proportion. Il ne définit pas l'apparence admirable des choses, mais leur figure proportionnée, dans une « métaphysique de la perspective », qui apprécie l'exactitude du tracé aux dépens des

1. Ficin soutient dans la lettre : « Ce qu'est la félicité, qu'elle comporte des degrés, qu'elle est éternelle », *Lettres*, *op. cit.*, p. 103 que les biens du corps, notamment la santé, ne sont pas le souverain bien, mais dans l'« Oratio de laudibus medicinae », *Op.*, p. 759-760, trad. fr. « Discours de M. Ficin sur l'éloge de la médecine », *Lettres, op. cit.*, p. 132-137, estime que le souci de l'âme et le souci du corps sont liés. Il y a trois biens chez les mortels : les biens de l'esprit, du corps et des objets externes : Ficin, « Amicitia illa stabilis, quae a deo conflatur », *Op.*, I, p. 633, trad. fr. « Cette amitié est solide qui est insufflée par Dieu », *Lettres, op. cit.*, p. 55.

2. Sur les transcendantaux dans la pensée de Thomas d'Aquin, voir J. A. Aertsen, *Medieval Philosophy as Transcendental Thought. From Philip the Chancellor to Francisco Suarez*, Leiden, Brill, 2012, chap. 6.

3. Justement en commentant Denys, Thomas d'Aquin, *Beati Dionysii De divinibus nominibus expositio*, éd. C. Pera, Torino, Marietti, 1950, *lectio* V, n. 337.

4. Thomas d'Aquin, *ST*, I, qu. 39, art. 8.

couleurs de la peinture[1]. En tant que plénitude visible, mais superficielle, le beau peut être saisi et susciter du plaisir[2], mais il n'y a pas de faculté cognitive qui ait la même extension que la volonté et l'intellect, auxquels Thomas rapporte l'appréhension des transcendantaux bon et vrai. Bien plus, de même que le beau véritable renvoie à une figure proportionnée, de même son appréhension implique une *vis cognoscitiva*. Le beau est donc lié avec le vrai, plus qu'avec le bon : sa manifestation lumineuse signale la nature connaissable des choses. Il n'y a donc pas de place pour penser le beau comme un transcendantal distinct[3].

Or, dans le néoplatonisme, il y a la place pour penser le beau comme une modalité universelle coextensive à l'étant, que ni le bon, ni le vrai, ni l'un peuvent exprimer. Le beau définit l'étant comme unité d'un multiple, dont la nature *inédite* lui assure une fonction constitutive dans la conversion.

L'INCRÉMENT DE LA BEAUTÉ

Les êtres nouveaux

Le problème principal de la conversion réside dans la détermination de l'incrément que le mouvement de retour est censé apporter, pour ne pas réduire l'achèvement de celui-ci au rétablissement d'un état primitif. Cela présupposerait l'insuffisance initiale du premier principe et/ou l'impossibilité de différencier ce qui est procédé et ce qui s'est converti. Mais la procession va de pair avec la distinction de la multiplicité[4] : il faut rendre donc raison des *êtres nouveaux* qui sont produits :

> Mais si l'effet se contentait de rester immuable sans procéder, il ne se distinguerait en rien de sa cause et *aucun être nouveau* ne naîtrait de cette cause immuable. Car s'il est nouveau, il est différent et il existe à part. Et

1. Comme la définit O. Boulnois, *Au-delà de l'image. Une archéologie du visuel au Moyen Âge*, Paris, Seuil, 2008, p. 267-276.

2. Thomas d'Aquin, *ST*, I, qu. 5, art. 4 *ad primum*.

3. Comme le fait remarquer J. A. Aertsen, *Medieval Philosophy as Transcendental Thought, op. cit.*, p. 176, dans un *excursus*, p. 161-176 dédié aux conditions qui ont rendu impossible au Moyen Âge la conception du beau comme transcendantal, malgré l'influence de Denys.

4. Ces difficultés sont très clairement exprimées par Proclus, *ET*, 35. Voir A. C. Lloyd, *The Anatomy of Platonism, op. cit.*, p. 76-97 qui reprend Damascius, comme le souligne M. J. Dillon, « Damascius on Procession and Retour » (1997), dans *id.*, *The Platonic Heritage, op. cit.*, XXV.

> s'il existe à part, alors que sa cause demeure immuable, c'est qu'il en procède pour se différencier de cette immuabilité… il est à la fois sous quelque point de vue *le même et l'autre* [1].

Contrairement aux critiques hâtives, dont Plotin se plaignait déjà, les *platonici* ne se sont pas bornés à concevoir la procession comme le simple apparaître des structures profondes, mais ont cherché à justifier la génération des êtres nouveaux, tout en étant conscients du danger que la venue à l'existence des étants fait courir à la transcendance immuable et imparticipable de l'Un. À cet égard, la réflexion de Ficin montre à la fois les ressources conceptuelles de cette perspective et les modifications nécessaires qu'elle doit admettre, pour contrecarrer l'incrément de sens apporté par la notion même de création, qui fait être *ex nihilo* [2], et non seulement apparaître, les êtres nouveaux [3]. Cette tentative se heurte à des difficultés patentes, notamment à la conception de la matière. Car Ficin affirme clairement que la matière première est en elle-même informe et présuppose Dieu comme acte pur, créateur de toutes les formes. Même si Ficin semble reprendre des éléments de la notion thomasienne de matière première, il ne s'exprime pas assez clairement sur son origine en tant que matière *crée* [4] et l'insère dans un contexte résolument platonicien. Pour Thomas d'Aquin, Dieu est *institutor naturae*, créant par un acte de volonté [5], mais la matière première est un des principes, avec la forme et la privation, expliquant le devenir dans la nature. Pour Ficin, en revanche, la matière est, comme le réceptacle du *Timée* [6], indifférente à toute forme

1. Proclus, *ET*, 30.

2. *Ex nihilo* ou *de nihilo*, expression tirée des Ecritures et généralisée par Irénée de Lyon, *Adversus haereses* (*Contre les hérésies*), éd. et trad. fr. A. Rousseau, Paris, Cerf, 1965-1982, IV, 20, 2. Voir I. de Andia, *Homo vivens. Incorruptibilité et divinisation de l'homme selon Irénée de Lyon*, Paris, Études augustiniennes, 1986.

3. C. Mayer, « Creatio, creator, creatura », dans C. Mayer *et al.* (Hrsg.), *Augustinus-Lexikon*, Basel, Schwabe, 1998, p. 76-91 et J. Trouillard, « Procession néoplatonicienne et création judéo-chrétienne », *Néoplatonisme*, Fontenay-aux-Roses, ENS, 1981, p. 1-30.

4. Ce que Thomas d'Aquin, *ST*, I, qu. 44, art. 2, reproche justement aux philosophes païens. Ficin, *TP*, V, 4, t. 1, p. 180-181, affirme plutôt que Dieu produit et unit (*producit unitque*) la matière. De surcroît, sa mise en forme immortelle est confiée, *ut Platonicis placet*, à plusieurs agents : l'ange la met en ordre et l'âme la meut et lui donne forme.

5. Thomas d'Aquin, *Summa contra Gentiles*, dans *Sanctii Thomae de Aquino Opera omnia iussu Leonis XIII P. M. edita XIII-XV*, Roma, Typis Riccardi Garroni, 1918-1930 ; éd. et trad. fr. V. Aubin, C. Michon et D. Moreau, *Somme contre les Gentils*, 4 vol., Paris, Flammarion, 1999 (désormais cité Thomas d'Aquin, *CG*), ici 55.

6. Platon, *Timée*, 49a-51b.

(*formarum quarumlibet indifferens susceptaculum*)[1]. Ce n'est pas un hasard si Ficin s'efforce de dissocier la notion de matière de celle du néant, en se concentrant plus sur l'impossibilité de sa destruction que sur sa création. La matière ne peut pas être supprimée puisqu'elle est le fondement de toutes les formes génératrices : sans elle, rien de nouveau ne serait produit (*novi nihil generaretur*)[2]. La réduction au néant est alors impossible. La matière, mue par l'appétit naturel du bien, est immortelle :

> La matière ne peut être changée en autre chose qu'en retournant au néant. Or la nature ne souffre pas qu'une chose retourne au néant. Donc la matière ne périra pas[3].

Compte tenu de ces difficultés, Ficin tente de rendre raison de la production des êtres nouveaux, en puisant aux ressources conceptuelles platoniciennes. À cet égard, les *platonici*, ont souvent formulé cette exigence de la manière suivante : qu'est-ce que signifie procéder *dehors*[4] ? Pour Plotin, être dehors désigne la dissipation de la multiplicité qui, dépourvue d'unité, est incapable de s'accorder avec elle-même[5]. Toutefois, puisque la procession implique la distinction, il faut reconnaître que l'Un possède la multiplicité, qui est contraire à son être, mais *non du dehors*. De même que la véritable beauté, la multiplicité potentielle de l'Un est également intérieure[6]. Le retour est conçu comme un repli sur soi, afin de s'appartenir soi-même et de retrouver l'unité originaire : « C'est pourquoi le voyage hors de soi est vain »[7].

Toutefois, le retour doit comporter un achèvement, pour éviter la contradiction entre un départ besogneux et un retour inutile. Le modèle de la série, central dans l'œuvre de Proclus, permet de résoudre cette difficulté. Puisque la procession est comprise comme la transmission d'une puissance d'unification à une séquence selon un ordre dégressif, les étants

1. Ficin, *TP*, V, 4, t. 1, p. 177-178. T. Dagron, « Ficin et la conception néoplatonicienne de la matière », dans S. Toussaint (éd.), *M. Ficin ou les mystères platoniciens*, Paris, Belles Lettres, 2002, p. 163-177 ; F. Lazzarin, Introduzione a M. Ficino, *Commento al « Parmenide »*, *op. cit.*, p. CXLVI-CLXIX.

2. Ficin, *TP*, V, 4, t. 1, p. 179-180.

3. Ficin, *TP*, V, 4, t. 1, p. 180 : « Materia nequit ex eo quod est aliter permutari quam si vertatur in nihilum. In nihilum verti aliquid natura non patitur. Materia ergo non interit ».

4. Plotin, *En.*, 43 (VI, 2), 22, 36-37. Sur la double activité de l'intelligence, en elle-même et en dehors dans l'âme, voir E. K. Emilsson, *Plotinus on Intellect*, Oxford, Oxford University Press, 2007, p. 22-68.

5. Plotin, *En.*, 34 (VI, 6), 1, 4-9.

6. Plotin, *En.*, 23 (VI, 5), 9, 32-36.

7. Plotin, *En.*, 34 (VI, 6), 1, 12-17.

en peuvent remonter la déduction, suivant un mouvement progressif qui récapitule les moments de la série dans leur unité *restaurée*. Dans ce cadre, ce qui cause un plus grand nombre d'effets est supérieur à ce qui en produit un moindre nombre[1]. La cause supérieure est plus simple, de même que le premier (l'Un) et le dernier (la matière) des êtres sont extrêmement simples. Pourtant, la simplicité peut signifier aussi une absence de synthèse, car les extrêmes sont plus simples que les médiations, mais celles-ci permettent d'ordonner les êtres dans un centre où tout converge et trouve sa plénitude[2]. Par conséquent :

> Tout ce qui est substantiellement simple et *meilleur ou pire* que ce qui est complexe[3].

Le pouvoir de la cause se déploie alors dans une dialectique d'incrément et décrément, de simplicité et de complexité. Cela conduit Proclus à considérer la procession *hors de la première cause* de manière plus positive que Plotin, en soulignant la puissance productive de l'Un[4]. L'accomplissement de la conversion signifie donc l'assimilation des fins aux principes ou, en d'autres termes, la remontée des effets aux causes de la série selon un ordre qui a réintégré le déploiement de la multiplicité dans une unité *concentrée* :

> Ce retour de la fin au principe rend chaque ordre un en son entier, déterminé, concentré en lui-même, et lui donne de faire apparaître par cette concentration l'empire de l'unité sur sa multiplicité[5].

La concentration désigne un surcroît de détermination qui justifie aussi bien la production des êtres nouveaux que leur fonction de régénération dans la conversion. Les effets de la procession sont réintégrés dans la cause initiale. Le principe causal est donc rempli des effets qu'il a produits lui-même. Mais la *conditio sine qua non* de la procession reste la « manence », l'immuabilité du premier principe. Celle-ci garantit que la génération de quelque chose de nouveau ne compromette point la séparation imparticipable de l'Un. La triade imparticipable-participé-participant est nécessaire pour garder un statut transcendant aux principes, non seulement à l'Un, mais aussi à l'Intellect et à l'Âme. Pourtant, la « manence » signifie pour Ficin plus la constance cosmologique que la stabilité de l'Un. Cette

1. Proclus, *ET*, 60.
2. Proclus, *ET*, 149.
3. Proclus, *ET*, 59.
4. Proclus, *ET*, 62.
5. Proclus, *ET*, 146.

modification essentielle implique une reconsidération de la complexité de la procession ainsi que de l'incrément de la conversion.

Tout d'abord, Ficin se pose une question essentielle :

> Par ces degrés les âmes reviennent au même, mais *à quel même*[1] ?

Il considère alors, en suivant Proclus, la complexité de la multiplicité, propre à la procession, comme un « décrément », au sens d'une décroissance du pouvoir causal qui aboutit à une véritable « dégénération » et « difformité ». C'est pourquoi le retour vers l'unité transcendante signifie en première instance un processus de réintégration[2].

Pourtant, la beauté lumineuse contrecarre le modèle de la série. Tous les cercles du réel sont beaux puisqu'ils reflètent chacun à leur façon la bonté et l'unité du premier principe[3]. La beauté exprime la nature positive de la procession, de son *procedere* :

> À travers cette lumière (*i.e.* du souverain bien) dans les idées et à partir des idées la beauté s'élance dehors de manière simultanée en toutes les choses. Elle jaillit comme si elle allait en avant. Car seule la beauté des choses divines procède manifestement en tout. Pareillement elle se répand véhémentement partout, dans ce qui apparaît, comme un liquide[4].

La procession de la beauté signifie un processus d'extériorisation, qui ne se borne pas seulement à expliciter des structures latentes, mais *accomplit* le déploiement des espèces :

> Finalement la beauté est l'accomplissement de la lumière intelligible et le déploiement des espèces intelligibles[5].

Par conséquent, Ficin reprend les métaphores de la peinture et du miroir afin d'exprimer l'incrément de sens apporté par la beauté grâce au pouvoir de refléter différemment le premier principe :

1. Ficin, *In Phaedr., sum.*, chap. 25, p. 170-171 : « His itaque gradibus ad idem animi revertuntur, sed ad *quidnam idem* ? ».

2. Ficin, *In Phil.*, I, chap. 27 ; II, chap. 3.

3. Comme nous l'avons vu, Ficin, *DA*, II, 3, p. 26-27 ; *In Phil.*, I, 5, p. 109 ; 31, p. 303 ; V, 4, p. 98-101.

4. Ficin, *In Phaedr., sum.*, chap. 28, p. 178-179 : « Emicat autem per hanc lucem in ideis atque ex ideis pulchritudo simul cunctis ; emicat inquam quasi procedens, quoniam hec divinorum sola per omnia manifeste procedit, et ibi similiter atque in aspectum tam vehementer quam liquido prodit ».

5. Ficin, *In Phaedr.*, chap. 9, p. 108-109 : « Denique pulchritudo est consummata luminis intelligibilis specierumque intelligibilium explicatio ».

> Les Platoniciens appellent ces sortes de *peinture* dans les Anges exemplaires et idées, dans les âmes raisons et notions, et dans la matière du monde formes et images. Elles sont claires dans le Monde, plus claires dans l'Âme, extrêmement claires dans l'esprit angélique. Ainsi le visage unique de Dieu se reflète-t-il successivement dans les *trois miroirs* situés hiérarchiquement : l'Ange, l'Âme, le corps du Monde [1].

La comparaison, suggérée par Plotin, puis établie par Alberti, entre la peinture et le reflet de Narcisse dans l'eau, vient aussitôt à l'esprit[2]. Néanmoins, les images de Ficin désignent l'apparaître à la surface d'une composition heureuse[3]. Car l'Intelligence, l'Âme, la Nature et la Matière mettent en œuvre une unité complexe, qui est belle. Ces instances sont à la fois belles[4] et réfléchissent par leurs couleurs et leurs figures la beauté du visage divin :

> C'est pour le dire encore une fois, l'éclat et la grâce de ce visage, aussi bien dans l'Ange que dans l'Âme et dans la Matière du monde, qu'il faut appeler beauté universelle. Quant à l'élan qui nous porte vers elle, il faut l'appeler Amour universel[5].

Manifestement, l'universalité et l'accomplissement de la beauté résident dans la mise en forme d'une complexité laquelle, tout en dépendant de Dieu, exprime une unité propre. L'unité complexe apporte, dans le processus de la conversion, un surcroît conceptuel par rapport à l'unité résumée de la série. *Si, pour Proclus, le pouvoir causal peut récapituler la série de ses effets homogènes, seule la beauté peut, pour Ficin,*

1. Ficin, *DA*, V, 2, p. 98-101 : « Picture huiusmodi in angelis, exemplaria et idee, in animis, rationes et notiones, in orbis materia, forme atque imagines a Platonicis nominantur. Clare quidem in orbe, clariores in animo, in angeli mente clarissime. Unus igitur dei uultus tribus deinceps per ordinem positis lucet in speculis : angelo, animo, corpore mundi ».

2. Publio Ovidius Naso (Ovide), *Metamorfosi*, éd. W. S. Anderson, Leipzig, Teubner, 1977 ; trad. fr. G. Lafaye, *Métamorphoses*, Paris, Belles Lettres, I-V, 1925 ; VI-X, 1928. Voir Leon Battista Alberti, *De Pictura* (1435), éd. L. Mallé, Firenze, Sansoni, 1950, trad. fr. J.-L. Schefer, *Sur la peinture*, Paris, Macula, 1992 ; II, 26. Alberti ne mentionne pas Narcisse, mais définit la peinture comme « l'art d'embrasser la surface d'une fontaine ». Il rappelle que les premiers peintres avaient coutume de tracer les contours des ombres au soleil. Voir S. Kodera, « Narcissus, Divine Gazes and Bloody Mirrors : the Concept of Matter in Ficino » dans *M. Ficino. His Theology, His Philosophy, His Legacy, op. cit.*, p. 285-306.

3. P. Castelli, « La metafora della pittura nell'opera di M. Ficino », dans *M. Ficino. Fonti, testi, fortuna, op. cit.*, p. 216-139.

4. Ficin, *DA*, II, 3, p. 26-27.

5. Ficin, *DA*, V, 4, p. 100-101 : « Vultus huius, ut idem sepius repetam, nitor et gratia siue in angelo, siue in animo, siue in mundi materia pulchritudo uniuersalis est appellanda. Impetusque ad illam uniuersalis dicendus est amor ».

unifier de manière inédite ce qui est hétérogène[1]. La cause et l'effet sont liés par des mesures déterminées par la série elle-même, tandis que la beauté peut, comme la surface d'un tableau, intégrer des éléments divers qui n'impliquent entre eux aucune nature commune ou, comme le soulignait Plotin, des couleurs qui, considérées de manière isolée, peuvent apparaître laides. La beauté exprime l'achèvement d'une unité différenciée et composite à même de ses modalités d'apparition. C'est pourquoi elle engendre des unités *inédites*, produisant des êtres nouveaux et signifie plus une unité enrichie qu'une unité restaurée.

À cet égard, Ficin parle parfois de *variété*, comme expression de l'unité complexe de la beauté. La multiplicité provenant de la procession de l'Un peut être comprise comme une *varietas* positive, non menacée par la dissipation, car :

> La *variété* des êtres est liée par des *intervalles* convenables[2].

La variété n'est pas seulement l'unité d'un multiple, mais l'unité nouvelle à même d'un multiple de tout autre genre, qui n'est pas régie par la symétrie, mais par un ordre différencié par des intervalles convenables, non simplement réguliers ou égaux. Sur ce point, Ficin se distingue clairement de Plotin, pour lequel les êtres de différents degrés « ne sont séparés d'aucun intervalle »[3], de sorte que la multiplicité ne peut être que simple :

> L'être est-il varié et multiple ? Certes, mais d'une *variété simple* et d'une *multiplicité unitaire*[4].

Incontestablement, l'appréciation positive de la variété, voire de la « copia », anime les discussions des milieux savants de la cour. Mais il s'agit des notions qui définissent ou bien les critères du bon usage de la langue, dans une situation de diglossie, ou bien la richesse intrinsèque à une

1. T. Albertini, *M. Ficino. Das Problem der Vermittlung, op. cit.*, p. 118-121 et p. 150-187, analyse de manière détaillée chez Ficin le modèle de la série, emprunté à Proclus. Elle souligne l'acquis, par la médiation de l'âme, d'un incrément de simplicité. Il est vrai que pour Ficin, *TP*, II, 1, t. 1, p. 73 la *summa unitas* correspond à la *summa simplicitas*. Cette simplicité n'est pas exempte de la multiplicité propre à l'âme. C'est pourquoi je souligne plus le modèle qualitatif de la beauté (qui intègre l'hétérogénéité) que le paradigme géométrique.

2. Ficin, *TP*, V, 14, t. 1, p. 213 : « Rerum siquidem *varietas* decentibus nectitur *intervallis* ».

3. Plotin, *En.*, 23 (VI, 5), 4, 24.

4. Plotin, *En.*, 22 (VI, 4), 11, 16-17. Les modèles évoqués, *ibid.*, 12, 10-20, sont la voix et le son.

tradition littéraire composite[1]. Le mérite de Ficin est d'avoir donné un statut ontologique à une notion d'origine rhétorique[2].

Les formes dans la matière

Avant d'examiner la fonction exacte de la beauté dans la conversion vers le premier principe, il faut considérer une objection. Comment la procession produit-elle des êtres nouveaux, des unités inédites, alors que la variété belle de la nature est en quelque sorte programmée ? Assurément la matière est une puissance infinie de formes, mais les espèces ne sont pas infinies. Le mage peut intervenir dans le cours de la nature pour en reprendre et parfaire le développement, mais il ne crée point de nouvelles espèces[3]. La monstruosité est une dégénérescence, non le signe d'une nouvelle loi de reproduction. Dieu intervient dans l'univers par ses miracles, mais de manière exceptionnelle et ponctuelle : la rupture de la régularité est le plus souvent momentanée. Où est-ce que l'inédit se situe dans les formes matérielles ?

À cet égard, on doit examiner la signification de *l'inchoatio formae* dans la pensée de Ficin. Sur ce point, la confrontation avec Albert le Grand s'impose, bien que Ficin ne le cite pas[4]. Les deux auteurs semblent soutenir que la forme est éduite de la matière[5] : l'*inchoatio formae* désigne une *habilitas*, une disposition à recevoir la forme. Dès lors, l'éduction des

1. Dans les domaines de la poésie et de la philologie : voir M. Tavoni, *Latino, grammatica, volgare : storia di una questione umanistica*, Padova, Antenore, 1984 ; A. Mazzocco, *Linguistic Theories in Dante and the Humanists : Studies of Language and Intellectual History in Late Medieval and Early Renaissance Italy,* Leiden, Brill, 1993 ; F. Mariani Zini, « Langue et traduction de la poésie chez Politien. *Doctaque me triplici recinet facundia lingua* », dans D. de Courcelles (éd.), *Traduire et adapter à la Renaissance*, Paris, École Nationale des Chartes, 1996, p. 11-33.

2. Pour Cicéron, *Or.*, 69, l'orateur doit utiliser un discours copieux et varié parce qu'il doit prouver, plaire et émouvoir. Les discussions sur le style et la grammaire latins ont été conduites non seulement à partir de Cicéron ou de Quintilien, récemment découvert, mais aussi par la référence constante à Isidore de Séville, *Etymologiarum sive originum libri XX*, éd. W. M. Lindsay, Oxford, Oxford University Press, 1911.

3. Voir B. Copenhaver, « Astrology and Magic », dans Ch. B. Schmitt *et al.* (eds), *The Cambridge History of Renaissance Philosophy*, Cambridge, Cambridge University Press, 1988, p. 264-300 ; *id.*, « How to do Magic, and why : Philosophical Prescriptions », dans J. Hankins (ed.), *The Cambridge Companion to Renaissance Philosophy*, Cambridge, Cambridge University Press, 2007, p. 137-171.

4. J.-M. Vernier, « Sur l'influence d'Albert le Grand sur M. Ficin », *Revue de sciences philosophiques et théologiques* 96, 2012, p. 269-292.

5. Albert le Grand, *Commentaire de Denys, les Noms divins*, qu. 7, art. 1 ad 3 ; Ficin, *TP*, XI, 3, t. 2, p. 103, *passim*.

formes, à savoir la possibilité d'actualiser les *formes latentes* de la matière, présente un genre de causalité qui n'est pas inconciliable avec l'émanation du premier principe et de la procession comme un flux[1]. Dans la pensée d'Albert deux exigences, partagées également par Ficin, sont remplies : la nécessité de rendre compte des différences entre les êtres engendrés, tout en estimant que le multiple est unifié par l'*advocatio boni*. Celui-ci est l'appel ou l'attrait exercé par le Bien, compris à la fois comme le principe et la cause finale[2]. De manière tout à fait conséquente, l'*inchoatio* justifie une certaine pratique de la magie[3].

Toutefois, Albert estime que *l'inductio formarum* est un défaut majeur du platonisme, puisque il néglige la césure et, partant, la hiérarchie entre le créateur et la créature, en supposant une continuité processuelle qui ne tient compte ni de la diversité des effets, ni de la transcendance causale et univoque du premier principe[4]. L'induction des formes présumerait une mauvaise conception de l'émanation, laquelle devrait être comprise comme la surabondance et la diffusion du Bien propre à un premier intellect, caractérisé par son actualité éternelle[5]. Car la source originaire du flux est l'intellect agent. La forme séparée de la matière devrait être considérée comme motrice, au sens où elle ferait passer à l'acte la puissance qui est dans la matière, mais elle ne l'induirait point.

Pour Ficin, en revanche, le souci de continuité, qu'Albert reproche à la figure mythique d'Hermès et à un certain platonisme, est justement l'une de ses préoccupations majeures[6]. Car les césures entre les étants sont

1. Ficin, *TP*, X, 7, t. 1, p. 80.

2. Albert le Grand, *Ethica*, I, 2, 6. Ici l'influence du Ps. Denys est patente et peut être interprétée dans le cadre d'un « antiplatonisme sans Platon », comme le suggère A. de Libera, *Métaphysique et noétique. Albert le Grand*, Paris, Vrin, 2005, p. 178 *sq.*, ou bien comme un « néoplatonisme sans Platon », étroitement lié à un second commencement de la philosophie éthique, selon J. Müller, *Natürliche Moral und Philosophische Ethik bei Albertus Magnus*, Münster, Aschendorff, 2001, p. 305-397.

3. Albert le Grand, *De Mineralibus, op. cit.*, t. 5, p. 1-116.

4. Albert le Grand, *Liber de natura et origine animae*, trad. fr. J.-M. Vernier, *Livre sur la nature et l'origine de l'âme*, Paris, L'Harmattan, 2009, I, 2, p. 4-5. Voir B. Nardi, « La dottrina di Alberto Magno sull'*inchoatio formae* », *Studi di filosofia medievale*, Roma, Edizioni di storia e letteratura, 1969, p. 69-101 ; A. de Libera, *Métaphysique et noétique, op. cit.*, p. 127-177 ; J.-M. Vernier, « De l'influence d'Albert le Grand sur M. Ficin », *op. cit.*, p. 269-292.

5. J. Müller, « Der Begriff des Guten im zweiten Ethikkommentar des Albertus Magnus. Untersuchung und Edition von *Ethica*, Buch I, Traktat 2 », *Recherches de philosophie et de théologie médiévales* 65, 2002, p. 318-370.

6. L. Sturlese, « Saints et magiciens : Albert le Grand en face d'Hermès Trismégiste », *Archives de Philosophie* 42, 1980, p. 615-634 et, pour une lecture différente, A. de Libera, *Métaphysique et noétique*, *op. cit.*, p. 168-177.

incompatibles avec un processus marqué par la perméabilité des niveaux ainsi que par le tropisme vers l'Un originaire[1]. Même si Ficin estime, comme Albert, que l'essence communicable est exemplaire et causale[2] et que l'appel du Bien est constitutif de l'être, il ne conçoit pas l'*advocatio boni,* dans le cadre de l'*inchoatio,* selon le dispositif de l'acte et de la puissance. Ficin estime que l'accomplissement d'un étant ne réside pas dans son actualité, mais dans son déploiement dans la procession et surtout dans sa conversion vers le premier principe. Si la matière est première et la forme seconde, alors :

> Là il y a la puissance, ici l'acte ; là l'essence, ici l'être ; là l'*inchoatio*, ici il y a l'accomplissement. La matière est certes comme un processus à partir de Dieu, la forme une conversion en Dieu[3].

Car la composition de l'étant n'est pas seulement pensée selon la distinction boécienne de l'*esse* et du *quod est*, mais aussi par des aspects empruntés à la tradition néoplatonicienne, le couple infini/fini[4]. L'hypothèse d'une médiation entre la matière et la forme transcendante n'est pas seulement motivée par le souci de continuité, mais aussi par la tentative de comprendre la nature de la forme immanente à la matière et l'individualité de celle-ci, acquise par ses qualités et son extensionalité, à savoir sa tridimensionnalité. D'abord, il s'agit d'établir ce qu'est la forme dans la matière et si elle peut être réduite à sa *figure visible*, voire à ses couleurs. À cet égard, le modèle artisanal est inapproprié, puisqu'il présuppose que les formes se réalisent dans des matières différentes, tandis que les formes des êtres naturels façonnent une matière déterminée[5]. Ensuite, il est difficile de comprendre si la forme dans la matière peut être identifiée à ses qualités, et si celles-ci ont une nature accidentelle ou essentielle[6].

1. Ficin, *TP*, XV, 2, t. 3, p. 21.

2. Ficin, *TP*, XV, 2, t. 3, p. 27-28.

3. Ficin, *In Phil.*, II, p. 239 : « Ideo ibi potentia, hic actus ; ibi essentia, hic esse ; inchoatio ibi, hic est perfectio. Materia quidem ut a Deo processus, forma ut in Deum conversio ».

4. Platon, *Phil.*, 23b.

5. Aristote, *Mét.*, Z 11, 1036a31.

6. Ce problème est déjà soulevé par Plotin, voir R. Chiaradonna, *Sostanza, movimento, analogia. Plotino critico di Aristotele,* Napoli, Bibliopolis, 2002, p. 133 *sq.* ; C. Horn, *Plotin über Sein, Zahl und Einheit. Eine Studie zu den systematischen Grundlagen der Enneaden*, Stuttgart-Leipzig, Vieweg & Teubner, 1995, p. 95 *sq.* Il est repris par Proclus, voir Ch. Helmig, « Die atmende Form in der Materie. Einige Überlegungen zum *evulon eidos* in der Philosophie des Proklos », dans *Proklos. Methode, Seelenlehre, op. cit.*, p. 259-277. Sur l'image de la respiration pour définir la présence parfois silencieuse des formes dans l'âme,

Somme toute, pour Ficin, l'*inchoatio* ne rend compte ni de la relation de la forme à la matière, ni de l'extensionalité de celle-ci. Quant à l'actualisation des formes latentes dans la matière, le modèle aristotélicien de la puissance et de l'acte négligerait la différence essentielle entre les deux extrêmes. Car, comme le reconnaît Aristote lui-même, si le changement impliquait un intervalle entre deux contraires ainsi que la possibilité de la transition de l'un à l'autre, alors les contraires signifieraient plus la négation ou la privation d'une forme qu'un opposé proprement dit[1]. Il serait donc possible de *dire les mêmes choses selon la puissance et l'acte*[2]. Cette capacité de devenir ce qui est déjà sous forme latente efface la différence constitutive entre la matière et la forme. Une médiation s'impose alors qui puisse faire converger dans un centre les bords inférieurs et les bords supérieurs des différents niveaux. De la sorte, Ficin dépasse les deux conceptions rivales, l'éduction ainsi que l'induction des formes dans la matière, en distinguant trois niveaux :

> Or les formes inférieures vers lesquelles l'intelligence divine meut la matière doivent être éduites de la matière elle-même par mutation, alors que l'intelligence vers laquelle elle meut cette matière est plutôt introduite en elle par un acte divin, car si elle était éduite de la matière, elle ne pourrait pas être une intelligence. Or, étant donné que les formes supérieures à l'âme rationnelle ne sont ni éduites de la matière, ni introduites en elle, et que les formes inférieures y sont introduites et en sont éduites, l'ordre divin exige que l'âme elle-même soit introduite en la matière, mais n'en soit pas déduite[3].

Les formes transcendantes, séparées de la matière, ne sont ni introduites dans la matière, ni éduites de la matière, tandis que les formes inférieures, propre au corps dans sa naturalité, sont introduites et éduites. C'est ici que le dispositif de la puissance et de l'acte est légitime, mais en interprétant autrement le modèle aristotélicien. Car la matière est déjà en

voir C. Steel, « Breathing Thought : Proclus on the Innate Knowledge of Soul », dans *The Perennial Tradition of Neoplatonism*, *op. cit.*, p. 293-310.

1. Aristote, *Cat.*, 5, 3b24.

2. Aristote, *Phys.*, I, 8, 191b27.

3. Ficin, *TP*, XV, 2, t. 3, p. 18-19 : « Movet autem materiam ad inferiores formas per mutationem ex ipsa materia educendas, ad mentem vero per divinum actum potius inducendam. Si enim educeretur, mens esse non posset. Hoc autem ad divinum ordinem pertinet, ut postquam formae superiores animo rationali neque educuntur neque inducuntur ; formae vero inferiores et inducuntur, et educuntur, ipse animus inducatur, non educatur ».

quelque sorte formée, animée et, partant, spiritualisée[1]. Les formes intermédiaires doivent donc être considérées comme des qualités et des forces déterminant la matière et la multiplicité des corps[2].

Cette conception, empruntée à Proclus, s'en distingue par deux aspects: la tendance à recouper la qualité et la forme dans la matière et l'intégration des caractères visibles, comme les couleurs et les figures, dans les propriétés essentielles. La multiplicité des puissances, évoquée par Proclus, par rapport à l'unité de la forme dans la matière, devient, chez Ficin, la multiplicité unie, propre à la qualité[3]. Celle-ci comme la chaleur du feu, est essentielle à la forme sans coïncider avec elle et, introduite dans la matière, peut être réveillée par une simple exposition, comme le soufre qui s'enflamme à la proximité du feu[4].

À ce point, on peut mieux apprécier les différentes conceptions de l'attrait exercé par le Bien. Celui-ci se traduit, pour Albert, par un appel opéré par le premier intellect, sur le fond de la distinction boécienne entre l'*esse* et le *quod est*, en vue de réintégrer la multiplicité des effets du flux dans l'unité de la cause première. Ici l'intellect lui-même est *affectivus*, affecté et attiré par cette bonté qu'il est lui-même[5]. Il s'agit, par contre, pour Ficin, d'un appel exercé par l'Un, transcendant et irréductible à tout intellect[6], par lequel l'étant n'est pas unifié ou actualisé dans son être, mais

1. Plotin, *En.*, 2 (IV, 7), *passim*. Voir H. Blumenthal, « The Psychology of Plotin and Later Platonism », dans *The Perennial Tradition of Neoplatonism*, *op. cit.*, p. 269-290 ; Ficin, *TP*, X, 7, t. 2, p. 80, définit cette matière formée en termes de *praeparatio*. La notion de privation, essentielle dans le dispositif de l'acte et de la puissance, ne joue pas de rôle significatif pour lui, à la différence d'Albert.

2. La distinction entre *eidos* et *dynamis*, chez Proclus, peut être explicitée par la distinction entre la forme transcendante du feu et sa chaleur. Celle-ci en est une propriété essentielle, acquise dans l'étendue de la matière, mais ne peut pas être identifiée à l'essence du feu : Proclus, *In Platonis Timaeum Commentarii*, éd. E. Diehl, Leipzig Teubner, 1903-1906, 3 vol. ; trad. fr. A. J. Festugière, Proclus, *Commentaire sur le* Timée, Paris, Vrin, 1966-1969, II, 25, 9-16 ; Ficin, *TP*, XV, 2, t. 3, p. 18 reprend cette image : la forme transcendante du feu rend le bois chaud, la chaleur étant une propriété ou force (*vis*) qui est produite avec l'étendue de la matière. La génération introduit la forme du feu dans tel ou tel feu. Il ne s'agit ni d'une latence, ni de la division d'un entier dans ses parties, mais d'un reflet, comme le visage du père resplendit dans sa progéniture : Ficin *TP*, XV, t. 3, p. 19.

3. Ficin, *TP*, III, 1, t. 1, p. 128.

4. Ficin, *DV*, III, 16 et 18.

5. En qui seulement *esse* et *quod est* coïncident : Albert le Grand, *De causis et processu universitatis a prima causa*, éd. W. Fauser S. J. *(Alberti Magni Opera Omnia, tomus XVII, pars II)*, Münster, Aschendorff, 1993 : ici II, 1, 25, p. 91, 6-7.

6. Mais le désir du Bien n'est pas, pour Ficin, une intellection. Une telle identité était, pour les néoplatoniciens, un défaut propre au Premier Moteur d'Aristote. Si celui-ci était à la

rempli et enrichi de la variété positive des produits de la procession, sur le fond de la distinction de Proclus entre le fini et l'infini[1].

En somme, l'attrait du Bien, qui définit l'appel de la forme dans la matière vers la forme transcendante, n'engage pas le dispositif de la puissance et de l'acte, mais l'élan, irréductible à un acte d'intellection, de tout étant vers son propre accomplissement. Celui-ci est conçu comme la production d'une *unité inédite* et non seulement, à la différence d'Albert, comme *l'actualité d'une unité latente*. C'est pourquoi Ficin compare la forme *induite* dans la matière à l'hameçon, qui attire et capture l'influence du ciel, dans lequel elle retrouve sa modalité principielle.

Le beau, le sage, le bon

Puisque la beauté lumineuse exprime l'universalité et l'accomplissement du déploiement de la procession, en rendant compte de la production des êtres nouveaux, elle assure à tous les étants la possibilité de se convertir. Ainsi le voyage de retour est-il plus bref, plus universel et moins désespérant que l'ascèse pérégrine de l'âme, avec laquelle la tradition néoplatonicienne a communément identifié la véritable conversion. L'une des conditions de l'interprétation ficinienne de la magie hermétique réside dans cette conception de la conversion, qui est souvent caractérisée comme une « réforme » ou une « régénération » des êtres et non seulement de l'âme[2]. Car l'accomplissement universel opéré par la beauté dépend étroitement de son pouvoir de génération et de production de nouvelles unités à même le multiple, selon la loi de développement propre à chaque niveau : les formes idéales intelligibles, les formes dans l'âme, les semences dans la nature. Le retour peut alors être compris comme une « régénération », c'est-à-dire la possibilité de s'insérer dans les lois de constitution des êtres, ou bien pour en reprendre la formation, là où l'étant a connu quelque difformité, ou bien pour en parfaire la génération[3]. C'est pourquoi la magie célèbre en Bacchus le dieu de la régénération, de la

fois le premier objet de l'intellection et du désir, la première impliquerait une actualité qui manquerait au second : Aristote, *Mét.*, L 7, 1072b10-13.

1. Ficin, *TP*, XV, 2, t. 3, p. 24-25.

2. Ficin, *TP*, XII, 3, t. 2, p. 160-161.

3. La régénération est possible surtout en intervenant sur les raisons séminales par lesquelles l'Âme du monde fabrique les espèces naturelles. Si l'espèce « degeneret », elle peut retrouver sa propre forme, en revenant à sa raison séminale. Car, comme l'affirme Ficin, *DV*, III, 1, p. 214 : « Dans tout le monde vivant, il n'y a rien de si difforme, auquel une âme ne soit présente et dans lequel il n'y ait pas le don d'une âme ». (« Neque in mundo vivente toto quicquam reperitur tam deforme, cui non adsit anima, cui non insit et animae munus »).

possibilité d'avoir une seconde naissance[1]. Le souci hermétique du monde trouve dans les dispositifs de la conversion ficinienne une assise théorique qui, sans contrevenir à l'impossibilité aussi bien chrétienne que platonicienne, de créer des nouvelles formes, rend raison de l'exigence de palingenèse universelle.

Toutefois, si la palingenèse de la nature est une exigence propre à la magie hermétique tout comme le lien entre la théurgie et la connaissance cosmologique caractérise les *Oracles chaldaïques*, la tradition néoplatonicienne possède un espace conceptuel propre, la théologie physique, pour penser la régénération des êtres. La possibilité d'une *théologie physique* est étroitement liée au souci de continuité propre à l'univers néoplatonicien, même si le corps du monde et l'univers matériel se situent à l'extrémité inférieure de la procession[2]. Car la nature est animée par les dieux et les démons de manière cachée, en revêtant des formes sensibles qui l'enveloppent, bien que l'œil avisé du savant puisse en déceler la divinité à travers les voiles[3]. Ainsi le discours théologique sur la nature peut-il employer les

1. Ficin, *DV*, proême, p. 40: « Les poètes chantant que Bacchus, le souverain chef des sacerdoces, naquit deux fois, peut-être pour signifier que celui qui devient sacerdoce doit renaître par l'initiation, ou que l'esprit du sacerdoce devenu parfait, enivré par Dieu, semble né une seconde fois ; ou peut-être, plus simplement, ils suggèrent que le vin, qui est la semence de Bacchus, naît une première fois sur la vigne, comme Sémélé dans les grappes mûres de Phébus, puis il naît une seconde fois, après la foudre de la vendange comme vin pur dans la cuve, comme dans le fémur de Jupiter ». (« Bacchum poetae, summum antistitem sacerdotum, bis natum canunt, forte significantes, vel futurum sacerdotem statim initiatum oportere renasci, vel perfecti tandem sacerdotis mentem Deo penitus ebriam iam videri renatam, aut forsan humiliore sensu vinum, Bacchi germen, generari semel in vite quasi Semele maturis sub Phoebo racemis, regenerari rursum post ipsum vindemiae fulmen in suo vase vinum velut in Iovis femore merum »). Mais c'est un vin qui apaise et conforte, comme Ficin s'empresse de préciser.

2. Plotin, *En.*, 52 (II, 3), 7, 10-14: Les astres font, comme nous, partie de l'univers, de sorte que la connaissance d'une partie permet d'en connaître une autre: « Tout est plein de signes ». Voir Ficin, *In Plotinum, Op.*, II, p. 1643. Pour Proclus, *In Tim.*, I, 1.24-3.16, la physique platonicienne remonte des propriétés du monde sensible aux causes premières, notamment au Démiurge, tandis que le *Parménide* rapporte toutes choses à l'Un. Comme le souligne A. Lernould, *Physique et théologie. Lecture du* Timée *de Platon par Proclus*, Villeneuve d'Ascq, Presses Universitaires du Septentrion, 2001, p.32-35, la théologie physique n'est pas inférieure à la théologie divine : toutes deux expriment la même théologie scientifique, mais en adoptant des points de vue différents.

3. D'où le dicton héraclitéen: « la nature aime à se cacher » et le mythe de Calypso, séduisant Ulysse : voir Macrobe, *In Somn., op. cit.*, I, 2, 17-19. Voir M. Di Pasquali Barbanti, *Macrobio. Etica e psicologia nei « Commentarii in Somnium Scipionis »*, Catania, CUECM, 1998, chap. 2 ; I. Caiazzo, *Lectures médiévales de Macrobe. Les Glosae Colonienses super Macrobium*, Paris, Vrin, 2003 et P. Hadot, *Le Voile d'Isis*, Paris, Gallimard, 2004, p. 66-81.

récits fabuleux[1] qui cachent et déploient en même temps les plis secrets de sa divinité[2].

Cette perspective justifie à la fois les pratiques théurgiques et magiques. D'une part, le caractère voilé de la nature fonde les rites initiatiques qui visent à susciter l'apparition des dieux par le maniement d'objets (pierres, herbes, animaux) ou par des prières, chants, hymnes, invocations. Ces moyens symboliques ne revêtent pas tant une fonction de représentation que performative, puisqu'ils présentent directement la divinité, quoique enveloppée. Grâce à ce savoir initiatique, l'âme peut s'élever et entrer en contact avec la divinité, sans en profaner le mystère. D'autre part, la conception symbolique de la nature en présuppose la profonde unité: tout élément renvoie à un lacis de correspondances cachées. Celles-ci peuvent être appréhendées comme l'expression d'une « sympathie » universelle, d'un réseau de ressemblances, dont la saisie n'exige pas nécessairement la magie[3]. Cet entrelacs légitime la magie naturelle, qui s'introduit dans les cours réguliers des choses pour restaurer ou parfaire les formes, ainsi qu'une « sympathie » théurgique, liée intimement au sentiment religieux d'admiration pour les réalités divines et leur capacité d'engendrer l'univers[4]. Les deux approches ne sont pas exclusives[5] : il s'agit en tout cas de dévoiler les secrets de la nature sans en

1. P. Dronke, *Fabula : Explorations into the Uses of Myth in Medieval Platonism*, Leiden, Brill, 1975.

2. Macrobe, *In Somn.*, *op. cit.*, I, 3-21.

3. Plotin, *En.*, 28, (IV, 4), 26, 15-20; 32, 14-15; voir aussi Synésios de Cyrène, *De insomniis* (*Traité sur les songes*), dans *Opuscules* I, éd. et trad. fr. J. Lamoureux et N. Aujoulat, Paris, Belles Lettres, 2004, 2, 147, 5. La traduction se trouve dans Ficin, *Op.*, II, p. 1136-1195. La sympathie naturelle n'est pas une empathie affective, comme le souligne Lord Chandos. Entré dans sa cave, il assiste à l'agonie des rats empoisonnés. Il est alors pris par un frissonnement qui n'est pas de pitié. Il exprime plutôt une participation infinie, l'absorption de soi dans les créatures. La même sympathie est ressentie pour un arrosoir abandonné, un scarabée nageant sur l'eau, tout un ensemble de choses apparemment insignifiantes. Voir H. von Hofmannsthal, *Ein Brief* (1902), trad. fr. J.-Y. Masson (dir.), *Lettre de Lord Chandos, Œuvres en prose*, Paris, Livre de Poche, 2010, p. 489-502.

4. Voir Simplicius, *In Aristotelis Physicorum libros commentaria Physicam*, éd. H. Diels, CAG, IX-X, Berlin, Reimer 1882 et 1885 (reprint Berlin, de Gruyter, 1954 et 1969), ici IX, 5. 10-15.

5. Il n'est pas toujours aisé de distinguer, dans le platonisme de Chartres, les deux tendances, l'une scientifique, l'autre symbolique. Voir T. Gregory, *Anima mundi. La filosofia di Guglielmo di Conches e la scuola di Chartres*, Firenze, Sansoni, 1955 ; *id.*, *Mundana sapientia*, Roma, Edizioni di storia e letteratura, 1992, p. 291-328 ; A. Speer, *Die entdeckte Natur. Untersuchungen zu Begründungsversuchen einer scientia naturalis im 12. Jahrhundert*, Leiden, Brill, 1995, p. 239-306 ; Th. Kobusch, « Der "Timaios" in Chartres », dans

ôter le caractère symbolique. Par conséquent, l'exigence sotériologique trouve un espace de pensée dans la théologie physique et symbolique néoplatonicienne, laquelle justifie la magie et la théurgie. Somme toute, l'élévation de l'âme peut commencer par le déchiffrement des secrets de la nature divine.

Toutefois, les causes du véritable mouvement anagogique sont d'une autre espèce. Sur ce point, Ficin se confronte avec Proclus, lequel développe de manière originale la définition platonicienne de la réalité divine comme « belle, savante, bonne »[1]. Proclus considère, en fait, ces attributs comme les causes de principes anagogiques correspondants, l'amour, la vérité et la croyance (ou foi)[2]. Il se livre à une analyse détaillée des caractères propres à ces deux triades, en reprenant les termes d'une discussion exégétique néoplatonicienne[3]. Proclus s'efforce de retrouver

T. Leinkauf et C. Steel (Hrsg.), *Platons « Timaios » als Grundtext der Kosmologie in Spätantike, Mittelalter und Renaissance,* Leuven, Leuven University Press, 2005, p. 235-252.

1. Platon, *Phèdre*, 246d8-e1 ; *Phil.*, 65a2 ; Proclus, *Théologie*, I, 22-26 ; III, 22 ; IV, 9 ; *In Alc.*, 51.8-53.2 ; *ET*, 29-39.

2. Proclus, *Théologie*, I, 22, 104.16-17.

3. Voir Ph. Hoffmann, « La triade chaldaïque *Eros, Aletheia, Pistis* de Proclus à Simplicius », dans *Proclus et la théologie, op. cit.*, p. 476-484 et *id.*, « *Eros, Aletheia, Pistis… et Elpis*. Tétrade chaldaïque, triade néoplatonicienne (fr. 46 des Places, P. 26 Kroll) », dans H. Seng et M. Tardieu (Hrsg.), *Die Chaldaeischen Orakel : Kontext, Interpretation, Rezeption,* Heidelberg, Winter, 2010, p. 255-324. Porphyre, *Lettre à Marcella*, éd. E. des Places, Paris, C.U.F., 1982, chap. XXIV, mentionne la tétrade chaldaïque de quatre puissances anagogiques (*Oracles Chaldaïques avec un choix de commentaires anciens*, éd. E. des Places, Paris, Belles Lettres, 1971, fr. 46) selon l'ordre ascendant suivant : *Pistis, Aletheia, Eros* et *Elpis*. Or, Porphyre défend ici, sans doute contre les chrétiens, une croyance et une espérance rationnelles (l'oracle 46 est, de manière vraisemblable, selon Hoffmann, une réponse dans le milieu de la gnose valentinienne à la triade de Paul, I, *Cor.*, 13, 13, foi, espérance, amour). Cette exigence rationnelle est maintenue également par Jamblique, Proclus, Simplicius même si la tétrade est réduite à une triade, en adhérant au texte platonicien. L'ordre est cependant changé car les puissances anagogiques sont insérées dans un contexte mystérique et théurgique. À cet égard, Jamblique, *De Myst.*, V, chap. 26, établit, de manière ascendante, la série suivante : *Eros, Elpis et Pistis*. Si Proclus, dans sa *Théologie* et dans le commentaire *In Alcibiadem*, ne cite pas l'espérance et propose de suivre l'ordre : *eros, aletheia, pistis*, dans son commentaire au *Timée*, *op. cit.*, I, 211.8-212.28, il évoque, en revanche, la signification de l'espérance dans la prière. Pour Simplicius, *In Physicam*, *op. cit.*, 5, 10-21, la sympathie théurgique est associée à la foi et à l'espérance, tandis que dans *In Aristotelis de caelo commentaria*, éd. I. I. Heiberg, CAG VII, 55, 7-17, la triade se déploie en amour, vérité et foi. Pourtant, l'intégration des pratiques rituelles, théurgiques n'est pas contradictoire avec la fondation de la *pistis*, de la croyance, sur une théologie *scientifique*. Voir aussi H. D. Saffrey, « Les débuts de la théologie comme science (IIIe – VIe siècles) », dans *id.*, *Recherches sur le néoplatonisme*, *op. cit.*, p. 219-238 et *ibid.*, « Quelques aspects de la

dans chaque propriété les trois moments du cycle constitué par la « manence », la procession et la conversion. Ainsi le Bien, étant analogue au premier principe, est-il la source de la conservation et de l'existence de la totalité des choses, les serrant autour de lui[1]. Les trois moments de ce procès sont : le désirable, l'adéquat, le parfait[2]. La Sagesse, comprise comme le fondement ineffable de l'intellection des dieux[3], comprend trois moments : elle est remplie, puis génératrice de vérité, enfin condition du perfectionnement des intellections en acte, bien qu'elle demeure constamment en puissance[4]. C'est grâce à la Beauté que les dieux sont unis et jouissent de leur communauté. Elle est composée de l'éclat, qui désigne la participation à la bonté, de sa nature brillante, qui la rend manifeste et de sa capacité de susciter l'amour[5]. Ainsi le désirable est-il le caractère propre au Bien, non au Beau[6]. Un tel désir opère comme un centre autour duquel tous les étants dansent, recevant leurs essences et puissances[7]. De manière succincte, le désirable exprime la « manence », tandis que l'adéquat correspond à la profusion de la procession, dépourvue d'envie qui rend bons tous les étants. Le parfait est le moment de la conversion de tous les êtres qui s'enveloppent dans un ordre enchaîne à soi-même[8].

Dans ce contexte, il est aisé de comprendre que l'amour désigne le premier élan vers la conversion, suscité par la beauté : il réunit toutes les réalités inférieures autour de la beauté lumineuse des dieux[9]. La vérité permet de se joindre à la plénitude propre à la sagesse. Celle-ci exprime la connexion entre les objets de la pensée et les étants pensants[10]. Mais c'est seulement par la foi (*pistis*) que l'activité et la connaissance sont dépassées en faveur d'une modalité de conversion où ne subsistent que la stabilité et le repos, qui sont les qualités de la « manence »[11]. Elle est le lien qui permet

spiritualité des philosophes néoplatoniciens, de Jamblique à Proclus et Damascius », p. 213-226.

1. Proclus, *Théologie*, I, 22, 101.5-13.
2. Ces traits sont empruntés à Platon, *Phil.*, 20d1-11.
3. Proclus, *Théologie*, I, 23, 104.21-105.12.
4. Proclus, *Théologie*, I, 23, 105.24-30.
5. Proclus, *Théologie*, I, 24, 107.10-108.6 ; Platon, *Banquet*, 204c4-b3 ; *Phèdre*, 265b2-c3.
6. Proclus, *Théologie*, I, 22, 101-25-102.5 ; Aristote, *Ethique à Nicomaque*, I, 1, 1094a3 ; Ficin, *TP*, I, 6, t. 1, p. 71.
7. Proclus, *Théologie*, I, 22, 102.5-21.
8. Proclus, *Théologie*, I, 22, 104.1-15.
9. Proclus, *Théologie*, I, 25, 109.10-15.
10. Proclus, *Théologie*, I, 25, 109.16-24.
11. Proclus, *Théologie*, I, 25, 109.25-110.5.

aux dieux eux-mêmes d'être unis et se tenir serrés autour d'un centre unique[1]. Bien que l'amour soit la folie la plus universelle, la beauté n'opère pas la même plénitude uniforme que la sagesse, accomplie par la bonté. La beauté aimable[2] n'est que la première lumière qui, comme l'étoile du matin, dirige vers le haut ceux qui commencent à s'engager dans le voyage de retour[3].

La foi table sur la connaissance scientifique de la théologie. Elle est la condition de la divinisation de l'âme, par le contact ou l'union avec les réalités divines[4]. Au lieu de se traduire par une forme d'ivresse et de dépossession, la foi conduit à un havre de paix, à une sérénité qui est certes le propre de la stabilité du premier principe[5], mais qui reprend sans doute l'idéal hellénistique de la tranquillité d'âme. De surcroît, la foi n'implique pas une césure avec nos facultés. En se référant à Platon, Proclus affirme que la foi est une puissance unificatrice et irénique de notre âme, de sorte qu'elle, comme puissance anagogique et mouvement de divinisation, se trouve à plus forte raison dans les dieux[6]. Les fureurs du *Phèdre* intègrent alors les puissances anagogiques[7] :

> Ainsi pour résumer, il y a trois caractères propres qui remplissent les êtres divins et qui s'étendent à travers toutes les classes divines : ce sont la bonté, la science et la beauté : il y a aussi trois caractères propres qui rassemblent ce qui est rempli, ils sont inférieurs aux premiers, mais ils s'étendent à travers tous les mondes divins : la foi, la vérité et l'amour. Par eux, tout le monde est conservé dans l'être et conjoint aux causes primordiales par le moyen soit de la folie amoureuse, soit de la divine philosophie, soit de la puissance théurgique, laquelle est meilleure que toute sagesse et toute science humaine, puisqu'elle concentre en elle les avantages de la divinisation, les forces de purification de l'accomplissement des rites et, en bref, toutes les opérations accomplies quand on est possédé du divin[8].

1. Proclus, *Théologie*, I, 25, 110.5-16.

2. Les traits de la beauté, surtout son éclat, sont tirés de Platon, *Phèdre*, 250b6-d1.

3. Proclus, *Théologie*, I, 25, 108.11-109.2. Elle revêt donc une fonction rituelle, initiatique.

4. Proclus, *Théologie*, I, 25, 112.1-3.

5. Proclus, *Théologie*, I, 25, 109, 25-27 ; 111, 25. Sénèque, *De Tranq.*, II, 3, *id.*, *De Ira*, I, 3 : « Il n'y a de vraiment grand que ce qui est en même temps calme ». (« Nec quicquam magnum est nisi quod simul placidum »).

6. Proclus, *Théologie*, I, 25, 15-24 ; Platon, *Lois*, I, 629d2.

7. A. Sheppard, « Plato's "Phaedrus" in the "Theologia platonica" », dans *Proclus et la théologie, op. cit.*, p. 415-423.

8. Proclus, *Théologie*, I, 25, 112.25-113.10 :

Lorsque Ficin reprend, dans un bref chapitre, la triade de ces caractères définissant la réalité divine, il leur donne une autre signification. Comme pour Proclus, les trois caractères appartiennent à la réalité divine, et non au premier principe, mais sont rattachés simultanément au processus de la contemplation :

> Mais le divin lui-même qui est atteint est appelé bon, sage et beau. L'âme peut venir à participer du divin par l'intelligence. Pourtant le divin n'est pas le Bien absolu, qui existe au-dessous de la sagesse et de la beauté, mais le Bien essentiel et intelligible. Ce Bien est bon et simultanément sage et beau. De cette manière, le bon, sage et beau, est inhérent à tous les dieux, mondains et super-mondains, au-dessous du premier dieu. En le contemplant, n'importe quel intellect est nourri [1].

En présentant le bon, le sage et le beau comme des propriétés simultanées, Ficin réduit leurs différences qualitatives et les insère dans un processus unitaire d'intelligence autour du Bien :

> Qu'est-ce qu'est le bien dans les dieux ? Et le sage ? Et le beau ? De fait, dans tout intellect il y a l'intellect, l'intelligence et l'intelligible. Certainement l'intelligible se montre en tant que bon, parce qu'il est ici évidemment parfait, suffisant et désirable. Philèbe enseigne que les dons du Bien sont ces trois-là. Se tournant vers cet intelligible, il est appelé sage. D'ici l'intellect lui-même, brillant de l'éclat des formes, est appelé beau. C'est pourquoi le bon est uni dans tout dieu, tandis qu'il est caché quant aux autres. Cela est la perfection essentielle et vitale, la puissance féconde et la faculté intelligible, contenant cachées en elle-même toutes les espèces intelligibles, comprises par la lumière intelligible. Mais la sagesse est l'intelligence qui enfante la lumière intelligible et déploie à l'intérieur les espèces intelligibles. Finalement, la beauté est le déploiement accompli de la lumière intelligible et des espèces intelligibles. Dès lors, même si *la beauté procède comme en dernière, elle se présente en première à ceux qui s'élèvent.* Etant donné qu'elle s'offre et apparaît surtout en première, et qu'elle résulte comme l'éclat de toutes ces lumières, Platon la définit souvent la plus claire et la plus patente de tout ce qui est divin [2].

1. Ficin, *In Phaedr.,* chap. 9, p. 108-109 : « Ipsum vero divinum quod per hanc attingitur appellatur bonum et sapiens atque pulchrum. Cuius sane per intelligentiam animus fieri dicitur posse particeps. Id autem non ipsum simpliciter bonum, sed essentiale et intelligibile bonum. Illud enim super sapientiam pulchritudinemque existit. Hoc autem et bonum est simul et sapiens atque pulchrum. Eiusmodi bonum sapiensque et pulchrum omnibus sub primo deo diis inest supramundanis atque mundanis ; cuius contemplatione alitur intellectus quilibet contemplator ».

2. Ficin, *In Phaedr.,* chap. 9, p. 108-109 : « Quidnam est in diis bonum ? Quid sapiens ? Quid pulchrum ? Nempe in deo quolibet est intellectus, intelligentia, intelligibile. Intelligibile

Ce passage est tout à fait fidèle à la *forma mentis* de Proclus, mais il est étonnant par son dispositif de réduction. L'accent posé sur l'intelligence conduit presque à négliger la force d'unification de ces puissances causales. Seul le bon est considéré comme uni. Il est vrai que la force d'unification est également cachée dans les autres puissances et se révèle selon la classe divine où elle se manifeste[1]. Mais Ficin analyse ici les trois puissances causales dans la perspective exclusive de leur rapport à la vérité :

> De surcroît, la lumière qui se diffuse de ce bien à travers l'intellect et les intelligibles est appelée vérité dans la « République ». Comme le dit Philèbe, nous ne pouvons pas scruter par un simple regard cette lumière et la nature du Bien, mais nous devons la diviser auprès de nous selon une certaine condition qui est la nôtre. Nous l'appelons donc bonne dans la mesure où elle provient du bien lui-même en tant que désirable et ramène les esprits au Bien. Nous l'appelons sage pour la raison qu'elle est la cause qui fait que les autres choses connaissent et soient connues. Enfin, nous la nommons belle parce qu'elle remplit ceux qui connaissent et les choses connues avec un éclat prodigieux et les compose avec grâce. Platon qualifie ce beau de très lumineux, pour la raison tantôt évoquée. Il précise, dans le « Banquet », qu'il est doux, délicat et séduisant, puisqu'il plaît de maintes manières admirables à ceux qui le contemplent. Il ajoute ici et là qu'il est aimable, puisqu'il est la cause de l'amour. Il appelle à soi ceux qui contemplent avec une grâce autant efficace qu'attrayante[2].

quidem tanquam bonum exstat, quia videlicet perfectum illic est et sufficiens atque appetendum. Que quidem tria Philebus docet esse munera boni. Circa hoc intelligentia sese versans sapiens appellatur. Hinc intellectus ipse formarum splendore refulgens appellatus est pulchrum. Quamobrem bonum in quolibet deo unitum est pre ceteris et occultum : essentialis videlicet ipsa vitalisque perfectio, fecunda potestas intelligibilisque facultas, occultas in se continens species intelligibiles omnes intelligibili lumine comprehensas. Sapientia vero illic intelligentia est que lumen intelligibile parturit, speciesque intelligibiles intrinsecus explicat. Denique pulchritudo est consummata luminis intelligibilis specierumque intelligibilium explicatio. Que quidem, etsi illic quasi provenit ultima, prima tamen ascendentibus illuc occurrit ; et quoniam se maxime offert apparetque prima, atque ex cunctis luminibus illis resultat ut splendor, iccirco sepe Plato pulchritudinem appellat clarissimam atque divinorum omnium patentissimam ».

1. Proclus, *Théologie*, III, 22, 81.11-15 : « Que si le beau tout à la fois est présent sous un mode caché dans la première triade et se révèle triadiquement dans la troisième, cela montre que l'intellect intelligible tout à la fois aime la première triade et éprouve un amour lié à sa propre beauté ; et c'est l'amour intelligible, celui qui a pour objet la toute première beauté ».

2. Ficin, *In Phaedr.* chap. 9, p. 108-110 : « Preterea lumen ex ipso bono per intellectus et intelligibilia *profluens* appellat in Republica veritatem. Hoc lumen naturamque boni non possumus (ut Philebus inquit) intuitu simplici contueri, sed apud nos ipsi nostra quadam conditione partimur. Dicimus ergo bonum quantum ab ipso bono provenit expetendum

Une telle approche déçoit des attentes légitimes. D'abord, tandis que Ficin souligne, dans le sillage de la tradition néoplatonicienne, l'impossibilité de réduire la conversion à un processus de contemplation[1], il privilégie ici l'élévation de l'âme par la vérité, laquelle ne semble pas seulement définir la seconde puissance causale, mais s'étend aux autres, déterminant leur rapport au Bien. Ensuite, il est surprenant que ni la foi ni l'amour ne soient ici mentionnés. Les textes de Proclus offrent des ressources conceptuelles que Ficin n'exploite pas dans ce contexte pour asseoir son projet philosophique et religieux. Il aurait pu souligner que la Beau révèle le Bien[2], examiner la fonction de l'amour dans les puissances anagogiques[3], ou rappeler la force unificatrice et apaisante de la croyance ainsi que son assise scientifique. Mais il ne le fait pas. Ce point mérite d'être interrogé.

D'abord, le primat accordé à la vérité comme puissance anagogique peut être expliqué par le rôle que la lumière de celle-ci joue dans la *République* de Platon[4], que Ficin cite explicitement afin de justifier le bien-fondé du processus de l'intelligence. Ce n'est pas un hasard si Plotin souligne à la fois la beauté et la vérité des idées : leur éternité leur attribue en même temps ces propriétés[5]. Dans le cadre du commentaire au *Phèdre*, la puissance anagogique de la vérité permet à Ficin d'affirmer que l'ascension de l'âme, représentée par l'attelage ailé, conduit à la contemplation des intelligibles purs, dont la consistance est indépendante du fait

redigitque mentes ad bonum. Dicimus et sapiens qua ratione causa est ut alia cognoscantur atque cognoscant. Dicimus denique pulchrum quia cognoscentes et cognita splendore mirifico replet et gratia condit. Pulchrum hoc Plato, ea quam diximus ratione, hic nominat lucidissimum. Addit in Convivio mulcens et delicatum atque blandum, quia miris modis contemplatores oblectat. Subiungit ibi et hic amabile, quoniam causa est amoris, et contemplatores ad se gratia prorsus admirationeque tam efficacissime quam blandissime provocat ».

1. Ficin, *In Phaedr., sum.,* chap. 28, p. 178-179. La contemplation est « amor, gaudium, veneratio et providentia ».

2. Proclus, *Théologie*, III, 18, 63.22-64.12, où le Beau est dit révéler ce qu'il y a de caché dans le Bien.

3. Proclus, *In Alc.*, 51, 8-53,1.

4. Sur l'analogie entre le Soleil et le Bien, voir Platon, *Rép.*, VI, 490b5 *sq.*, commenté par Proclus, *In Platonis Rempublicam Commentaria,* éd. E. Kroll, Leipzig, Teubner, 1899-1901 ; trad. fr. A. J. Festugière, Proclus, *Commentaire sur la* République, Paris, Vrin, 1970, XI, 278.17-180.8. Voir M. Abbate, « Il Bene nell'interpretazione di Plotino et di Proclo », dans M. Vegetti (a cura di), *Platone. La Repubblica*, Napoli, Bibliopolis, 2003, vol. 5, p. 625-678 ; W. Beierwaltes, « Proklos's Begriff des Guten aus der Perspektive seiner Platon-Deutung », dans A. Kijewska (ed.), *Being or Good ? Metamorphoses of Neoplatonism*, Lubin, Lubin University Press, 2004, p. 99-120. Voir A. Rabassini, « Il bene e le ombre. Excerpta ficiniani dal commento alla "Repubblica" di Proclo », *Accademia* I, 1990, p. 49-66.

5. Plotin, *En.*, 45 (III, 7), 4, 1-12.

d'être pensés par l'âme humaine. La vérité assure donc la nature *objective* des retrouvailles avec l'intelligible. Ficin a d'autant plus besoin d'ancrer la vérité au Bien qu'il n'accorde pas à la stabilité du premier principe une fonction constitutive dans la procession[1]. De surcroît, même si les puissances anagogiques sont rapportées à tous les dieux mondains et supramondains, inférieurs au premier Dieu, elles ne sont pas nettement différenciées, tandis que, pour Proclus, la distinction entre les classes divines est une condition essentielle pour définir exactement les modalités d'élévation. On touche ici sans doute la difficulté ficinienne à déterminer précisément le terme du retour. Une tension demeure entre une conception de la fin comme Dieu, au-delà de l'être et de l'intelligence, et l'intellect de Dieu, considéré comme un second dieu ou recouvrant le premier dieu, en exploitant la distinction de Proclus entre dieu et divin et en renouant en quelque sorte avec la tradition du Moyen Platonisme.

Dans ce contexte, la mise entre parenthèse de l'amour et de la croyance exprime l'exigence de légitimer la remontée objective de la conversion. Ficin veut montrer ici que la beauté est également *un moment de vérité*. C'est pourquoi il tient à souligner le lien constitutif de la beauté avec la lumière de l'intelligible : si la sagesse traduit le déploiement interne des espèces intelligibles, la beauté en exprime le développement extérieur. Mais la beauté ne se borne pas à expliciter l'ordre des idées : elle l'accomplit. Si la sagesse définit la cause permettant l'union entre le connaissant et le connu, la beauté confère un incrément de sens à une telle unité, puisqu'elle la remplit d'une grâce imprévue. Celle-ci, d'inspiration plotinienne, mais révisée par la série de Proclus, désigne l'unité d'un multiple varié dont la composition ne peut être réduite à la symétrie de parties dans un tout. La grâce apporte un surcroît d'intelligibilité qui est dû à l'accomplissement universel de la beauté et qui en signifie la vérité.

Ainsi l'omission de la foi et de l'amour est-elle finalisée à lier l'accomplissement de la beauté, de son unité spécifique à même le multiple, à la vérité. À cet égard, Ficin trouve non seulement dans le commentaire de la *République* un soutient textuel, mais aussi dans la *Théologie*. Car Proclus, juste avant d'analyser les propriétés divines, affirme que la vérité est la source de tous les biens ainsi que de l'union de tous les dieux : elle est la « source de la *connexion* du multiple avec l'unité »[2]. L'accent est posé sur

1. Pour mieux le dire : Ficin reconnaît la stabilité du premier principe, mais il ne la considère pas comme une pièce décisive, du point de vue logique, de la procession. Comme nous l'avons déjà signale, la stabilité désigne plutôt la constance du monde procédé.

2. Proclus, *Théologie*, I, 21, 100.10-15.

l'unité du multiple opérée par la vérité. En déplaçant une telle unité du multiple du *modèle* de la vérité à son *expression* accomplie dans la beauté, Ficin réussit à justifier aussi bien l'incrément de sens réalisé par la beauté que son rôle dans le processus de la conversion. Il peut lui attribuer en fait la propriété de rendre *parfait*, d'accomplir les étants – un trait que Proclus refusait à la beauté pour le réserver à la vérité. Car la beauté demeure, dans son universalité manifeste, appropriée à la conversion des être imparfaits qui sont attirés par l'amour [1], tandis que la sagesse engendre la vérité et rend parfaits les êtres imparfaits [2]. *Ficin transfère donc le pouvoir d'accomplir les êtres de la vérité à la beauté.* Celle-ci devient une puissance qui rend parfait le déploiement de l'intelligible, *explicatio consumata*, en lui conférant le surcroît d'une unité inédite, gracieuse.

Le beau peut-il être un transcendantal ?

Somme toute, Ficin tente de montrer que les mouvements de la procession et de la conversion ne se bornent pas à laisser *paraître* l'étant à partir des structures préexistantes le long d'une échelle graduelle. Assurément ces éléments définissent, dans la tradition néoplatonicienne, le cadre dans lequel quelque chose comme le surgissement de l'existence peut être pensé. Mais l'intérêt de la réflexion ficinienne réside dans la tentative de transformer de l'intérieur les structures de pensée du néoplatonisme, en les développant dans une conception qui exerce parfois une forte pression sur la charpente théorique originaire. Ficin puise donc aux ressources de la tradition néoplatonicienne, pour présenter ses propres thèses, lesquelles en mettent à l'épreuve la capacité d'adaptation à de nouveaux contextes doctrinaux.

À cet égard, la création peut être comprise comme la procession des étants hors de la première cause divine. La dépendance à l'égard de Dieu désigne à la fois la transcendance de la cause et sa nature généreuse. Sur ce point, Ficin ne se distingue pas de Thomas d'Aquin, qui définit la création comme une émanation ou une procession [3]. Mais la conception de la donation n'est pas la même, puisque la sortie hors de la première cause correspond à des logiques différentes. C'est ici que la tension avec la procession néoplatonicienne est la plus forte. Ficin tente de penser, contre Plotin, que les voyages hors de soi et hors de la première cause ne sont pas vains, mais sans comprendre le départ comme une rupture. C'est pourquoi il est rétif à

1. Proclus, *In Alc.*, 50.1-53.17.
2. Proclus, *Théologie*, I, 23, 105.20-106.3 ; Platon, *Théét.*, 150c7-8.
3. Thomas d'Aquin, *ST*, I, qu. 45, art. 1.

considérer la venue à l'existence comme un don (un *dare esse*)[1] qui viendrait de l'extérieur, présupposant son surgissement à partir du néant[2].

À partir de son commentaire du *Banquet*, Ficin considère la génération, de même que la contemplation, dans une structure de pensée qui lie la continuité (entre le géniteur et la progéniture) au surgissement de la nouveauté. Plotin se plaignait que, dans la génération, le fils contienne seulement la représentation de ce qui est contenu dans le géniteur et non la représentation du géniteur, tout comme la peinture et le reflet du miroir ne représentent pas l'ensemble de celui qui forme et de celui qui est formé[3]. Ficin cherche, grâce à sa lecture de Proclus, à élaborer une conception de la génération où non seulement le fils porte sur lui les traits du géniteur, mais aussi la puissance elle-même de génération et d'unité. Le miroir réfléchit alors une image intégrée de la cause et du causé. Car la cause ne transmet pas seulement une propriété, mais une valeur, à savoir le pouvoir d'unification par lequel un étant est une unité différenciée. La procession engage une dialectique entre l'identité et la différence, dans laquelle la production des êtres nouveaux trouve ses conditions de possibilité. Il s'agit en fait de la mise en forme d'unités inédites à même le multiple, lequel acquiert le statut de variété, et non de simple variation.

Dans ce cadre, la beauté ne se borne pas à expliciter, par son déploiement extérieur, la cohésion et l'implication réciproque des idées intelligibles. Elle implique plutôt un accomplissent, un surcroît de sens qui est dû à la production des unités inédites. Si la création *ex nihilo* suppose la valorisation de la créature, par son imprévisible et singulière venue à l'existence, il n'en reste pas moins que le résultat de la création est fragile. D'une part, l'accomplissement de l'être crée en tant qu'être bon réside dans sa pleine actualisation. Il devient ce qu'il doit être. La réalisation de soi est l'explicitation de ses possibilités. D'autre part, l'être créé, en tant que don, exige d'être conservé, d'autant plus que Dieu peut détruire l'étant à sa guise. En revanche, pour Ficin, la production des unités inédites dans la procession est un apparaître qui signifie un accomplissement et un surcroît qui ne doit pas être conservé mais continué, rendu meilleur. Sans cette nouveauté, la conversion au premier principe serait un inutile retour du

1. Thomas d'Aquin, *ST*, I, qu. 44-45. Voir J. Wippel, « Thomas Aquinas on the Distinction and Derivation of the Many from the One : a Dialectic between Being and Non-being », *Review of Metaphysics* 38, 1985, p. 563-590.

2. Ficin, *In Parm.*, LV, t. 2, p. 30 : car l'absence de réalité n'est pas le non-être, mais le non-un (non *udèn*, mais *udèn* ou *ne unum quidem, même pas un*) qui est le concept adéquat pour *nihilum*.

3. Plotin, *En.*, 43 (VI, 2), 22, 33-47.

même au même. Dès lors, l'accomplissement, le perfectionnement, la possibilité de devenir meilleur sont, pour Ficin, les traits principaux de l'apparaître des étants, non leur actualité et conservation. On comprend donc aisément que, d'une part, la forme doive garder sa nature exemplaire et non seulement efficiente et, d'autre part, que le nom propre de Dieu soit l'unité[1], source d'unités multiples, et non l'actualité de l'être, exprimé par l'autorité scripturaire : *je suis celui qui est*[2].

À ce point, on peut se demander si les ressources néoplatoniciennes permettent à Ficin de penser le beau comme un transcendantal à part. Il faut reconnaître que Ficin s'efforce de conférer au beau un statut autonome, au-delà de sa subordination au bon ou au vrai[3]. Car leur finalité n'est pas la même. Si le bon désigne l'accomplissement de l'étant dans la pleine réalisation de son unité et le vrai le déploiement de l'unité du monde intelligible, le beau signifie l'achèvement de l'unité différenciée de la procession. Il apporte un incrément de sens aussi bien au vrai, parce que la manifestation du monde intelligible n'en est pas seulement l'explicitation, qu'au bon, parce que l'unité différenciée du beau introduit une complexité qui enrichit l'Un originaire.

Le beau exprime donc une signification universelle de l'étant, mais il n'a pas la même extension que les autres transcendantaux. Ceux-ci désignent l'intension d'un étant en tant qu'étant, considéré dans son intelligibilité (comme *aliquid*, en tant qu'expression de ce qui peut être conçu sans contradiction ou *verum* comme ce qui est connaissable) ou dans sa détermination essentielle (comme *res*), son indivisibilité (comme *unum*), son actualité (comme *étant*) ou comme objet de désir. Toutes ces propriétés signifient le même étant dans sa nature universelle et surtout *atemporelle*. En revanche, le beau désigne surtout un étant *in fieri*, l'accomplissement d'une unité inédite qui oriente la conversion vers l'enrichissement de l'Un

1. Ficin, *In Parm.*, L, t. 2, p. 2 : « Unitas ergo proprium est dei nomem ».

2. Thomas d'Aquin, *CG*, I, 22, *passim* et Exode III, 14. Sur la métaphysique de l'Exode dans la pensée de Thomas et ses interprétations voir J.-F. Courtine, *Inventio analogiae, Métaphysique et ontothéologie*, Paris, Vrin, 2005, p. 271-278.

3. La subordination du beau au bon dépend de l'autorité du platonisme de Denys, c'est pourquoi elle reste très présente dans la réflexion au Moyen Âge. Le beau explicite la bonté par une luminosité ou par un trait *speciosus* qui apporte un surcroît de plénitude, mais qui ne produit pas des unités inédites. La subordination du beau au vrai considère l'explicitation du bon du point de vue cognitif. Le beau révèle, en revanche, la cohésion du monde intelligible : c'est à la fois un acte cognitif et une expérience de plaisir. Voir J. Aertsen, *Medieval Philosophy as Transcendental Thought*, *op. cit.*, p. 163 *sq.*

originaire. Le beau exprime l'accomplissement de l'étant dans le temps, son mouvement de perfectionnement qui le pousse à *devenir meilleur*.

Assurément la lumière du soleil, dans sa splendeur éternelle, est supérieure à toute beauté intelligible[1] :

> De même que le surgissement de la lumière du soleil fait disparaître de manière admirable et peu à peu les étoiles devant les yeux des astronomes, qui les ont observées jusqu'à la lueur de l'aube, de même la lumière du Bien en soi, au cas où l'on puisse la saisir, nous oblige à abandonner l'intelligence, ses formules, voire l'intellect lui-même, les idées et tous les intelligibles[2].

Pourtant, puisque la beauté définit la possibilité de devenir meillleur, en s'engageant dans un parcours de perfectionnement, elle est la première puissance anagogique. Le beau oriente tous les pélérins, non seulement les êtres imparfaits, mais aussi ceux qui s'apprêtent à revenir aux réalités divines, après avoir purifié leurs âmes. À ce propos, il est sans doute surprenant que Ficin n'exploite pas l'espace conceptuel tracé par la réfléxion médiévale sur le *Purgatoire*. Ce lieu du repentir et de l'expiation représente une forme d'individualité qui évolue, se purifie et devient meilleur dans le temps, lequel désigne ici une historicité paradoxale, entre la vie mondaine et la vie céleste[3]. Cela est encore plus étonnant, si l'on pense à la signification du *Purgatoire* dans l'œuvre de Dante, que Ficin appréciait[4].

Tandis que le coucher du soleil serre les cœurs des marins et ravive le sentiment poignant du pèlerin d'amour (« lo novo peregrin d'amor »)[5],

1. Plotin, *En.*, 9 (VI, 9), 4, 10-11 ; Proclus, *Théologie*, II, 4, 33.1-22.

2. Ficin, *In Parm.*, XLIV, t. 1, p. 200-201 : « …quemadmodum astronomis stellas usque ad diluculum observantibus solis iubar exoritur, ita mox stellas oculis mirabiliter auferens, sicut ipsius boni lux, si modo percipienda sit, nos cogit intellegentiam formulasque eius et intellectum ipsum ideasque et intellegibilia omnia posthabere ».

3. Voir J. Le Goff, « Le triomphe du Purgatoire », dans *id.*, *Un autre Moyen Âge*, Paris, Gallimard, 1999, p. 1190-1208.

4. Sur la présence de Dante dans la culture florentine et dans la pensée de Ficin, voir F. La Brasca, *C. Landino et la culture, op. cit.,* I, p. 78-88 ; C. Vasoli, « Ficin et Dante », dans B. Pinchard et Ch. Trottmann (éd.), *Pour Dante*, Paris, Champion, 2001, p. 375-387.

5. Dante Alighieri, *La divina commedia*, *Purgatorio*, éd. N. Sapegno, Scandicci (Firenze), La Nuova Italia, 1985 ; trad. fr. H. Longnon, *La divine comédie*, *Purgatoire*, Paris, Garnier, 1966, VIII, 1-6, p. 215. C'est un chant caractérisé par le ton liturgique et la conscience des difficultés de la conversion au Bien. Ici Corrado Malaspina prophétise l'exil de Dante.

dans le chant où les superbes sont réunis en prière, l'ange de l'humilité se présente habillé de blanc et le visage lumineux comme l'étoile du matin[1] :

> Il ouvrit les bras, puis les ailes.
> Il dit : « Venez ! Ici près il y a les marches
> Et il est désormais facile de monter ».
> À cette invitation, bien peu viennent.
> Oh, genre humain, né pour voler en haut,
> Pourquoi tombes-tu par un peu de vent[2] ?

Aussi bien Dante que Ficin sont convaincus que le chemin qui ramène à Dieu serait possible, voire facile, si l'âme suivait une discipline anagogique adéquate. Ils sont également déçus par les défaillances des hommes. La lumière tremblotante de l'étoile du matin est alors le guide des âmes entreprenant une navigation difficile[3]. Cependant, les deux auteurs se séparent sur un point essentiel, concernant le temps qui est donné pour devenir meilleur. Tandis que, pour Dante, le temps de la purgation et du perfectionnement est scandé par le remords et l'expiation des âmes, pour Ficin, il est mesuré par la croyance confiante que la variété de la beauté ici et maintenant signifie un incrément de sens qui oriente et enrichit le chemin du retour vers le principe originaire. Le beau exerce une fonction sotériologique joyeuse et active, puisqu'il permet à l'âme de prendre l'envol. Cet aspect rend problématique non seulement le statut du beau comme transcendantal, mais aussi sa compatibilité avec la contrition et la pénitence chrétiennes.

En définitive, la beauté définit l'universalité et l'accomplissement de la procession, tout en rendant compte de la génération des êtres nouveaux. Par rapport aux transcendantaux, le vrai, l'un et le bon auxquels on peut ajouter le sage, en tant qu'attribut divin, le beau possède la propriété exclusive d'exprimer la complexité heureuse de l'étant procédé et fait signe vers une temporalité future. La beauté ne peut donc se réduire ni à l'actualité de l'étant, ni à la condition formelle de son unité, ni à son statut de connaissable ou de désirable. Elle exprime plutôt l'incrément de sens de l'étant

1. Dante, *La divine comédie*, *Purgatoire*, *op. cit.*, XII, 88-90, p. 237 : « La belle créature se présenta à nous, habillée de blanc et le visage chatoyant comme l'étoile du matin ». (« A noi venia la creatura bella, bianco vestita e ne la faccia quale par tremolando mattutina stella »). Ma traduction.

2. Dante, *La divine comédie*, *Purgatoire*, *op. cit.*, XII, 91-96, p. 237 : « Le braccia aperse, e indi aperse l'ale : / disse : Venite : qui son presso i gradi, / e agevolmente omai si sale. / A questo invito vengon molto radi : / o gente umana, per volar su nata,/perché a poco vento cosí cadi ? ». Ma traduction.

3. On serait tenté de dire : « Deuxième étoile à droite, puis tout droit jusqu'au matin ».

comme unité inédite d'un multiple. L'âme elle-même se perfectionne et entreprend sa conversion vers le premier principe. Pourtant, le voyage de retour n'est pas assuré. L'âme suit l'étoile du matin de la beauté en faisant preuve d'humilité et de piété, en sachant qu'un peu de vent pourra la faire tomber.

CHAPITRE III

CROIRE, ARGUMENTER

L'INSTINCT DE CROIRE

Crédulité

Manifestement, Ficin a cru à plusieurs choses douteuses : aux pratiques magiques, voire au pouvoir des talismans et des statues animées ; aux prophéties et aux pressentiments ; à l'influence des planètes sur les vicissitudes de la nature et des hommes, voire aux horoscopes individuels ; à la possibilité d'une palingenèse immanente, conçue davantage comme le retour de l' "âge d'or" païen que comme la résurrection chrétienne.

Plus étonnant, la croyance en l'immortalité des âmes individuelles apparaît, dans la *Théologie platonicienne*, comme une conviction très indigente en matière de crédibilité, même si la tradition platonicienne ainsi que la théologie chrétienne n'ont pas lésiné sur les preuves à sa faveur. Car le lien entre la croyance et la preuve est ici distendu. Au lieu de décliner ses thèses selon des déductions rigoureuses, Ficin introduit des jugements de valeurs, des comparaisons, des maximes et utilise souvent les analogies et les arguments juridiques « à plus forte raison ». Il multiplie les arguments, les signes, les conjectures, les réfutations, les empruntant à des auteurs différents ainsi qu'à des niveaux d'expérience divers, alors que le caractère probant d'un argument est d'être économique[1]. Son argumentation copieuse et variée semble parfois tourner en rond. Ficin présente, d'abord,

1. On peut penser à l'économie des preuves de l'existence de Dieu par Thomas d'Aquin, *ST*, I, qu. 2, art. 1-3.

des preuves générales, démontrant l'indépendance de l'âme par rapport au corps, puis il les détaille selon des axes différents : l'ordre des choses, l'activité cognitive de la *mens*, la formation divine de celle-ci. Il poursuit par la considération des signes tirés des affections de la *phantasia* ou de la raison, de l'analyse des miracles, sans oublier l'étude des aspirations humaines, notamment le désir d'imiter la nature divine[1]. Finalement, les preuves concernant les rapports de l'âme avec l'intellect, puis de l'âme avec le corps, sont établies, en soulignant que les deux conceptions opposées d'Averroès et d'Epicure, l'une réduisant l'homme à son intellect, l'autre à son corps, méconnaissent pareillement la nature médiatrice et l'unité multiple de l'âme. Les opinions des théologiens confirment en conclusion les intuitions platoniciennes sur l'immortalité bienheureuse de l'âme.

À y regarder de près, Ficin ne prouve pas tant l'immortalité de l'âme que son indépendance à l'égard du corps ainsi que sa relative autonomie par rapport à l'intellect. Or l'immortalité et l'autonomie ne sont pas des notions équivalentes. Leur différence est justement un sujet controversé dans le néoplatonisme, qui s'interrogea sur la possible immortalité du corps spirituel, dont la relative dépendance à l'égard de l'âme et l'indépendance par rapport au corps matériel ne sont pas des conditions suffisantes pour en établir la survie. Puisque l'immortalité, l'éternité et l'indépendance de l'âme sont des concepts distincts, la démonstration de l'immortalité des âmes individuelles paraît bel et bien ici déficiente.

Pourtant, Ficin fait appel à ce qu'il nomme lui-même une « dialectique naturelle », laquelle ne peut être réduite aux démarches rhétoriques, cherchant à déduire des conclusions vraisemblables. Puisque la signification du caractère *naturel* de la dialectique est problématique, elle doit être aussitôt précisée. La dialectique naturelle comprend toute inférence prenant en compte les représentations et non seulement les concepts des interlocuteurs, incluant de la sorte les jugements de valeur, les opinions et les expressions propres à une langue. Elle est innée dans chaque enfant et oriente toute décision et toute cognition de l'homme adulte. Une telle attitude est comparée par Ficin au vol des oiseaux.

Or, la même métaphore est utilisée pour exprimer l'instinct *naturel* de tout homme vers l'exercice du culte religieux. Le rite plus que la doctrine caractérise la tendance religieuse naturelle. Ficin conçoit ainsi un espace conceptuel où la croyance religieuse n'est soumise ni à la science théologique, ni condamnée à rester une expérience intime et incommunicable.

1. Ficin, *TP*, XIII-XIV.

La crédibilité du culte religieux trouve dans la dialectique *naturelle* ses conditions d'intelligibilité. C'est pourquoi les arguments de la *Théologie* sont nombreux et variés : la dialectique *naturelle* recherche ce qu'il *est permis de croire*, sans tomber dans le paradoxe de supposer que l'on puisse obliger à croire. Elle vise à la fois à convaincre et à consoler face à la peur de la mort.

Le projet philosophique et religieux de Ficin a besoin d'établir un tel lien entre la croyance et la dialectique pour que l'exigence de *renovatio* ne soit pas simplement l'expression d'une inquiétude, voire d'une attitude crédule. Ce n'est pas un hasard si les chrétiens et les païens, notamment les platoniciens, se sont constamment renvoyés l'accusation de crédulité[1]. Afin de comprendre la signification de l'acte du croire, il faut préciser, d'abord, le rapport que la philosophie platonicienne entretient, dans la réflexion de Ficin, avec les traditions sapientiales, notamment avec l'hermétisme[2], puis définir sa conception du culte.

La paideia *hermétique*

Somme toute, Ficin présente au novice philosophe des images et des réseaux de notions qui, tout en appartenant au répertoire néoplatonicien, sont faciles à comprendre. Il initie son public aux modalités complexes de la transcendance du premier principe, saisi dans sa fécondité, dans son pouvoir d'engendrer un univers beau, varié, traversé de part en part par l'aspiration au renouvellement.

Sur ce point, on peut apprécier la contribution de l'hermétisme dans la réflexion de Ficin, qui y trouva avant tout une *paideia*[3] : une voie d'instruction progressive, disciplinée et cohérente pour accéder à la

1. D'une certaine façon, la charge de la preuve revenait aux chrétiens, étant donné le caractère invraisemblable de leurs croyances, comme la Trinité, l'Incarnation, la Résurrection. Porphyre, *Gegen die Christen* (*Contre les Chrétiens*), éd. des fragments par A. von Harnack, Berlin, Abhandlungen der königlich preussischen Akademie der Wissenschaften, 1916 et 1921, était choqué par la croyance en un dieu crucifié. Il reconnaissait cependant que la déesse Hécate eût reconnu Jésus comme un être digne d'admiration. Voir les témoignages d'Augustin, *De Civ. Dei*, *op. cit.*, XIX, 2343-73, *passim*.

2. C'est une question qui a été débattue par l'historiographie avec une certaine véhémence, notamment à propos de la conception ficinienne de la magie et de la théurgie. Voir les opinions divergentes de B. Copenhaver, « Renaissance Magic and Neoplatonic Philosophy : *Ennead* IV. 3-4 in Ficino's "De Vita coelitus comparanda" », dans G. C. Garfagnini (a cura di), *M. Ficino e il ritorno di Platone*, Firenze, Olschki, 1986, p. 351-369 ; P. Zambelli, *L'ambigua natura della magia. Filosofi, streghe, riti nel Rinascimento*, Milano, Saggiatore, 1991, p. 314-323.

3. G. Fowden, *The Egyptian Hermes*, *op. cit.*, p. 93.

connaissance intellectuelle de Dieu et engager une radicale transformation intérieure de soi. Un tel renouvellement promet une forme d'immortalité ou l'anticipation, pour l'homme illuminé, de son union avec la divinité. Celle-ci se traduit sur terre par une conduite pieuse, consacrée aux exercices spirituels, à la prière et aux louanges de la divinité, tout trouble de l'âme ayant été supprimé. À cet égard, le traité de l'*Asclepius*, présente un chemin d'éducation spirituelle, dirigé par une théorie de la gnose[1], une conception de la prière comme état et non seulement acte, la compréhension de la méditation, de l'attention, de la contemplation dans un projet de radicale *renouatio* de l'âme individuelle[2].

De surcroît, l'hermétisme avait repris des aspects propres au Moyen Platonisme[3] et était aisément intégré dans des conversions chrétiennes encore un peu rudes, comme celle de Lactance[4]. La voie d'Hermès avait développé la conviction selon laquelle le dieu supérieur, aidé par une cohorte d'autres dieux mineurs, crée de manière volontaire un monde caractérisé par sa positivité et beauté[5]. L'homme, par sa parenté (*cognatio*) constitutive avec Dieu, n'a pas seulement la capacité intellective de le comprendre et de devenir semblable à lui, mais reçoit aussi le *ministerium* de prendre en charge le monde. Puisque l'homme est composé d'une nature mortelle et d'une nature divine, il est formé de manière à satisfaire sa double origine : « admirer et adorer les choses célestes et prendre soin et gouverner les choses mondaines »[6]. Sa fonction médiatrice rend sa présence nécessaire dans l'univers. En tant que grand miracle (*magnum*

1. G. Sfameni Gasparro, « La gnosi ermetica come iniziazione e mistero » (1965), dans *ead.*, *Gnostica e Hermetica*, Roma, Edizioni dell'Ateneo, 1982, p. 303-330.

2. J.-P. Mahé, « Théorie et pratique dans l' "Asclepius" », dans P. Lucentini *et al.* (eds), *Hermetism from late Antiquity to Humanism*, Turnhout, Brepols, 2003, p. 5-23 ; I. Parri, *La via filosofica di Ermete. Studio sull' « Asclepius »*, Firenze, Polistampa, 2005.

3. Notamment d'Apulée, voir C. Moreschini, *Apuleio e il platonismo*, Firenze, Olschki, 1978 : voir en particulier la notion de Dieu *genitor* (*De Plat.* I, 5, 10), la distinction entre les dieux visibles et invisibles (*De Deo Socr.*, 1, 117-2, 123) et *exsuperantissimus* (*De mundo*, 27, 350) le terme de *ineffabilis* (*Apol.* 64), la réflexion sur le destin (*De Plat.* I, 12). Ficin mit en forme un recueil de textes hermétiques et platoniciens (ms. Ricc. 709), avant de s'atteler à l'étude du grec, où l'on trouve des témoignages de Cicéron, Augustin, Lactance et Apulée.

4. C. Moreschini, *De L'Asclepius au Cratès*, *op. cit.*, p. 27-42, p. 115-119. L'interprétation de Hermès comme figure prophétique du christianisme est une conviction médiévale qui se retrouve dans Ficin selon S. Gentile, « Ficino e Ermete », dans *M. Ficino e il ritorno di Ermete, op. cit.*, p. 17-34.

5. *Ascl.*, chap. 6 et 39-40.

6. *Ascl.*, chap. 8 : « …ita conformatum utraeque origini suae satisfaceri possit, et mirari atque adorare caelestia et incolerere atque gubernare terrena ».

miraculum est homo) l'homme peut transiter en Dieu, connaître les démons et s'occuper de la nature[1], opérant des liens inédits : la magie inaugure de nouveaux cours d'actions et est partie active dans le projet de *renouatio*. La position intermédiaire est la plus heureuse : elle permet d'être toutes les choses et partout (*omnia idem est et ubique idem est*). La dignité de l'homme est fondée sur la croyance d'une profonde imbrication des êtres, les uns dans les autres, et de Dieu en tout[2].

Cette tradition de sagesse ne se borne donc pas à exprimer des inquiétudes, mais présente une série de croyances qui constituent une tâche pour la réflexion, comme l'eschatologie de l'âme, la *renouatio* d'un univers qui est conçu dans sa positivité, la coopération entre plusieurs niveaux de constitution (Dieu, les dieux jeunes, les démons), la position médiatrice de l'homme et sa capacité de s'insérer de manière efficace dans le cours du monde, les modalités de l'assimilation avec Dieu. Tous ces aspects se retrouvent dans la réflexion de Ficin et non seulement dans sa jeunesse, accompagnés d'éléments tirés d'autres traditions de sagesse[3], qui ont des points en commun avec l'hermétisme[4].

Pourtant, la matrice de pensée de Ficin demeure néoplatonicienne. Pour trois raisons au moins. D'abord, parce que Ficin est tout à fait fidèle à Platon et à la tradition de son exégèse : un discours philosophique doit être soumis à l'impératif de rendre compte de tout énoncé. À ce propos, Proclus établit la juridiction des discours valables. Pour examiner les principes

1. *Ascl.*, chap. 6.

2. *Ascl.*, chap. 2 : « Non enim hoc dixi, omnia unum esse et unum omnia, utpote quae in creatore fuerint omnia, antequam creasset omnia ? Nec immerito ipse dictus est omnia, cuius membra sunt omnia ». (« Ne t'ai-je pas dit que toutes les choses sont un et que l'un est toutes les choses, puisqu'elles étaient dans le créateur avant d'être créées par lui ? Il a été justement défini comme le tout, puisque toutes les choses sont ses membres »). Ma traduction.

3. Comme les *Oracles chaldaïques*, qui présentent une conception de l'univers divisé en trois cercles concentriques, régis par des puissances divines (*Kosmagoi, Azonoi, Zonaioi*). Cette cosmologie est intriséquement liée aux pratiques théurgiques et rituelles : voir H. Seng, *Kosmagoi, Azonoi, Zonaioi. Drei Begriffe chaldaeischer Kosmologie und ihr Fortleben*, Heidelberg, Winter, 2009. Sur leur signification ambigue, voir J. M. Dillon, « Weise oder Scharlatane ? Chaldäerbilder der griechisch-römischen Kaiserzeit und die Chaldäischen Orakel », dans *Die Chaldaeischen Orakel*, *op. cit.*, p. 19-42 et C. Moreschini, « Gli "Oracula Chaldaica" nel Rinascimento italiano : alcune osservazioni », *Koinonia*, 2009, p. 143-169.

4. Voir P. Castelli, « I prodigi vani e gli antichi sapienti : astrologia, magia e teurgia negli scritti del Ficino », dans P. Castelli (a cura di), *Il lume del sole. M. Ficino, medico dell'anima*, Firenze, Opus Libri, 1984, p. 35-50 ; V. Perrone Compagni, « Maritare il mondo. Magia naturale ed ermetismo », dans A. Clericuzio et G. Ernst (a cura di) *Il Rinascimento italiano e l'Europa V*, Treviso, Angelo Colla, 2008, p. 95-110.

divins, Platon emploie l'inspiration divine, la dialectique, l'approche symbolique et l'élévation par les images[1]. Il ne s'agit point de renoncer à la discipline de l'argumentation philosophique. Car Proclus associe la dialectique, science des articulations logiques et ontologiques, avec le langage inspiré par les dieux : tous deux s'expriment « sans voiles »[2]. Bien que la première soit démonstrative et la seconde catégorique, n'admettant pas de répliques, leur lien témoigne de leur commune évidence rationnelle. La distinction entre le symbole et l'image est centrale : tous deux parlent par indices, mais différemment. Les images désignent des réalités, en tablant sur des modalités de ressemblance ou d'analogie, comme les signes mathématiques ; les symboles sont des indices qui substituent au sens obvie un sens différent, emprunté à d'autres domaines. De la sorte, ils s'apparentent à des énigmes et exigent plus de perspicacité, puisqu'ils utilisent des éléments dissemblables, voire contraires à ce qu'ils doivent exprimer[3].

Le dévoilement des mystères est ainsi encadré dans un système d'écriture et de déchiffrement qui ne laisse aucun espace aux lectures extravagantes, encore moins aux affabulations. Rendre raison de tout énoncé est le mot d'ordre de Proclus : l'indicible est le moment extrême de résistance que rencontre une sévère discipline d'éclaircissement, déployée jusqu'à l'épuisement de ses possibilités, lequel ne conduit pas à la lassitude, mais à un tout autre ordre de compréhension. L'union (*henosis*) avec le divin est fondée sur une théologie scientifique[4]. L'impératif de la clarté prédomine :

> Dans tous les cas, je préférerai le clair, le distinct et le simple à leur contraire : d'une part, ce qui est transmis par des symboles, *je le traduirai dans son enseignement manifeste*, tandis que ce qui l'est par des images, *je le ferai remonter à leurs originaux ;* d'autre part, ce qui est écrit de manière excessivement catégorique, *je le vérifierai par les raisonnements qui remontent à la cause*, tandis que ce qui est composé par les démonstrations, je le scruterai, *j'expliciterai à fond le mode de la vérité* qu'il contient et je le rendrai familier à mes auditeurs ; enfin, ce qui est proposé en énigmes à partir d'ailleurs, *j'en découvrirai l'évidence* en la tirant non pas de présupposés étrangers, mais des écrits les plus authentiques de Platon, tandis que

1. Proclus, *Théologie*, I, 4, 17, 18-23 : voir J. Pépin, « Les modes de l'enseignement théologique dans la "Théologie" », dans *Proclus et la théologie*, *op. cit.*, p. 1-14.

2. Proclus, *Théologie*, I, 4, 19.23-20.5.

3. Selon Proclus, *Théologie*, 4, 18.1-19.25, le *Phèdre* est écrit par inspiration divine ; le *Timée* et le *Politique* utilisent les images et les ressemblances ; le *Sophiste* et le *Parménide* adoptent la méthode dialectique ; le *Banquet*, le *Gorgias*, le *Protagoras* et en partie le *Phèdre* se servent du symbole et du mythe.

4. Voir Ph. Hoffmann, « *Eros, Aletheia, Pistis … et Elpis*. Tétrade chaldaïque, triade néoplatonicienne (fr. 46 des Places, P. 26 Kroll) », *op. cit.*, p. 255-324.

ce qui de soi-même tombe sous le sens des auditeurs, *j'en examinerai l'accord avec la réalité* : c'est à partir de tout cela que nous sera révélée l'unique et parfaite idée de la théologie platonicienne [1].

Or Ficin s'impose également la tâche de rendre compte de tout énoncé. L'exigence néoplatonicienne d'ordre (*taxis*) ne se traduit pas tant par l'effort de tout ranger que par la tentative équitable d'attribuer à chaque élément sa juste place [2]. Ainsi Ficin tente constamment d'éclaircir les indications voilés des symboles et des mythes, comme l'attelage ailé du *Phèdre* ou le mythe de l'androgyne dans le *Banquet*, d'expliciter la ressemblance des images avec leur originaux, par exemple la démiurgie du *Timée*, de vérifier les déductions dialectiques du *Parménide* et du *Sophiste*, finalement de remonter aux causes qui suscitent les propos catégoriques des mystères, proférés par une inspiration divine, tels que les *Oracles chaldaïques* ou les enseignements d'Hermès.

De la sorte, Ficin n'invente pas une nouvelle méthode d'exégèse philosophique, mais reprend à son compte la lecture néoplatonicienne laquelle distingue différentes procédures d'argumentation selon le registre du discours. Cette approche dépend de la volonté d'accorder plusieurs traditions théologiques de pensée qui ont abordé différemment les mystères divins [3]. C'est également sur ce deuxième point que Ficin demeure *platonicus*. Car les impulsions provenant de la *prisca theologia*, de l'hermétisme ou des *Oracles* sont réélaborées à partir des réseaux conceptuels propres au néoplatonisme. Non que celui-ci soit un bloc massif, tant s'en faut. Mais le néoplatonisme est structuré par un horizon de problèmes et de solutions endogènes parfaitement reconnaissable, qui est discuté par une doxographie cohérente, témoignant par là de la conscience de faire partie d'une école [4].

1. Proclus, *Théologie*, I, 2, 9.20-10.7.

2. Un peu comme dans la chambre des enfants. Il vaut mieux renoncer à tout bien ranger dans les tiroirs et les placards, mais il est plus efficace d'attribuer à toutes les choses, livres, jeux, sacs de sport, habits sales et propres, leur juste place, afin que l'on puisse les retrouver facilement.

3. H. D. Saffrey, « Accorder les traditions théologiques », *Recherches sur le néoplatonisme*, *op. cit.*, p. 143-158.

4. Certes, il est fort problématique de situer sur la même ligne des auteurs qui vont des premiers compagnons de Platon à Justinien, de sorte que les catégories de néoplatonisme, ainsi que celle d'éclectisme sont douteuses. Toutefois, une constellation constante de problèmes et de solutions se retrouve comme telle entre Plotin et Damascius. La définition du Moyen Platonisme mériterait un discours à part : voir M. Zambon, *Porphyre et le Moyen Platonisme*, Paris, Vrin, 2002. Il y a parfois chez Ficin comme la *tentation* de garder certains aspects du Moyen Platonisme qui se traduit par le flottement entre un premier dieu ineffable et

Par conséquent, la maîtrise ficinienne des nouvelles sources platoniciennes et néoplatoniciennes lui fournit des modalités conceptuelles pour traiter systématiquement, donc pour rendre raison philosophiquement, des suggestions, des formules, des inquiétudes hétérogènes qui avaient nourri son premier *appetitus* philosophique[1]. Cela est d'autant plus aisé à comprendre que l'exégèse platonicienne ne se borne pas à intégrer des éléments de réflexion extérieurs, en les retraduisant dans ses propres catégories, mais elle comprend également des interrogations spécifiques sur le salut de l'âme, la continuité de la procession, l'universalité de la conversion ou la nature médiatrice de l'âme. La magie hermétique ainsi que la théurgie trouvent un espace conceptuel dans la réflexion néoplatonicienne sur la *théologie physique* ; la nature médiatrice de l'âme en est une des convictions fondatrices ; l'hypothèse d'un corps spirituel, l'*ochema*, est suscitée par la théorie néoplatonicienne de la *phantasia* et de son pouvoir d'hypotypose, en mesure de représenter la forme idéale sous une modalité sensible. L'interrogation sur la destinée de l'âme et, partant, une certaine inquiétude religieuse ne sont pas seulement un aspect saillant du néoplatonisme post-plotinien, mais aussi des dialogues comme le *Banquet* ou le *Phèdre*[2], où les références aux Mystères sont bien plus qu'un élément du décor. Et cela, un lecteur attentif de Platon le sait.

Culte et religion

La *pia philosophia* de Ficin n'est pas une troisième voie, en tant que médiation ou alternative par rapport aux autres chemins, mais une pensée dont les modalités sont empruntées à la tradition platonicienne, à partir de laquelle sont réélaborés les problèmes inhérents à la philosophie

un second dieu contenant les idées, tous deux appelés cependant intellect, auxquels s'ajoute la matière comme réceptacle. Puisque Ficin, comme nous l'avons suggéré, met en relief l'agir du premier principe plus que sa transcendance ineffable, la position d'Alcinous, qui ne détermine pas encore la transcendance de l'Un, demeure pour lui un horizon de réflexion significatif. Le *Didaskalikos* d'Alcinous se trouvait dans le ms. Laur. 71, 33, apporté par Leonardo da Pistoia et contenait aussi le *Pimander*.

1. Tandis que pour M. J. B. Allen, « M. Ficino, Hermes Trismegistus and the "Corpus Hermeticum" » (1990), dans *id.*, *Synoptic Art*, *op. cit.*, l'hermétisme est une des composantes de la réflexion ficinienne, pour S. Gentile, « Ficino e Ermete », *op. cit.*, c'est un élément central. C. Moreschini, « Ancora alcune considerazioni », *op. cit.*, p. 114, reconnaît que Ficin est plus un *penseur* platonicien qu'un savant hermétique, sans nier la contribution de la voie d'Hermès.

2. Ch. Riedweg, *Mysterienterminologie bei Platon und Klemens von Alexandrien*, Leiden, Brill, 1987, p. 2-67.

chrétienne. Car Ficin n'est ni un philosophe hellénistique, ni un Père de l'Église et n'a aucune intention de l'être. Au contraire, il veut s'insérer dans les débats de son temps, en proposant ses propres thèses. C'est pourquoi il discute, dans sa *Théologie*, une fois l'apprentissage terminé, avec l'averroïsme, Albert le Grand, Thomas d'Aquin[1] ainsi qu'Epicure, puisque la redécouverte récente de Lucrèce[2] pose un défi, aussi bien au chrétien qu'au platonicien, face à la peur de la mort. De plus, une conception positive de la matière et de la nature se développa en Italie grâce à l'influence de Lucrèce ainsi qu'à la diffusion d'un texte lu avec une attention toute particulière dans le milieu florentin, le *Sur la nature du monde et de l'âme* de Timée de Locres[3]. Ce n'est donc pas un hasard si un émigré grec, Michel Marulle Tarcaniote composa des *Hymni Naturales*[4], en cherchant à articuler la cosmologie du *Timée* de Platon avec le poème naturel de Lucrèce[5]. Ici l'unité différenciée de la procession, sous l'égide du démiurge et des dieux mineurs, conduit à l'étreinte sépulcrale de la terre, notamment de sa matérialité maternelle, dans laquelle il est possible d'apaiser la peur de la

1. M. J. B. Allen, « M. Ficino on Saturn, the Plotinian Mind and the Monster of Averroes », *Brunelliana & Campanelliana* 16, 2010, p. 11-29 ; B. Copenhaver, « Ten Arguments in Search of a Philosopher : Averroes and Aquinas in Ficino's "Platonic Theology" », dans *The Rebirth, op. cit.*, p. 155-190 ; J.-M. Vernier, « De l'influence d'Albert le Grand sur M. Ficin », *op. cit.*, p. 269-292.

2. Lucrèce, *De rerum natura libri sex*, éd. C. Bailey, Oxford, Clarendon, 1947 ; trad. fr. J. Kany-Turpin, *De la nature*, Paris, Aubier, 1993 ; ici V. 417 *sq.* Le *De rerum naturae* fut découvert par Poggio Fiorentino en 1417 en Allemagne. L'*editio princeps* fut édité à Bologne en 1473. Voir E. Garin, « Ricerche sull'epicureismo nel Quattrocento », *La Cultura filosofica del Rinascimento italiano,* Firenze, Sansoni, 1961, p. 72-92 ; S. Gambino Longo, *Savoir de la nature et poésie des choses. Lucrèce et Epicure à la Renaissance*, Paris, Champion, 2004, chap. 1-3.

3. Un Timée de Locres est cité par Platon, *Tim.,* 20a et 27a. Il s'agirait d'un philosophe très savant en astronomie et profond connaisseur de la nature. Mais l'écrit qui lui est attribué est peut-être un faux alexandrin dans un milieu péripatéticien ou une œuvre d'un platonicien du Iᵉ siècle a. Ch. D'autres commentateurs situent l'opuscule au premier siècle de l'ère chrétienne. Voir le commentaire de M. Baltes, *Timaios Lokros. Über die Natur des Kosmos und der Seele,* éd. W. Marg, Leiden, Brill, 1972. Pour Timée de Locres le corps du monde dérive directement de Dieu, comme le rappelle Ficin lui-même dans le *De Vita*, III, 3.

4. L'œuvre fut éditée à Florence en 1497 : éd. et trad. fr. J. Chomarat, *Hymnes naturels*, Genève, Droz, 1996.

5. F. Mariani Zini, « L'inquiétude des mondes : Marulle lecteur de Platon et de Lucrèce », dans *Le Timée de Platon, op. cit.,* p. 200-233. En revanche, Ficin resta toujours étranger au choix lucrétien de la poésie comme modalité d'écriture philosophique. Voir G. Boccuto, « La presenza di Lucrezio negli scritti filosofici di M. Ficino », *Atene e Roma* 32, 1987, p. 152-166 ; J. G. Snyder « M. Ficino's Critique of the Lucretian Alternative », *Journal of the History of Ideas* 72, 2, 2011, p. 165-181.

mort – une consolation que l'intelligence lumineuse ne peut offrir à cause de sa distance sidérale par rapport aux souffrances des hommes[1]. La troisième voie désigne alors la possibilité de résoudre, grâce à des réseaux conceptuels néoplatoniciens, des interrogations qui leur sont allogènes, prenant le risque de l'insuccès d'un tel projet.

Ainsi l'orientation platonicienne de la pensée de Ficin se heurte-t-elle souvent aux présupposés fondamentaux de la philosophie chrétienne. Comme Sénèque par rapport au stoïcisme, Ficin n'a jamais fait la paix avec le christianisme. Non seulement parce qu'il estime que la procession du réel advient par la coopération entre plusieurs instances et tend à souligner la continuité entre le créateur et la créature, mais surtout parce que, même avant de prendre ses distances d'avec la *théologie* chrétienne, il se montre réservé à l'égard de quelque chose comme la *religion* chrétienne. Car il en met en relief plus la dimension cultuelle et anthropologique que les préceptes dogmatiques et les prescriptions liturgiques.

D'abord, dans le *De Christiana religione,* Ficin présente de manière quelque peu scolaire la conception de la Trinité de Thomas d'Aquin[2], en affirmant que la genèse du Fils par le Père advient par la connaissance, puisqu'il s'agit d'un acte de l'intellect immanent au Dieu, posant le Verbe. Par contre, le Saint Esprit est produit par un acte de la volonté, par une spiration qui suppose la priorité de l'intellect sur l'amour[3]. Bien que Ficin semble croire, tout comme Thomas, en l'accord entre la raison et la Révélation, celle-ci assurant la béatitude à laquelle le désir naturel aspire, il néglige deux conditions essentielles : la certitude que la raison naturelle n'est pas contraire à la Grâce, celle-ci accomplissant celle-là ; la conviction que la condition de la théologie comme science réside dans le fait que ses principes, à savoir les articles de foi, sont sus par Dieu lui-même[4].

1. Marulle, *Hymnes naturels*, *op. cit.*, IV, 5, 74-76.

2. Ficin, *CR*, p. 2 *sq*. Voir C. Vasoli, « Metafisica e sapienza in Ficino », *Giornale di metafisica* VIII, 1986, p. 227-242 ; *id.*, « Ficino e il "De Christiana religione" », dans O. Pluta (Hrsg.), *Die Philosophie im 14. und 15. Jahrhundert*, Amsterdam, Grüner, 1988, p. 151-190.

3. Thomas d'Aquin, *ST*, I, qu. 27-43 ; CG, IV, 23 ; Ficin, *CR*, chap. 33. Voir L. Lauster, *Die Erlösungslehre M. Ficinos. Theologiegeschichtliche Aspekte des Renaissance-platonismus*, Berlin, de Gruyter, 1988, p. 97-105 ; A. B. Collins, *The Secular is Sacred. Platonism and Thomism in M. Ficino's « Platonic Theology »*, The Hague, M. Nijhoff, 1974, chap. 2 et 4.

4. Thomas d'Aquin, *ST*, I, qu. 1-8.

Dès lors, Ficin ne s'engage ni dans une défense de l'identité entre la religion véritable et la philosophie authentique[1], ni dans une justification philosophique des dogmes, puisque les articles fondamentaux de la foi, les sacrements, la rétribution des punitions et de prix après la mort[2], sont traités de manière sporadique et conventionnelle. Si le primat de la religion chrétienne est justifié traditionnellement par le rôle sotériologique du Christ, force est de constater que la nature médiatrice du Rédempteur réside bien plus dans son Incarnation que dans sa Passion. Ficin interprète l'intervention de Christ comme une médiation néoplatonicienne qui ne rend pas caduques les autres formes d'articulation[3] ainsi que comme un moment heureux, mettant entre parenthèses le sacrifice de la Croix.

Beaucoup des thèmes majeurs d'Origène, considéré comme un ami fidèle de Plotin, ont marqué la pensée de Ficin, comme le primat de la lecture allégorique des Ecritures, le rôle central du spirituel dans l'accomplissement de l'homme et la vision de Dieu ; les multiples fonctions médiatrices du Christ ; l'hypothèse de la préexistence des âmes avant la chute dans le corps (y compris celle du Christ) ; l'accent sur l'apocatastase ; la conviction que la conversion peut être librement accomplie par tous les esprits ; la subordination entre les personnes de la Trinité, la recherche d'un christianisme s'adressant à un public érudit, incarné par son mécène[4].

Ce n'est pas un hasard si Ficin fut accusé par ses contemporains de professer une sorte de religion *naturelle*[5], pénétrée par la *pietas* ancienne[6], voire païenne[7], se traduisant par une forme de vie cultuelle, peu

1. À la différence d'Augustin, *De vera religione* (*La vraie religion*), Turnhout, Brepols, 1951, BA 8.

2. L'enfer est vide dans la théologie de Ficin : voir R. Klein, « L'enfer de M. Ficin » (1960) dans *La Forme et l'intelligible. Ecrits sur la Renaissance et l'art moderne*, Paris, Gallimard, 1970.

3. Ficin, *CR*, chap. 23-27.

4. P. Terracciano, « Fra Atene e Alessandria. Origene nella "Theologia Platonica" di M. Ficino », *Viator* XLII, 2011, p. 265-294.

5. Voir les remontrances de Jean Pannonius à Ficin dans une lettre de 1484 ou 1485, conservée dans Ficin, *Op.*, I, p. 871 : voir P. O. Kristeller, *Il pensiero filosofico*, *op. cit.*, II, chap. 1-2 ; J. Hankins, *Plato in the Italian, Renaissance*, *op. cit.*, I, p. 279-283 ; M. J. B. Allen, *Synoptic Art*, *op. cit.*, p. 1-49 et A. De Pace, *La scepsi*, *op. cit.*, p. 223-242.

6. Ficin est, en partie, débiteur de Cicéron, *Sur la nature des dieux*, I, XVII, 44-45 ; II, V, 13-15 ; III, XXIV, 61-63. Toutefois, tandis que Cicéron estime que les modalités par lesquelles l'on forme, selon les Stoïciens, la notion des dieux sont problématiques, Ficin, *TP*, XIV, 9, t. 2, p. 280-281, souligne la nature constitutive et rationnelle de ces tendances.

7. Voir E. R. Dodds, *Pagan and Christian in an Age of Anxiety*, Cambridge, Cambridge University Press, 1965 et R. Lane Fox, *Pagans and Christians*, London, Penguin Books, 1986. Quant à Ficin, voir Ch. Celenza, « Antiquité tardive et platonisme florentin », dans

conforme à l'orthodoxie chrétienne. Car pour Ficin la religion est essentiellement une tendance anthropologique qui s'exprime dans le culte :

> Les bêtes ne présentent aucun indice de religion, si bien que l'élévation de notre âme vers Dieu, roi du ciel, nous est aussi propre que l'élévation de notre corps vers le ciel et le culte du divin est presque naturel aux hommes que le hennissement aux chevaux et l'aboiement aux chiens [1].

La religion est donc une tendance naturelle, comme l'amour, qui est orientée par un fin déterminée, l'assimilation à Dieu, et par les pratiques cultuelles. Manifestement, Ficin reprend ici à Thomas d'Aquin la conviction selon laquelle le désir naturel de contempler Dieu légitime la croyance en sa réalisation, puisqu'il s'agit d'une visée nécessitant l'actualité de l'objet intentionné [2]. Cette perspective suscite l'espérance, comprise comme *l'attente certaine* de la béatitude, laquelle engage un rapport vertueux à l'avenir, caractérisé par la magnanimité qui est le juste milieu aristotélicien entre le désespoir et l'arrogance [3]. Pourtant, Ficin pense ici plutôt à la confiance hermétique : l'homme a reçu le *ministerium* de Dieu de maintenir l'ordre du monde et de consacrer un culte pieux à Dieu (*munde mundum seruando, deum pie colendo*) [4].

Ainsi Ficin cite-t-il l'expression de *l'Asclepius* : « l'homme est un grand miracle », pour affirmer que l'âme s'efforce de devenir toutes les choses, par l'intellect et la volonté : celle-ci tend à se transformer dans les choses elles-mêmes, celui-ci à revêtir la forme de l'objet intentionné [5]. Plus que la vision de Dieu, c'est la divinisation de l'âme qui est désirée. Tandis

F. Mariani Zini (éd.), *Penser entre les lignes. Philologie et Philosophie au Quattrocento*, Villeneuve d'Ascq, Presses du Septentrion, 2001, p. 197-226.

1. Ficin, *TP*, XIV, 9, t. 2, p. 280 : « Nullum enim bruta prae se ferunt religionis indicium, ut propria nobis sit mentis in Deum caeli regem erectio sicut corporis in caelum erectio propria. Cultusque divinus ita ferme hominibus est naturalis, sicut equis hinnitus canibusve latratus ». Voir aussi *TP*, XIV, 1, t. 2, p. 247 : « Tout l'effort de notre âme est donc de devenir Dieu. Un tel effort est aussi naturel aux hommes que le vol des oiseaux. Il ne résulte pas de la qualité contingente d'un homme en particulier, mais de la nature même de l'espèce ». (« Totus igitur animae nostrae conatus est, ut deus efficiatur. Conatus talis naturalis est hominibus non minus quam conatus avibus ad volandum. Ideo non contingentem alicuius hominis qualitatem, sed naturam ipsam sequitur speciei »).

2. Thomas d'Aquin, *ST*, I-II, qu. 103.

3. Thomas d'Aquin, *ST*, II-II, qu. 18, art. 4.

4. *Ascl.* 11 ; *passim,* sur le devoir de tresser des louanges à Dieu et de le vénérer constamment. Ce rôle privilégié lui vient de sa double nature corporelle et divine, mais aussi de son *status erectus*, qui l'oblige à regarder vers le haut : sur la *theoptia* hermétique, voir C. Moreschini, *Dall'Asclepius al Cratès, op. cit.*, p. 30 *sq.*

5. Ficin, *TP*, XIV, 5, t. 2, p. 264.

que pour Thomas, l'analyse de la volonté implique celle du libre arbitre et du choix[1], Ficin la considère comme un mouvement, presque un élan naturel qui conduit à une transformation divine de soi-même. Par ailleurs, l'actualisation de l'objet intentionné, la vision de Dieu, dans la félicité de l'intellect n'est pas foncièrement réalisée *post mortem*[2]. C'est pourquoi l'espérance, en tant que vertu cardinale, joue une fonction très marginale dans l'œuvre de Ficin[3].

Somme toute, le culte que l'homme rend naturellement à Dieu n'est pas spécifique au rituel chrétien. D'une part, les mystères ficiniens ont bien plus d'affinité avec les cultes à mystères de l'Antiquité qu'avec les mystères chrétiens, à savoir les sacrements, très rarement et discrètement mentionnés, ainsi que le mystère de la mort et de la résurrection du Christ. D'autre part, parce que Ficin préfère le culte à la liturgie[4], qu'il ne considère pas comme un *habitus* vertueux[5]. De surcroît, les modalités du culte sont les plus constantes dans toutes les religions : les prières, les chants, les sacrifices, la méditation, le silence. La vénération joyeuse et respectueuse, le sentiment de communion et de confiance priment chez Ficin sur le service dû, l'expiation, l'examen de conscience. Le repentir chrétien, en tant que modalité de la transformation de soi et de la conversion véritable en Dieu, ne joue pas de fonction véritable dans le retour au premier principe.

En revanche, la conception ficinienne de la tendance naturelle de la religion comme expression cultuelle me semble dépendre en partie de la réflexion de Cicéron, bien qu'elle en renverse la perspective. Tandis que Cicéron est hostile à toute forme de divination et souligne la nature quelque peu trompeuse de la croyance religieuse[6], Ficin apprécie la valeur

1. Thomas d'Aquin, *ST*, I, qu. 83, art. 2-4.

2. À la différence de Thomas d'Aquin, *ST*, I, qu. 3 et qu. 12 ; *CG*, III, 48 et 63.

3. Ficin, *TP*, XIV, 8, t. 2, p. 278.

4. À la différence d'Augustin, *De Civ. Dei*, *op. cit.*, X, 1-4 qui déprécie le culte en faveur de la *latreia*, du service, et des sacréments. Le seul culte, pour Augustin, est l'amour, tandis que, pour Ficin, la théurgie joue un rôle dans les rituels. Voir N. Weill-Parot, « Pénombre ficinienne : le renouveau de la théorie de la magie talismanique et ses ambiguïtés », dans *M. Ficin ou les mystères platoniciens*, *op. cit.*, p. 71-90.

5. À la différence de Thomas d'Aquin, *ST*, II-II, qu. 81, art. 2 et art. 5. Bien qu'il y ait un aspect naturel dans le culte, la vertu de religion est structurée par un devoir et l'institution des règles à partir du caractère irréversible de l'Incarnation et de la Passion du Christ, ce que Ficin justement laisse entre parenthèses. Plus que le service, le culte établit une relation de symétrie entre l'homme et Dieu, *TP*, XIV, 9, t. 1, p. 278-296.

6. Cicéron, *La nature des dieux*, III, VI, 15 et XXIV, 61-63.

anticipatrice des pressentiments, voire des prophéties[1]. Surtout, Cicéron dénonce la fragilité des quatre modalités par lesquelles, selon les stoïciens, on forme la notion des dieux[2]. En revanche, Ficin soutient que la croyance en la présence divine provient de trois de ces tendances, qui sont des modalités d'anticipation propres à notre raison naturelle. Il s'agit, d'abord, de la sagacité par laquelle on projette une providence sur les vicissitudes humaines et cosmologiques, le pur hasard étant une hypothèse inconcevable ; puis, la supposition d'un ordre renvoyant en quelque sorte à un projet architectural ; finalement, la part importante que les prophéties et les miracles jouent dans notre expérience, lorsque ces phénomènes sont interprétés comme le produit d'une faculté rationnelle de prévision[3].

Par conséquent, la croyance n'est pas un simple élan irrationel, mû par une expérience personnelle indicible et incommunicable, mais une *attitude naturelle*, propre à tous les hommes qui peut être soumise à l'instruction de l'argumentation philosophique. Il faut cependant établir quel est le niveau de discours le plus conforme à cette tâche. C'est que Ficin tente de déterminer.

LA DIALECTIQUE NATURELLE

Voler, aboyer, argumenter

La capacité d'anticipation caractérise donc la tendance religieuse, laquelle est constitutivement orientée vers le futur : elle se traduit par la possibilité de prévoir les effets, d'anticiper les conséquences, de voir les ressemblances entre les images. Ainsi le *conatus* religieux n'est pas tant un sentiment qu'une disposition de la raison. Le lien entre les deux est expressément établi par Ficin en utilisant la même image du vol des oiseaux. En affirmant que la vérité se trouve dans la *mens* humaine, Ficin affirme :

> Mais plus que tout le reste ce qui le démontre bien, c'est la puissance rationnelle elle-même, qui n'est pas moins naturelle à l'homme que le vol aux oiseaux ou l'aboiement aux chiens… Nous appelons ici puissance rationnelle le pouvoir même de raisonner, qui voit les conséquences, c'est-à-dire remarque progressivement ce qui résulte de chaque chose et passe

1. Il distingue la divination de la simple prévision due à la sagacité : Ficin, « Sur la fureur divine », *Lettres*, *op. cit.*, p. 32.

2. Cicéron, *La nature des dieux*, II, V, 13-15 ; III, VII, 16.

3. Ficin, *TP*, XIV, 9, t. 2, p. 280-281. La quatrième modalité, que Ficin laisse de côté, est l'utilité des produits que l'on recueille.

régulièrement des antécédents aux conséquences. C'est une dialectique naturelle, c'est-à-dire un art de discuter, implanté dans l'âme dès l'origine. C'est elle qui permet aux enfants et à tous les plus inexpérimentés de défendre leurs causes par toutes les conjectures et les assertions possibles. Tout le langage de l'homme, toute action et toute délibération n'est pas autre chose qu'une argumentation. Personne n'est sot au point de ne pas déduire les choses les unes des autres en raisonnant et de ne pas raisonner des images aux images, à peu près comme un esprit sain passe des choses aux choses elles-mêmes. La puissance rationnelle n'est jamais séparable de l'homme[1].

Cette dialectique naturelle, qui s'apparente à un *conatus* et à une disposition anthropologique, opérative dès l'enfance, déduit à partir d'axiomes (comme les contraires s'excluent) ou bien de maximes tirées de lieux de la dialectique et de la rhétorique (comme le tout est plus grand que la partie). Elle se déploie de manière conditionnelle et permet de prouver des thèses qui concernent les conclusions contingentes (comme : c'est un fait contingent d'être vivant, mais pendant qu'on vit c'est une nécessité). L'argumentation naturelle de l'homme comprend des degrés différents de nécessité, puisqu'elle n'est pas seulement une modalité de connaissance, mais d'action : elle intervient dans toute délibération, voir dans tout acte vital[2].

Sur ce point précis Ficin reprend Cicéron de manière inédite : il attribue en fait au *conatus* religieux les traits que le philosophe romain conférait à l'*oikeiosis,* qui est une tendance naturelle primitive d'où on peut tirer les tâches propres à l'*honestum*[3]. De la sorte, la tendance religieuse est comprise comme une manifestation de l'*oikeiosis* stoïcienne. Celle-ci exprime une forme élémentaire de familiarité avec soi-même, qui ne suppose ni la notion moderne d'intérêt, ni la recherche égoïste de son

1. Ficin, *TP*, XI, 6, t. 2, p. 142 : « Prae caeteris autem declarat hoc summopere vis ipsa rationalis, quae non minus homini naturalis est, quam avibus sit volatus canibusve latratus… Rationalem vim vocamus in praesentia ipsam ratiocinandi virtutem, quae consequentia cernit, id est quid ex quoque sequatur animadvertit gradatim et a praecedentibus ordine percurrit ad consequentia. Haec est naturalis quaedam dialectica, id est ars disserendi, ab origine hominibus insita. Per hanc pueri et imperitissimi quique partes suas quibuscumque possunt coniecturis assertionibusque tutantur. Atque omnis hominis sermo totaque vitae actio et consultatio nihil est aliud quam argumentatio quaedam. Ac nemo est tam insanus, quin ex aliis alia inferat argumentando et ita ferme ab imaginibus ad imagines argumentetur, sicut sana mens ad res ipsas percurrit ex rebus. Vis ergo rationalis numquam ab homine separatur ».

2. Ficin, *TP*, XI, 6, t. 2, p. 143-145.

3. Cicéron, *De Fin.*, 16-17.

propre plaisir[1]. Apparenté avec la tendance à assurer les moyens de survie et de développement pour soi et ses proches, cette disposition peut s'étendre aussi bien dans le temps futur que dans l'espace, recherchant le bien pour toute la communauté politique[2]. Pour Cicéron, la proximité avec soi de l'*oikeiosis* définit une direction cohérente et constante du cours de la vie, qui se décline en quatre dispositions majeures : la connaissance du vrai, la justice la grandeur d'âme, le convenable[3]. À chacune de ses dispositions correspond une série de tâches, d'*officia* spécifiques, qui établissent ce qu'il est *préférable* de suivre ou de fuir dans toute situation[4].

La tendance religieuse hérite et transforme donc les propriétés de l'*oikeiosis* dans un rapport non plus entre soi et les autres, mais entre soi-même et Dieu, auquel on tente de ressembler. Elle exprime une familiarité et un souci bienveillant, se traduit par une direction rationnelle de la vie, commande des *officia* spécifiques et est orientée par l'anticipation du futur. Car Ficin emprunte également à Cicéron la dialectique naturelle propre aux premières tendances naturelles, qui les distinguent des instincts des animaux et témoignent d'une rationalité constitutive. Ficin me semble avoir à l'esprit ce passage cicéronien :

> Mais entre l'homme et la bête, il y a une grande différence : la bête, seulement quand elle est stimulée par les sens adapte ses attitudes à ce qui lui est présent dans l'espace et le temps, percevant peu ou pas du tout du passé et de même du futur ; tandis que l'homme, en tant qu'il participe à la raison (grâce à laquelle il aperçoit les conséquences, voit les causes efficientes, n'ignore pas ce qui les précède et, j'ose dire, les antécédents, confronte entre eux les cas semblables, et lie les choses futures aux choses présentes) – l'homme, je dis, voit aisément le cours de la vie et prépare à temps les choses nécessaires pour bien la conduire[5].

1. Diogène Laërce, *Vies et doctrine des philosophes illustres,* trad. fr. M-O. Goulet-Cazé (dir.), Paris, Livre de Poche, 1999, VII, 85 ; Cicéron, *De Fin.*, III, 16-17. Sur cette notion, voir R. Sorabji, *Emotion and Peace of Mind. From Stoic Agitation to Christian Temptation*, Oxford, Oxford University Press, 2000, p. 183 *sq.*

2. Cicéron, *De Fin.*, III, 19 ; Sénèque, *De uita beata*, 24, 3.

3. Cicéron, *De Off.*, I, 4.

4. Cicéron, *De Off.*, I, 5.

5. Cicéron, *De Off.*, I, 4 : « Sed inter hominem et beluam hoc maxime interest, quod haec tantum, quantum sensu movetur, ad id solum, quod adest quodque praesens est, se accommodat, paulum admodum sentiens praeteritum aut futurum. Homo autem, quod rationis est particeps, per quam consequentia cernit, causas rerum videt earumque praegressus et quasi antecessiones non ignorat, similitudines comparat rebusque praesentibus adiungit atque adnectit futuras, facile totius vitae cursum videt ad eamque degendam praeparat res necessarias ». Ma traduction.

Ce n'est donc pas un hasard si Ficin transfère à la tendance religieuse les modalités d'argumentation qui organisent, selon Cicéron, la capacité naturelle de tirer des conséquences ou d'établir des ressemblances. Car la dialectique naturelle ficinienne reprend de manière manifeste l'argumentation topique cicéronienne, fondée sur la déduction des conséquences, voire des conjectures, selon les dispositifs topiques et orientée à prouver les conclusions contingentes[1]. La tendance cultuelle peut être aisément distinguée de la superstition, puisqu'elle exprime une orientation anthropologique fondamentale qui vise, par la capacité rationnelle d'anticiper des effets, de déduire des conséquences et d'établir des analogies entre le passé et le futur, à élargir le champs de connaissance et d'action au-delà du simple présent ponctuel, en assurant non seulement l'instinct de survie animal, mais aussi la capacité de réaliser des plans rationnels de vie.

À ce point, on peut examiner de plus près les propos initiaux de la *Théologie* et le lien spécifique entre la croyance en l'immortalité de l'âme et l'instruction des preuves. Dès le début, la croyance en l'immortalité de l'âme individuelle est insérée dans un discours de consolation. L'homme serait le plus malheureux des êtres, si la croyance en l'immortalité de l'âme n'était qu'une illusion. Car il mène sur terre une existence pénible, étant plus vulnérable que tous les autres animaux. Cependant, il est le seul être mortel qui voue un culte à Dieu. Le pressentiment de sa nature divine ainsi que le désir de félicité nourrissent la croyance en la survie de l'âme après la mort[2]. Ficin combine ici des éléments largement répertoriés, l'indigence des hommes par rapport aux autres animaux ou le désir de bonheur, compris comme l'accomplissement de la fin naturelle de l'homme. La croyance en l'immortalité de l'âme s'appuie essentiellement sur le célèbre adage aristotélicien selon lequel la nature ne fournit pas aux êtres des tendances vaines, puisqu'elle a horreur du vide[3].

Plus que la trivialité de ces propos, c'est leur nature obsolète qui frappe. Ils sont étonnants compte tenu de la critique radicale que la philosophie

1. La réduction de la pensée de Cicéron à une rhétorique est bien tardive, au cœur de la Renaissance. En revanche, à partir de Boèce, tout au long du Moyen Âge et en partie dans le premier humanisme, Cicéron fut considéré comme un maître de dialectique, surtout grâce à ses *Topica*. Voir F. Mariani Zini, « Les topiques oubliés de Cicéron », dans J. Biard et F. Mariani Zini (éd.), *Les lieux de l'argumentation. Histoire du syllogisme topique d'Aristote à Leibniz*, Turnhout, Brepols, 2009, p. 65-92; *ead.*, « Topique et argumentation dans le premier humanisme italien », dans J. Biard (éd.), *Le langage mental du Moyen Âge à l'Âge classique*, Louvain-la-Neuve, Peeters, 2009, p. 221-239.

2. Ficin, *TP*, I, 1, t. 1, p. 38-39.

3. Aristote, *Sur le ciel et sur le monde*, I, 4 271a33.

médiévale tardive leur avait adressé. Ainsi que l'avait souligné Duns Scot, nous n'avons aucun moyen de savoir si l'intellect de l'homme tend nécessairement vers Dieu, comme s'il s'agissait de la même inclination inéluctable que la pierre manifeste, en tombant au sol. Les propriétés des substances immatérielles, comme Dieu, ne font pas partie de celles de l'être commun, lequel est l'objet propre à la connaissance métaphysique[1]. La croyance en l'immortalité de l'âme exprime un désir inconscient, qui ne peut être vérifié au sein de la nature[2].

Consoler de la mort

C'est justement la nature problématique de la preuve qui conduit à insérer la croyance en l'immortalité de l'âme dans un discours de consolation. La référence à la *Consolation de Philosophie* semble s'imposer[3]. Boèce présente une thérapie de l'âme conforme à la philosophie platonicienne ainsi qu'à l'enseignement chrétien. Sans vouloir en sous-évaluer l'apport dans les œuvres chrétiennes de consolation[4], la *Théologie platonicienne* ne se situe pas dans son sillage. Tandis que Philosophie de Boèce intervient pour consoler un individu qui regrette de s'être fourvoyé, en recherchant les biens secondaires, comme la richesse et le pouvoir[5], Ficin examine la signification universelle de l'immortalité de l'âme humaine. Surtout, la thérapie ne prescrit pas les mêmes recettes. Pour Boèce, il faut revenir en soi-même et se souvenir des vérités platoniciennes que la gestion des biens secondaires avait fait tomber dans l'oubli[6]. Pour Ficin, la cure

1. Duns Scot, *Prologue de la Lectura*, éd. et trad. fr. G. Sontag, *La Théologie comme science pratique*, Paris, Vrin, 1996, § 17-21, p. 143-146. Guillaume d'Ockham est encore plus radical : tandis que Scot reconnaît que l'homme peut avoir un concept quidditatif de Dieu, comme étant infini, Ockham admet une pluralité de concepts quidditatifs, bien qu'aucun ne soit propre à Dieu, puisqu'ils sont tous communs au Créateur et à la créature. La connaissance de Dieu de la part de l'homme est connotative, comme le souligne Ockham dans ses « Quodlibeta septem », *Opera theologica*, Institut franciscain, University of St. Bonaventure (New York), 10 vol., ici vol. IX, 1980, IV, qu. XVII, p. 381. Voir J. Biard, *Guillaume d'Ockham et la théologie*, Paris, Cerf, 1999, p. 21-37.

2. Voir O. Pluta, *Kritiker der Unsterblichkeitsdoktrin in Mittelalter und Renaissance*, Amsterdam, Grüner, 1986.

3. Severinus Boethius, *De consolatione philosophie*, éd. C. Moreschini, München-Leipzig, Saur, 2000 ; trad. fr. J.-Y. Guillaumin, *La consolation de Philosophie*, Paris, Belles Lettres, 2002.

4. G. Chiecchi, *La parola del dolore. Primi studi sulla letteratura consolatoria fra Medioevo e Rinascimento*, Padova, Antenore, 2005.

5. Boèce, *La consolation*, *op. cit.*, I, 2 et 4.

6. Boèce, *La consolation*, *op. cit.*, I, 2, 5-6 ; I, 5, 3-4.

n'est pas une anamnèse[1], qui vise à la réappropriation de ce qui était déjà su, mais une analyse renouvelée sur la nature de l'âme, à partir de l'interrogation sur son immortalité.

En revanche, cette approche caractérise les *Tusculanae Disputationes* (*Tusculanes*) de Cicéron. Dans le premier livre, la croyance en l'immortalité de l'âme, engendrée par la peur de la mort, table sur la connaissance préliminaire de la nature de l'âme elle-même. Il s'agit également de renverser le point de vue platonicien, pour qui la démonstration de l'immortalité précède l'enquête sur la nature de l'âme. Ficin demeure fidèle à Platon dans la mesure où les preuves de l'immortalité de l'âme et la révélation de sa parenté avec les idées divines sont discutées dans la *Théologie*. Toutefois, il adopte ici la perspective de Cicéron, puisqu'il s'agit de présenter l'examen des preuves de l'immortalité de l'âme dans un discours de consolation devant la peur de la mort.

La finalité est assurément différente[2], mais Ficin reprend à son compte l'exigence de lier la croyance, la consolation et la preuve[3]. Car l'immortalité de l'âme justifie à rebours la thèse du départ, à savoir que le *culte religieux* est le propre de l'homme grâce à sa parenté avec la divinité, avec laquelle l'âme partage l'immortalité[4]. La série de preuves apportées par Cicéron est un exemple de la dialectique naturelle, conditionnelle, topique et contingente que Ficin lie étroitement à la tendance religieuse naturelle. À y regarder de près, beaucoup de preuves sont, dans la *Théologie*, de cette sorte. Quelques exemples peuvent être instructifs. Que le bien soit le principe de tout est prouvé par un schème topique de ressemblance entre l'origine et la fin, soutenant que si le bien est le but de tout (tout être désirant le bien plus que le simple fait d'être), alors il doit en être aussi la source[5]. C'est par une démarche transitive que Ficin cherche à montrer que le bien est au-dessus de l'intelligence et de la vie. Car si le bien est au-

1. A. M. Crabbe, « Anamnesis and Mythology in the "De Consolatione Philosophiae" », dans *Atti del congresso internazionale di studi boeziani, op. cit.*, p. 311-325.

2. Pour Cicéron, *Tusc.*, I, 31, *passim*, il ne s'agit pas de fonder la crédibilité de l'immortalité de l'âme comme une thèse théologique ou métaphysique, mais de montrer que cette croyance apporte un incrément de sens dans l'orientation rationnelle de notre vie, surtout dans la vie politique. C'est pourquoi il préfère « se tromper avec Platon ».

3. Une telle exigence explique la raison de la méfiance ficinienne à l'égard de la thérapie de l'âme et des modalités d'écriture de l'école épicurienne, laquelle fonde ces deux aspects sur la connaissance de la physique ainsi que sur le primat de l'évidence ou du langage commun : voir la critique de Cicéron, *De Fin.*, I, VII, 22 et XIX, 64. Voir S. Gentile, « Ficino, Epicuro e Lucrezio », dans *The Rebirth, op. cit.*, p. 119-137.

4. Cicéron, *Tusc.*, I, 65-66.

5. Elle peut être lue comme une incompatibilité pragmatique liée au temps.

dessus de l'être, et si l'être est au-dessus de l'intelligence et de la vie, alors le bien est au-dessus de l'intelligence et de la vie. Bien plus : que l'âme soit éternelle est une thèse prouvée par une démarche analogique, qui table sur la ressemblance supposée entre Dieu et l'homme. La preuve de cet argument est topique : elle s'appuie d'abord sur un *endoxon*, une opinion partagée par les plus sages, à savoir : tous les théologiens estiment que Dieu possède douze attributs. Suit une constatation : les hommes s'efforcent de posséder ces attributs. Une fois que l'on a accepté l'hypothèse d'un partage raisonnable d'attributs, il *est permis de croire* que la propriété de l'éternité divine[1] puisse être également attribuée à l'âme humaine. Manifestement, un tel argument ne déduit pas de manière nécessaire, mais utilise une modalité épistémique dans le cadre d'une analogie. L'argument peut se formuler de la sorte :

> Le cas X (dieu) et le cas Y (homme) partagent les propriétés a, b, c (être partout ; un talent artistique etc.). Le cas X (dieu) a été tranché en faveur de la propriété z (éternité) ; donc le cas Y (l'homme) doit être également tranché en faveur de z[2].

On peut maintenant revenir à l'argument initial. Comment soutenir la thèse selon laquelle l'homme serait l'être le plus malheureux, s'il n'était pas heureux *après* la mort ? L'argument est complexe, il y a un emboîtement d'éléments topiques. D'abord, on prouve que l'homme est plus proche de Dieu que les animaux parce qu'il est le seul qui lui consacre un culte. Puisque le culte ne signifie pas le service, qui est une relation non symétrique, mais l'amour entre Dieu et l'homme, qui est symétrique, l'homme entretient une relation avec Dieu qui vaut dans les deux sens, tandis que l'animal n'en a pas. La relation n'est donc pas fondée sur la présupposition d'une ressemblance ontologique (par exemple une nature rationnelle commune), ou d'une projection cognitive (l'idée d'infini), mais sur une disposition anthropologique affective qui n'engage aucune décision métaphysique coûteuse. La nature exclusive de cette symétrie signifie simplement une forme de supériorité dans la comparaison entre l'homme et l'animal. À partir de cette comparaison, on peut construire un argument exploitant un schème topique, fondé sur le chiasme entre *les valeurs du plus et du moins* comme suit :

1. Ici la contradiction joue son rôle : un dieu mortel est une conception contradictoire.

2. J. White, « Analogical reasoning », dans D. Patterson (ed.), *A Companion to Philosophy of Law and Legal Theory*, Oxford, Blackwell, 1996, p. 583-590.

> Si les être moins grands (inférieurs=les animaux) sont heureux en vie ; et les êtres plus grands (supérieurs=les hommes) sont malheureux en vie, alors les êtres plus grands sont heureux après la mort (=non plus en vie).

Ici l'on pourrait déceler la combinaison entre une incompatibilité de signification (être en vie/être mort) et une incompatibilité pragmatique[1] (entre la règle par exemple : « être supérieur signifie pouvoir plus », et son application : « les êtres supérieurs sont moins heureux que les êtres inférieurs »). De toute façon, il ne s'agit pas de tirer des conclusions nécessaires, mais de prouver par les schèmes topiques de la dialectique *naturelle* qu'il est permis de croire à l'immortalité de l'âme.

Somme toute, le projet de Ficin peut lier, de manière cohérente, la philosophie platonicienne rigoureuse à une tendance religieuse naturelle, exprimant une orientation rationnelle constitutive. La croyance en l'immortalité de l'âme et le culte religieux tablent sur une dialectique naturelle qui argumente et console sans tomber dans la crédulité. C'est pourquoi les preuves de l'immortalité de l'âme semblent, dans la *Théologie*, à la fois obsolètes, après les critiques d'un Duns Scot ou d'un Ockham, et étrangères au critère économique de la démonstration.

Ficin présente alors de manière cohérente le plan de ses arguments probants. Après avoir montré que l'on peut remonter dans l'ordre de l'être du corps à Dieu :

> Ainsi lorsque nous serons montés jusqu'à lui, nous comparerons donc entre eux ces cinq degrés de l'ensemble de la réalité, à savoir le corps, la qualité, l'âme, l'ange et Dieu. Or, puisque le genre même de l'âme rationnelle, qui obtient le milieu entre ces cinq degrés, apparaît comme le lien de la nature tout entière, régit les qualités et les corps, s'unit à l'ange et à Dieu, nous montrerons qu'il est absolument indissoluble en tant qu'il unit les degrés de la nature, qu'il est le plus heureux en tant qu'il s'insère parmi les réalités divines. Que la condition de notre âme soit telle, que tel soit son être, nous l'établirons en premier lieu par des raisons générales, deuxièment par des preuves particulières, troisièment par des signes et enfin en répondant aux objections[2].

1. L'incompatibilité est un des critères des déductions conditionnelles, répertoriées dès les stoïciens. Elle est employée très souvent par Cicéron : voir F. Mariani Zini, « Crédibilité, croyance, confiance. Le legs de la tradition romaine », *Concepts rhétoriques, raisons topiques, Revue de métaphysique et de morale* 2, 2010, p. 179-194.

2. Ficin, *TP*, I, 1, p. 39 : « Proinde cum huc ascenderimus, hos quinque rerum omnium gradus, corporis videlicet molem, qualitatem, animam, angelum, Deum, invicem comparabimus. Quoniam autem ipsum rationalis animae genus, inter gradus huiusmodi medium obtinens, vinculum naturae totius apparet, regit qualitates et corpora, angelo se iungit et Deo,

D'une part, comme pour Platon, l'examen sur l'immortalité de l'âme a une fonction heuristique, mais inversée : la détermination de la nature de l'âme, de sa condition révèle les articulations de l'être et de la connaissance et par là de son immmortalité. D'autre part, l'exigence de la preuve doit se conformer à la nature spécifique de l'objet qui appartient à l'ordre des choses qui sont crues ou crédibles, non sues. À y regarder de près, Ficin ne démontre pas tant l'immortalité de l'âme que, comme dans une logique topique, naturelle et conditionnelle, l'incompatibilité[1] entre deux hypothèses, la mortalité individuelle et la séparation de l'âme du corps ou encore entre les opérations cognitives de l'âme et l'immortalité supposée d'un intellect commun et passif. C'est pourquoi Ficin discute essentiellement dans la *Théologie* avec Averroès et Épicure.

Sans vouloir établir des conclusions nécessaires, ni se borner au compromis de la vraisemblance, les preuves de l'immortalité de l'âme peuvent être crédibles. On peut se fier à ces preuves sans tomber dans le paradoxe d'être *obligé à croire*. Car toute preuve sur l'immortalité de l'âme ne va pas sans la reconnaissance de son pouvoir persuasif. L'assentiment motivé est nécessaire, si l'on ne veut pas seulement convaincre, mais aussi consoler. C'est pourquoi les preuves sont nombreuses, parfois répétitives. Chacune apporte un surcroît de sens, consolide une conviction, lénifie une peur.

ostendemus id esse prorsus indissolubile, dum gradus naturae connectit ; praestantissimum, dum mundi machinae praesidet ; beatissimum, dum se divinis insinuat. Ita vero nostrum animum se habere atque esse talem, rationibus primo communibus, secundo argumentationibus propriis, tertio signis, quarto solutionibus quaestionum asseverabimus ».

1. L'incompatibilité n'est pas le critère de non contradiction et ne suit pas seulement des raisons formelles. Elle réside en deux assertions entre lesquelles il faut choisir, à moins de renoncer à l'une et à l'autre. Voir Ch. Perelman et L. Olbrechts-Tyteca, *Traité de l'argumentation. La nouvelle rhétorique*, Bruxelles, Éditions de l'Université de Bruxelles, 1983, 4e éd., p. 262 *sq*.

Chapitre IV

LA DIALECTIQUE DE L'ÂME

La nature de l'âme

Un emprunt surprenant

Si la réflexion sur l'amour constitue une véritable initiation philosophique, puisqu'elle introduit le novice aux procédures dialectiques, l'interrogation, dans la *Théologie platonicienne* sur l'immortalité de l'âme individuelle marque la fin de l'apprentissage. Le titre choisi ici par Ficin est tiré *partiellement* de l'œuvre de Proclus, en le complétant par un ajout : *Théologie platonicienne de l'immortalité des âmes*, où le terme de théologie renvoie à sa signification néoplatonicienne, en tant que métaphysique et dialectique[1].

Pourtant, les deux œuvres semblent avoir peu en commun[2]. La *Théologie platonicienne* de Proclus se propose de déduire de manière rigoureuse les classes divines jusqu'aux dieux hypercosmiques-encosmiques, qui se trouvent au seuil de l'âme, en les considérant comme les expressions *multiples* de *l'unité* de l'Intellect[3]. Le modèle de la

1. A. Lernould, « La dialectique comme science première chez Proclus », *Revue des Sciences Philosophiques et Théologiques* 71, p. 509-536 ; H. D. Saffrey, « Les débuts de la théologie comme science » (1996), dans *id.*, *Recherches sur le néoplatonisme*, *op. cit.*, p. 219-238.

2. Voir l'introduction de M. J. B. Allen et J. Hankins à Ficino, *Platonic Theology, op. cit.*, p. XII *sq*.

3. Proclus, *Théologie*, I, 6, 27, 1-18. On reprochait à Platon que ses remarques éparses sur les dieux ne donnaient pas lieu à une véritable systématisation conceptuelle.

dérivation des ordres divins est fourni par la dialectique de l'un et du multiple du *Parménide*, lequel était pour les néoplatoniciens la référence principale pour fonder la philosophie première [1]. Par ce dispositif complexe, Proclus atteint trois buts principaux. Du point de vue *métaphysique*, il propose une conception dialectiquement cohérente de la différenciation de l'être à l'intérieur de la multiplicité unie de l'intellect, en critiquant de la sorte l'insuffisance de la distinction plotinienne entre l'Un ineffable et les modalités multiples, intelligibles et dérivées de l'unification [2]. Du point de vue *théologique*, l'univers divin, de part en part intelligible, opère une radicale logicisation et, partant, une « sécularisation » des dieux. Ceux-ci désignent, en fait, les relations conceptuelles, comme le tout et la partie, le semblable et le dissemblable, l'identité et la différence, lesquelles à chaque fois expriment une modalité spécifique du lien entre l'un et le multiple [3]. L'œuvre de Proclus est donc en mesure d'intégrer l'expérience religieuse dans une démarche rigoureusement intellective, fondée sur une foi rationnelle. Finalement, les différentes classes divines, en tant que manifestations multiples de l'unité, proposent à l'âme un parcours de remontée, un *exercice spirituel* qui exige des compétences dialectiques parfaitement maîtrisées [4]. Toutes les classes sont interdépendantes, de sorte que leurs propriétés s'étendent également aux niveaux qui ne leur sont pas directement contigus. Le pouvoir connectif, propre aux dieux qui sont voués à rendre parfaite et unitaire toute multiplicité [5], se transmet à tous les dieux successifs, y compris aux plus éloignés [6]. L'âme ne s'élève pas seulement au niveau le plus proche, mais elle peut aussi

1. Proclus, *Théologie*, III, 7, 29.1-5. Voir E. R. Dodds, « The "Parmenides" of Plato and the Origins of the Neoplatonic One », *Classical Quarterly* 22, 1928, p. 129-142 ; J. Trouillard, « Le *Parménide* de Platon et son interprétation néoplatonicienne », *Revue de Philosophie et Théologie* 2, 1973, p. 83-100 ; G. Girgenti, *Il pensiero forte di Porfirio. La mediazione fra henologia platonica e ontologia aristotelica*, Milano, Vita e Pensiero, 1995 ; C. Steel, « Une histoire de l'interprétation du *Parménide* dans l'antiquité », dans M. Barbanti et F. Romano (a cura di), *Il « Parmenide » di Platone e la sua tradizione*, Catania, CUECM, 2002, p. 11-40.

2. Plotin, *En.*, 5 (V, 9), 5, 20-34 et 8, 1-9.

3. Proclus, *In Parm.*, VI, 1062, 1 *sq.*

4. Proclus, *Théologie*, I, 10, 45.20-4620 ; voir D. J. O'Meara, « La science métaphysique (ou théologie) de Proclus comme exercice spirituel », dans *Proclus et la Théologie*, *op. cit.*, p. 279-290.

5. Ce sont les dieux « intelligibles-intellectifs » qui occupent le second niveau à partir de la dérivation de l'Un et sont analysés dans le IV livre de la *Théologie*.

6. Proclus, *Théologie*, IV, 19, 58, 2-8.

apprendre à se hisser vers la transcendance de l'Un[1], en suivant deux chemins, vers le niveau directement supérieur ou vers l'origine ineffable[2].

En revanche, la *Théologie* de Ficin cherche à asseoir, par des preuves diverses, la croyance théologique en *l'immortalité de l'âme individuelle,* réinterprétant, à partir de la nature médiatrice de celle-ci, la chaîne de l'être procédé. L'âme est la tierce essence, intermédiaire entre Dieu et l'ange, qui sont au-dessus d'elle, et la qualité, signifiant la forme matérielle et le corps. À cet égard, Ficin s'efforce constamment de définir les propriétés de ces classes d'être par une approche comparative qui en établit les relations réciproques. Dieu est l'unité en soi, immuable et sans multiplicité, tandis que l'ange est immobile, mais exprime une forme de multiplicité interne. Le mouvement et l'automouvement caractérisent l'âme : elle est une multiplicité mobile. La qualité, la forme dans la matière, traduit une multiplicité complexe, mais reste liée à l'âme par une modalité dérivée d'unité. Le corps est la multiplicité tout court. De même, Dieu est une pure énergie active (*vigor agendi*), dépourvu de passivité, tandis que l'ange est composé d'acte et de puissance, ce qui ne compromet pas cependant la nature divine, comme une lumière colorée demeure une lumière quoique moins brillante. L'acte de l'âme est altéré par son lien avec le corps, auquel il donne la vie. La qualité est un composé d'acte et de puissance où celle-ci désigne non une force, mais une passivité. Le corps est le domaine de la passivité[3]. Des comparaisons de cette sorte traversent de part en part la *Théologie* : elles visent à présenter la dérivation du réel dans sa continuité, tout en explicitant les différences, qui sont déterminées par des réseaux de relations[4]. En écrivant à son tour une *Théologie platonicienne*, Ficin s'octroie une grande liberté : il s'inspire d'un modèle fictif puisqu'une théologie *platonicienne* n'existe point, pas plus d'ailleurs qu'une théologie *aristotélicienne*. Le *Liber de causis* est le résultat d'un montage de citations, transmettant une tradition de pensée gréco-arabe[5], tandis que la *Théologie*

1. Proclus, *Théologie*, VI, 15, 75, 1-2.

2. Proclus, *Théologie*, IV, 19, 57, 19-22.

3. Ficin, *TP*, III, 1, p. 129-136. Pour la comparaison de ces cinq degrés selon la beauté, voir Ficin, *DA*, VI, 17, p. 192-195.

4. En utilisant des couples comme : un et multiple ; divisible et indivisible ; limite et illimité. Ficin, *TP*, III, 2, t. 1, p. 141, *passim*.

5. Le *Liber de causis*, trad. fr. O. Boulnois *et al.*, Paris, Vrin, 1990, fut longtemps considéré comme l'œuvre théologique d'Aristote, mais est en réalité un ouvrage rédigé dans le cercle d'Al-Kindi à Bagdad au IXe siècle, composé de citations tirées de Plotin, Porphyre, Proclus et Alexandre d'Aphrodise. On y trouve une forme d'hénologie platonicienne, mutilée cependant de sa spécificité, à savoir du refus d'identifier l'Un avec l'Être. Voir C. D'Ancona

de Proclus est une œuvre profondément originale, qui se propose de combler les remarques lacunaires de Platon sur les dieux.

Dans ce qui suit, je voudrais suggérer que Ficin, par la réécriture de la *Théologie*, recherche, du point de vue métaphysique, un modèle de procession du réel plus universel que celui de la dérivation du monde intelligible divin proposée par Proclus. Son but est de déterminer les propriétés de l'étant en général, intelligible, psychique et sensible. C'est pourquoi Ficin emprunte partiellement le titre à Proclus. Il veut poursuivre l'examen de la dérivation du réel, là où Proclus s'était sciemment arrêté, au seuil de l'âme. Ce faisant, il ne complète pas seulement l'analyse des déductions, mais en change la signification. Car il tente de montrer que l'âme[1] n'est pas tant le centre des degrés de la procession que leur copule, qui les connecte tous dans l'unité[2]. L'âme prime aussi bien dans la mise en forme de la connaissance que dans l'ordre du réel, puisqu'elle est l'instance dialectique qui produit les meilleurs mélanges[3], à savoir l'unité différenciée et spécifique propre à chaque niveau de la dérivation. La psychologie, à la différence de Proclus, ne fournit pas seulement l'accès à la métaphysique, mais elle est aussi la condition essentielle de la constitution étagée de l'être. Car ce qui est premier peut être compris en deux sens : comme l'origine qui, venant avant toutes les choses, les fonde ou bien comme ce qui étant le plus universel, les constitue. Par conséquent, du point de vue théologique, l'âme n'est pas le premier principe, mais elle contient, comme médiation et mélange d'être et de non-être, d'un et de multiple, les lois de déploiement et de conversion de tout étant, d'autant plus qu'elle dérive directement de Dieu et non de l'intellect. C'est justement pour satisfaire ces exigences que Ficin transfère à l'âme la fonction connective, attribuée par Proclus à l'intellect.

Or, les coordonnées conceptuelles qui permettent de penser un modèle de dérivation plus universel que la déduction des classes divines se

Costa, *Recherches sur le Liber de causis*, Paris, Vrin, 1995 ; P. Adamson, *The Arabic Plotinus*, *op. cit.*, p. 111-170.

1. Plotin, *En.*, 30, (III, 8), 5, 10-16 ; Proclus, *ET*, 190, 195 ; Ficin, *TP*, III, 2, t. 1, p. 137-144.

2. Ficin, *TP*, III, 2, t. 1, p. 143 : « L'âme raisonnable a donc son siège dans la tierce essence, elle occupe la région intermédiaire de la nature et relie ensemble tous les êtres ». (« Quapropter anima rationalis in essentia tertia habet sedem, obtinet naturae mediam regionem et omnia *connectit in unum* »). Voir P. O. Kristeller, *Il pensiero filosofico*, *op. cit.*, I, chap. 4.

3. E. Rudolph, « Ficin platonicien ou néoplatonicien ? », dans *M. Ficin ou les mystères platoniciens*, *op. cit.*, p. 209-216.

trouvent dans la lecture néoplatonicienne du *Parménide*. Ficin revient donc à la dialectique de l'un et du multiple dans son commentaire du *Parménide*[1] qui présente sa conception métaphysique de manière plus systématique. Car Ficin tente de déterminer les conditions de possibilité de l'unité différenciée de tout étant, en examinant comment la multiplicité se déploie dans la procession sans déboucher sur la dissipation. L'âme est alors analysée non pas du point de vue de son immortalité individuelle, mais comme forme spécifique de multiplicité unie qui permet de connecter les degrés du réel entre eux et de produire les meilleurs mélanges. À cet égard, la distinction entre la multiplicité de l'intellect et la multiplicité de l'âme joue une fonction essentielle.

Le « Parménide » comme œuvre théologique

Les néoplatoniciens trouvent dans le *Parménide* le modèle de la dérivation de l'ordre de l'être à partir de l'Un ineffable. Que ce dialogue soit seulement un exercice dialectique[2], ou qu'il exprime la nouvelle direction de la théorie des idées[3]; que les séquences d'attributs correspondent à la déduction de l'univers sensible[4], ou fassent signe vers l'Un

1. H. D. Saffrey, « Notes platoniciennes de Marsile Ficin dans un manuscrit de Proclus » (1959), dans *Recherches sur la tradition platonicienne, op. cit.*, p. 69-94; A. Etienne, « M. Ficin, lecteur et interprète du "Parménide" à la Renaissance », dans A. Neschke-Hentschke (éd.), *Images de Platon et lectures de ses œuvres. Les interprétations de Platon à travers les siècles*, Louvain-Paris, Peeters, 1997, p. 153-185 et W. Beierwaltes, « L'interpretazione ficiniana del "Parmenide" platonico », dans *Il « Parmenide » di Platone e la sua tradizione, op. cit.*, p. 389-410; P. Megna, « Fra Ficino e Proclo », *op. cit.*, p. 313-362. Voir aussi R. Klibansky, « Plato's "Parmenides" in the Middle Age and the Renaissance. A Chapter in the Study of Platonic Studies », *Mediaeval and Renaissance Studies* I, 1943.

2. Platon, *Parm*, 135c8-d5. Voir le classement des différentes interprétations par Proclus, *In Parm.*, I, 630.37-643.5.

3. E. Berti, « Consequenze inaccettabili e accettabili delle ipotesi del "Parmenide" », dans V. Vitello (a cura di), *Il « Parmenide » di Platone*, Napoli, Bibliopolis, 1992, p. 47-74. La conception des formes soutenue par Socrate dans la première partie du *Parménide* correspond à la théorie platonicienne propre à la *République* et au *Phédon*. Voir A. Graeser, « Wie über Ideen sprechen ? "Parmenides" », dans Th. Kobusch et B. Mojsich (Hrsg.), *Platon. Seine Dialoge in der Sicht neuerer Forschungen*, Darmstadt, Wissenschaftliche Buchgesellschaft, 1996, p. 146-166; F. Fronterotta, *Methexis. La teoria platonica delle idee e la partecipazione delle cose empiriche*, Pisa, SNS, 2001, p. 39-50. Voir F. Lazzarin, « Esistono idee di tutte le realtà ? Ficino e un'aporia tradizionale del neoplatonismo antico », *Rivista di filosofia neoscolastica* 98, 2006, p. 39-98.

4. L. Brisson, « S'il (=le monde) est un. La seconde partie du *Parménide* de Platon, considérée du point de vue de Parménide et de Zénon », dans *Il « Parmenide » di Platone e la*

ineffable[1], le *Parménide* présente une dialectique de l'un et du multiple, caractérisée par l'exigence de la division ainsi que par la déduction des conséquences contradictoires[2]. Si, dans le *Phèdre*, la dialectique contrecarre, par la division[3], la vision synoptique qui était prioritaire dans la *République*[4], ces deux procédures sont développées de conserve dans le *Parménide* et dans le *Sophiste*[5]. Pour mettre à l'épreuve une hypothèse, il faut en tirer non seulement les conséquences directes, mais également celles de sa formulation contradictoire afin de montrer laquelle est fausse, au sens où elle conduit à des conséquences inacceptables. Lorsqu'on montre laquelle de deux hypothèses contradictoires est fausse, la vérité de l'autre ne peut être réfutée[6]. Ainsi deux hypothèses contradictoires sont-elles discutées dans le *Parménide*: « si l'un est/si l'un n'est pas ». Trois règles sont appliquées : il faut examiner les conséquences positives et négatives de chaque hypothèse, en examinant les termes (l'un et le multiple), par rapport à soi et par rapport aux autres choses[7]. Car les déductions tirées

sua tradizione, *op. cit.*, p. 41-57 et F. Ferrari, « Unità e oggetto del "Parmenide" », *ibid.*, p. 85-107.

1. M. Migliori, *Dialettica e verità. Commentario storico-filosofico al « Parmenide » di Platone*, Milano, Vita e Pensiero, 1990, p. 366-368 et p. 503-507 ; J. Halfwasser, *Der Aufstieg zum Einen. Untersuchungen zu Platon und Plotin*, Stuttgart, Teubner, 1992, p. 265-280 ; Ch. Horn, « Der platonische "Parmenides" und die Möglichkeit seiner prinzipientheoretischen Interpretation », *Antike und Abendland* 41, 1995, p. 95-114.

2. Platon, *Parm.*, 131a4-132b2 ; 134e8-135c7 ; 137c3-166c6.

3. Platon, *Phèdre*, 265d-266d.

4. Platon, *Rép.*, 537c.

5. Platon, *Soph.*, 231a et 218b3.

6. Platon, *Parm.*, 135e-136c.

7. Ces règles sont clairement expliquées par Platon, *Parm.*, 136a-b. Le procédé dialectique se présente de la sorte : *Ie hypothèse* : *Si l'un est*, il faut alors tirer les conséquences : 1 : pour l'un considéré en soi (= conséquences négatives) 137c3-142a6 ; 2 : pour l'un par rapport aux choses qui sont plusieurs (= les autres choses ou le multiple) (= conséquences positives) 142b1-155e2 ; 3 : pour les choses qui sont plusieurs par rapport à l'un (= conséquences positives) 155e3-157b4 ; 4 : pour les choses qui sont plusieurs par rapport à elles-mêmes (=conséquences négatives) 159b-160b. *IIe hypothèse* : *Si l'un n'est pas*, il faut alors tirer les conséquences : 5 : pour l'un considéré par rapport aux choses qui sont plusieurs (= conséquences positives) 160b4-163b5 ; 6 ; pour l'un par rapport à lui-même (= conséquences négatives) 163b6-164b3 ; 7 : pour les choses qui sont plusieurs par rapport à l'un (= conséquences positives) 164b4-165e1 ; 8 : pour les choses qui sont plusieurs par rapport à elles-mêmes (=conséquences négatives) 165e1-166c2. Il est donc facile à ce point de faire le départ entre les conséquences acceptables et les conséquences inacceptables. En croisant les critères on tire huit conséquences ou déductions qui sont appelées, dans la tradition néoplatonicienne, également « hypothèses », ce qui prête à confusion puisqu'il y a, au sens propre, dans le *Parménide* seulement deux hypothèses : l'un est/l'un n'est pas (ou une

de ces deux hypothèses peuvent conduire à des conclusions acceptables ou inacceptables, selon la signification que l'on donne aux termes et leur modalité d'attribution [1].

De manière explicite, Ficin déclare reprendre la lignée interprétative de Syrianus, Proclus [2] et Plutarque d'Athènes [3], tout en voulant suivre une voie propre [4] qui l'écarte parfois de ses maîtres [5]. Il considère donc le *Parménide* comme une œuvre théologique, employant la méthode démonstrative et dialectique qui permet de fonder la métaphysique comme science. Il distingue, en fait, l'Un ineffable de l'Un-qui-est et déduit tous les niveaux de l'être procédé, en les considérant comme les différentes manifestations du rapport entre l'un et le multiple.

Tout abord, la première formulation de l'hypothèse, « si l'Un est », peut être comprise de deux manières, absolue (*simpliciter unum*) ou relative (*cum essentia unum*), selon la nature indéterminée de la notion d'« être » [6].

hypothèse exprimée de manière affirmative et négative). Mais les néoplatoniciens ont tendance à concevoir le passage du *Parménide*, 155e3-157b4, de manière autonome, comme s'il renvoyait à l'âme, et non comme un corollaire de la seconde déduction de la première hypothèse, traitée en 142b1-155e2. Proclus, *In Parm.*, VI, 1051.34-1064.1, reconstruit le débat dans l'école néoplatonicienne sur ces déductions.

1. Toutefois, il y a un écart entre les conséquences présupposées et les conséquences proposées, comme le souligne M. Migliori, « L'unità del "Parmenide" et il suo intento protrettico », dans *Il « Parmenide » e la sua tradizione*, *op. cit.*, p. 59-84.

2. De manière vraisemblable, les sources principales jusqu'à *Parménide* 142a8 sont Proclus, *In Parmenidem*, qui s'interrompe justement à ce point, col. 1242 : voir l'éd. C. Steel, *In Platonis Parmenidem Commentaria*, 3 vol., Oxford, Clarendon, 2007-2009 ainsi que la traduction de Guillaume de Moerbeke, éd. C. Steel, Leuven-Leiden, Leuven University Press & Brill, 1982-1985. Les manuscrits grecs contenant le commentaire de Proclus qui circulaient à Florence sont le ms. Laur. Conv. Soppr. 103 et le Laur. Pluteus 85, 8, copié par Johannes Rhosos en 1489 sur ordre de Laurent, voir P. Megna, « Per Ficino et Proclo », *op. cit.*, p. 351-353. Sur la lecture ficinienne de Moerbeke, voir C. Steel, « Ficino and Proclus. Arguments for the Platonic Doctrine of the Ideas », dans *The Rebirth, op. cit.*, p. 63-100.

3. Sur la confusion ficinienne entre les deux Plutarque, d'Athènes et de Chéronée, voir A. De Pace, « Ficino e Plutarco : storia di un equivoco », *Rivista di storia della filosofia* LI, 1996, p. 113-135.

4. Ficin, *In Parm.*, LXXIX, t. 2, p. 176 : « Jusqu'ici, sur ces voies ou plutôt sur ces chemins sauvages, nous avons eu comme guides, ou tout au moins comme points d'orientation, Proclus et Syrianus. Mais à partir d'ici, personne ne nous conduit. Nous devons alors procéder avec Dieu comme seul guide, nous confiant ainsi au seul pouvoir de divination ». (« Hactenus quidem per has vias, immo vero per haec invia, duces alicubi vel saltem indices habuimus Proclum atque Syrianum. Ultra vero, cum nemo ducat, pergendum iam est nobis duce deo, solo deinceps vaticinio confidendum ».)

5. Ficin, *In Parm.*, proême, t. 1, p. 34-25 ; LVI, t. 2, p. 38-39.

6. Ficin, *In Parm.*, LXXXI, t. 2, p. 182-183.

Si l'on interprétait : l'Un-est, dans le sens de *son unité absolue*, on ne tirerait que des conclusions négatives : l'un n'est pas multiple, il n'a pas de parties, il n'est ni en soi ni en un autre, ni identique, ni différent *etc*. Ces conséquences négatives[1] conviennent à l'Un ineffable, indicible[2]. Si l'on assumait, par contre, *le sens relatif de l'être de l'un* (« Un-qui-est »), on pourrait alors lui attribuer toutes les propriétés que la conception absolue lui niait : il est multiple, il est en soi et en un autre *etc.*[3]. Cette distinction entre l'un et l'un-qui-est est la condition de possibilité de la métaphysique et de l'élévation de l'âme en tant que démarches rigoureusement dialectiques.

Mais la déduction peut être continuée, en tirant toutes les conséquences de la protase positive : *Si l'un est* et de sa formulation négative : *Si l'un n'est pas*. De la sorte, tous les niveaux de la procession et de la conversion peuvent être dérivés, en établissant les rapports déterminés entre l'un et le multiple. À cet égard, Ficin se réfère à Plutarque, que Proclus lui-même considère comme l'initiateur de la déduction rigoureuse de toutes les conséquences[4]. Les cinq premières conséquences sont les principes de toutes les choses (*rerum principia*), dont trois sont séparés, tandis que deux accomplissent leur œuvre de l'intérieur :

> La première hypothèse traite de Dieu, la deuxième du premier intellect et de l'ordre suivant intellectuel ; la troisième de l'âme ainsi que de son ordre : la quatrième de l'espèce matérielle ; la cinquième de la matière informe[5].

Tandis que l'un exprime la simplicité, les autres (*alia*) signifient la multiplicité se déployant dans le flux de la procession, notamment dans les

1. Comme le souligne Ficin, *In Parm.*, XL, t. 1, p. 174-177, il y a trois sortes de négations : la première, explicitée dans le *Parménide*, signifie l'excellence de l'Un ineffable ; la seconde, propre au *Sophiste*, interprète le non-être comme différent et, partant, comme une forme d'être ; la troisième signale seulement les privations, le devenir et la matière.

2. L'analyse de l'Un ineffable parcourt le commentaire ficinien du *Parménide*, dans le sillage de Proclus, mais elle est examinée en tant que première *suppositio* dans les chap. LIII-LXXIX.

3. L'examen de la deuxième *suppositio* occupe les chap. LXXX-XCV. Pour Ficin, *In Parm.*, XL, t. 2, p. 176-179.

4. Proclus, *In Parm.,* 1061, 7-17. Syrianus, en revanche, est l'initiateur de la conception différenciée de l'unité multiple de l'Intellect.

5. Ficin, *In Parm.*, LI, t. 2, p. 8-11 : « Prima suppositio de primo tractat deo ; secunda de intellectu primo et ordine prorsus intellectuali ; tertia de anima suoque similiter ordine ; quarta de materiali specie ; quinta de informi materia ». Voir Proclus, *In Parm.*, 1059, 3-6. Les hypothèses de l'âme, de l'espèce naturelle et de la matière sont traitées respectivement dans Ficin, *In Parm.,* t. 2, chap. XCVI-XCVIII ; chap. XCIX-C ; chap. CI-CII.

formes matérielles et la matière elle-même. Cette altérité exerce seulement une fonction de co-causalité[1]. Si ces cinq principes se situent au-dessus de l'étant (*ens*), dans l'étant et au-dessus de l'étant[2], les dernières hypothèses examinent les conséquences tirées de la prémisse conditionnelle : « Si l'Un n'est pas »[3] :

> Dans les quatre conséquences restantes, on démontre que si l'un qui est présent dans les étants n'était pas, beaucoup d'absurdités s'ensuivraient, au point de nous faire comprendre qu'il y en aurait bien plus si l'on niait l'Un en soi dans sa simplicité[4].

Ficin reprend donc le but de la nouvelle dialectique : il faut distinguer les conséquences acceptables et les conséquences inacceptables. Les quatre dernières montrent combien d'absurdités, d'erreurs, des maux s'ensuivraient si l'Un était supprimé (*quot absurda, quot errores quantaque mala ipso uno sublato sequantur*)[5].

En définitive, l'interprétation de Proclus trace, pour Ficin, l'espace de pensée à l'intérieur duquel la dérivation des ordres de l'être trouve ses exactes coordonnés. Les deux problèmes principaux, soulevés par la lecture du *Parménide*, la distinction entre l'Un et l'Un-qui-est, d'une part, la possibilité de déduire toutes les manifestations de l'Un, y comprises les modalités de l'un qui n'est pas, d'autre part, convergent vers la détermination de l'unité différenciée, un-et-multiple, propre à la troisième *suppositio* de l'âme. C'est pourquoi Ficin s'attelle premièrement à établir les rapports entre l'un-qui-est, à savoir l'intellect, et l'âme comme hypostase. Cet examen est la condition de possibilité du transfert à l'âme des modalités d'unification propres à l'intellect.

1. Ficin, *In Parm.*, LI, t. 2, p. 10-11 ; Proclus, *In Parm.*, 1059, 6-9.

2. Ficin, *In Parm.*, LI, t. 2, p. 10-11 ; Proclus, *In Parm.*, 1059, 13-15. Voir les références explicites à Platon, *Tim.*, 46c7-e6 et *Phaedr.*, 99a4-b6. Il faut distinguer ici l'être de l'étant, parce que le but de Ficin est d'établir les modalités de constitution de tout étant, intelligible, psychique, sensible et non seulement de distinguer l'être de l'un, contre Pic. En revanche, dans l'*Argumentum, In Parm.*, t. 1, p. 4-5, Ficin utilise justement *super esse, in esse, post esse*, car il s'agit de s'interroger ici, contre Pic, si l'un est au-delà de l'être ou s'il est, en partie, non-être. Sur la controverse avec Pic, voir M. Vanhaelen, « The Pico-Ficino Controversy », *op. cit.*, p. 301-341, laquelle montre comment les chapitres 37-49 du commentaire de Ficin constituent un arsenal d'arguments contre Pic, empruntés en particulier à Proclus, *Théologie*, II, 3-4.

3. Ficin, *In Parm.*, t. 2, chap. CIII-CXI.

4. Ficin, *In Parm.*, LI, t. 2, p. 10-11 : « In reliquis quattuor demonstratur, si non est illud quod intra entia unum, quot absurda sequantur, ut intellegamus multo magis absurda sequi, si quis negaverit ipsum simpliciter unum ». Voir aussi Ficin, *Argumentum, In Parm.*, t. 1, p. 4-5.

5. Ficin, *Argumentum, In Parm.*, t. 1, p. 6-7.

L'INTELLECT ET L'ÂME

Transfert de propriétés

Le *Parménide* présente une difficulté textuelle qui rend incertaine la distinction entre l'un-qui-est, signifiant l'intellect, et l'âme [1]. Les néoplatoniciens découpent le passage 155e3-157b5 à l'intérieur de la seconde formulation de la première hypothèse (qui commence en 142b1), en y voyant l'introduction de la troisième *suppositio* et non un corollaire de la seconde série de conséquences. Pour Plotin, les conséquences positives tirées de cette déduction, en considérant l'Un par rapport aux choses qui sont plusieurs, correspondraient à *l'un-multiple de l'intellect,* tandis que les conséquences positives, tirées à partir des choses qui sont plusieurs par rapport à l'Un, exprimeraient de manière adéquate *l'un-et-multiple* qui caractérise l'âme [2]. Mais le passage en question traite des différentes modalités du devenir de l'un : il est un et plusieurs, croît et décroît, est et n'est pas ; il est semblable et dissemblable. Cependant il ne possède pas ces propriétés *simultanément*. Il passe d'un état à l'autre par l'instant, qui est hors du temps et sis entre le mouvement et le repos [3]. C'est pourquoi Platon affirme que toutes les affections opposées peuvent être attribuées à l'un grâce à l'instant [4].

Toutefois, le passage demeure problématique. Non seulement Platon dit vouloir reprendre l'examen « une troisième fois », mais il propose également une interrogation où les propriétés sont attribuées et niées [5], tandis que les conséquences de l'un-qui-est sont toutes positives. Qui plus est, les attributs niés à l'Un ineffable et prédiqués de l'Un-qui-est comprennent

1. Même s'il s'agit des hypostases néoplatoniciennes, je préfère ne pas abuser des majuscules, Intellect et Âme.

2. Plotin, *En.*, V, 1 (10), 8,1-27. Les trois natures correspondraient aux passages suivants : l'Un absolu (*Parm.*, 137c4) ; l'Un-multiple (*Parm.*, 144e5) et l'un-et-multiple (*Parm.*, 155e5). Par contre, Porphyre, *Sent.*, 36 ; *In Parm.*, XII, 22-23 identifie Dieu avec l'Un et l'Être. P. Hadot a attribué à Porphyre le fragment du commentaire sur le *Parménide* trouvé dans un palimpseste de Turin et édité par P. Hadot, *Porphyre et Victorinus,* Paris, Études augustiniennes, 1968, I, p. 102-143. Cette attribution a été contestée par A. Linguiti, *L'ultimo Platonismo : principi e conoscenza*, Firenze, Olschki, 1990. Sur la reprise de la position de Porphyre et son accord avec le Ps. Denys, voir J. Pic, « Conclusiones secundum Porphyrium, numero XII », *Conclusiones DCCCC*, éd. A. Biondi, Firenze, Olschki, 1995 ; trad. fr. B. Schefer, *900 Conclusions philosophiques, cabalistiques et théologiques*, Paris, Alia, 1999.

3. Platon, *Parm.*, 155d-157a.

4. Platon, *Parm.*, 157b6-7.

5. Platon, *Parm.*, 155e. En particulier : cet un est-il à la fois un et multiple et ni un, ni multiple ? Puisque il est participant au temps, est-il et n'est-il pas ?

des propriétés qui sont censées définir la nature de l'âme, comme le mouvement et les opérations dans le temps. Comment faut-il alors distinguer la multiplicité de l'un-multiple de l'intellect de la multiplicité de l'un-et-multiple de l'âme ?

Ces questions ont conduit les néoplatoniciens à critiquer la position de Plotin et à distinguer plus nettement, d'une part, la multiplicité de l'intellect de la multiplicité de l'âme et à définir, d'autre part, plus spécifiquement la nature de celle-ci. Pour opérer le transfert de certaines propriétés de l'intellect à l'âme, Ficin intervient justement sur ces trois aspects : la démarcation entre la seconde et la troisième hypothèse, la nature spécifique de l'âme, la distinction entre la multiplicité de l'intellect et la multiplicité de l'âme.

D'abord, Ficin définit précisément la place des conséquences propres à l'âme, en prenant ses distances d'avec la *Théologie* de Proclus, laquelle vise à déduire les cohortes divines jusqu'au niveau inférieur de la transcendance de l'Intellect[1], en s'arrêtant au seuil de l'âme[2]. Cependant, l'âme peut parcourir ici, grâce à sa position médiatrice, tous les ordres intelligibles : la psychologie offre donc l'accès à la science métaphysique[3]. De plus, il faut distinguer, pour Proclus, entre une partie « divine » de l'âme[4], propre à la deuxième hypothèse, et ses espèces[5], appartenant à la troisième hypothèse. Mais cette solution est insatisfaisante parce que, d'une part, elle attribue l'âme à deux niveaux de réalité, en la dissociant et, d'autre part, elle ne tient pas suffisamment compte de sa médiation entre l'un et le multiple, l'être et le non être.

À cet égard, Ficin affirme décidément la spécificité de la troisième hypothèse. L'âme est médiatrice entre l'un et le multiple ou, pour mieux le dire, les autres (*alia*), le divisible et l'indivisible, l'être et le non-être au point qu'elle peut être considérée comme composée de réalités opposées :

> De surcroît, de même que l'âme est composée d'opposés, comme nous l'avons montré dans le *Timée*[6], de même la troisième hypothèse, qui concerne l'âme, est le mélange de propositions affirmatives et de propositions négatives. L'âme descend donc dès le début et opportunément

1. Proclus, *Théologie*, I, 5, 25, 24-26.
2. Ce sont les dieux hypercosmiques/encosmiques, puis les dieux encosmiques.
3. Proclus, *Théologie*, I, 3, 13, 1-6.
4. Proclus, *Théologie*, I, 11, 49, 20-21 ; *In Parm.*, VI, 1063, 5-11.
5. À savoir les âmes des anges, des héros et des hommes.
6. Platon, *Tim.*, 35-38.

dans le temps. Au sens propre, nous situons le premier mouvement et le temps dans l'âme[1].

La notion de mélange n'implique pas la coïncidence des opposées, mais exprime la modalité propre à la médiation de l'âme. Les négations et les affirmations doivent être comprises dans un sens relatif : l'âme est une et n'est pas une, semblable et dissemblable, divisible et indivisible, mais aussi ni une, ni pas une, ni semblable, ni dissemblable[2]. En tant que mélange entre l'être et le non-être, elle est la condition de la différenciation de tout étant. Par rapport à l'intellect, elle distingue les idées pures, en leur donnant une représentation intelligible ; par rapport aux formes dans la matière, elle les détermine spécifiquement, en leur transmettant les formes exemplaires. Somme toute, ces opérations se fondent sur le non-être compris, suivant l'enseignement du *Sophiste*, comme différence ou altérité. Il est donc la condition de possibilité de toute relation entre deux entités, en déterminant leur identité et différence partielles. Le mélange est l'expression de cette identité différenciée.

Ainsi la propriété spécifique de l'âme réside-t-elle dans sa rationalité. Celle-ci n'indique pas tant une capacité discursive que le déploiement des opposés dans une unité différenciée qui n'est pas menacée par la dissipation, bien qu'elle se situe dans le temps[3]. La rationalité caractérise toute âme, qu'il s'agisse de l'Âme du monde, de l'Âme comme hypostase ou des

1. Ficin, *In Parm.*, XCVI, t. 2, p. 255-256 : « Praeterea quemadmodum anima componitur ex oppositis, ut probavimus in *Timaeo*, ita suppositio tertia tractans animam ex affirmationibus negationibusque miscetur et opportune admodum ab initio statim descendit in tempus. Ubi enim proprie loquimur, primum motum tempusque in anima collocamus ».

2. Sur l'âme comme mélange voir Damascius, *In Parmenidem, Commentaire sur le* Parménide *de Platon*, éd. L. G. Westerink et J. Combès, 4 vol., Paris, Belles Lettres, 1997-2003 (désormais cité Damascius, *In Parm.*), II, 89, 18-25 ; IV, 31, 5-6, *passim*. Voir aussi Damascius, *Traité des premiers principes*, éd. L. G. Westerink, trad. fr. J. Combès, Paris, Belles Lettres, 1986-1991, 3 vol. (désormais cité Damascius, *De Princ.*) II, 89, 18-25, *passim*. Bien que Ficin, *In Parm.*, chap. 38, t. 1, p. 172-173, cite une seule fois Damascius, il semble en reprendre des éléments significatifs. Le ms. Laur. 86,5, contenant ses deux textes, était disponible dans la bibliothèque des Médicis. Pic intègre Damascius dans son programme de philosophie, *Oratio*, *op. cit.*, p. 142. De plus, le Marcianus gr. 246 de la bibliothèque de Bessarion contient aussi bien le *De principiis* que le commentaire *In Parmenidem*. Le Marcianus gr. 196 contient les commentaires au *Phédon* et au *Philèbe*. À ce propos, Ficin lut le commentaire au *Phédon* d'Olympiodore, *In Platonis Phaedonem commentaria*, ed. W. Norvin, Leipzig, Teubner, 1913 qu'il confond parfois avec le commentaire de Damascius : voir le ms. Ricc. 37. Les notes de Ficin à ce codex ont été publiées par L. G. Westerink, « Ficino's Marginal Notes on Olympiodorus in Riccardi Greek ms. 37 », *Traditio*, XXIV, 1968, p. 351-378. Voir aussi A. De Pace, *La scepsi*, *op. cit.*, p. 254 *sq*.

3. Ficin, *TP*, IV, t. 1, p. 144 *sq*.

âmes individuelles. La distinction entre les espèces de l'âme de la troisième hypothèse et l'âme comme instance de la seconde hypothèse est donc dépassée par leur commune nature rationnelle. Dans ce cadre, le mouvement est étroitement lié à la rationalité de l'âme. S'il est vrai que l'un-qui-est de l'intellect implique, comme l'âme, le mouvement, il ne s'agit pas d'une homonymie, mais de l'explicitation d'une puissance. Ficin peut reprendre à son compte la notion platonicienne d'anticipation pour fonder l'autonomie relative de l'âme par rapport à l'intellect. Bien que le mouvement soit le propre de l'âme, il se trouve de manière *implicite*[1] dans l'intellect, d'après le principe selon lequel le niveau supérieur contient de manière « cachée » ce qui caractérise le niveau inférieur[2]. Si le terme « caché » privilégié par Proclus[3], exprime quelque chose qui est déjà là, de manière implicite, la signification d'"anticipation" soulignée par Damascius[4], fait signe vers quelque chose qui n'est pas encore tout à fait là. Cette dialectique entre la présence et l'absence caractérise l'âme : elle est et n'est pas, tout en étant en quelque sorte toutes les choses, puisqu'elle les connaît et en même temps les produit[5]. Le mouvement de l'âme explicite donc cette propriété qui est anticipée dans l'intellect et anticipe la diversité des autres, les formes dans la matière[6]. Effectivement, l'âme, pour Ficin, déploie et reploie cette puissance. Le mouvement de l'âme, troisième essence, est circulaire :

> Donc cette essence, commençant par elle-même, retourne continuellement vers elle-même en déployant ses puissances depuis les plus élevées jusqu'aux plus humbles en passant par les intermédiaires et en les reployant de nouveau en remontant de la même manière des plus humbles aux plus élevées en passant par les intermédiaires[7].

1. Proclus, *Théologie*, VI, 16, 80, 15-20.

2. Proclus, *Théologie*, III, 9, 37, 2-6 ; III, 24, 85, 28.

3. Proclus, *Théologie*, VI, 16, 80, 16-17.

4. Damascius, *In Parm.*, IV, p. 21-22 ; *De Princ.*, III, p. 80-81. Ici on souligne que de même que l'intellect, véhiculé par l'âme, doit anticiper les propriétés de l'âme, de même celle-ci doit anticiper la nature.

5. Sur cet adage aristotélicien, voir Thomas d'Aquin, *ST*, I, qu. 14, art. 1.

6. Damascius, *In Parm.*, IV, 6, p. 14-16.

7. Ficin, *TP*, III, 2, t. 1, p. 143 : « Igitur essentia illa a seipsa incipiens perpetuo in seipsam revolvitur, vires suas a summis per medias ad infimas explicando, ac rursus infimas per medias ad summas similiter replicando ».

Puisque le mouvement appartient essentiellement à l'âme, il se déploie principalement en elle. Cette explicitation ne déploie pas seulement une puissance implicite, mais l'accomplit, de même que la beauté est plus la marque d'un perfectionnement que d'une extériorisation. C'est pourquoi :

> Le mouvement le plus parfait se trouve donc dans la tierce essence [1].

Ficin opère ici un déplacement de sens remarquable. Le déploiement n'est pas tant une réalisation qu'une amélioration et un perfectionnent. L'excellence n'appartient pas seulement à l'instance première, au sens d'originaire, mais aussi, quoique diversement, à ce qui développe des possibilités implicites. Bien que l'âme soit tierce dans la procession, elle devient première, au sens de prioritaire, puisqu'elle accomplit des propriétés implicites dans les hypostases supérieures. Ces propriétés ne sont pas seulement actualisées, mais elles deviennent meilleures [2]. Le mouvement est donc étroitement lié à la vie en tant que puissance :

> Là où il y a mouvement intérieur et général, là il y a la vie. Je dis que la vie est là où il y a la puissance interne elle-même de se mouvoir [3].

À cet égard, Ficin critique la signification, élaborée par Proclus, des entités participant de l'unité divine [4], à savoir l'être (parfois indiqué par l'être *to on,* parfois par l'essence, *ousia*), la vie, l'intellect, l'âme, le corps [5]. Pour Proclus, la série être, vie, pensée désigne des hypostases différentes, suivant l'ordre de la causalité et de l'universalité des étants. Il critique de la sorte Plotin, pour qui cette triade exprime les caractères essentiels de l'intellect, constituant une unité, bien que la vie véritable soit la vie selon la pensée [6]. Pour Proclus, en revanche, il ne faut pas confondre ce qui vient en premier et ce qui est supérieur. Ainsi la vie est-elle plus universelle et première que l'intellect, puisque les plantes vivent, mais ne participent pas de la faculté de connaître [7]. Il serait cependant erroné d'attribuer à la vie une

1. Ficin, *TP*, III, 2, t. 1, p. 142 : « Igitur motus est in tertia essentia motionum omnium *perfectissimus* ».
2. La notion de puissance ne peut pas être réduite au rapport aristotélicien entre la puissance et l'acte, surtout après Jamblique, voir F. Romano, « L'uso di *dunamis* nel "De mysteriis" di Giamblico », dans F. Romano et R. D. Cardullo (a cura di), *Dunamis nel neoplatonismo*, Firenze, La Nuova Italia, 1996, p. 79-106.
3. Ficin, *TP*, III, 2, t. 1, p. 142 : « Ubi igitur est motus intimus et communis, ibi vita. Vita, inquam, ibi est vis ipsa interna movendi ».
4. Ficin, *In Soph.*, chap. 30, p. 247-249 (commentaire à Platon, *Soph.*, 248c6).
5. Proclus, *Théologie*, III, 6, 20, 24-23, 11.
6. Plotin, *En.*, 30 (III, 8), 8, 15-25 ; 34 (VI, 6), 15, 1-10.
7. Proclus, *Théologie*, III, 6, 22, 18-25.

valeur supérieure à celle de l'intellect. Non seulement parce qu'on voit mal comment les plantes pourraient valoir plus que les intelligences et les âmes, mais aussi étant donné l'effort constant de la part de Proclus de rattacher la vie à l'intellect, dans le sillage de Plotin. L'intellect exprime la plénitude conjointe de l'être et de la vie[1]. Toutefois, si l'âme possède la vie en elle-même, l'intellect est une forme de vie excellente et parfaite[2].

De manière manifeste, Ficin renverse la perspective : le mouvement le plus parfait se trouve dans l'âme, le mouvement est la vie, donc la vie la plus parfaite se trouve dans l'âme. Le caractère transitif de cet argument permet à Ficin de prendre congé du lien prioritaire, établi aussi bien par Plotin que par Proclus, entre la vie et l'intellect et d'attribuer décidément la puissance vitale à l'âme non seulement comme son opération vivifiante de la nature corporelle, mais aussi comme sa fonction d'accomplissement de l'ordre procédé. Car, même si Ficin reconnaît que le premier étant est l'intelligence, dont les trois perfections constituent la série : être, vie, intelligence[3], il souligne la nature médiatrice et productive de la vie[4]. La vie est est principalement *vigor*, une puissance et une force infinie[5]. La vie peut donc être attribuée « à plus forte raison » à l'âme, laquelle a une essence vitale et vivifiante. Si le véritable étant intelligible implique le mouvement, la vigueur et l'animation, l'âme les acquiert de manière spécifique, par son lien à l'intelligence ainsi qu'à la vie, qui précède l'intelligence[6].

En résumant, il y a deux conditions qui légitiment le transfert de propriétés de l'intellect à l'âme. D'une part, l'âme acquiert, comme mélange des opposés, notamment entre l'être et le non-être, un pouvoir d'articulation supérieur, au sens de plus universel, que l'intellect ; d'autre part, l'interprétation de la triade être-vie-intelligence soustrait la vie à son rapport de dépendance à l'égard de l'intellect, en la rattachant à l'âme. De surcroît, l'un-qui-est, à savoir l'intellect, ne lie pas le non-un, le non-être et le non-plusieurs, tandis que l'âme possède les anticipations qui lui permettent non seulement de se replier vers l'unité de l'un-être, mais aussi de se déployer dans les autres que l'un, le non-être, le non-plusieurs,

1. Proclus, *Théologie*, III, 6, 25, 20-27.

2. Proclus, *Théologie*, II, 6, 22, 11-16.

3. Ficin, *In Soph.*, chap. 30, p. 247.

4. Ficin, *In Parm.*, LXXXIV, t. 2, p.198-199 : « La vie se trouve au milieu, à égale distance entre l'essence et l'intelligence ». (« Inter essentiam intellegentiamque vita medium est aeque distans »).

5. On ne peut pas exclure que la notion de *vigor* renvoie en partie à Jean Duns Scot, mais le sujet et les modalités d'une telle force infinie sont différentes.

6. Ficin, *In Soph.*, chap. 30, p. 248-249.

ouvrant dans les formes matérielles et la matière. Le déploiement n'est pas interprété comme la simple explicitation des propriétés latentes (comme le mouvement ou le temps dans l'intellect, devenant manifestes dans l'âme), mais il est compris, grâce à la force infinie de l'âme, comme un accomplissement. À cet égard, ce qui est premier doit être entendu en deux sens : comme ce qui, étant à l'origine, fonde et comme ce qui, étant le plus universel, constitue l'étant en tant qu'étant procédé. L'âme n'est donc pas fondatrice, mais constitue, par sa position médiane, l'ordre du réel : elle est la condition, comme mélange entre les opposés et puissance vitale, de leur déploiement et perfectionnement. Somme toute, l'étant n'est pas bon par son actualité, mais comme expression d'une identité différenciée ou, en d'autres termes, d'une unité à même le multiple. Cette multiplicité unie demeure vivante, porteuse d'une puissance féconde, non seulement parce qu'elle anime la vie du corps, mais aussi parce qu'elle exprime de manière manifeste l'accomplissement dû à la position médiatrice de l'âme dans le cycle de procession et de conversion [1].

La multiplicité de l'intellect

À première vue, Ficin critique les aspects les plus saillants de Proclus, ce qui rend problématique son emprunt au titre même de la *Théologie*. Car l'originalité de Proclus est de considérer, dans la *Théologie platonicienne*, que la formulation relative de l'Un-qui-est permet d'assigner à l'un-multiple de l'intellect des propriétés qui définissent, en les distinguant, les classes divines [2]. La science dialectique de la théologie est rigoureuse : la déduction des quatorze conclusions positives, tirées des syllogismes conditionnels (dont la prémisse est toujours : Si-l'un-est) révèlent les *propriétés* des classes divines [3], bien qu'il s'agisse d'expressions *symbo-*

1. P. Hadot, « Être, vie, pensée chez Plotin et avant Plotin », dans *Les Sources de Plotin*, Vandoeuvres-Genève, Fondation Hardt, 1960, p. 105-157.

2. Comme le reconnaît Proclus lui-même, *In Parm.*, VI, 1061-1062, c'est son maître Syrianus qui a compris la formulation de l'un-qui-est comme l'expression d'une théologie positive.

3. Proclus, *Théologie*, I, 10, 43 12-16. Proclus reproche à Plotin de ne pas avoir compris que l'intellect et l'être sont aussi multiples : *Théologie*, I, 10, 42, 20-25. Voir B. Gleede, « Die vierzehnstufige Theogonie des Parmenides. Syrianus und Proklos' Beitrag zur Interpretation des rätselhaftesten von Platon Dialogen », *Zeitschrift für Antikes Christentum* 12, 2008, p. 135-149.

liques[1]. On peut donc établir précisément l'*unité différenciée* de l'Intellect, lequel était considéré par Plotin comme le lieu de l'implication mutuelle entre l'objet et le sujet de la pensée. Le modèle plotinien n'est pas en mesure, pour Proclus, de rendre compte de la dérivation des êtres supérieurs pas plus que de la distinction entre l'Un ineffable et les modalités multiples, dérivées et intelligibles, de l'unification. En revanche, toute classe divine désigne, d'une part, une *modalité relative d'unité* (comme nombre, figure, totalité, semblable etc.) et exerce une *fonction constitutive* (productrice, connective, assimilatrice). De plus, l'imparticipabilité de l'Un ineffable exige de penser des modalités d'unification, les *hénades*[2], qui ne sont pas engendrées par l'Un, mais en expriment les formes primordiales d'unité et le rendent en quelque sorte participable. Les *hénades* sont toutefois *relatives* par rapport à l'unité *absolue* du premier principe, tout en constituant les conditions de possibilité de la dérivation des êtres et, avant tout, de la première instance, l'intellect. Les différentes classes de dieux représentent ces modalités diverses d'unité, c'est pourquoi tout dieu est une *hénade*[3].

Or, Ficin non seulement ne reprend pas à son compte les dispositifs rigoureux de la dérivation des classes divines, mais il les critique, les considérant comme artificiels, voire ennuyeux[4]. Pourtant, l'enjeu véritable de ces remarques anodines réside dans la détermination des multiplicités de l'intellect et de l'âme. À cet égard, Ficin se réclame explicitement de Plotin ainsi que de ses partisans, contre la différenciation de l'intellect effectuée par Proclus[5]. Il soutient en effet que l'être, la vie et l'intellect constituent une seule substance (*unam substantiam*), bien qu'ils se distinguent formellement (*quadam ratione*)[6]. Les propriétés tirées des conséquences, comme le tout et la partie, le semblable ou le dissemblable, sont des opposés qui ne peuvent pas se trouver dans l'Un ineffable. On ne peut situer

1. Proclus, *In Parm.*, VI, 1111, 8 ; *Théologie*, V, 37, 136.10-137.18 : F. Romano, « Analitica e simbolica in Proclo », dans *id.*, *L'uno come fondamento. La crisi dell'ontologia classica,* a cura di G. R. Giardina, Catania, CUECM, 2004, p. 419-436.

2. Pour Platon, *Phil.*, 15a6, *hénade* signifie simplement "monade", de même que pour Plotin, *En.*, 34 (VI, 6), 9, 33. Pour Proclus, *Théologie*, III, 4, 17.6 *sq.*, les *hénades* sont les dieux : ils opèrent la médiation entre l'Un imparticipable et les classes divines, qui sont au-dessus de l'être en tant qu'existence, mais participées par l'être en tant qu'essence.

3. Proclus, *ET*, 113-114.

4. Ficin, *In Parm.*, LVI, t. 2, p. 40-41 ; XCIV, t. 2, p. 238-239.

5. Ficin, *In Plotinum, Op.*, II, p. 1725 et p. 1765.

6. Ficin, *In Parm.*, LVI, t. 2, p. 36-37 et Ficin, *In Plotinum, Op.*, II, p. 1755 ; p. 1762 ; p. 1798. Voir aussi Ficin, *In Parm.*, LVII, t. 2, p. 56-57, *passim*.

alors la multiplicité que dans l'Un-Être. Bien que l'Être soit ici une prolongation (*productio*) et une procession (*processio*) de l'Un, un tiers doit être admis, une forme de puissance latente [1], pour que le pouvoir unificateur de l'un produise l'unification de l'être [2]. Quelqu'un pourrait cependant se demander alors si la multiplicité est opposée à l'unité [3].

Comme pour la distinction entre la deuxième et la troisième hypothèse, il s'agit de déterminer exactement le lieu de cette multiplicité. Ficin reconnaît d'abord que :

> Si le monde intelligible est l'être premier et formel ainsi que le principe et le modèle de tous les étants, s'il engendre et forme toutes les réalités par sa propre nature et forme, alors toutes ses propriétés spécifiques appartiennent également aux étants, en tant qu'étants. Réciproquement, toutes les propriétés conviennent aux étants, dans la mesure où ils sont formellement des étants, chacun parfait dans sa propre espèce, mais de manière excellente dans l'être [4].

Mais de deux choses l'une. Ou bien l'un-qui-est comporte des propriétés opposées et alors il faut présupposer des classes divines diverses afin d'assurer leur pouvoir de distinction, ou bien il est une unité où les propriétés s'impliquent mutuellement et alors il ne peut opérer la différenciation dont tout étant a besoin pour être défini comme *un* étant. Par conséquent, il faut déterminer le degré ou le niveau où se situent ces différences :

> Toutefois nous affirmons, en suivant les auteurs les plus antiques, que de telles différences doivent être situées dans le premier être. Elles ne se déploient pas cependant dans le premier degré, où l'étant est simplement, mais dans le degré suivant, où il procède à travers la vie et l'intelligence. De la sorte, on évite les objections que nous avons évoquées et l'on peut situer

1. Ficin, *In Parm.*, XCV, t. 2, p. 242-243 : « Entre ces deux mondes (*i.e.* le monde intelligible et les dieux au-dessus du monde) il (*i. e.* Parménide) situe ouvertement deux réalités principales, à savoir l'un et l'être, et fait allusion de manière cachée à une troisième réalité, à savoir une puissance intermédiaire ». (« In quibus duo quidem palam praecipua ponit, unum scilicet atque ens, tertium vero clam innuit, potentiam scilicet utriusque mediam »).

2. Ficin, *In Parm.*, LVII, t. 2, p. 184-188.

3. Ficin, *In Parm.*, LVI, t. 2, p. 44-45 : « Quaeret forte quispiam an multitudo uni sit opposita ».

4. Ficin, *In Parm.*, LVI, t. 2, p. 38-39 : « Si mundus intellegibilis est ens primum atque formale principiumque entium omnium et exemplar, forma naturaque sua omnia generans atque formans, quaecumque sibi sunt propria, eadem entibus cunctis, qua entia, competunt, atque vicissim quaecumque entibus, qua ratione formaliter entia sunt et in sua quaeque specie perfecta, conveniunt haec, sed excellentius sunt in illo ».

les propriétés de tous les étants dans le premier étant, puisqu'elles dérivent immédiatement de celui-ci. Certainement, les cinq genres se déploient davantage dans l'essence qui est déjà vivante, tandis que les idées s'explicitent bien plus dans la vie qui est déjà intellectuelle, puisqu'ils se distinguent à peine dans l'essence. Cependant, les propriétés nécessaires, communes à tous les étants se trouvent ici. Mais Parménide énumère toutes ces propriétés en général dans la première hypothèse, comme nous l'avons établi dans le chapitre précédent, en les niant dans l'un et en les affirmant aussitôt dans l'un-être. Il démontre alors que l'un lui-même est supérieur à l'être universel, après avoir nié toutes les propriétés de l'être universel au premier Un. Il montre ainsi qu'il est presque arrivé à la fin de la première hypothèse, en niant à l'un également l'être et l'essence. Autrement, les propriétés qui accompagnent ou suivent l'être et l'étant devraient s'accorder avec le premier principe. Mais ces propriétés ne sont pas conformes, par leur diversité, à ce qui est le plus simple, voire à la simplicité elle-même. Comment la multiplicité et l'universalité des idées qui diffèrent entre elles ainsi que les oppositions des genres (l'identité, l'altérité, l'état, le mouvement, ainsi que le semblable, le dissemblable, l'égal, l'inégal, etc., qui sont ici les raisons idéales des propriétés inférieures), pourraient convenir au premier principe, puisqu'elles diffèrent absolument les unes des autres[1] ?

Les propriétés tirées des conséquences, comme l'identité et la différence, le semblable ou le dissemblable, sont des opposés qui ne peuvent pas se trouver dans l'Un ineffable. On ne peut situer alors la multiplicité que dans l'Un-Être. Toutefois, si les opposés se trouvaient dans le premier être, ils se situeraient sur un niveau qui n'est pas le premier, mais le second. Celui-ci implique le déploiement de l'étant dans les modalités de la vie et de l'intelligence. Mais qu'est-ce que signifie le second degré du premier être ?

1. Ficin, *In Parm.*, LVI, t. 2, p. 38-41 : « Nos autem antiquiores secuti dicimus differentias illas in ente primo ponendas, sed eas non primo quidem gradu, quo simpliciter ens est, sed sequente quodam gradu, quo per vitam intellegentiamque progreditur explicari. Sic enim obiectiones quas narravimus devitantur et in primo ente entium omnium propria tamquam illud mox consequentia collocantur. Quinque sane genera in essentia iam vivente, ideae potius in vivo iam intellectuali, latius explicantur ; vix enim in essentia discernuntur. Insunt tamen ibi propria cunctis entibus communiter necessaria. Propria vero haec generatim omnia Parmenides in prima suppositione numerat, ut in capite superiore narravimus, in uno quidem negans, sed in uno ente mox affirmans, ut postquam omnia universi entis propria de uno primo negaverit, demonstret inde ipsum universo ente superius, quod et prope suppositionis primae finem manifeste confirmat, negans ipsum quod dicitur esse atque ens de uno, alioquin quaecumque esse ensque ipsum comitantur atque sequuntur competitura primo, quae tamen propter diversitatem suam simplicissimo, immo ipsi simplicitati, competere nequeunt ».

Ficin opère ici un déplacement essentiel. Bien que l'étant dépende étroitement de l'un-être intelligible, Ficin n'attribue pas les propriétés opposées aux classes divines, mais à l'étant lui-même dans son universalité, en d'autres termes, à l'étant en tant qu'étant. C'est pourquoi Ficin déclare :

> Mais cette invention me semble plus poétique que philosophique. Il nous suffira, d'une part, d'admettre ces choses comme les propriétés de l'étant pris dans son universalité, qui sont selon leur mode propre dans le premier être et dans les suivants et, d'autre part, de se rappeler que Parménide commence par nier les propriétés les plus universelles, puis il procède par les propriétés moins universelles, suivant un ordre conséquent [1].

Puisque l'étant est pris en considération dans son universalité, et non dans sa dépendance à l'égard de la causalité divine, la logique de sa structuration interne peut être mise à jour. Le premier degré du premier être signifie l'un-qui-est dans son unité substantielle, tandis que le second degré désigne le déploiement de l'un-qui-est dans l'étant universel, défini par ses liens avec la vie et l'intelligence [2]. Celles-ci expriment des rapports, non des substances distinctes.

Or, deux remarques s'imposent. D'une part, le concept de rapport est essentiel dans la réflexion néoplatonicienne afin d'établir l'unité et la distinction dans le monde des idées, ou en d'autres termes, la multiplicité intrinsèque de l'un-qui-est. La dialectique du *Parménide* et du *Sophiste* fait signe vers une logique relationnelle qui n'a pas d'équivalent dans la réflexion d'Aristote [3]. D'autre part, la pensée médiévale a développé de manière novatrice la logique topique et relationnelle, non seulement dans la théorie des conséquences, mais aussi dans les principales questions

1. Ficin, *In Parm.*, LVI, t. 2, p. 40-41 : « Sed inventum hoc poeticum potius quam philosophicum esse videtur. *Nobis vero satis esto haec tamquam propria quaedam entis universi recipere*, quae et in primo ente suo modo sint atque sequentibus, meminisseque Parmenidem a proprietatibus magis universalibus, ubi negat incipere, deincepsque ad minus universales consequenti quadam serie progredi ».

2. Ficin, *In Soph.*, chap. 25, p. 238-239 : l'être intelligible est un, mais multiple par ses puissances et formes ; *ibid.*, chap. 26, l'un-être est un tout, donc un par participation.

3. On peut en trouver des traces dans Aristote, *Top.*, II, 10, 114b38-115a14, mais il n'y a pas dans le *corpus* aristotélicien de dispositifs logiques adéquats pour rendre compte d'une relation simple comme « si x est le père de y, y est le fils de x », comme le remarque Galien, *Traités philosophiques et logiques*, trad. fr. P. Pellegrin (dir.), Paris, Flammarion, 1998, XVI, 11, p. 278, lequel introduit en quelque sorte le syllogisme lié à la relation, *ibid.*, XVI, 1, p. 276. Ainsi le rapport entre le géniteur et le fils est-il au centre de la réflexion néoplatonicienne sur la participation et également de la création chrétienne.

théologiques[1]. La double nature du Christ, le statut de son corps dans les trois jours après la mort et avant la Résurrection et surtout les tentatives de comprendre le rapport entre les personnes divines de la Trinité[2], ont été des problèmes propres à la théologie comme *science* qui ont favorisé l'essor de la logique, au-delà des coordonnées tracées par la tradition aristotélicienne et stoïcienne. Ce n'est pas un hasard si Ficin conduit sa réflexion sur les relations dans un cadre de pensée néoplatonicien, en ayant à l'esprit l'interrogation sur la Trinité[3]. Mais Ficin rechigne à adapter les hypostases néoplatoniciennes[4] aux personnes de la Trinité et à utiliser à cette fin le *Timée*[5].

Au-delà des différentes conceptions, la logique des relations présente deux traits saillants. D'une part, la relation de x à y ne présuppose pas nécessairement leur nature commune, mais la possibilité de relier les deux variables, sans tomber en contradiction, sous une certaine condition ou sous un certain aspect, lesquels changent selon le contexte de la prédication (x est la mère de y, mais elle peut être aussi, dans une autre relation, l'épouse de z) ou selon la portion du réel qui est tour à tour considérée (les formules dans l'âme sont les images des idées, mais dans une autre perspective, elles sont aussi les modèles des espèces sensibles, image et modèle étant deux modalités de relation différentes). D'autre part, la

1. L. Valente, « La terminologia semantica nella teologia del XII secolo », dans M. Lenzi *et al.* (a cura di), *Medioevo e filosofia. Per A. Maierù*, Roma, Viella, 2013, p. 87-107.

2. Voir J. Marenbon, *Boethius*, Oxford, Oxford University Press, 2003, chap. 5.

3. Ficin, *In Parm.*, LVI, t. 2, p. 46-47. C'est pourquoi il cite Nicolas de Metone ou Grégoire de Naziance qui définissent les trois personnes à l'intérieur de la même monade. La source est ici le modèle porphyrien du triple Un, à savoir de la triade intelligible à l'intérieur de la première monade : voir P. Hadot, « Fragment d'un commentaire de Porphyre sur le *Parménide* », *Revue des Études Grecques*, 74, 1961, p. 410-438 et W. Beierwaltes, « Unity and Trinity in Dionysius and Eriugena », *Hermathena* 157, 1994, p. 15 *sq*.

4. Voir F. Lazzarin, *M. Ficino, Commento al Parmenide*, *op. cit.*, p. CXXIV-CXLVI.

5. Ficin, *Compendium in Timaeum et distinctiones capitum in eundem*, 1481 et 1491, *Op.*, II, p. 1438-1484, chap. 9 et *Argumentum in Epistulam secundam*. Ficin semble ici proche de l'arianisme, selon E. Wind, *Pagan Mysteries*, *op. cit.*, p. 241-144, repris par M. J. B. Allen, « Ficino on Plato, the Neoplatonist and the Doctrine of the Trinity », *Plato's Third Eye*, *op. cit.*, p. 438 *sq.* ; *id.*, « M. Ficino's Interpretation of Plato's "Timaeus" and Its Myth of the Demiurge », *Plato's Third Eye*, *op. cit.*, p. 399-439 ; J. Hankins, « The Study of the "Timaeus" in Early Renaissance Italy », *Humanism and Platonism*, *op. cit.*, t. 2, p. 93-142 ; Th. Leinkauf, « Aspekte und Perspektiven der Präsenz des "Timaios" in Renaissance und Früher Neuzeit », dans *Platons Timaios als Grundtext der Kosmologie*, *op. cit.*, p. 364-373 ; M. C. Zerbino, « Appunti per uno studio della traduzione di Ficino dal "Timeo" platonico », *Repubblica litterarum* XX, 1997, p. 123-165 ; P. Megna, « M. Ficino e il Commento del "Timeo" di Proclo », *Studi medievali e umanistici* 1, 2003, p. 93-135.

relation n'est pas une simple association : x et y ne sont pas une *paire*, qui définit une classe de deux individus dont l'ordre est indifférent, mais un *couple*, qui introduit toujours un ordre dans les éléments. La relation est, en d'autres termes, fléchée : xRy n'est pas une relation équivalente à la relation yRx.

Puisque la relation signifie un ordre, elle implique de propriétés spécifiques, comme la symétrie, la transitivité, la réflexivité etc. La logique relationnelle s'est développée en particulier dans la logique conditionnelle, laquelle est structurée constitutivement par le lien *si... alors* : entre l'antécédent et le conséquent il y a une relation qui fonde leur lien et qui s'exprime par une modalité topique, comme le rapport entre la partie et le tout, le dissemblable et le dissemblable, la cause et l'effet *etc*.

De manière manifeste, le *Parménide* met en œuvre une esquisse de logique relationnelle : les ordres des réalités sont dérivés par des déductions conditionnelles, exprimant des relations topiques, la partie et le tout, le semblable et le dissemblable, l'identité et la différence. Dans ce cadre, les dispositifs de la relation définissent les modalités de la multiplicité. L'un-qui-est, ou l'intellect, désigne alors une multiplicité caractérisée par les relations réciproques entre ses éléments, notamment les idées. La symétrie (les relations valent dans le deux sens), la transitivité (si xRy et si yRz, alors xRz) et la réflexivité totale (signifiant une identité) constituent la multiplicité de l'un-qui-est comme intrinsèque au monde intelligible lui-même (*multitudo in ipso intellegibili gradu mirabiliter*), où tout ce qui se trouve à l'intérieur est lié par une connexion merveilleuse (*mirabili connexione*)[1], comme s'il y a avait une multiplicité continue (*continuata*).

Somme toute, dans la multiplicité de l'intellect, il faut reconnaître que :

> une certaine forme de relation produit la distinction sans aucune composition[2].

Deux conséquences s'ensuivent. D'une part, la multiplicité traduit une implication mutuelle entre l'intelligible et l'intellect[3] ainsi que la relation

1. Ficin, *In Parm.*, XCV, t. 2, p. 244-245.

2. Ficin, *In Parm.*, LVI, t. 2, p. 46-47 : « ...relatio quaedam sola quandam distinctionem facit, compositionem vero nullam ».

3. Ficin, *In Parm.*, LVI, t. 2, p. 44-45 : « ...la multiplicité intellectuelle et intelligible, à savoir, la multiplicité propre au premier Intellect qui s'intellige soi-même, plein d'idée et de genres. Cette multiplicité convient aux intellects purs et divins qui suivent ». (« ...multiplicitatem talem, qualis convenit intellectui primo seipsum intellegenti, idearum generumque

réciproque entre les idées [1] dans une totalité [2]. D'autre part, elle admet aussi une forme de distinction (*discretio*) grâce à la puissance qui opère comme un troisième élément entre l'un et l'être. Il faut distinguer entre deux formes du tout ou de la multiplicité : antérieure et postérieure à la multiplicité différenciée [3]. La différence ne concerne pas la nature, mais la modalité de son déploiement [4]. L'intelligence réalise cette *explicatio* de l'intérieur, pouvant ainsi penser les contenus intelligible et les nombres. Tout comme un œil qui émet des rayons lumineux, il peut distinguer les objets qu'il rencontre, l'intelligence, par sa puissance, permet aux idées internes de se manifester et au nombre de s'expliciter [5].

Cette explicitation de la puissance propre à l'intellect, en tant que vie féconde, est nécessaire pour que les autres ordres puissent être dérivés de l'un-qui-est. La puissance productrice du tout (*omnium genitrix*) opère ainsi s'explicitant et peut être considérée comme *multiplicativa et progressiva.* De manière cohérente avec sa conception de la *generatio,* comprise non seulement comme l'actualisation et la conservation de l'être, mais aussi comme son perfectionnement, Ficin estime que l'explicitation hors de la multiplicité interne de l'un-qui-est coïncide avec l'accomplissement de l'unité inédite de la multiplicité belle et variée [6]. Par conséquent, il vaut mieux définir le monde intelligible comme une multiplicité infinie et non comme un infini par multiplicité (*multitudinem infinitam potius quam multitudo infinitum*) [7]. En d'autres termes, la multiplicité intelligible est finie en acte et infinie en puissance, puisqu'elle doit engendrer tous les étants, intelligibles, psychiques, sensibles.

pleno, eademque sequentibus convenit intellectibus puris atque divinis »). Voir aussi Ficin, *In Parm.*, LXXXIII, t. 2, p. 192-195.

1. Ficin, *In Parm.*, XXX, t. 1, p. 116-117 : « Même si toutes les idées sont très reliées les unes aux autres, celles qui sont unies dans une relation réciproque le sont encore plus ». (« Etsi omnes valde coniunctae sunt, maxime tamen quae sunt mutua relatione consortes ») ; Proclus, *In Parm.*, 935, 17-936, 2. Ici les exemples examinés sont les rapports entre le père et le fils et entre le maître et l'esclave, comme dans Aristote, *Cat.*, 7.

2. Ficin, *In Parm.*, XXXVIII, t. 1, p. 168-169.

3. Ficin, *In Parm.*, LXXXIV, t. 2, p. 196-197 ; XCV, p. 246-247.

4. Ainsi l'intelligible se distingue-t-il de l'intellectuel par une certaine raison, non par la substance : Ficin, *In Parm.*, XCV, t. 2, p. 244-245.

5. Ficin, *In Parm.*, XCV, t. 2, p. 246-247.

6. Ficin, *In Parm.*, LXXXIV, t. 2, p. 196-197.

7. Ficin, *In Parm.*, XCV, t. 2, p. 250-251.

Participation

La multiplicité de l'âme est tout autre. En tant qu'instance médiatrice entre l'intelligible et le sensible, l'indivisible et le divisible, elle n'exprime pas seulement l'implication mutuelle des intelligibles. Ficin souligne la différence spécifique entre la seconde et la troisième hypothèse : l'âme anticipe le non-être de l'un-qui-est, elle porte en elle-même les raisons cachées de ce qui est non-un, non-plusieurs, le différent qui est sur le point de venir à l'être [1]. L'entrée dans le temps implique le mélange entre l'être et le non-être, qui constitue tout étant dans le devenir :

> On déclare tout de suite que cet Un, par lequel on entend l'âme et l'un qui est déjà devenu un animé, non seulement est, mais aussi n'est pas [2].

L'Un de l'âme n'est donc pas l'Un de l'être intelligible qui est. Si tout est plein de variété [3] dans la procession, il n'y a cependant ni confusion, ni dissipation. L'âme n'est pas le lieu de la coïncidence ou de la fusion des opposés, mais de leur médiation en tant que *neutrum oppositorum* [4]. Par conséquent, les rapports définissant la structure de la multiplicité de l'âme ne sont pas caractérisés seulement par la réciprocité, la transitivité ou la symétrie, à la différence donc de la multiplicité de l'intellect.

L'explicitation de ces rapports définit exactement les modalités de la participation [5]. D'abord, la notion de relation définit le lien entre l'image comme effet et le modèle comme cause :

> Si nous considérons une chose comme ayant été faite et comme une certaine image, d'une part, et l'idée comme une cause efficiente et exemplaire, d'autre part, alors elles se rapportent l'une à l'autre, sous cette condition [6].

1. Ficin, *In Parm.*, XCVIII, t. 2, p. 276-277.

2. Ficin, *In Parm.*, XCV, t. 2, p. 256-257 : « Confestim quoque dicitur hoc unum, quod intellegitur anima et iam unum animale factum, non solum est, sed etiam non esse ».

3. Ficin, *In Parm.*, LXXXV, t. 2, p. 202 : « …hoc totum varietate sit plenum… ».

4. Ficin, *In Parm.*, XCVIII, t. 2, p. 278-281.

5. Sur les difficultés de la participation platonicienne, voir M. Mignucci, « Plato's "Third Man Argument" in the "Parmenides" », *Archiv für Geschichte der Philosophie* 72, 1990, p. 143-181 ; L. M. Spellman « Patterns and Copies. The Second Version of the "Third Man" », *Pacific Philosophical Quarterly* 64, 1983, p. 165-175.

6. Ficin, *In Parm.*, XXX, t. 1, p. 114-115 : « Verum si rem hanc contemplemur ut factam et imaginem quandam, ideam vero ut efficientem atque exemplar, hac utique conditione mutuo referuntur ».

Plus que le partage d'une nature commune, l'image et le modèle désignent une certaine manière de se conduire l'une par rapport à l'autre, une forme de dépendance qui se traduit par des modalités différentes[1]. On peut alors chercher à les expliciter eu égard à la position médiatrice de l'âme. D'une part, les formules de l'âme sont dépendantes des idées intelligibles qui en sont les causes éminentes, paradigmatiques et efficientes. Cette sorte de dépendance implique que les formules et les idées entretiennent une relation de transitivité (il y a la transmission causale d'une propriété), de connexité (il y a transmission d'une force ou puissance selon des degrés différents, donc x peut être plus grand, plus petit, plus fort que y)[2], de réflexivité relative (c'est une relation de dépendance et non d'identité, mais x et y peuvent être dites être le même et du même, sous une certaine condition), et surtout asymétrique (la relation ne vaut pas dans les deux sens. Si x est la cause de y, y ne peut pas être la cause de x).

Dès lors, Ficin tend à privilégier la métaphore de l'image spéculaire ou du reflet[3] pour exprimer la relation de participation. Le miroir semble à première vue équivoque, puisqu'il traduit aussi bien le rapport entre les choses inférieures et les idées[4] que le rapport entre les idées et les formules

1. Aristote, *Cat.*, 7 : la catégorie de *pros ti* devient en latin *ad aliquid*, voir Thomas d'Aquin, *ST*, I, qu. 28, art. 1.

2. On voit apparaître ici les deux formes principales de relation établies par Plotin, *En.*, 42 (VI, 1), 8, 15-17 et 23-26, à savoir le rapport entre le père et le fils et la relation entre les grandeurs, plus petit, plus grand ou égal. En reprenant Proclus, *In Parm.*, 859,7-860, 4, et 905,9-14, Ficin, *In Parm.*, XVIII, t. 1, p. 76-77, distingue la participation par la propriété (en totalité, on ne participe pas à une partie d'une propriété) et par la puissance (selon des degrés, donc en partie), en évitant la conception spatiale et matérielle du rapport entre le tout et la partie. Ficin, *In Parm.*, XXV, t. 1, p. 98-99 : « Considérons pour toute idée aussi bien la propriété idéale que la pleine puissance de l'Architecte. Certainement la propriété est attribuée selon l'identité à toute la série qui dérive de manière semblable de l'idée, tandis que la plénitude de la puissance est distribuée en des degrés différents par le biais de la différence ». (« Consideramus autem penes ideam quamlibet tum idealem ipsam proprietatem, tum etiam plenam architecti virtutem. Proprietas quidem illa per identitatem in totam seriem sibi succedentem similiter attribuitur, plenitudo vero virtutis per diversitatem sub diversis gradibus distribuitur »).

3. Ficin, *In Parm.*, XVII, t. 1, p. 72-73 reprend les métaphores de la participation évoquées par Proclus : « Si tu considérais les premières de ces trois réalités, tu pourrais les concevoir comme une sorte de peinture ; si les deuxièmes, à bon droit tu les comprendrais comme le reflet d'un miroir, si les troisièmes, tu les penserais justement comme l'impression d'une empreinte ». (« Si horum illorumve trium prima consideres, picturam quodammodo finges, si secunda, idolum merito speculare, si tertia, iure signum impressum »).

4. Ficin, *In Parm.*, XXVI, t. 1, p. 102 : « …ni la nature elle-même de l'idée ne se transfère dans notre réalité, ni cette réalité ne concorde en quelque chose avec les idées, mais elles (*i.e.* les réalités inférieures) s'y rapportent seulement comme l'image du visage dans le miroir ».

de l'âme. Qui plus est, l'âme, comme miroir, perfectionne les idées intelligibles, en leur donnant une représentation, de même que « la lumière peint sur un miroir les images des couleurs ou, par la lumière, sont dessinées sur un sol les ombres du corps »[1]. Plus précisément :

> En effet, la réception de qualités indivisibles perfectionne le sujet qui les reçoit, mais elle ne le corrompt pas. Ce qui est clairement démontré par les images des objets indivisibles qui sont reçues par l'eau, par les miroirs, par l'âme, par l'intermédiaire soit des sens, soit de la raison. Mais, à proprement parler, l'un n'agit sur l'autre que pour lui révéler sa forme, puisque tous les êtres sont amenés à agir pour propager leur nature[2].

Le miroir ne projette donc pas seulement des propriétés géométriques[3], mais aussi des couleurs et des ombres. Le réel lui-même peut être considéré comme un miroir réfléchissant le visage de Dieu. Ainsi le visage unique de Dieu se reflète-t-il successivement dans les trois miroirs situés hiérarchiquement : l'Ange, l'Âme, le corps du Monde[4]. Le miroir signifie ici un incrément de sens, dû à la modalité spécifique du reflet qui renvoie l'image de Dieu.

Or, puisque Ficin privilégie *la nature asymétrique du miroir*, à savoir une forme de ressemblance qui n'implique pas une parfaite égalité, la comparaison avec Augustin s'impose. Augustin souligne que l'image est caractérisée par la ressemblance ainsi que par la dépendance causale à l'égard du modèle original. Le miroir exprime bien ce rapport, puisqu'il n'y a pas nécessairement d'égalité entre l'original et le reflet. C'est pourquoi l'homme peut être défini comme l'image de Dieu. L'égalité implique la ressemblance, mais non l'image. La ressemblance désigne, par contre, une relation transversale et symétrique, mais elle ne signifie pas

(« … neque ipsa ideae natura ad haec nostra transfertur, neque haec igitur in re ulla conveniunt cum ideis, sed solum illas referunt, quemadmodum specularis imago vultum »).

1. Ficin, *TP*, XVI, 3, t. 3, p. 117 : « …quemadmodum lumen fingit imagines colorum in speculo, immo quemadmodum per lumen umbrae corporum designantur in terra ».

2. Ficin, *TP*, V, 6, t. 1, p. 184-185 : « Susceptio namque indivisibilium qualitatum perficit illud quod suscipit, non corrumpit. Quod patet per eas indivisibiles rerum imagines, quae ab aqua, speculis, anima, tum per sensum, tum per rationem suscipiuntur. Proprie vero non alia ratione haec res agit in illam, nisi ut haec illi suam formam exhibeat, siquidem omnia propter suae naturae propagationem ducuntur ad operandum ».

3. Ficin, *In Soph.*, chap. 46, p. 273 ; *In Phil.*, I, 15, p. 166-169. Voir T. Albertini, *M. Ficino. Das Problem der Vermittlung*, *op. cit.*, p. 118 *sq.*, analyse la fonction cognitive du miroir dans le cadre de l'optique géométrique.

4. Ficin, *DA*, V, 2, p. 98-101.

nécessairement une relation causale[1]. Toutefois, l'asymétrie peut être résorbée dans le Christ comme Fils et image parfaite du Père. L'image va alors de pair avec l'égalité, si on la considère comme une *image invisible*, purement spirituelle, qui ne doit rien aux vestiges de la perception. Pourtant, bien que Ficin accepte la nature dématérialisée des images et reconnaisse le rapport de causalité entre le reflet et l'original, il souligne l'écart entre les deux[2], restant fidèle à la tradition néoplatonicienne. Le miroir et l'image sont les expressions d'une unité qui n'est jamais une égalité[3].

Pourtant, outre cette forme de participation, caractérisée par l'asymétrie et la dépendance, il y a une autre modalité par coordination[4]. Les relations entre les formules de l'âme et les semences de la nature (qui sont à la lisière entre l'âme et la nature), ou entre les semences et les espèces naturelles se rapportent les unes aux autres par la coordination et une forme de communauté qui ne désigne cependant pas l'implication mutuelle de la multiplicité intelligible. Les formules et les semences en particulier entretiennent des rapports de transitivité, de réflexivité relative (et non totale comme dans les idées intelligibles) et de non-asymétrie, car les formules ont constitutivement une fonction productrice, d'ensemencement, comme les semences[5]. Puisque le magicien peut intervenir sur les semences, donc en partie sur les formules, pour régénérer les formes dégénérées, on peut supposer qu'il y ait au moins un cas de symétrie. Somme toute, les formules et les semences entretiennent une relation comparative, horizontale et non seulement verticale, selon la modalité de réalisation de la forme dans le

1. Augustin, *De Genesi ad litteram libri duodecim*, *La Genèse au sens littéral*, 1972, BA 48-49, ici 49, 144. Voir O. Boulnois, *Au-delà de l'image*, *op. cit.*, p. 25-53.

2. C'est pourquoi Ficin ne reprend pas l'analogie augustinienne entre la Trinité et les facultés humaines, *De Trinitate*, (*Sur la Trinité*), Turnhout, Brepols, 1955, BA 16; ici IX, 4, 4-7; XV, 17, 27; 23, 43; *id.*, *Conf.*, *op, cit.*, XIII, 11, 12. Par ailleurs, Thomas d'Aquin, *In Boethium*, qu. 1, art. 4, soutient que les platoniciens ne peuvent pas comprendre la nature unitaire de la Trinité, puisqu'ils distinguent les trois hypostases (Un, Intellect et Âme du monde). Cependant, il doit concéder que si la raison naturelle peut connaître l'existence de Dieu (*an sit*), elle ne saisit guère sa nature une et trine.

3. L'invisibilité de l'image n'est pas un élément significatif de la réflexion de Ficin, à la différence de Jean Pic, si l'on suit O. Boulnois, « La dignité de l'image ou l'humanisme est-il métaphysique ? », dans P. Magnard (éd.), *La dignité de l'homme*, Paris, Vrin, 1995, p. 103-123.

4. Voir aussi Ficin, *TP*, XI, chap. 1-4, t. 2, p. 92-125.

5. H. Hirai, *Le concept de semence dans les théories de la matière à la Renaissance de Marsile Ficin à Pierre Gassendi*, Turnhout, Brepols, 2005, chap. 2.

monde sensible (x est plus beau que x1, x2, x3) : c'est pourquoi une forme peut dégénérer et être régénérée.

On voit bien que la compréhension de ces réseaux permet de résoudre les difficultés de la participation[1]. L'analyse des rapports évite de considérer les modalités de l'unicité de la forme dans une perspective matérielle, suggérée par les implications spatiales de la partie et du tout[2]. Mais elle donne surtout une interprétation conséquente de la relation entre la causalité et la participation, développée par Thomas d'Aquin. Ficin, *via* Proclus, ainsi que Thomas, *via* Denys, établissent deux modes de participation, notamment sous la forme de la prédication, qui évitent les difficultés liées à la conception naïve de la ressemblance[3].

D'une part, un prédicat peut être attribué à deux termes par rapport à un troisième terme qui en justifie la coordination, voire la ressemblance (*de duobus per respectum ad aliquod tertium*). À ce propos, les néoplatoniciens, à partir de Plotin, avaient tendance à comprendre l'homonymie plus comme la convergence des prédicats vers un point focal que comme l'attribution propre ou dérivée d'une propriété, afin de ne pas utiliser le même terme de manière inadéquate, en désignant par exemple par *homme* tant un cadavre qu'un être vivant. Sur ce plan, les formes unitaires de l'âme, en tant qu'instance médiatrice, entretiennent un rapport de communauté et de coordination avec les espèces matérielles, même si leur niveau de réalité est différent. Car elles ne sont pas synonymes, mais homonymes, coordonnées : la convergence en z de x et de y n'est pas l'expression de l'identité entre x et y.

D'autre part, un prédicat peut être attribué à deux termes selon un rapport de dépendance (*de duobus per respectum unius ad alterum*) qui fonde une analogie dite de proportion[4]. Thomas considère qu'un tel

1. Ficin, *In Parm.*, XVII-XXXVI. Sur les difficultés de trouver le véritable mode de participation, *ibid.*, XVIII, t. 1, p. 76-77. Les questions de Parménide visent à instruire Socrate, encore jeune, pour qu'il corrige sa conception de la participation, non pour la réfuter, *ibid.*, XIX, t. 1, p. 82-83. C'est une initiation plus radicale, mais plus ludique que celle engagée par Diotime, *ibib.*, XXXVII, t. 1, p. 156-157. Parménide exerce donc la fonction d'une accoucheuse, *ibid.*, XXVI, t. 1, p. 100-101.

2. Le paradigme spatial leste également la compréhension de "faire part" comme "être-dans" : *praesentia* et *adesse* sont des termes que Ficin, *In Parm.*, XVIII, t. 1, p. 76-77 utilise pour éviter les implications locales.

3. Ces difficultés ont fourvoyé le jeune Socrate : Ficin, *In Parm.*, XXVII, t. 1, p. 104-105.

4. Ficin, *TP*, XVII, 2, t. 3, p. 150.Voir Thomas d'Aquin, *CG*, I, chap. 34 : « Ce qui est attribué à Dieu et aux autres êtres ne l'est ni de manière univoque, ni de manière équivoque, mais analogiquement, par relation ou référence à quelque chose d'unique. Deux cas se présentent. Dans le premier cas, des choses multiples ont référence à quelque chose

rapport exprime de manière adéquate la dépendance de la créature à l'égard du créateur par une causalité efficiente, éminente et incommensurable qui évite les difficultés de la participation platonicienne liée à la ressemblance avec la cause exemplaire. Cette approche met en valeur l'actualité de l'étant, sa venue à l'existence, et définit les modalités de la dénomination divine. Les noms de Dieu sont alors analogues, traduisant le lien spécifique de la créature à Dieu[1].

Mais la perspective néoplatonicienne, notamment de Proclus et reprise par Ficin[2], vise à considérer les formes à la fois comme des causes exemplaires et efficientes. Pour Ficin, comme nous l'avons déjà vu, la bonté de l'être ne coïncide pas avec son actualité, mais avec la réalisation d'une unité inédite qui est un incrément de valeur, car être bon ou être bien signifie *devenir meilleur*[3]. Par conséquent, si l'éminence transcendante de l'idée n'est pas participable, sa providence, au moins, est communicable. Celle-ci ne permet pas à l'étant d'être semblable à la cause, mais de le devenir, en s'orientant vers le principe premier[4]. Dès lors, les deux relations d'analogie, que Ficin désigne par la ressemblance, sont reconsidérées :

> Il faut que Socrate réponde qu'il y a deux modalités de la ressemblance. Car ceci est semblable à cela ou bien parce que tous deux dérivent du même, ou bien parce ceci est causé par cela. Dans le premier cas, il y a convertibilité, dans le second pas du tout. Car dans ce dernier cas, une chose est le modèle, autre chose est l'image ressemblante. De même que l'image ressemblante n'a pas le pouvoir de donner au modèle ni sa puissance ni son nom ; de

d'unique… dans le second cas, il y a relation de référence, chez deux êtres, non à quelque chose d'autre, mais à l'un des deux ». (« Ea quae de Deo et rebus aliis dicuntur, praedicantur neque univoce neque aequivoce, sed analogice : hoc est, secundum ordinem vel respectum ad aliquid unum. Quod quidem dupliciter contingit. Uno modo, secundum quod multa habent respectum ad aliquid unum…Alio modo, secundum quod duorum attenditur ordo vel respectus, non ad aliquid alterum, sed ad unum ipsorum… »). Ce second mode exprime les rapports entre la substance et les accidents ainsi que la légitimité des noms que l'on attribue à Dieu.

1. Sur la priorité de l'être comme acte et de la causalité efficiente ainsi que sur ses conséquences métaphysiques et théologiques, voir J.-Fr. Courtine, *Inventio analogiae*, *op. cit.*, p. 259-282.

2. Ficin, *In Parm.*, XXVI, t. 1, p. 100-101 : les formes sont causes efficientes, naturelles, exemplaires, finales au sens où les réalités qui sont les images des idées cherchent à *devenir semblables* aux formes idéales (*his similia fieri*). Les idées ont une puissance productrice, conservatrice, et unificatrice.

3. Ficin, *In Parm.*, XLVII, t. 1, p. 216-217 : *l'ens melius* est celui qui est *magis ens* et *optabile magis*.

4. Ficin, *In Parm.*, XXVIII, t. 1, p. 106-107 ; Proclus, *In Parm.*, 921-922.

même le modèle ne possède pas la condition d'image par rapport à l'image. Ces réalités inférieures sont certainement semblables aux idées, puisqu'elles en dépendent. Mais les idées ne sont pas semblables à celles-là, parce qu'elles ne partagent aucune qualité. Elles sont seulement leurs modèles et principes. La modalité de participation des idées n'opère pas par la ressemblance, par laquelle les réalités s'accordent avec les idées en vertu d'une qualité commune, mais parce qu'elles sont formées par les idées et pour cela elles les représentent[1].

Sur ce point, Ficin estime que les idées pensées par l'intellect divin sont les causes du réel, bien qu'une partie de leur nature intellectuelle exige une illumination particulière. On peut apprécier la différence sur ce point entre Thomas et Ficin. La priorité des intelligibles sur les intellects assure la nature objective de la pensée et sa possibilité de la connaître, bien que les idées demeurent en partie inaccessibles. Nous connaissons, en premier lieu, les idées intellectuelles[2]. C'est pourquoi la communicabilité providentielle supplée à l'indigence cognitive humaine qui est causée par l'éminence des idées[3]. Pour Thomas d'Aquin, en revanche[4], la faculté intellective humaine exerce ses jugements de vérité en vertu d'un intellect agent qui rend intelligible tel ou tel objet, et non en vertu d'idées intelligibles qui existeraient de manière séparée. Bien que Thomas d'Aquin affirme qu'il n'y a pas une profonde différence entre Augustin, pour qui Dieu nous donne les objets intelligibles, et Aristote, pour qui Dieu nous donne le pouvoir ou la lumière qui rend intelligibles les choses, le point de vue aristotélicien et thomasien s'oppose frontalement aux idées platoniciennes, comprises comme normes et règles de la connaissance humaine[5]. Les idées

1. Ficin, *In Parm.*, XXVII, t. 1, p. 104-107 : « Oportuit igitur Socratem respondere similitudinis modum esse duplicem. Nam hoc est illi simile aut quoniam ambo sunt ab eodem, aut quia hoc fit ab illo. Ibi quidem fit conversio, hic autem minime. Nam hic alterum quidem est exemplar, alterum vero similitudo. Sicut ergo quod est exemplari simile non habet exemplarem ad illum virtutem aut appellationem, ita quod est exemplar non habet ad similitudinem hanc suam similitudinis rursus conditionem. Hac itaque ratione inferiora haec ideis quidem similia sunt, quoniam inde dependent. Ideae vero ad haec quoniam in nulla qualitate conveniunt, non similia sunt, sed exemplaria tantum atque principia. Modus ergo participationis idearum non fit per eam similitudinem, qua haec cum illis in communi quadam qualitate conveniant, sed quoniam haec formantur ab illis atque illas ideo repraesentant ». Voir Proclus, *In Parm.*, 912,24-915, 20.

2. Ficin, *In Parm.*, XXXI, t. 1, p. 121-123.

3. Ficin, *In Parm.*, XXXIII, t. 1, p. 134-135.

4. Thomas d'Aquin, *Quaestio de spiritualibus creaturis*, *Op. Om.*, XXIV, 2, éd. J. Cos, 2000, art. 10 *ad octavum*,

5. À cet égard, l'un des textes de référence du platonisme latin fut, Augustin, *Quaestio de ideis*, éd. et trad. fr. G. Madec, *Revue thomiste* 103, 2003, p. 358-362.

sont les raisons éternelles de l'intelligence divine, dont elle s'inspire comme l'artisan conçoit des modèles mentaux. Elles n'illuminent pas notre connaissance. C'est pourquoi Thomas abandonne au cours de sa réflexion la notion de ressemblance et les métaphores du miroir pour désigner le rapport entre notre lumière intellectuelle et la lumière divine [1].

Somme toute, Ficin exige ce que Thomas regrette dans la modalité de participation par la forme, à savoir que dans celle-ci la relation de la cause à l'effet entre dans la définition de l'étant qui est causé. Mais puisque le rapport entre le modèle et l'image n'est pas symétrique, il n'implique pas, pour Ficin, la nature commune et tierce de la ressemblance. Car la forme transmet l'exigence de devenir semblable, non la ressemblance : la finalité de l'étant n'est pas son actualité, mais son accomplissement dans une unité de nouveau genre. Sans la cause exemplaire, la variété inédite de la procession et la plénitude de l'unité dans la conversion ne seraient pas possibles, ou elles seraient limitées à la nécessité de la conservation de la création.

Par conséquent, Ficin tente de penser une multiplicité unie, l'un et le multiple, qui ne se borne pas à expliciter la totalité intelligible, mais puisse rendre raison de l'incrément de sens apporté par la production des êtres nouveaux de la procession. Ces êtres sont l'expression d'unités inédites ou d'unités différenciées qui connectent l'un et le multiple, le divisible et l'indivisible, mais aussi l'être et le non-être [2], l'un et le non-un, le multiple et le non-multiple. Ce réseau de rapports trouve dans l'âme médiatrice son lieu propre [3]. Seule l'âme permet à la fois de ne pas concevoir la dépendance comme un point de rupture et de justifier la production d'êtres

1. Voir L. B. Geiger, « Les idées divines dans l'œuvre de S. Thomas », dans *id.*, *Penser avec Thomas*, *op. cit.*, p. 63-110. En revanche, pour Ficin, les idées ne peuvent pas être seulement les causes efficientes, sinon notre rapport avec Dieu ne serait pas différent de la relation causale entre la nature et Dieu. Par conséquent, je partage l'analyse de C. Steel, « Ficino and Proclus. Arguments for the Platonic Doctrine of the Ideas », dans *The Rebirth*, *op. cit.*, p. 63-100, mais je souligne davantage la fonction différente des idées divines dans la réflexion des deux auteurs. Voir aussi l'usage original de Ficin, *TP*, XI, 4, t. 2, p. 119 de l'argument de Thomas d'Aquin, *CG*, IV, 11.

2. Sur le rôle du non-être comme différent du *Sophiste* dans le commentaire du *Parménide*, voir Ficin, *In Parm.*, XXXVI, t. 1, p. 150-155.

3. L'exigence de penser l'âme comme le lieu de l'articulation accomplie de l'un et du multiple conduit Ficin à *abaisser* le pouvoir d'unification des hénades au niveau des intelligences célestes, comme le remarque F. Lazzarin dans M. Ficino, *Commento al « Parmenide »*, *op. cit.*, L, n. 333, p. 132. Pour rendre raison des êtres nouveaux, l'analyse des modalités d'unification doit se porter essentiellement sur les rapports entre la multiplicité de l'un-qui-est et la multiplicité de l'un-et-multiple et non sur les *unitates excelsae* ou *eminentes* des hénades.

nouveaux sous la forme d'unités différenciées et non seulement comme les manifestations de l'unité multiple. Car l'âme n'est pas seulement, pour Ficin, la *copule* de l'ordre du réel, qui produit ses connexions, mais le mélange lui-même.

LES MÉLANGES DE L'ÂME

La connexion : des dieux intelligibles-intellectifs à l'âme

C'est pourquoi Ficin transfère à l'âme la fonction de connexion que Proclus attribuait aux *dieux intelligibles-intellectifs,* qui assurent la médiation entre les dieux intelligibles et les dieux intellectifs [1]. Puisque les dieux intelligibles-intellectifs serrent toute chose autour d'eux comme un centre [2], ils expriment par excellence la modalité de la médiation. D'une part, la triade intelligible-intellective est le « niveau le plus vital de la vie », de sorte que les caractères propres à toute classe divine (être, vie, intelligence) sont compris comme des entités vitales [3]. D'autre part, elle contient de manière appropriée les cinq genres du *Sophiste*, être, mouvement, repos, identité, différence [4]. La division des genres produit la séparation de l'un et de l'être par le genre de l'*altérité*, tandis que la totalité de l'entier se trouve dans les dieux intelligibles [5], mais permet d'exercer la fonction connective, car l'altérité qui les traverse tous est la condition de possibilité de tout

1. Ce déplacement explique, au moins en partie, pourquoi Ficin simplifie la dérivation des classes divines de Proclus à deux classes, les *dii supermundani* (comprenant les *dii superiores, medii, inferiores*, qui correspondent aux intelligences angéliques) et les *dii mundani* (désignant les sphères céleste, les dieux planétaires, l'Âme du monde) : voir Ficin, *TP*, X, 2 ; *In Phaedr.*, chap. 10, p. 111-129 ; *In Parm.*, XCIV, t. 2, p. 238-241. Voir les notes de Ficin, *Ordo divinorum apud Platonem secundum Proculum,* publiées par H. D. Saffrey, « Notes platoniciennes de M. Ficin dans un manuscrit de Proclus, Ricc. 70 » (1959), dans *id.*, *L'héritage des Anciens au Moyen Âge et à la Renaissance*, Paris, Vrin, 2003, p. 69-94. L'âme acquiert en fait des propriétés et des fonctions que Proclus attribuait aux classes divines, notamment le pouvoir connectif. Le monothéisme est certes une raison essentielle de cette réduction, mais la distinction entre Dieu et le divin permet de penser une unité divine différenciée, ce dont Ficin ne se prive pas, en affirmant en même temps la transcendance de Dieu comme Un et la nature divine de l'intellect divin.

2. Proclus, *Théologie*, IV, 8, 26, 15-27, 1 et *In Parm.*, II, 734, 32-739, 10.

3. Proclus, *Théologie*, IV, 3, 16, 20-17, 7.

4. Platon, *Soph.*, 254d-255e.

5. Proclus, *Théologie*, IV, 28, 80, 7-23.

mélange[1]. La dialectique elle-même est l'art qui produit le mélange et la séparation des genres[2].

Le mélange des cinq genres est donc le modèle de la connexion entre les êtres qui, insérés dans des réseaux de relations *multiples,* ne contredisent pas la nature *unitaire* de la procession. Ainsi les mélanges établis par les grands genres ne définissent-ils pas seulement toute forme intelligible, mais aussi tout étant, dans la mesure où celui-ci est causé par l'unité multiple de l'intellect, quelque soit son niveau dans l'échelle de l'être. Car la conception de l'étant comme mélange est censée élaborer, tout en conservant le rôle principiel de l'intellect, un *modèle plus compréhensif de dérivation*. Proclus emprunte au *Philèbe* de Platon la thèse selon laquelle tout être, intelligible, psychique ou sensible, se constitue dans la procession comme le mélange entre la limite et l'illimité[3]. Dès lors, la limite et l'illimité deviennent les premiers principes ou, pour mieux le dire, les premières expressions de l'Un ineffable. Le mélange est leur produit et coïncide avec le premier être, à savoir l'essence[4] : il dépend de l'*Un* pour sa subsistance et sa forme d'unification, de la *limite* pour son existence réelle, sa stabilité et sa forme unitaire, et de l'*illimité* pour sa puissance de pluralisation[5]. Tout être tire de la limite son caractère uniforme, tandis que sa puissance, productrice de multiplicité, provient de l'illimité[6].

Pourtant, deux difficultés surgissent aussitôt. D'abord, le couple limite/illimité n'est pas seulement le *principe* d'où tout être dérive, mais aussi son premier *élément* constitutif. Puisqu'un principe ne peut pas être en même temps un élément, une dissemblance s'introduit entre le premier, comme cause, et le second, comme composante[7]. Cette ambiguïté se retrouve dans le premier étant, considéré comme le premier mélange, constitué par la triade : essence, vie et intelligence, semblant ainsi exercer à la fois les fonctions de composante et de principe[8]. La triade structure de manière étagée et unitaire l'étant : l'essence en est la cime, la vie le milieu et l'intelligible la limite. Elle se déploie aussi selon la « manence », la procession et la conversion : l'essence exprime la nature stable de l'étant, la vie en est la puissance et l'intelligible assure la conversion aux principes.

1. Proclus, *Théologie*, IV, 30, 89,14-90,15 ; Platon, *Soph.*, 255a.
2. Platon, *Soph.*, 253b-256d.
3. Platon, *Phil.*, 25b-27b.
4. Proclus, *Théologie*, III, 9, 36.1-3 ; 20-25 ; 38. 8-10.
5. Proclus, *Théologie*, III, 9, 37.20-28.
6. Proclus, *Théologie*, III, 9, 39.1-4.
7. Proclus, *Théologie*, III, 10, 40.10-41.2 ; 15-21 ; 42.8-18.
8. Proclus, *Théologie*, III, 9, 35.9-24.

De surcroît, bien que ce modèle de dérivation soit censé être plus compréhensif que la seule déduction de l'intellect, celle-ci en demeure le ressort principal[1]. Le mélange entre la limite et l'illimité se traduit finalement par une conception seulement *générique* de la déduction des étants, lesquels sont à la fois composés et causés par l'illimité et la limite. Une telle approche ne rend compte ni de l'exhaustivité de la procession, ni des propriétés spécifiques de chaque étant.

La composition de l'étant

C'est pour éviter ces difficultés que *Ficin considère le mélange du point de vue de la composition de ses éléments et non de ses principes causaux*[2]. D'une part, les éléments sont plus simples que les parties : ceux-là fusionnent dans une unité de nouveau genre, tandis que celles-ci gardent leur divisibilité dans un tout. D'autre part, à la différence d'un principe causal qui transcende son effet, l'élément est interne à ce dont il constitue une composante, sans pour autant qu'il y ait identité entre les deux. Plus les êtres sont proches du premier principe, plus ils sont des éléments ; plus ils s'en éloignent, plus ils sont des parties[3]. Dès lors, tout étant est, pour Ficin, constitué par le mélange des cinq genres et les couples limite/illimité et un/multiple. Après avoir rappelé les éléments du *Philèbe*, Ficin affirme qu'il est possible d'établir des correspondances avec les grands genres : du côté de l'un et de la limite, on trouve l'identité et le repos ; du côté du multiple et de l'infini on trouve la différence et le mouvement[4].

Pourtant, une des difficultés principales du mélange est donnée par l'interprétation du couple limite/illimité, qui avait été examiné, à la fin du

1. Le mélange est essence (*ousia*) intelligible : Proclus, *Théologie*, III, 9, 36, 20. Voir G. Van Riel, « Ontologie et théologie. Le *Philèbe* dans le troisième livre de la "Théologie platonicienne" de Proclus », dans *Proclus et la Théologie*, *op. cit.*, p. 399-413 ; Proclus, *Théologie*, III, 24, 84.12-85.10

2. Ficin, *TP*, XVII, 2, t. 3, p. 151 : il s'agit de *semina et elementa* ; *In Soph.*, chap. 34, p. 254 : les genres sont les *elementa universi entis et genera*. Sur ce point, voir B. Mojsisch, « Platon, Plotin, Ficino. Wichtigste Gattungen- eine Theorie aus Platons "Sophistes" », dans *id.*, *Historia philosophiae medii aevi,* Amsterdam-Philadelphia, Grüner, 1991, p. 19-38 ; M. J. B. Allen, *Icastes*, *op. cit.*, p. 49-82

3. Ficin semble donc s'inspirer sur ce point de Damascius, *De Princ.* II, p. 174-181 ; p. 181-188. Ici les différences entre l'élément, la partie, les formes sont établies précisément. Manifestement Damascius et Ficin reprennent la notion stoïcienne de "mixture", en la spiritualisant. Que l'on pense à la critique de Chrysippe à l'égard d'Aristote sur la possibilité de mélanger une goutte de vin dans une grande quantité d'eau : voir Diogène Laërce, *Vies*, *op. cit.*, VII, 151 et Aristote, *De la génération et de la corruption*, I, 10, 328a26-28.

4. Ficin, *In Phil.*, p. 405-407 ; *In Soph.*, chap. 34, p. 255. Voir Platon, *Phil.*, 26e.

Moyen Âge, dans le cadre de la théologie et de la physique[1]. Car la thèse de l'éternité du monde, défendue par la cosmologie aristotélicienne, entrant en conflit avec la croyance chrétienne d'un monde créé *ab initio temporis*, suscita un vif débat sur un réseau de notions comprenant l'infini, actuel et potentiel, la partie et le tout et le rapport entre la *potentia dei ordinata* et la *potentia dei absoluta*[2]. En particulier, pour Duns Scot, non seulement Dieu est la Cause première et infinie à laquelle les étants participent comme effets, mais l'infinité est son mode d'être propre[3]. Que la thèse de la puissance divine infinie, *in vigore,* ait été critiquée par Guillaume d'Ockham, confirme bien la nature cruciale de la discussion sur le rapport de la cause à l'effet ainsi que sur l'actualité ou la potentialité de l'infini, afin de définir précisément la dépendance de la créature du créateur[4].

Compte tenu de ce contexte, Ficin tente de soustraire l'illimité, voire l'infini à la nature divine pour l'attribuer à l'essence constitutive de tout étant, intellectif ou sensible. D'abord, l'infinité de Dieu exprime, pour Ficin, l'absence de limite, c'est pourquoi il est plus juste de parler ici d'illimité (*interminatum*). Mais Dieu est principalement le principe formateur de toutes les choses en ce sens qu'il est l'auteur de toutes les déterminations (*terminorum quorumlibet auctor*)[5]. La limite correspond à l'acte et est le principe de détermination, voire de définition[6]. Dès lors, Ficin critique Proclus et Syrianus pour avoir compris le couple limite et illimité comme des principes séparés, au lieu de les considérer comme les éléments (*elementa*) de toutes les réalités composées[7]. En revanche, il transfère *la force productrice, tendanciellement infinie à l'essence de tout étant*[1].

1. Voir les textes présentés et commentés par J. Biard et J. Celeyrette, *De la théologie aux mathématiques. L'infini au XIVe siècle*, Paris, Belles Lettres, 2005.

2. L. Bianchi, *L'errore di Aristotele. La polemica contro l'eternità del mondo nel XIII secolo*, Bergamo, Lubrina, 1984 ; R. C. Dales, *Medieval Discussions of the Eternity of the World*, Leiden, Brill, 1990.

3. Duns Scotus, *Ordinatio*, I, d. 2, qu. 2, nn. 39-40, dans *id.*, *Opera Omnia studio et cura Commissionis Scotisticae ad fidem codicum edita*, Roma, 1950, II, 148-149.

4. Guillaume d'Ockham, *Quodlibeta septem*, II, qu. II et III, qu. I, éd J. C. Wey dans *Opera theologica* IX, St. Bonaventure, New York, 1980, p. 112-117 ; p. 199-208.

5. Ficin, *In Parm.*, LX, t. 2, p. 68-71 ; *TP*, XVII, 2, t. 3, p. 149.

6. Ficin, *TP*, XVII, 2, t. 3, p. 150 ; *In Phil.*, II, chap. 1. 408-417. Voir F. Lazzarin, « Finito e infinito nella concezione di M. Ficino », *Rivista di filosofia neoscolastica* CII, 2010, p. 591-601.

7. Ficin, *In Parm.*, LX, t. 2, p. 72-73 : « Mais je pense, comme Plotin, que ces deux éléments ne sont pas séparés de toute composition, notamment de la première, sinon pour une raison formelle ». (« Ego vero arbitror cum Plotino non esse duo haec a compositione qualibet,

Tandis que l'essence est, pour Proclus, le premier mixte, composé de la limite et de l'illimité[2], Ficin transfère la puissance générative illimitée à l'essence[3]. Celle-ci est comprise surtout comme la force génératrice de multiplicité dans l'unité ou la vigueur infinie qui s'exprime dans la vie. Mais, pour Ficin, la vie caractérise l'âme, grâce à l'équivalence, déjà signalée, entre le mouvement et la vie. Le point névralgique de cette argumentation est que la vie ne précède pas l'intelligence comme le plus simple devance le complexe mais, à la différence de Proclus, comme *ce qui vaut plus dépasse ce qui vaut moins*[4]. La vie exprime une vigueur productrice et une tendance au mouvement. Si l'essence était intelligible par nature, elle serait également vie, vigueur infinie, capacité de différenciation dans un multiple unifié[5]. Les éléments de l'étant sont donc distribués dans un réseau de rapports de transitivité, voire d'équivalence :

> Les Platoniciens rapportent l'essence et la puissance à l'infinité, l'être à l'acte et à la limite. En conséquence, dans le Sophiste, le Parménide et le Timée sont énumérés cinq genres d'être à partir desquels tous les êtres, sauf le premier sont composés, à savoir : l'essence, le même, l'autre, le repos et le mouvement. L'essence signifie évidemment la raison formelle de chaque chose, elle indique aussi l'existence comme l'acte propre de l'essence… Enfin le mouvement signifie ici le passage de la puissance à l'acte… C'est pourquoi nous plaçons au-dessous de l'infinité divine et de la limite divine, d'une part l'infinité des choses et d'autre part la limite des

praesertim a prima, aliter separata quam ratione formali »). La première composition désigne le couple limite/illimité.

1. On peut mesurer la distance sur ce point de Ficin à l'égard de Thomas d'Aquin. Non seulement l'étant ne se réduit pas au rapport entre l'être et l'essence dans le cadre du rapport acte/puissance, voir Thomas d'Aquin, *De ente et essentia*, trad. fr. et introd. d'A. de Libera et C. Michon, *L'étant et l'essence*, Paris, Seuil, 1996, chap. 2 et 5, mais les notions d'être et d'essence changent de sens. Tandis que Ficin pense la participation de l'étant dans les termes du rapport entre l'universel et le particulier, Thomas d'Aquin adopte le point de vue du rapport entre l'abstrait et le concret. Ainsi l'étant peut-il participer de quelque chose, mais *l'esse communissimum* ne peut pas participer d'autre chose : voir Thomas d'Aquin, *Expositio libri Boeti de Ebdomadibus*, *op. cit.*, *Expositio* II.

2. Proclus, *Théologie*, III, 9, 36, 20-21.

3. Ficin, *TP*, XVII, 2, t. 3, p. 151.

4. C'est un argument topique classique.

5. Ficin, *In Soph.*, chap. 30, p. 248-249 : « Car la vie est la première perfection de l'essence. Mais l'intelligence, c'est-à-dire le connaître est la première perfection de la vie et la seconde perfection de l'essence ». (« Vita enim est prima essentiae perfectio. Intelligentia vero, id est, cognitio, prima quidem perfectio est vitae, secunda vero essentiae »). Si la véritable essence est l'intelligible et le premier intellect, il n'en reste pas moins que le mouvement et la vie sont les traits constitutifs de l'âme rationnelle.

choses. Puis nous rapportons à cette infinité des choses essentiellement trois genres : l'essence, l'autre et le mouvement, tandis qu'en les répartissant de la même manière nous ramenons la limite des choses aux trois autres genres : l'être, le même et le repos. Ce que Parménide appelle un et multiple, et le Timée indivisible et divisible, doit s'entendre de ce que l'un et l'indivisible se propagent ici et là et là grâce à leur genre par rapport à la limite et la multiplicité et le divisible par rapport à l'infinité [1].

Les pouvoirs de l'âme

À ce point, Ficin peut soutenir une thèse centrale sur les pouvoirs de l'âme. Si l'essence est vigueur infinie et force productive, elle se différencie selon le niveau de sa réalisation. Il y a une essence intelligible et éternelle ainsi qu'une essence propre à l'âme et une essence imaginaire qui définit les choses corporelles, voire une essence démonique pour les apparences. Puisque l'âme est l'élément médiateur de tous les niveaux de l'être, elle a la possibilité de communiquer avec les différentes modalités d'essence [2]. Surtout, en tant que principe de mouvement et d'animation, elle exprime de manière excellente la vigueur et la puissance de la procession du réel. De plus, comme cause de son propre mouvement vital, elle a une vie illimitée. Cependant, l'âme n'implique aucune dispersion : sa nature temporelle l'oblige à donner une forme délimitée à la force de production, laquelle est en principe illimitée. Elle effectue la *détermination* du meilleur mélange, définissant la spécificité de tout étant, puisqu'elle se tient entre les êtres supérieurs, marqués par la limite, et les êtres inférieurs,

1. Ficin, *TP*, XVII, 2, t. 3, p. 151 : « Essentiam quidem potentiamque ad infinitatem, esse vero et actum ad terminum Platonici referunt. Proinde in Sophista et Parmenide et in Timaeo quinque rerum numerantur genera, ex quibus praeter primum omnia componuntur, scilicet essentia, idem, alterum et status et motus. Essentia quidem manifeste significat rationem rei cuiusque formalem, innuit quoque esse tamquam actum essentiae proprium… Denique motus hoc in loco exitum quemdam ex potentia in actum sive essendo sive quomodolibet intrinsecus extrinsecusve agendo significat. Quamobrem divinae infinitati ac divino termino hinc rerum infinitas, inde rerum terminus subditur. Deinde ad rerum infinitatem tria potissimum, scilicet essentiam et alterum motumque referimus. Ad ipsum vero rerum terminum tria similiter, scilicet esse, idem, statum pariter distribuendo reducimus. Quod autem in Parmenide quidem unum et multa, in Timaeo vero impartibile et partibile dicitur, sic accipiendum est, ut unum et impartibile secundum terminum ; rursus multitudo et partibile secundum infinitatem per sua passim genera propagentur ».

2. En particulier par sa nature rationnelle. Pour Ficin, *In Soph.*, chap. 29, p. 245, toutefois il ne s'agit pas pour l'âme de dépendre de l'essence intelligible, mais de pouvoir se lier avec elle. T. Albertini, *M. Ficino. Das Problem der Vermittlung*, *op. cit.*, p. 199-234, estime que la médiation de l'âme est de nature géométrique. Le gain de simplicité produit par l'âme doit être pensé comme le lien de la surface et du point par la ligne : Ficin, *TP*, VIII, 15, t. 1, p. 324.

caractérisés par le primat de l'illimité. Mais elle opère surtout le mélange spécifique entre l'unité et le multiple propre à tout étant, parce qu'elle se situe entre le divisible et l'indivisible. Tout étant se constitue par l'unité indivisible qui se propage par rapport à la limite et par la multiplicité divisible qui se produit par rapport à l'illimité [1].

En reprenant à son compte les analogies néoplatoniciennes, Ficin accomplit une opération ultérieure, *en situant dans l'âme elle-même les grands genres du Sophiste* ainsi que les couples un/multiple et limite/illimité. Après avoir affirmé que tout étant est un mélange d'illimité et de limite, d'unité et de multiplicité, de repos et de mouvement, d'identité et d'altérité, il soutient que l'âme porte en elle les grands genres *en mesure égale*, en guise de semences et d'éléments producteurs de tout mixte [2] :

> Il est également inutile de mentionner qu'ils appellent l'âme un char, parce qu'elle effectue des mouvements circulaires ou parce qu'ils placent en elle une ligne qui, d'une certaine manière, est droite en tant qu'elle meut et regarde les corps, puis, un cercle inférieur, sorte d'orbe planétaire, quand elle revient sur elle-même, et aussi un cercle supérieur, analogue à la sphère des étoiles fixes, dans la mesure où elle se tourne vers les réalités supérieures ; puis deux ailes, c'est-à-dire, l'élan de l'intelligence vers le vrai en soi, de la volonté vers le bien en soi ; un cocher : l'intelligence ; la tête du cocher : l'unité divine ; des chevaux supérieurs, c'est-à-dire le même et le repos ; des chevaux inférieurs, c'est-à-dire l'autre et le mouvement. De même, le bon cheval et le mauvais cheval, c'est-à-dire l'appétit irascible et l'appétit concupiscible. La colère, en effet, semble plus proche de la raison que le désir [3].

La reprise de l'image de l'attelage ailé devient donc significative. Car Ficin ne se borne pas à associer à chaque élément du mythe une faculté de

1. Ficin, *TP*, XVII, 2, t. 3, p. 151.

2. Ficin, *TP*, XVII, 2, t. 3, p. 153 : « Cependant, dans la composition de l'âme, les genres répondent aux genres de *manière égale* ». (« At vero in anima componenda genera generibus *aequalius* concinnunt »). Sur l'âme comme mélange équilibré, voir Damascius, *In Parm.*, IV, p. 8.

3. Ficin, *TP*, XVII, 2, t. 3, p. 157-158 : « Mitto rursus, quod animan ideo currum vocant, quia motus efficit circulares, quodve in ea lineam ponunt quodammodo rectam, quantum corpora movet et respicit, deinde circulum quemdam inferiorem, quasi planetarum orbem, quando redit in semetipsam, circulum quoque superiorem, quasi stellarum orbem fixarum, quatenus ad superiora convertitur.Alas duas, scilicet instinctum intellectus ad ipsum verum atque voluntatis ad ipsum bonum, aurigam mentem, caput aurigae divinam unitatem mente superiorem, equos superiores, scilicet idem et statum, equos inferiores, scilicet alterum atque motum. Item equum bonum atque malum scilicet irascendi et concupiscendi naturam. Ira propinquior rationi quam libido esse videtur ».

l'âme[1], mais il lui attribue aussi de manière relative et comparative les genres du *Sophiste*. Ainsi l'aurige représente-t-il l'intellect et le genre de l'être ; le cheval docile, signifiant la raison discursive, est défini par la prépondérance des genres du repos et de l'identité par rapport aux genres de l'altérité et du mouvement ; le cheval inquiet, exprimant les facultés inférieures comme le sens et l'imagination, est marqué plus par le mouvement et l'altérité que par le repos et l'identité. La tête du cocher introduit un nouveau genre, étranger à la classification platonicienne, à savoir l'unité, vers laquelle est dirigé le regard, même si celui-ci peut se tourner également vers l'intellect[2]. Chaque faculté ne représente donc pas un seul genre, mais porte en elle un mélange, caractérisé par la co-existence[3], voire la prédominance de telle ou telle propriété.

Pour Ficin, l'interdépendance des genres est, tout comme dans sa lecture du *Sophiste*, la condition de la communication des formes. Non seulement les formes sont connues dans un réseau de relations, mais les genres sont également pensés dans leurs rapports, selon une échelle de comparaison et de prédominance. Seul l'intellect renvoie à un genre unique, à savoir à l'être. Ficin affirme néanmoins le primat de l'unité, vers laquelle s'orientent tous les autres genres, pour souligner que leur mélange est une forme inédite d'unité différenciée. Par conséquent, l'âme peut exercer, mieux que l'intellect, la fonction connective, en produisant les mélanges, puisqu'elle est la *dialectique à l'œuvre*, portant en elle-même les couples : limite/illimité, un/multiple, mis en lumière par le *Parménide* et le *Philèbe*, ainsi que les grands genres du *Sophiste*.

En résumant, le statut spécifique de l'un-et-multiple de l'âme a été établi en trois temps. Il a fallu, d'abord, distinguer soigneusement la multiplicité de l'intellect de la multiplicité de l'âme par la détermination des rapports qui en définissent à la fois les dispositifs d'unification et les modalités de participation. La multiplicité unie de l'âme est donc apparue satisfaire à deux exigences : l'anticipation du non-un, du non-plusieurs, des autres, et surtout du non-être sans laquelle la production des êtres nouveaux serait impossible ; la fonction de médiation comme puissance génératrice et vitale, sans laquelle la bonté de l'étant résiderait dans son actualisation et non dans son accomplissement ou sa possibilité de devenir bien, voire

1. Comme l'avait proposé Hermias, *In Phaedr, op. cit.*, 124.28-125.8.

2. Ficin, *In Phaedr.*, *sum*, chap. 31, p. 184-189 ; *In Phil.*, II, 2.2.3, p. 402-403 et p. 430-433. Voir M. J. B. Allen, *The Platonism of M. Ficino, op. cit.*, p. 87-92.

3. La coexistence entre la génération et le repos, l'un et le non-un etc. est le propre de l'âme et de sa nature médiatrice pour Damascius, *In Parm.*, IV, p. 34.

meilleur. Finalement, la tentative de définir une modèle de dérivation plus universel que la déduction des classes divines a trouvé dans la médiation de l'âme son lieu propre. Si l'étant universel se définit comme mélange entre les grands genres, l'un et le multiple, la limite et l'illimité, alors l'âme produit les meilleurs mélanges parce qu'elle est elle-même définie par le mélange de ses éléments qui constituent ses propres facultés.

De la sorte, Ficin réalise trois buts, qui permettent de mieux comprendre son rapport avec Proclus. D'abord, du point de vue *logique*, il lui emprunte l'exigence de trouver la formulation la plus adéquate *de l'unité différenciée du réel.* Toutefois, tandis que, pour Proclus, il s'agit de concevoir la différenciation à l'intérieur de la totalité homogène de l'intelligible, il y va, pour Ficin, de la possibilité de considérer également l'unité d'un multiple hétérogène, effectuée par le rôle médiateur et producteur de l'âme. Du point de vue *théologique*, la force productrice et universelle de l'âme fait signe vers une divinisation qui ne passe pas seulement par la purification et l'ascèse, mais aussi par la force génératrice et vivifiante. Le salut de l'âme ne se réduit pas à une expérience personnelle et solitaire, mais dépend de sa fonction connective qui est exercée dans l'ordre du réel, pris dans son unité différenciée.

Pourtant, les traits les plus saillants de sa réflexion se situent sur le plan *métaphysique.* Ficin propose un modèle de procession des êtres à la fois plus universel et plus déterminé que la dérivation des classes de l'intellect de Proclus. Le mélange dialectique cerne mieux l'individualité de tout étant que la généralité du mixte entre la limite et l'illimité, puisqu'il intègre le couple être/essence[1] dans un dispositif qui établit les couples fini/infini et un/multiple en rapport avec les grands genres. La préoccupation majeure n'est pas ici tant de creuser la *césure* entre toute créature et le Créateur que de souligner la *continuité* de la procession comme une unité se différenciant, à partir des premières expressions de l'Un, à savoir de la limite et de l'illimité[2]. Ainsi le rapport aux genres du *Sophiste* permet-il de détacher l'individuation de l'étant sensible de la matière quantitativement déterminée et de la comprendre comme une forme inédite d'unité dans la variété, qui s'exprime dans l'organisation interne du mélange. Le modèle néoplatonicien justifie le rôle constitutif de l'âme dans l'échelle des êtres, en tant que productrice des meilleurs mélanges.

1. Ficin, *TP*, XVII, 2, t. 3, p. 150.
2. Ficin, *In Soph.*, chap. 29, p. 245.

Ainsi l'âme acquiert-elle un statut inédit. Car la thèse défendant la nature incorporelle de l'âme servait à Proclus pour en démontrer l'immortalité et faire accéder à la découverte de l'être. D'abord, les opérations intelligibles de l'âme montrent qu'elle est incorporelle. Puis l'âme, se convertissant, découvre qu'elle est une substance qui s'auto-constitue[1]. Puisque seules les substances intelligibles, donc immortelles, peuvent se convertir, l'âme dévoile que la véritable réalité est une substance immortelle et auto-constituante. L'âme permet alors d'accéder à l'être authentique, qui est intelligible. Autrement dit : l'âme présente le *meilleur point de vue* sur la structure *intelligible* de l'être. Son œuvre de médiation réside dans cette perspective privilégiée[2]. Pour Ficin, en revanche, l'âme est l'instance constitutive du réel laquelle, par sa nature médiatrice, produit les meilleurs mélanges et assure à tout étant une possible conversion, puisqu'elle revêt les fonctions connective et assimilatrice qui étaient effectuées, pour Proclus, par les classes divines intelligibles. L'âme ne délaisse pas les plans inférieurs du réel, mais les élève avec soi. Au repli *intérieur* constituant l'âme par le retournement au principe *supérieur*, Ficin privilégie le déploiement *extérieur* de l'âme, engendrant des nouvelles formes d'unité, structurant les plans *inférieurs* de l'être.

De cette manière, Ficin cherche à présenter un modèle de dérivation à la fois plus universel et spécifique que la déduction des classes intelligibles, lequel se traduit par la conception de l'étant comme mélange des grands genres et des couples limite/illimité et un/multiple. Néanmoins, cette interprétation exige d'examiner de plus près le genre qui traverse tous les autres, à savoir le non-être conçu de manière relative comme *altérité*. C'est à ce point qu'il faut analyser le transfert du pouvoir de nier de l'intellect à l'âme et la nouvelle signification du non-être de l'un.

1. Proclus, *ET*, 15-17 ;187 et 42-43.

2. Comme le souligne C. Steel, « Conversion vers soi et constitution de soi selon Proclus » dans *Retour, repentir et constitution de soi*, *op. cit.*, p. 161-176, ici p. 175 : « la métaphysique est une métapsychologie ».

CHAPITRE V

PRESQUE UN QUELQUE CHOSE

NIER

Différence et division

Puisque l'âme est une tierce essence médiatrice, elle exprime une copule [1], la modalité connective par excellence, signifiant non seulement la force cosmologique du nœud, mais aussi une fonction prédicative. Sans l'articulation ou le mélange de la copule, nul prédicat ne pourrait être attribué à un sujet. Selon la leçon du *Sophiste* [2], la copule lie les deux extrêmes, puisqu'elle dénote un sens relatif de l'être [3]. Car le ressort de toute

1. Ficin, *TP,* III, 3, t. 1, p. 137-144.

2. Voir Ficin, *Commentarius seu potius distinctiones et summae capitum in Sophistam*, 1493-1494 ca. (Ficin, *Op*., p. 1285-1294) ; éd et trad. ang. M. J. B. Allen, *Icastes : M. Ficino's Interpretation of Plato's Sophist,* Berkeley, University of California Press, 1989, p. 218-279 (désormais cité Ficin, *In Soph.). L'éditio princeps* de Platon par Alde Manuce (1513) suit les *codices* T (*Venetus, App. Class. 4,1*) et Y (*Vindobonensis 21*) qui rapportent deux passages significatifs que Ficin traduit correctement, mais qui seront par la suite interprétés autrement. Ils témoignent de la conscience ficinienne de l'enjeu de l'interrogation sur le non-être. En 216a l'Étranger est présenté comme *héteron*, différent de Parménide et Zénon, alors que s'est imposée par la suite la lecture *hetairon,* compagnon. Ficin est conscient que l'Etranger réfute Parménide si bien qu'il traduit correctement : « alterum ac dissimilem a Parmenide et Zenone ». En 240a7, l'Étranger tire la conclusion de l'identité entre le semblable et le non-être. Ficin traduit donc : « Si ergo id quod simile vocas, verum esse negas, ens quoque existere negas ». Cette conviction est aussitôt rejetée, mais elle devait être énoncée.

3. Voir J. Moravcsik, « Being and Meaning in the "Sophist" », *Acta philosophica Fennica* 14, 1962, p. 23-78 ; A. L. Peck., « Plato and the *megista gene* of the "Sophist" », *Classical Quarterly*, 1952, p. 32-56 ; J.-L. Ackrill, « Plato and the *copula* : "Sophist" 251-259 » (1957)

communication, voire de toute communauté (*communio*) [1] entre les formes est le non-être relatif, entendu comme altérité, voire différence [2]. Celle-ci est la condition nécessaire de toute prédication, de sorte qu'il y a du non-être dans tous les genres. Contre l'usage trompeur du non-être au sens d'apparence, dont le sophiste se sert pour mettre en échec le philosophe, le non-être relatif permet de distinguer le vrai du faux, parce qu'il détermine ce en quoi le sujet et le prédicat sont différents et sous quelles conditions [3].

Or, la confrontation avec Proclus s'impose, lequel distingue deux genres d'altérité [4]. La première est introduite par la puissance « féminine » du nombre : elle est la propriété des dieux intelligibles-intellectifs [5]. Car le nombre sépare l'Un de l'être, permettant de concevoir de manière relative les mêmes attributs que l'Un absolu niait et de conférer des propriétés spécifiques aux différentes classes divines. Le non-être relatif, déterminé par le *Sophiste,* opère à ce niveau. La seconde forme d'altérité est engendrée par la classe inférieure des dieux intellectifs, notamment par le Démiurge, lequel est considéré comme la cause transcendante de la génération [6]. Celle-ci engage une autre acception de l'altérité qui signifie la *division de la totalité,* propre à la procession dans le monde physique, laquelle implique une véritable *séparation* du tout et de ses parties. Il s'agit d'un degré plus particularisant de *distinction*, voire *d'individuation*, caractérisée par la dialectique de l'identité et de la différence [7]. Cette forme d'altérité, qui va de pair avec l'illimité, désigne la cause de la multiplicité sensible.

Pourtant, la distinction entre les deux sortes de différence ou d'altérité ne concerne que le monde intelligible. Proclus attribue la génération dans le monde sensible à une causalité transcendante au cosmos : il *soustrait ainsi explicitement à l'âme le pouvoir connectif qui est attribué au non-être*

dans *id.*, *Essays on Plato and Aristotle*, Oxford, Clarendon, 1971, p. 210-222 ; Ch. H Kahn, « Some philosophical uses of "to be" in Plato », *Phronesis* 26, 1981, p. 105-134.

1. Ficin, *In Soph.,* chap. 36, p. 260-261 : le pouvoir de différence, s'insérant dans les formes idéales, produit la négation et mélange le non-être avec l'être. (« Vis alteritatis ipsius idealibus formis inserta negationem facit, atque non ens cum ente confundit »).

2. Platon, *Soph.*, 256d-259e. Voir M. Dixsaut, « La négation, le non-être et l'autre dans le *Sophiste* », dans P. Aubenque (éd.), *Études sur le* Sophiste, Napoli, Bibliopolis, 1991, p. 165-213.

3. Contre le sophiste, il faut prouver que l'image peut être vraie, Ficin, *In Soph.*, chap. 19, p. 232-233.

4. Platon, *Soph.*, 254d-255e ; Proclus, *Théologie*, IV, 30, 90,15.

5. Proclus, *Théologie*, IV, 30, 89.10-91.26.

6. Proclus, *Théologie*, III, 39, 144, 5-6.

7. Proclus, *Théologie*, V, 39, 144, 12-146, 2 ; 146, 21-26.

comme nombre. Puisque l'âme est l'intermédiaire entre le monde divisible du sensible et le monde indivisible de l'intelligible, elle ne peut retrouver l'unité relationnelle au-dessous des différences. La divisibilité qu'elle porte en elle le lui interdit. Seul le monde intelligible, transcendant et dépourvu de division, connecte le multiple différencié et élude le danger de la dissipation[1]. Ficin, en revanche, ne distingue pas les deux formes d'altérité, la différence par dénombrement et la division de la totalité en parties. Il postule un concept unique d'altérité, se traduisant par la nature relative et connective du non-être ou de la différence. Tandis que Platon, dans le *Sophiste*, estime que la nature de l'autre, en rendant chaque genre autre que l'être, en fait un non-être, de sorte que tout être peut être dit être et non-être[2], Ficin situe plus décidément le couple être/non être au cœur de l'altérité elle-même. En tant qu'origine de toute différenciation, division ou dualité, l'altérité est un mélange d'être et de non-être, puisque le non-être introduit par l'altérité est toujours un non-être ceci ou cela. Dès lors, on ne peut pas dire, comme le voudrait le sophiste, que le non-être n'est pas. Comme différent, le non-être est *un quelque chose* :

> Puisque l'altérité est la source de toute distinction formelle, elle est assurément un quelque chose et un certain étant… Mais la différence est dans toutes les choses quelque chose et ses parties sont partout un quelque chose[3].

Mais surtout Ficin opère *un recouvrement significatif entre la fonction de différenciation de l'altérité et le pouvoir de négation propre à l'âme*[4] : aussi bien l'âme que la différence sont un certain être qui mélange l'être et le non-être. Puisque l'anticipation des autres de l'un ainsi que du non-être de l'un-qui-est définissent la multiplicité de l'âme par rapport à la multiplicité de l'intellect, le pouvoir de négation appartient constitutivement à l'un animé. Étant donné que l'âme porte en elle le mélange entre l'être et le non-être, et que tout quelque chose est constitué d'être et de non-être[5], *le pouvoir d'altérité est transféré de l'intellect à l'âme* :

1. Proclus, *Théologie*, IV, 19, 56, 4-19.

2. Platon, *Soph.*, 256e.

3. Ficin, *In Soph.*, chap. 37, p. 262 : « Haec utique quoniam omnis distinctionis etiam formalis origo est, nimirum est et aliquid atque aliquod ens… In omnibus autem alteritas ipsa est aliquid, et partes eius ubique aliquid ».

4. Ficin, *In Soph.*, chap. 32, p. 250-251 et chap. 36, p. 260-261 ; Damascius, *In Parm.*, IV, p. 34-35.

5. Ficin, *In Soph.*, 17, p. 229.

> Encore, si cet Un-qui-est intelligible et intellectuel incline d'une certaine façon vers le non-être, en subissant le temps et le mouvement premier, alors il se transforme lui-même dans l'âme. Par ce changement donc l'âme règne, à la place de l'intellect et de l'intelligible, qui ont été supprimés. Toutes les réalités, après l'âme, deviendront mobiles : il n'y a nulle part, au-dessous d'elle, des choses stables. Puisque l'âme agit par sa propre nature à travers le mouvement, elle engendre partout des choses mouvantes [1].

Ficin ne partage donc pas la thèse de Proclus, selon laquelle le nombre est le principe de la différenciation entre l'Un et l'être, qui permettrait de maintenir unie la multiplicité intelligible. Bien que la science mathématique permette d'interroger la structure de l'être[2], elle n'est pas suffisante pour rendre compte de la complexité des étants. Le réel lui apparaît plus comme une prolifération *qualitative* de formes que comme un ensemble de rapports *quantitatifs*. Comme le nombre résorbe, pour Proclus, les différences dans l'unité connectée de l'intelligible, il ne rend pas compte du pouvoir de l'altérité comme producteur de multiplicité[3]. Ficin souligne, en revanche, le pouvoir producteur de la différenciation propre à l'âme, laquelle est à l'origine de la multiplicité des étants, qui sont au-dessous de l'un-qui-est intelligible :

> Ainsi il y a un quelque chose et un certain être aussi bien dans le non-étant que dans l'étant. Donc l'être ne contredit pas le non-être, comme s'ils étaient opposés, mais il introduit beaucoup d'étants, au-delà de l'être-un lui-même[4].

1. Ficin, *In Parm.*, CIV, t. 2, p. 310-313 : « Rursum si hoc unum ens intellegibile intellectuale declinet etiam quodammodo in non ens, dum ita motum tempusque primum subit, in animam transformari. Hac ergo commutatione, dum pro intellectu et intellegibili summo iam sublato regnat anima, omnia post hac in universo mobilia fore, stabilia sub anima nusquam, siquidem anima, per motum naturaliter agens, efficit ubique mobilia ».

2. M. J. B. Allen, « M. Ficino, Daemonic Mathematics and the Hypotenuse of the Spirit », dans A. Grafton et N. Siraisi (eds), *Natural Particulars. Nature and the Disciplines in the Renaissance Europe*, Cambridge (USA)-London, MIT Press, 1999, p. 127-137 ; C. S. Celenza, « Pythagoras in the Renaissance : The Case of M. Ficino », *Renaissance Quarterly* 52, 1999, p. 667-711.

3. Proclus, *Théologie*, IV, 30, 89, 7-13.

4. Ficin, *In Soph.*, chap. 37, p. 264-265 : « Ita igitur est aliquid et aliquod ens in non ente sicut in ente. Igitur in non ente non repugnat enti quasi contraria, sed introducit ultra ens ipsum unum entia multa ».

En définitive, l'âme est une forme spécifique d'altérité[1] : elle définit le mélange *déterminé* de tout étant bien plus que l'uniformité et l'indivisibilité des dieux, lesquels sont la condition transcendante du dénombrement[2]. Il est alors illégitime d'identifier la différence de l'un-être avec l'altérité propre à l'âme, laquelle possède le pouvoir d'engendrer et de connecter les ordres du réel. L'altérité et la connexion ne sont pas des termes contradictoires puisque l'âme est un *mélange équilibré, et non la coïncidence, des opposés :* entre l'un et l'être, le non-un et le non-être, le divisible et l'indivisible, le corps et l'intellect ainsi qu'entre les opposés limite/illimité, un/multiple et les grands genres[3]. L'art dialectique de la division, en tant que *diairesis*, permet, grâce aux grands genres du *Sophiste*, de discerner la nature latente de toute chose (*latentem rei cuiusque naturam*) et de ne pas lui attribuer des propriétés inadéquates. La division est une méthode d'anticipation qui déduit des conséquences à partir d'une intuition préalable, laquelle conduit à reconnaître dans quelle branche de l'alternative il est possible de retrouver les qualités latentes propres à telle ou telle chose. Par conséquent, l'âme comme pouvoir de différenciation et d'anticipation du non-être, du non-un et du non-plusieurs est en mesure d'analyser la déduction des conséquences négatives tirées de l'hypothèse : « Si l'un n'est pas », jusqu'à l'impossibilité de se représenter quelque unité que ce soit.

Le non-être de l'un-qui-est

L'âme n'est pas seulement un mélange d'être et de non-être, mais elle entretient aussi un lien constitutif avec la déduction des hypothèses du *Parménide*. Car l'impossibilité de dire l'ineffabilité de l'Un suscite en elle un discours, lequel développe dialectiquement toute la série des conséquences. Cette discursivité doit être entendue comme l'expression de la *ratio* de l'âme, à savoir comme un déploiement. L'âme, se projetant rétrospectivement vers les niveaux supérieurs et se déployant de manière anticipée vers les plans inférieurs, pose ses modèles de compréhension de la procession, en se constituant soi-même[4]. Les *suppositiones* ne signifient

1. Cette conception se trouve dans la lignée de pensée qui va de Jamblique à Damascius, bien que les différences soient significatives : voir J. Combès, *Études néoplatoniciennes*, Grenoble, Jérôme Millon, 1989, p. 63-187.

2. Proclus, *Théologie*, III, 13, 47, 22-28 ; 14, 51, 11-19 ; IV, 19, 57, 25-58, 2.

3. Ficin, *In Parm.*, CIV, t. 2, p. 312-313.

4. Ficin, *TP*, XVII, 2, t. 3, p. 152-155.

pas seulement l'explicitation des ordres du réel, mais aussi les modalités de pensée par lesquels l'âme peut se les représenter :

> Puisque nous comprenons certainement ce que nous signifions quand nous disons Si l'un-n'est-pas, nous possédons sans doute en même temps une certaine connaissance de cet un, de ce non-être et de la condition qui vient d'être posée. Si donc cet un n'est pas, d'une manière telle qu'il est en quelque sorte, alors il nous donne une raison déterminée et sans doute une certaine connaissance de lui-même [1].

Ficin reprend donc à son compte l'exigence d'examiner jusqu'à quel point l'âme peut représenter les conséquences de l'hypothèse : « Si l'un n'est pas ». Qui, sinon l'âme, constituée par le non-être et l'altérité, pourrait déduire de la manière la plus rigoureuse les conséquences du non-être de l'un ?

Pourtant, le statut ontologique de ces conséquences, impliquant le non-être de l'Un, demeure problématique au sein de l'école néoplatonicienne, comme le rappelle Proclus [2]. Ficin semble partager, avec Proclus et Plutarque, une conviction fondamentale : les déductions tirées de : « Si l'un n'est pas » conduisent à des conséquences inacceptables, absurdes, qui prouvent, en vertu du procédé dialectique du *Parménide*, la validité de l'hypothèse : « Si l'un est ». Des deux termes contradictoires, et non seulement contraires, l'un est nécessairement faux. Par conséquent : si l'un est, tous les étants sont « jusqu'au dernier niveau de réalité » ; si l'un n'est pas, aucun étant n'est [3].

Ficin reconnaît introduire quelques modifications dans l'interprétation des dernières déductions par Plutarque [4], qui correspondent largement aux conséquences tirées par Proclus dans le commentaire au *Parménide*. Plus précisément, pour Proclus, ces déductions concernent l'Un-Être et non l'Un en soi, lequel est au-delà de toute affirmation et négation. De la sorte, la suppression de l'un-qui-est implique d'abord la suppression du monde intelligible, laissant subsister seulement *le monde sensible comme objet et la perception comme faculté*. Ainsi cette sixième hypothèse est-elle corrélative de la deuxième hypothèse, puisqu'elle supprime ce qui y était

1. Ficin, *In Parm.*, CIV, t. 2, p. 310 : « Cum igitur dum dicimus "si unum non est", certo quid loquamur intellegamus, videmur interea scientiam quandam ipsius unius et ipsius non entis et nunc positae conditionis habere. Quamobrem si unum hoc pacto non est, ut etiam quodammodo sit certamque sui nobis offerat rationem, nimirum et aliqua eius scientia est ».

2. Proclus, *In Parm.*, VI, 1052.10-1064.16 ; *Théologie*, I, 10-12.

3. Proclus, *Théologie*, I, 12, 58, 11-20.

4. Ficin, *In Parm.*, LI, t. 2, p. 8-9 : « …aliquantulum mutaturi… ».

affirmé de manière positive. Si, ensuite, l'on assumait le non-être de manière plus radicale, on conclurait que *toute faculté ainsi que tout objet de connaissance seraient supprimés*. C'est le propos de la septième conséquence, conduisant à une impossibilité ou à une conclusion absurde. Elle est corrélative de la troisième hypothèse qui concerne l'âme et, partant, ses facultés cognitives. La huitième hypothèse considère, selon l'enseignement du *Parménide*, les autres en relation à l'un, et construit une opposition avec la sixième hypothèse. Si l'un-être n'était pas alors *seuls les songes et les ombres seraient*. Il s'agit encore d'une conclusion impossible, supprimant la possibilité même des formes dans la matière ainsi que les conséquences positives, tirées de la quatrième hypothèse. Enfin, si l'un n'était radicalement pas, comme dans la septième hypothèse, alors *il n'y aurait même pas de songes* : c'est la conséquence déduite de la neuvième hypothèse, qui contredit la cinquième et, partant, l'existence de la matière[1].

Pourtant, deux problèmes demeurent. D'abord, est-ce que toutes les conséquences des dernières hypothèses conduisent à des conclusions impossibles et absurdes[2] et vérifient les conclusions tirées de la formulation positive de l'hypothèse ? Car les ombres, les songes, les simulacres sont quelque chose, même s'ils semblent être *presque-rien*. Ne doit-on pas alors poursuivre la déduction jusqu'aux dernières manifestations, fussent-elles fallacieuses[3] ?

Ces difficultés ont été affrontées directement par Damascius, lequel reproche à Proclus d'avoir soutenu que l'âme est affectée temporellement dans ses actes, mais non dans sa substance. Une telle approche ne peut que scinder l'âme entre ses actes et sa substance[4]. En revanche, la nature médiane de l'âme est le lieu d'une altérité et d'une différenciation constitutives, puisque ses négations, le non-un, le non-être, le non-plusieurs n'ont pas de correspondance dans l'un-qui-est de l'intellect. Le changement de l'âme, en entrant dans le non-être de la temporalité, est

1. Proclus, *In Parm.*, VI, 1060, 25-1061, 6 ; Platon, *Rép.*, VI, 509b et *Tim.*, 27d ; Ficin, *In Parm.*, LI, t. 2, p. 10-13, les résume de la sorte : si l'on supprime graduellement l'un-être de l'un-qui-n'est-pas, alors il ne reste d'abord que la perception (*sensibile*), puis aucun connaissable (*cognoscibile nullum*), ensuite les ombres et les songes (*umbrae et somnia*) ; finalement encore moins que ces rêveries, à savoir le même pas un qui n'est plus rien (*nihilum*).

2. Pour Proclus, *In Parm.*, VI, 1056, 1-8, le but du *Parménide* est de démontrer que si l'un est, tous les êtres sont engendrés ; si l'un n'est pas, rien ne peut être. Il s'agit de comprendre surtout le sens de l'expression conclusive du *Parménide*, 166c1-3 : « S'il n'est pas un, il n'y a rien ».

3. Sinon, comment pourrait-on capturer le sophiste ?

4. Proclus, *ET*, 106 ; 191 ; Damascius, *In Parm.*, IV, p. 11-13.

substantiel[1]. Puisque la nature de l'âme est intrinsèquement liée à sa modalité spécifique de non-être[2], les déductions négatives doivent explorer l'un-non-être, à savoir l'être qui appartient au non-être de l'un, en tant que *principe de l'apparaître*. Dès lors, la sixième hypothèse ne correspond pas tant à la réalité sensible qu'au *phénomène*[3], lequel n'est pas un simple apparaître à la surface des choses, mais le principe réglant la procession de l'un-qui-est, laquelle s'est abaissée jusqu'à l'un-qui-n'est-pas. Celui-ci n'est pas une simple privation, puisqu'il a la propriété d'être l'un-qui-est sur le mode du n'être pas un.

Ainsi les quatre dernières conséquences ne conduisent-elles pas toutes à des conclusions impossibles ou absurdes : la sixième et la huitième concernent les principes du *phénomène*, des *simulacres* et des *ombres*, qui tout en étant un presque rien, gardent une certaine consistance ontologique[4]. Car ils sont les autres de l'un phénoménal, ou les autres de l'un-non-être. En revanche, la septième hypothèse constitue, sur le mode du non-être absolu, le principe de l'impossibilité de l'Un : elle exprime la vacuité du non-être et conduit à l'absurde. La neuvième hypothèse interroge les conséquences de la suppression radicale par analogie avec la septième hypothèse et en contradiction avec la huitième hypothèse. Elle conduit à une conclusion impossible. En résumant, si l'un n'est pas, alors ou bien il apparaît être tout, à savoir même le phénomène et le simulacre, voire le presque rien (comme dans les sixième et huitième hypothèses), ou bien il paraît n'être rien (comme dans les septième et neuvième hypothèses).

Somme toute, la réflexion de Damascius développe de manière cohérente l'interprétation néoplatonicienne du *Parménide*. D'abord, la position médiane de l'âme doit se traduire par des modalités de représentation adéquates pour *toutes* les conséquences positives et négatives, acceptables ou inacceptables. Elle est intrinsèquement liée au non-être de l'un-qui-est. Ensuite, la dérivation doit rendre compte de l'être du non-être de l'un-qui-est jusqu'au point où l'âme ne peut plus rien se représenter. Il faut alors distinguer entre ce qui est un quelque chose, comme un simulacre, une ombre ou un songe, et ce qui est impossible à penser, voire absurde. Ces deux exigences me semblent être reprises par Ficin.

1. Damascius, *In Parm.*, IV, p. 30-32 ; p. 38-39 et p. 42-44.

2. Damascius, *In Parm.*, IV, p. 8 et p. 35-36.

3. Damascius, *In Parm.*, IV, p. 80-85.

4. La septième déduction et la neuvième déduction conduisent donc à des conclusions absurdes : Damascius, *In Parm.*, IV, p. 80 ; p. 135.

Ce qui reste de l'Un

Fictions logiques

Pour Ficin, il faut déduire de manière exhaustive les conséquences positives et négatives tirées de l'hypothèse du *Parménide* et déterminer les modalités de représentation, voire de constitution, opérées par l'âme. À ce propos, l'analogie établie entre les neuf Muses et les neuf déductions, tirées du *Parménide,* est significative. Car Ficin affirme que Parménide s'est exprimé aussi bien en philosophe qu'en poète, de sorte que la « licence poétique » lui a permis d'imaginer également des choses qui ne sont pas[1]. Le poète s'octroie une liberté conceptuelle qui se traduit par des expériences de pensée :

> Il n'affirme pas seulement les choses qui sont, mais il imagine aussi celles qui ne sont pas, voire les choses qui ne peuvent pas être. En vertu de la licence poétique, il introduit souvent des paradoxes[2].

Cette attitude critique et heuristique justifie les affinités entre le poète et le dialecticien :

> Qu'est-ce que le poète et le dialecticien ont en commun ? Assurément bien des choses. Tous deux sont les seuls à revenir, pour ainsi dire, sur leurs concepts et leurs artifices ; ils ont tous les deux quelque chose de divin et possèdent un je ne sais quoi de fureur[3].

Somme toute, plus que la référence, quelque peu fatiguée, au mythe du *poeta eruditus*, il s'agit de mettre à l'épreuve le *système de savoir que l'âme elle-même produit*, et par là de prendre connaissance de la dérivation des ordres du réel[4]. Les Muses de la science conduisent à la connaissance des mystères d'Apollon : elles correspondent aux étapes que la dialectique, comme philosophie première, doit parcourir pour en exercer le deux fonctions principales : la synopsie et la *diairesis*.

1. Et d'attirer les esprits les plus limités : sur le style poétique de Platon, voir M. Ficin, *Commentaria Platonis ad Laurentium Medicem, Prooemium, Op.*, II, p. 1129.

2. Ficin, *In Parm.*, CIII, t. 2, p. 304-305 : « Non enim sola quae sunt asserit, sed etiam quae non sunt saepe confingit, illa quinetiam quae esse non possunt. Poetica sane licentia frequenter aggreditur paradoxa ».

3. Ficin, *In Parm.*, CIII, t. 2, p. 304-305 : « Verum quidnam dialectico cum poeta commercii ? Certe quam plurimum. Utrique enim atque soli circa suos, ut aiunt, conceptus et propria machinamenta versantur, habentur utrique divini et habent nescio quid furoris ».

4. Sur les conditions de possibilité de la connaissance de l'âme et de ses limites, voir C. Metry-Tresson., *L'aporie de l'expérience de la pensée dans le* Peri Archeos *de Damaskios*, Leiden, Brill, 2012, p. 93-132 et p. 235-367.

Toutefois, les fictions de l'âme sont un exercice dialectique rigoureux. Le critère de distinction entre le non-sens et le contre-sens s'impose. Tandis que celui-là n'offre aucune prise conceptuelle, sinon comme néantisation de toute modalité de compréhension, celui-ci peut être explicité et restitué à une signification tout à fait intelligible. C'est pourquoi pour Ficin, Parménide estime que les conséquences du non-être de l'un doivent être tirées de l'Un-qui-est, non de l'Un premier et en soi [1]. Une expérimentation conceptuelle peut être hyperbolique, mais ne doit pas être dépourvue de sens :

> Il aurait été complètement déraisonnable de nier le premier Un, qui est la nécessité elle-même d'exister ou, après l'avoir nié, de rêver de quelque manière que ce soit tout une autre chose. C'est pourquoi il (*i. e.* Parménide) a nié l'un-être, pour que sa fiction, certainement hyperbolique, ne fût pas inepte [2].

Ficin se soucie constamment de la cohérence des déductions négatives, pour que Parménide ne semble pas s'être perdu en rêveries, lorsqu'il a proposé ses fictions (*saltem ne ubi fingit temere fingere videatur*) [3]. Pour sa part, Ficin propose de développer, dans toutes ses implications, la dérivation du non-être de l'un-qui-est. Il faut s'interroger alors sur ce qui peut arriver à l'un, lorsqu'il dénivelle dans le non-être de l'un, bien qu'il semble apparaître paradoxal de penser que quelque chose puisse arriver (*si ei quod non est, aliquid possit accidere*) à quelque chose qui n'est pas ou plus. Cependant cette tentative est loin d'être dépourvue de sens (*inepte*) [4]. Deux raisons s'imposent. D'une part, l'analyse de la dérivation des ordres du réel doit être exhaustive et s'interroger sur ce qui reste de l'un-qui-est dans les manifestations de son non-être. D'autre part, les conséquences expriment à chaque fois une modalité de l'apparaître de l'un dans ses modalités d'unification. Par conséquent, la déduction de l'apparaître de l'un doit rendre compte de l'apparence de l'un, de ce qui semble un, sans l'être. Seule l'âme, comme instance médiatrice et surtout changeante, est en mesure de

1. Voir les lectures divergentes d'A. Malmsheimer, *Platons « Parmenides » und M. Ficinos « Parmenides » Kommentar. Ein kritischer Vergleich*, Amsterdam, Grüner, 2001, p. 272 et de M. J. B. Allen, « The second Ficino-Pico Controversy », dans *Plato's Third Eye*, *op. cit.*, p. 435-436.

2. Ficin, *In Parm.*, CIII, t. 2, p. 306-307 : « Ineptissimum vero fuisset vel negare primum, quod est ipsa necessitas existendi, vel illo utcumque negato ulterius aliquid somniare. Sic ergo negavit ut figmentum suum, hyperbolicum quidem, foret non ineptum ».

3. Ficin, *In Parm.*, CVIII, t. 2, p. 326-327.

4. Plus précisément, Ficin, *In Parm.*, CIII, t. 2, p. 306-307 : « ...quaeritat quidnam accidat uni, perinde ac si ei quod non est, aliquid possit accidere. Sed interea nihil temptat inepte ».

se représenter les formes du déploiement de l'un et de ses apparitions fallacieuses. C'est pourquoi le point de vue privilégié par Ficin n'est pas tant l'examen de ce qui reste de l'unité de l'un dans le non-être que la définition des différentes modalités de la multiplicité, en se demandant jusqu'à quel point le non-être de l'un en dissout les conditions élémentaires d'unification. La question essentielle porte ici sur la détermination de la nature et de la conduite des autres qui ne sont pas ou plus les autres de l'Un-qui-est, et qui en sont par conséquent différents [1].

Dès lors, la sixième déduction ne concerne pas tant le phénomène ou la perception, dépourvue de son lien avec l'intellect, mais le dénivellement de l'âme dans le non-être. Puisque l'âme est le mélange entre l'être et le non-être ainsi que le principe de toute unification des autres qui ne sont pas seulement les autres de l'un-qui-est, mais les différents propres à la multiplicité de l'un-et-multiple, alors elle peut pencher du côté du changement, en perdant sa propre unité. L'*alteritas* qui lui est propre et qui permet de prendre en compte les *caetera* [2] implique une certaine faiblesse constitutive :

> Le lien qui noue donc le non-être avec l'un est un certain être… C'est donc un certain être faible (*esse remissum*) par lequel il est possible de prédiquer le non-être de l'un [3].

De même que le non-être est défini comme un quelque chose, de même le non-être de l'âme, en s'ouvrant aux autres qui sont le non-un, peut être considéré comme un certain un et une certaine multiplicité :

> L'âme peut être dite pour cette raison « ce quelque chose qui est un » et une certaine multiplicité de « celui-ci » et le flux qui lui est propre [4].

Le basculement de l'âme dans le non-être de l'un ne conduit ni au néant, ni aux images fallacieuses. L'âme ne s'égare pas, mais la multiplicité prévaut sur son unité spécifique, la différence sur l'identité. Ce changement frappe en premier lieu l'Un. Avec la sixième déduction, il ne s'agit plus de considérer l'un-qui-est de l'intellect, mais l'un-multiple de l'âme : non plus l'un, mais *un certain un*. C'est pourquoi, à partir d'ici, le

1. Damascius, *In Parm.*, IV, p. 121-124.

2. Ficin, *In Parm.*, CV, t. 2, p. 314, pour laquelle il est autre que les tous les autres.

3. Ficin, *In Parm.*, CVI, t. 2, p. 320-321 : « Vinculum ergo per quod cum uno non ens subnectitur est quoddam esse… Est ergo quoddam esse remissum per quod de uno non ens predicare licet ».

4. Ficin, *In Parm.*, CV, t. 2, p. 316-317 : « Appellare et hac ratione licet hoc aliquid unum et quandam multitudinem huius quoque et huic esse fluxum ».

dénivellement de l'un est étroitement lié aux modalités de représentation de l'âme.

De la sorte, si l'on soustrayait au non-être de l'un-être la multiplicité changeante mais unie de l'âme, laquelle est le mélange sans confusion des opposés, alors on pourrait s'imaginer, comme dans un songe, l'Un en soi, dépourvu de toute détermination. Mais l'âme serait égarée, sans pouvoir distinguer le néant, en tant que néantisation de toute unité, de l'Un absolu, au-delà de toute affirmation et de toute négation. C'est la conséquence de la septième déduction :

> Dès lors nous imaginons que, dans la septième déduction, l'un-qui-est n'est pas seulement descendu dans l'âme, qui se meut par elle-même, ni seulement précipité dans le flux, en dépendant d'autre chose. Il s'est plutôt dissipé dans le non-être lui-même et il a glissé dans le néant, bien qu'il ait été, métaphoriquement comme je l'ai dit, restitué à l'un en soi [1].

La préoccupation pour l'unité de la multiplicité se traduit de manière prégnante dans l'interrogation propre à la huitième déduction. Ficin se demande : « Mais comment peut-on imaginer la multiplicité si l'unité a été déjà perdue ? »[2]. L'âme, dépourvue de son identité dans le changement, peut concevoir des êtres de manière fallacieuse : *apparitiones*, *phantasmata, somnia.* Le mensonge qui transforme l'apparaître de l'Un dans l'apparence de la multiplicité éparse de la perception et de l'imagination trompeuses commence ici. L'âme, tournant à vide sans cette multiplicité, s'abuse, devenant folle : *anima demens*, dépourvue de la *mens*, donc de l'unité intelligible[3].

Les images et les ombres n'ont leur être que dans le pouvoir de concevoir de l'âme : tous ces *imaginamenta* :

> … certainement ne sont pas ce qu'ils semblent être, mais quoi qu'ils soient, ils ne sont pas à l'extérieur des concepts de l'âme[4].

1. Ficin, *In Parm.,* CVIII, t. 2, p. 326-327 : « Quamobrem in suppositione septima unum ens non solum in animam per se mobilem degeneratum excogitamus, nec solum in fluxum ab alio dependentem praecipitatum, sed in ipsum omnino non ens denique resolutum, proprie forsan in nihilum iam prolapsum, metaphorice vero in ipsum simpliciter unum, ut ita dixerim, restitutum ».

2. Ficin, *In Parm.*, CIX, t. 2, p. 330-331 : « Sed numquid unitate iam perdita fingere liceat multitudinem ? ».

3. Ficin, *In Parm.*, CIX, t. 2, p. 332-333.

4. Ficin, *In Parm.*, CIX, t. 2, p. 330 : « …quae quidem non tam sint quam existere videantur, vel potius quicquid sint, non erunt haec extra conceptus animae… ».

Par conséquent, la multiplicité est devenue un simple monceau ou un amas. Les opposés s'échangent mutuellement, les multiplicités deviennent multiples :

> Mais quels monceaux ? D'abord des amas d'ombres, puis des tas innombrables. De surcroît, tout monceau sera infini de manière absolue et il ne sera pas tel qu'il se présente à celui qui l'imagine [1].

Pourtant, si les ombres et les songes ont encore l'apparence d'unité d'un tas qui se défait, il est impossible pour l'âme de concevoir quoi que ce soit, lorsque l'un-qui-est n'est plus d'aucune manière, comme dans la neuvième déduction. Les conditions de possibilité de toute représentation sont supprimées :

> Lorsque nous avons dit que l'on peut concevoir la multiplicité sans l'un, nous semblions avoir imaginé plus que ce qui était légitime. Mais ce qui n'est d'aucune façon et n'est un d'aucune manière ne peut être ni conçu ni imaginé comme il faut. Quoi que tu conçoives et comment tu le conçoives, tu dois imaginer la fiction à l'intérieur de ce que tu as conçu comme quelque chose qui est et est un. En outre, c'est le même mouvement qui porte à imaginer une telle fiction, où quelle soit : il provient de l'étant et de l'un et il est lui-même étant et un [2].

Somme toute, Ficin tente de rendre compte de la dérivation de toutes les déductions. Les conséquences tirées du non-être de l'un-qui-est révèlent le pouvoir de représentation de l'âme, en tant qu'instance médiatrice et changeante, ainsi que le point où aucune unité n'est plus possible. Cette perspective me semble conforme aux exigences du néoplatonisme post-plotinien et, par moments, très proche de la réflexion de Damascius. Celle-ci permet sans doute à Ficin d'interpréter les déductions négatives, en prenant ses distances d'avec Proclus et Plutarque.

Car Ficin ne s'interroge pas seulement sur ce qui reste de l'un-qui-est dans les manifestations de son non-être, mais il se demande jusqu'à quel point un quelque chose peut être pensé. Si les néoplatoniciens analysent les conséquences de l'apparence du non-être dans le dénivellement de l'un-

1. Ficin, *In Parm.*, CX, t. 2, p. 332-333 : « Sed quales turbae ? Primo quidem umbratiles, deinde innumerabiles, praeterea turba quaelibet erit infinite penitus infinita, neque tam erit quam sic occurret imaginanti ».

2. Ficin, *In Parm.*, CXI, t. 2, p. 338-339 : « Ubi vero nos cogitari multitudinem sine uno licere diximus, licentius et ipsi finxisse videmur. Immo vero quod nullo modo est et nullo modo unum neque cogitari rite potest neque fingi. Nam quicquid et quomodocumque finxeris ipsum saltem figmentum penes te conceptum est aliquid ens et unum, et ipse ad hoc effingendum alicunde motus ab ente quopiam atque uno atque ipse ens et unum ».

être jusqu'à l'impossibilité même de penser le non-être comme néant[1], Ficin examine plutôt les différentes modalités de la multiplicité, entendue comme le non-être de l'un, qui peuvent être attribuées à l'un-qui-est, jusqu'à l'impossibilité pour l'âme de se représenter, voire de *fingere*, un quelque chose. Il ne s'agit pas seulement de se représenter le *même pas un*, mais aussi le *même pas quelque chose*.

Aliquid

Cette exigence n'appartient pas à l'horizon conceptuel du néoplatonisme, mais provient de la réflexion médiévale sur le quelque chose, *aliquid*. Car la question leibnizienne: « Pourquoi il y a plutôt quelque chose que rien ? »[2] ne peut pas être platonicienne[3]. Le non-être est un dispositif prédicatif et ontologique essentiel dans l'horizon néoplatonicien, lequel demeure cependant, de par sa continuité cyclique, étranger au néant, entendu comme béance. Tandis que le non-être est ce qui arrive en dernier dans la procession, au moins comme hypothèse par l'absurde, le néant est ce qui précède en quelque sorte la venue à l'existence de l'étant. Dans la réflexion médiévale sur les transcendantaux, *aliquid* est, en général, considéré comme ce qui peut être conçu sans contradiction, indépendamment de son existence actuelle ou d'une forme essentielle, sans pour autant être néant[4]. Pareillement, il signifie, de manière négative, que tout étant est autre quelque chose (*aliud qui, aliquid*). *Aliquid* exprime un rapport étroit avec le néant et la négation, donc la capacité de l'étant d'entrer dans une relation. Si *unum* signifie l'étant en tant qu'indivis, *aliquid* est étroitement lié à la multiplicité[5].

1. Damascius, *In Parm.*, IV, p. 82-84. Voir le classement proposé par J. Combès, *Études néoplatoniciennes*, *op. cit.*, p. 133-187 : l'irréel correspond aux conséquences 7e et 8e (en tant que rien absurde de l'un et rien absurde des autres) ; l'infra-réel à la déduction de la matière (5e conséquence) ; le pré-réel est naturellement l'expression du rien ineffable par excès, de même que la matière l'est pas défaut.

2. G. W. Leibniz, *Principes de la nature et de la grâce fondés en raisons* (1714), Paris, P.U.F., 1986.

3. Elle a été clairement posée par Siger de Brabant, *Questions de métaphysiques*, éd. C. A. Graiff, Louvain, Éditions de l'Institut supérieur de philosophie, 1948, p. 184, 39-4 : « Quare est magis aliquid quam nihil ? ».

4. Pour la liste complète, comprenant *unum, verum, bonum, aliquid et res*, voir Thomas d'Aquin, *De Veritate* I, éd. et trad. fr. Ch. Brouwer et M. Peeters, *Première question disputée. La vérité*, Paris, Vrin, 2002, qu. 1, art. 1. Voir J. A. Aertsen, *Medieval Philosophy and the Transcendentals. The Case of Thomas Aquinas*, Leiden, Brill, 1996, p. 223-226.

5. R. W. Rosemann, « *Aliquid* : ein vergessenes Transzendentale », dans J. A. Aertsen et A. Speer (Hrsg.), *Was ist Philosophie im Mittelalter ?*, Berlin, de Gruyter, 1999, p. 529-537.

Or, Ficin cherche dans la tradition platonicienne les ressources pour penser le rapport entre le quelque chose et le non-être, afin d'éviter justement les deux traits médiévaux à peine esquissés[1]. D'abord, si un quelque chose était seulement ce qui peut être conçu sans contradiction, il s'agirait d'une condition formelle (vide) qui ne rendrait pas compte de la possibilité pour l'âme de se représenter le non-être de l'être-autre, à savoir les autres de l'un qui sont différents de l'un (ce qui est une condition de plénitude). Ensuite, être quelque chose, comme non-être de l'un-qui-est, n'est pas un mode d'être général, ni un super-transcendantal, mais une détermination de l'Un-Être, lorsqu'on lui attribue le non-être. Cette exigence de détermination se retrouve dans les quatre dernières déductions, qui interrogent « ce qui peut arriver à quelque chose qui n'est pas », mais en particulier dans la sixième où l'Un de l'âme est souvent décrit comme un certain être (*quoddam esse*) ou le lien (*vinculum*) entre l'un et le non-être.

La présence d'un tel non-être interdit de reconnaître ici l'être *perfectum ou integrum*, mais on peut supposer, en lieu et place, un certain être faible, *remissum,* par lequel il est légitime de prédiquer l'un du non-être. On serait alors tenté d'identifier *l'esse remissum* avec l'*esse deminutum*, c'est-à-dire l'esse *objectivum*, le corrélat objectif de toute intention de pensée, indépendamment de son contenu extra-mental[2]. Mais tel n'est pas le cas, puisque *l'esse remissum* n'est diminué ni par rapport à l'être réel, à savoir à l'essence, ni par rapport à l'actualité, mais par rapport à l'Un. En effet, le *quoddam esse* de l'âme n'exprime pas, à la différence d'un transcendantal, la signification la plus *commune* de l'étant, mais son acception la plus *restreinte.* Car il désigne les conditions de possibilité d'un quelconque multiple lorsqu'on lui soustrait progressivement le principe d'unité. Il ne s'oppose donc pas tant au néant qu'à la multiplicité éparse, laquelle ne peut plus être représentée. C'est pourquoi Ficin, tout en reconnaissant que les transcendantaux *ens, aliquid et unum* se convertissent, précise aussitôt :

1. Sur l'usage des ressources conceptuelles du néoplatonisme pour penser *aliquid* chez Ficin et chez Hegel, voir F. Mariani Zini, "*Aliquid* : être quelque chose", dans S. Rahman et J. M. Sievers (éd.), *Normes et fictions*, *Cahiers de logique et épistémologie*, vol. 11, London, King's College Publications, 2011, p. 75-92.

2. A. de Muralt, « La doctrine médiévale de *l'esse objectivum* », dans *id.*, *L'enjeu de la philosophie médiévale. Études thomistes, scotistes, occamiennes et grégoriennes*, Leiden, Brill, 1993, p. 90-167 ; Th. Kobusch, « *Ens inquantum ens* und *ens rationis.* Ein aristotelisches Problem in der Philosophie des Duns Scotus und Wilhelm Ockham », dans J. Marenbon (ed.), *Aristotle in Britain during the Middle Ages*, Turnhout, Brepols, 1996, p. 157-175.

> Quelque chose qui est un se convertit donc avec l'étant, mais il n'est pas l'un lui-même absolu... Un étant est un certain un[1].

Tout étant, et non seulement tout étant intelligible, est un certain un, parce que l'un de l'âme, comme un-et-multiple, est un certain un. Son *aliquid* est ce qui permet à l'âme d'être *aliud* que les autres, puisqu'elle est la condition de l'unification des autres comme *caetera*.

De même que le non-être n'est pas l'horizon à partir duquel l'étant vient à l'existence, mais ce qui traduit l'épuisement de la procession de l'un dans les modalités du multiple ; de même le quelque chose n'est pas un des modes généraux de l'étant, voire le plus formel et le premier en tant que ce qui peut être conçu comme non contradictoire. Il s'agit plutôt d'*un certain être, d'un quelque chose*, qui apparaît lorsque l'être-un choit dans le non-être et qui peut être représenté jusqu'au moment où il devient un presque-rien. Il exprime, même dans l'altération du non-être, la plénitude de l'un dans sa procession et ses manifestations unitaires, jusque dans le non-être de l'un-être.

On peut mesurer la distance de la pensée ficinienne à l'égard de la réflexion thomasienne sur ce point. Pour Thomas, la cause de la *pluralitas* des réalités premières est la division, la *divisio*, tandis que la cause de la pluralité des réalités composées et la *diversitas*. La division renvoie à l'opposition fondamentale entre l'être et le non-être. Tout étant déterminé est *aliud*, autre et différent, par rapport à un autre et un, au sens d'indivis. L'un succède donc à l'étant. Plus précisément :

> Dès lors, de même que l'on retrouve l'un, en tant que indivis, après l'étant, de même l'on retrouve la pluralité des premières réalités simples tout de suite après la division entre l'étant et le non-étant[2].

1. Ficin, *In Soph.*, chap. 17, p. 228-229 : « Itaque unum aliquid convertit cum ente ; nontamen ipsum simpliciter unum... Nam ens unum est aliquid unum ».

2. Thomas d'Aquin, *Super Boetium, op. cit.*, qu. IV, art. 1 : « ...unde sicut post ens in quantum est indiuisum statim inuenitur unum, ita post diuisionem entis et non entis statim inuenitur pluralitas primorum simplicium ». Voir J. A. Aersten, *Medieval Philosophy as Transcendental Thought*, *op. cit.*, p. 218-257. L'auteur consacre un chapitre aux transcendantaux dans la pensée de L. Valla et de J. Pic de la Mirandole, *ibid.*, chap. 13. On peut donc souligner ici la contribution de Ficin à cette réflexion humaniste. La conception néoplatonicienne d'*aliquid* évite de le penser comme *un super-transcendantal*, compris comme *esse objectivum*, qui transformerait l'ontologie en « tinologie », selon l'évolution retracée (mais en recouvrant souvent *aliquid* et *res*) par A. de Muralt, « La métaphysique des transcendantaux », *Néoplatonisme et aristotélisme, op. cit.*, p. 18-56 ; J.-F. Courtine, *Suarez et le système de la métaphysique*, Paris, P.U.F., 1990, p. 537 *sq.* ; O. Boulnois, *Être et représentation. Une généalogie de la métaphysique moderne à l'époque de Duns Scot*

Pour Ficin, en revanche, aussi bien la dialectique entre l'être et le non-être que l'*alteritas* succèdent à l'un. *Un* et *aliquid*, en tant qu'autre, n'impliquent pas une simple négation par rapport aux autres, mais une dialectique interne d'identité et de différence. Dès lors, l'exigence de penser la multiplicité et les autres, introduite par le non-être de l'Un-Être sous la modalité minimale d'*un* quelque chose jusqu'à l'impossibilité de le représenter occupe une place bien précise dans la dialectique de l'Un et de ses négations. Elle ne permet pas seulement de dévoiler la plénitude de l'un dans ses manifestations négatives, mais elle donne aussi un statut particulier aux songes, aux images et aux ombres fallacieuses[1]. Il s'agit d'un impératif platonicien. Pour pouvoir capturer le sophiste, ou tout au moins pour pouvoir lui montrer que ce qu'il dit n'est pas[2], il faut savoir distinguer les images, les simulacres et les ombres qui entrent à juste titre dans les relations de participation des images, des ombres et des simulacres fallacieux[3]. C'est pourquoi Ficin ne considère pas la sixième déduction comme étant déjà le lieu du mensonge ou de la perception fallacieuse. Il y a un moment précis où le dénivellement de l'être-un dans le non-être des images et des songes devient trompeur, où la représentation de l'âme se dissipe. Les images et les songes en soi ne sont pas rien, mais, tout comme les fictions logiques, un quelque chose. S'il est difficile de parler des *simulacra* et des *apparentia* de manière non contradictoire, il faut cependant reconnaître que l'image de cette sorte n'est pas rien, mais un quelque chose, à savoir une véritable image et vraiment une image (*dicimus ... ergo et esse aliquid verum, id est, imaginem veram atque vere imaginem esse*)[4].

À cet égard, il faut rappeler que Sénèque, dans la lettre 58, classe, suivant l'opinion des certains Stoïciens, sous le même premier genre du

(XIIe – XIVe siècle), Paris, P.U.F., 1999, p. 512-514. Pour une autre lecture, voir J. A. Aertsen, *Medieval Philosophy as Transcendental Thought, op. cit.*, p. 633-645.

1. De même que la beauté peut être considérée comme un quasi-transcendantal puisqu'elle signifie l'accomplissement procédé, de même *aliquid*, qui exprime la multiplicité de l'âme dans le dénivellement de l'un-être dans le non-être, permet de défendre l'achèvement et la plénitude du réel jusqu'à ses conséquences extrêmes. Il s'agit de la même conception de la procession comme productrice d'un incrément de sens.

2. Ficin, *In Soph.*, chap. 40, p. 266-267 : « Car la conjonction entre l'être et le non-être semble nécessaire en ce qui concerne l'opinion, le discours faux et l'apparence des images trompeuses ». (« Nam et ad opinionem orationemque falsam et ad phantasmatum apparitionem necessaria videtur quaedam entis cum non ente coniunctio »).

3. Le philosophe et le sophiste manient deux sortes différentes d'*occultum*: Ficin, *In Soph., Argumentum*, p. 218-219.

4. Ficin, *In Soph.*, chap. 19, p. 232-233.

quid[1], les choses qui sont et les choses qui ne sont pas, parmi lesquelles les concepts et les fictions[2]. En réalité, pour les Stoïciens, les formes ou les idées, identifiées avec les concepts (*ta ennoemata*), voire les *phantasmata*[3], sont non-quelque-chose (*outina*). Pourtant, des hésitations troublent la réflexion stoïcienne sur le statut des concepts, qui sont considérés parfois comme des *phantasmes*, parfois comme des *quasi-quelque-chose*. Sénèque exprime ce déplacement des fictions du *non-quelque-chose* au *quasi-quelque-chose*, en accomplissant deux opérations. D'une part, il range sous la catégorie de non-existant aussi bien les faux concepts que les fantasmes de l'esprit, qui semblent constituer le domaine de ce qui n'est pas au sens de fallacieux ; d'autre part, il considère que ces non-étants sont cependant un quelque chose qui subsiste. Il élargit donc le quelque-chose-non-étant aux concepts ainsi qu'aux *phantasmata*, voire aux *fictions*.

Un tel élargissement se retrouve également dans la réflexion de Ficin, qui considère les représentations de l'âme sous les espèces du quelque chose : la vacuité ne bascule pas subitement dans le néant ou dans la suppression des facultés et des objets concevables : elle signifie en fait le domaine onirique des fictions. Celles-ci ont pour Ficin, tout comme pour Sénèque, une certaine consistance, grâce à laquelle il est possible de se représenter, fictivement ou métaphoriquement, ce qui est presque un quelque chose.

Or, les brèves indications de cette source latine passent naturellement au second plan, lorsque le texte grec du *Sophiste* est lu. Les images sont un

1. Le quelque chose (*ti*) est le genre suprême, comprenant les corps qui existent et les incorporels qui subsistent, comme le vide ou le temps : voir le témoignage de Sextus Empiricus, *Contre les professeurs*, trad. fr. P. Pellegrin (dir.), Paris, Flammarion, 2002, X, 3-4. Voir J. Brunschwig, « La théorie stoïcienne du genre suprême et l'ontologie platonicienne », dans J. Barnes et M. Mignucci (eds), *Matter and Metaphysics*, Napoli, Bibliopolis, 1988, p. 1-81 ; P. Aubenque, « Une occasion manquée : la genèse avortée de la distinction entre l' "étant" et le "quelque chose" », dans *Études sur le* Sophiste *de Platon*, *op. cit.*, p. 365-385 ; V. Caston, « Something and nothing : the Stoics on Concepts and Universals », *Oxford Studies in Ancient Philosophy* 17, 1999, p. 145-214. Plotin, *En.*, V, 3 (49), 12, 50-53 ; VI, 1 (42), 25, 5-18, critique cette thèse stoïcienne.

2. Sénèque, *Ep.*, 58, 15.

3. Puisque les concepts ne correspondent pas à des choses existantes, ils sont comparés parfois aux phantasmes et distincts des impressions. Mais il ne faut pas confondre le phantasme et la *phantasia katalèptikè* puisqu'un phantasme est ce vers quoi l'on est attiré dans l'attraction à vide de l'imagination, comme il appert chez les fous et les mélancoliques : voir Diogène Laërce, *Vies*, *op. cit.*, VII, 49-51.

quelque chose, sinon le dispositif même de la participation comme reflet ne pourrait être fondé :

> Platon dit, avec ses disciples, que les images sont un quelque chose, sinon les choses ne pourraient pas apparaître intactes dans un miroir [1].

Pourtant, le statut ontologique de l'image qui, au croisement de l'être et du non-être, est un quelque chose qui n'est pas rien, ne sert pas seulement à légitimer les modalités de la participation. Car Ficin vise à attribuer *une valeur également positive aux manifestations ultimes de la procession*, puisqu'il estime que la dérivation des êtres, et non seulement des classes divines, apporte un incrément de sens, exprimé par l'unité différenciée ou reflétée de l'image, du miroir, voire de l'ombre. Dès lors, si l'imagination exerce de prime abord la fonction du sens interne de l'opinion ou de sens commun aristotélicien [2], elle se traduit également par l'art de fabriquer des *simulacra*. Toutefois, son activité est double et permet de distinguer les vraies images des fausses images :

> L'art de l'imagination est double : elle est assimilative lorsqu'elle exprime quelque chose conforme au modèle d'une chose, n'importe laquelle, qui existe ; fantastique, quand elle feint des simulacres de choses qui n'existent point. Le sophiste s'adonne au genre fantastique, en trompant [3].

Si la défense de l'image comme quelque chose trouve sa justification dans le texte de Platon, l'appréciation relativement positive de l'ombre [4] dérive de Proclus, lequel attribue un statut réel aux reflets ainsi qu'aux apparences. Ceux-ci sont comparés à des images inversées projetées sur un miroir, ou suscités dans le sommeil par des démons [5]. Ficin développe alors la réflexion sur les images illusoires sur le plan ontologique. D'abord, les

1. Ficin, *In Soph.*, chap. 46, p. 273 : « Plato vero cum suis imagines esse vult aliquid, non enim res integras in speculis aliter apparere posse ».

2. Ficin, *In Soph.*, chap. 43, p. 268-269.

3. Ficin, *In Soph.*, chap. 44, p. 268-269 : « Ars imaginaria est duplex : altera quidem assimilativa quae ad rei alicuius existentis exemplar aliquid exprimit ; altera vero phantastica simulachra fingens non existentium. In genere phantastico sophista versatur et fallit ». Voir Platon, *Soph.*, 264c4-265a10. Voir M. J. B. Allen, *Icastic Art*, *op. cit.*

4. Ficin, *TP*, XV, 2, t. 3, p. 20 : « Si la forme qui est la plus proche de la matière est l'ombre de celle qui est la plus éloignée, comme la forme végétative est l'ombre de la forme sensitive et celle-ci l'ombre de l'intelligence, il s'ensuit que l'âme intelligente est unie à la matière par son ombre et par conséquent par son acte vivificateur ». (« Ac si forma, quae materiae propinquior est, umbra eius est quae a materia est remotior, ut vegetativa sensitivae, haec autem intellectivae, sequitur intellectivam animam umbram suam, ideoque per suum actum vivificum materiae iungi »).

5. Proclus, *In Remp.*, 1.289.21-290.27 et *In Tim.*, II, p. 98-99.

ombres ont une consistance réelle, bien que démonique[1], comme le prouve l'exemple donné par Proclus de la hyène qui, piétinant l'ombre d'un chien dormant dans une nuit de lune, le fait trébucher[2]. Le magicien peut connaître les images et les ombres des choses pour saisir leur secrète sympathie :

> Proclus ajoute que les magiciens ont l'habitude de disposer de façons étonnantes les images et les ombres des choses et, par le biais de ces modalités, de manière semblable les choses elles-mêmes, comme si les images et les ombres possédaient une certaine nature qui appartient à la chose elle-même, par laquelle peut se produire une sympathie réciproque[3].

Ce n'est pas un hasard si Ficin conçoit la *phantasia,* productrice d'images, d'ombres et de songes, comme une *faculté clairvoyante* qui se traduit par la divination prophétique[4]. Quand le corps est assoupi, par exemple dans le rêve, la *phantasia,* éclairée par l'intellect, saisit rapidement et synthétiquement l'enchaînement des causes et des effets entre les phénomènes du monde physique[5]. Il ne s'agit pas seulement d'une clairvoyance tournée vers le futur, mais aussi d'une prophétie au passé ou au présent, au sens que les enchaînements profonds et cachés des événements deviennent patents, montrant les dispositifs de leur déploiement[6]. La double nature des présages peut donc donner lieu à une typologie de rêves : ils sont *obscurs* s'ils frappent la *phantasia* d'un esprit inconstant, *clairs* si le prophète possède une complexion tempérée[7]. Il faut distinguer le déchiffrement réalisé par le devin de la lecture de l'interprète, comme le

1. Ficin, *In Soph.*, *Argumentum*, p. 219 : Platon estime que « les choses ombragées et illusoires sont des artifices démoniques ». (« Res autem umbratiles et fallaces ait daemonicas esse praestigias ») ; *ibid.*, chap. 46, p. 270 : « Dans la lumière il y a un certain pouvoir démonique, producteur d'images et d'ombres, de même que les démons ont l'habitude de montrer des apparences merveilleuses non seulement aux hommes qui dorment ou qui sont distraits, mais aussi à ceux qui sont éveillés ». (« Et in lumine potestas quaedam est daemonica, effectrix videlicet imaginum et umbrarum, quemadmodum et daemones solent mira quaedam visa non solum dormientibus et abstractis sed etiam vigilantibus ostentare »).

2. Ficin, *In Soph.*, chap. 46, p. 274 ; Proclus, *In Tim.,* II, p. 98-99.

3. Ficin, *In Soph.,* chap. 46, p. 275 : « Adiungit Proclus solere magos miris modis afficere rerum imagines atque umbras, hisque affectis similiter res ipsas afficere, quasi imagines atque umbrae naturam aliquam habeant suam ad res attinentem, per quam mutua quaedam fieri compassio valeat ».

4. Ficin, *TP*, II, 5, t. 1, p. 85 ; IX, 2 et 3, t. 2, p. 93-97 ; XIII, 2, t. 2, p. 210.

5. Ficin, *TP*, XIII, 2, t. 2, p. 205-206.

6. Le prophète saisit la prémisse mineure, cachée, du syllogisme concernant les événements réguliers, mais contingents, de la nature : Ficin, *TP*, IX, 4, t. 2, p. 209-210.

7. Ficin, *TP*, IX, 4, t. 2, p. 215-218.

soulignait Platon[1], bien que le présage soit toujours la marque d'une activité tranquille, apaisée : *ingenium pacatum atque quietum*[2].

En définitive, Ficin reprend à son compte l'exigence de la tradition néoplatonicienne tardive d'expliciter la dérivation du réel, en tirant également les conséquences du non-être de l'un-qui-est. Une telle déduction est constitutivement liée aux modalités de représentation de l'âme, notamment de ses fictions. De manière cohérente avec son projet de transférer de l'intellect à l'âme le pouvoir de négation, qui est en même temps la possibilité de toute connexion, Ficin estime que l'analyse de l'un-et-multiple de l'âme conduit à une conception particulière du dénivellement de l'un-être dans le non-être. À partir de la sixième déduction, l'âme elle-même se trouve au centre de la descente de l'un dans le non-être. Elle implique aussi une transformation de l'un lui-même : il ne s'agit plus ni de l'un en soi, ni de l'un-être, mais d'*un certain un*, de l'*un de l'âme*. Puisque l'âme est un certain lien entre l'être et le non-être, ouvert sur les autres, compris comme les différents, le dénivellement concerne plus la multiplicité unie que l'unité de la multiplicité.

Toutefois, en accord avec sa conception positive de la multiplicité de l'âme, qui introduit un incrément de sens dans la procession de l'un, le dénivellement ne conduit pas directement à l'apparence fallacieuse. Si l'on veut capturer le sophiste, il faut connaître le point exact où le songe et l'image, qui sont un quelque chose, se distinguent du faux et du mensonge, qui sont un presque rien. Les images ou les concepts fictifs du sophiste n'apparaissent que dans la huitième déduction. Comme pour les Stoïciens, les *phantasmata* ne sont pas, pour Ficin, les véritables images, mais les images auxquelles l'empreinte fait défaut. Le non-quelque-chose commence ici, mais il s'agit toutefois d'un *presque-quelque-chose*, puisque l'âme peut encore se le représenter. Ce n'est que dans la neuvième déduction que la multiplicité désordonnée, mais encore unie de la huitième conséquence, se dissipe complètement, puisque l'âme ne peut même plus se l'imaginer. La représentation d'un quelque chose est devenue impossible, l'unité ayant déserté son pouvoir même de feindre. À ce moment-là, mêmes les images illusoires se dispersent.

Ayant ainsi établi la nature, les fonctions et les pouvoirs de l'âme dans l'ordre de l'être, il faut s'interroger maintenant sur la signification de l'âme individuelle. Sans doute seul un mythe, celui de l'attelage ailé du *Phèdre*, peut-il permettre d'esquisser une réponse.

1. Platon, *Tim.*, 71d-72c.
2. Ficin, *TP*, XIII, 2, t. 2, p. 217.

CHAPITRE VI

L'INDIVIDUALITÉ DE L'ÂME

LE CRITÈRE D'INDIVIDUATION

La défaillance de l'âme

Le *Phèdre* raconte les vicissitudes de l'âme individuelle, avant la naissance et après la mort. L'âme y est figurée par un attelage ailé, conduit par un cocher qui contemple la vérité divine des idées. Mais elle peut être détournée de son chemin par la maladresse de l'aurige ou par l'inquiétude des chevaux. Les dieux maîtrisent leur attelage plus facilement, tandis que les âmes des hommes défaillent au point de perdre leurs ailes, en tombant dans des corps terrestres. Le retour au ciel est ardu : il faut en passer par maints voyages et arrêts, exprimés à travers les modalités de la réincarnation[1].

Ce mythe fut, depuis l'Antiquité, très commenté dès qu'il s'agissait de définir l'individualité de l'âme, en tant qu'*individuation* d'une instance universelle ainsi que comme entité *singulière*, caractérisée par un destin spécifique et par un choix de vie responsable. Il ne permet pas seulement d'examiner la nature de l'âme et de son immortalité, mais de poser aussi la question : qu'est-ce que signifie être ou devenir soi-même[2] ? Les figures anciennes du soi sont multiples et quelque peu déroutantes, puisqu'elles ne

1. Platon, *Phèdre*, 245c-249d.

2. C. Steel, *The Changing Self. A Study on the Soul in Later Neoplatonism : Iamblichus, Damascius and Priscianus,* Bruxelles, Académie Royale de Belgique, 1978 ; M. Perkams, *Selbstbewusstsein in der Spätantike. Die neuplatonische Kommentare zu Aristoteles' « De Anima »*, Berlin-New York, Brill, 2008, p. 305-335.

correspondent ni aux modalités modernes de la conscience morale ou vécue[1], ni au sujet possesseur de ses actes, ni à la personne responsable, encore moins à l'existence plongée dans la contingence[2]. L'interrogation porte plus sur l'unité de soi que sur son individuation, réalisée dans une forme de vie qui est comprise dans sa totalité et à chaque moment, et non dans la succession temporelle des vicissitudes, marquée par la discontinuité. C'est une expérience spirituelle, menacée par la désunion avec soi-même, plutôt que par l'anonymat, qui se confronte constamment avec un ordre supérieur, cosmologique ou ontologique, dont elle se croit une partie[3].

Mais Ficin n'est pas un philosophe de l'Antiquité. Il a parfaitement conscience des coordonnées conceptuelles de son temps qui permettent de penser autrement les figures du soi. Force est de constater qu'il ne puise pas aux ressources de la tradition chrétienne. La notion de *persona*, développée par Boèce dans une logique relationnelle afin de justifier l'unité de la Trinité, n'est pas reprise, malgré son fondement platonicien. L'analogie augustinienne entre les personnes de la Trinité et les facultés de l'âme lui reste étrangère, de même que les modalités du repentir et de la confession, qui sont pourtant essentielles à l'intériorité de la conversion chrétienne. L'imitation du Christ, à partir de sa double nature, n'est pas pour Ficin un sujet de réflexion anthropologique, alors qu'elle est au centre de la peinture de son temps[4]. De manière encore plus étonnante, la Passion ne lui inspire point de remarques particulières sur la signification de la mort, son rachat ou sa consolation. Bien plus, lorsqu'il affirme que l'existence de la créature vient de Dieu, qui l'arrache au néant, il n'hésite pas à faire appel à l'autorité

1. L'interprétation de Kristeller, *Il pensiero filosofico, op. cit.*, II, chap. 1, selon laquelle il y a, dans la pensée de Ficin, une réflexion sur l'existence et la conscience intérieure est quelque peu anachronique et sans doute inspirée par l'influence de son *Doktorvater*, M. Heidegger.

2. Naturellement, on trouve dans la pensée antique des réflexions sur la substance, l'individu, la personne ou le masque, mais dans des acceptions qui ne sont pas modernes ou contemporaines. Pour éviter toute forme d'anachronisme, voir R. Sorabji, *Self. Ancient and Modern Insights about Individuality, Life and Death*, Oxford-Chicago, Chicago University Press, 2006, p. 57-83.

3. P. Hadot, *Exercices spirituels et philosophie antique* (1981), Paris, Albin Michel, 2002.

4. G. Boehm, *Bildnis und Individuum. Über den Ursprung der Porträtmalerei in der italienischen Renaissance*, München, Prestel, 1985.

du Maure Avicebron[1]. De même, la résurrection du corps et la palingenèse, comme seconde naissance, sont parfois évoquées, en se référant à Hermès et à Platon, là où l'on s'attendrait à un renvoi explicite à la doctrine chrétienne.

Par ailleurs, Ficin se montre parfaitement au courant des enjeux cognitif, anthropologique et théologique de l'interrogation médiévale sur l'intellect possible ou passif autour de la question centrale : *Qui pense*[2] ? Il la reprend sciemment lui-même, en discutant en détail à la fois la position averroïste et les critiques de Thomas d'Aquin, pour qui l'unité humaine de l'âme et du corps doit transformer l'interrogation en celle-ci : *Est-ce le même homme qui connaît et perçoit*[3] ? Pourtant, Ficin demeure fidèle à l'identité platonicienne entre l'homme et l'âme et à l'horizon de la procession des hypostases hors du premier principe. C'est à l'intérieur de cet espace théorique qu'il tente de penser l'individualité et la singularité de l'âme, tout en tenant compte de nouvelles exigences.

La détermination des critères d'individuation de l'âme doit naturellement précéder celle de sa singularité. Cela oblige à définir d'abord le *lieu* de cette individuation, conduisant les néoplatoniciens à s'interroger sur les modalités de la chute de l'âme dans le corps. Tombe-t-elle entièrement ou reste-t-elle liée partiellement à l'intellect ? L'enjeu porte sur l'autonomie relative de l'âme par rapport à l'intellect et, partant, sur son accomplissement spécifique. Si l'âme ne tombe pas vraiment, l'ascèse est possible : on devient pleinement ce qu'on n'a jamais cessé d'être. Si la chute est ruineuse, la théurgie est nécessaire. La constitution de soi implique alors une véritable transformation initiatique.

Or, pour Ficin, puisque l'âme émane directement de Dieu :

> …il ne faut pas dire, à proprement parler, que l'âme descend, ni chercher d'où elle descend[4].

Pourtant, il revient aussitôt après sur ce sujet. Voulant simplement converser avec les Anciens (*cum Prisci confabulari*), Ficin se hâte d'indiquer que l'âme, suivant l'opinion de Mercure et de Zoroastre, descend de l'ample cercle de l'univers (*ex amplo demittitur ambitu mundi*),

1. Ficin, *TP*, XVII, 2, t. 3, p. 150. Avicebron (Ibn Gebirol) était un philosophe juif du XIe siècle, natif de Malaga, mais son ouvrage *Fons vitae*, traduit de l'arabe au latin, ne fut identifié qu'à l'époque moderne. C'est pourquoi Ficin le définit comme "maure".

2. A. de Libera, *Archéologie du sujet. Naissance du sujet I*, Paris, Vrin, 2007, chap. 2 et 3.

3. Ficin, *TP*, XV, 12, t. 3, p. 69.

4. Ficin, *TP*, XVIII, 4, t. 3, p. 192 : « …neque dicendum est proprie eam descendere, neque unde descendat est quaerendum ».

un endroit qui garde toute son ambiguïté, pouvant se trouver aussi bien dans l'Âme du Monde que dans le Ciel des idées. En réalité, la désignation du lieu originaire de l'âme, sa patrie véritable, lui pose constamment un problème. Car Ficin semble soutenir la thèse plotinienne selon laquelle l'âme n'est pas entièrement tombée[1] : les ailes de l'attelage ne sont pas brisées, mais seulement repliées[2]. Toutefois, il revendique, comme Jamblique[3], la nécessité des pratiques théurgiques pour engager le chemin de la conversion[4]. Mais les deux points de vue ne peuvent pas être soutenus en même temps sans entrer en contradiction[5] : ou bien l'âme est ce qu'elle est, parce que la chute n'en change point l'essence, ou bien sa descente implique une transformation radicale et la constitution de soi présuppose une substance multiple.

S'il avait voulu adopter un compromis, il aurait pu choisir la position de Porphyre : l'âme ne tombe pas vraiment, mais le contact avec le corps en rend l'élévation plus ardue. Les esprits les plus faibles peuvent alors s'adonner à des rites de purification, mais le sage n'en aurait cure. La contemplation lui suffit. Pourtant, Ficin s'efforce surtout de concilier

1. Ficin, *In Plotinum, Op.*, II, p. 1737 ; *TP*, III, 2, t. 1, p. 141 : l'âme reste attachée aux réalités divines (*haeret quoque divinis*) pendant qu'elle gouverne le corps. C'est pourquoi elle est la maîtresse du corps, non son compagnon de voyage (*domina, non comes*) : *TP*, IX, 2, t. 2, p. 10. Les parties supérieures de l'âme sont l'intellect et la volonté.

2. Ficin, *In Phaedr.*, 8, p. 102-104 ; *sum.*, 23, p. 160 et Plotin, *En.*, 33 (II, 9), 4, 1-15.

3. Sa conception de l'âme est connue surtout par le commentaire de Priscien de Lydie au *De Anima* (selon l'interprétation de C. Steel, mais l'attribution est controversée, voir P. Hadot, « Simplicius or Priscianus ? On the Author of the Commentary on Aristotle's "De Anima" (CAG XI) : A Methodological Study », *Mnemosyne* 55, 2002, p. 159-199). Voir Simplicius (?), *In libros Aristotelis De Anima commentaria*, éd. M. Hayduck, CAG XI, Berlin, Reimer, 1882 (désormais cité *In de an.*), ici 286, 37. Les parties doxographiques du traité de Jamblique se trouvent dans Johannes Stobaeus (Jean Stobée), *Anthologion*, éd. C. Wachsmuth et O. Hense, Berlin, Wiedemann 1884-1923 (et réimpr. 1958, 1999).

4. Pour Jamblique, les ailes sont brisées, de même que la substance de l'âme : voir *In de an.*, 220, 2-15. Le commentaire de Jamblique au *Phèdre* est connu surtout par les remarques d'Hermias, *In Phaedr.*, 160, 12, où la perte des ailes est mentionnée. Voir D. P. Taormina, *Il lessico delle potenze dell'anima in Giamblico*, Firenze, La Nuova Italia, 1990.

5. S. Klitenic Wear, « Ficino's Hymns and the Renaissance Platonic Academy », dans *Laus Platonici Philosophi. Marsilio Ficino and His Infuence*, *op. cit.*, p. 133-148 a remarqué cette contradiction, sans l'expliquer. Plotin n'est pas toujours et nécessairement l'autorité principale de Ficin, à la différence de ce que soutient P. O. Kristeller, *Il pensiero filosofico*, *op. cit.*, p. 110, p. 153, p. 284, *passim*, suivi ensuite par M. J. B. Allen, *Icastes*, *op. cit.*, p. 50-73 et par A. De Pace, *La scepsi*, *op. cit.*, p. 221-247, selon laquelle Ficin serait à Pic ce que Plotin fut à Jamblique. Pour une révision de ce jugement, voir l'introduction de F. Lazzarin à M. Ficino, *Commento al Parmenide*, *op. cit.*, p. LXXXXIX *sq*.

Plotin avec Jamblique, cités ensemble avec Théodore d'Asiné[1]. Le choix est astucieux. On sait bien peu de Théodore, si ce n'est qu'il avait été l'élève de Porphyre, puis de Jamblique : la médiation est ainsi établie[2]. Les positions de Plotin et de Jamblique sont rapprochées par omission. La thèse du contact avec les réalités divines de Jamblique est assimilée au lien indissociable entre l'intellect et l'âme, défendu par Plotin en passant sous silence les modalités théurgiques de l'union et la rareté de cette expérience. Le manque d'attention, en revanche, est proposé comme la raison d'une forme de discontinuité. Mais l'enjeu de ce passage est de lier l'âme directement à Dieu : leur rencontre n'a pas besoin d'un tiers et ne produit pas un tiers :

> Mais de l'union de l'âme et de Dieu ne résulte pas une troisième nature par l'action d'un tiers qui les assemblerait…[3].

Tout en se tournant vers l'intellect, l'âme garde un rapport direct avec Dieu. Deux conséquences s'ensuivent. D'une part, elle acquiert une autonomie relative par rapport à l'intellect : le mouvement est sa *propriété naturelle*, de même que l'unité est celle de Dieu et la multiplicité celle de l'ange[4]. D'autre part, cette indépendance rend sa chute plus dramatique que dans l'esprit de Plotin, justifiant les pratiques théurgiques et les rites d'initiation de Jamblique et de Proclus. Bien que l'âme y laisse quelques plumes[5], la chute cause la *rémission*, voire la *démission* et la perte de la capacité contemplative[6].

Mais cette indigence est en quelque sorte heureuse : la rémission de la capacité contemplative est due à l'activité formatrice et organisatrice de l'âme. La chute de l'âme est *naturelle*, de même que son mouvement, puisqu'elle contribue au déploiement cosmologique[7]. Tandis que les âmes divines exercent *simultanément* les fonctions de contemplation du monde idéal et d'organisation de la réalité sensible, les âmes humaines ne le

1. Ficin, *TP*, XII, 4, t. 2, p. 169-174.

2. Proclus, *In Tim.*, III, 246, 23-28 le critique pour avoir soutenu la thèse plotinienne sur la descente de l'âme.

3. Ficin, *TP*, XII, 4, t. 2, p. 172 : « Non fit autem ex animo ac Deo tertia quaedam natura a tertio aliquo componente utrumque… ».

4. Ficin, *TP*, III, 1, t. 1, p. 132 : « Ita motus naturalis est animae ». La multiplicité est le propre de l'ange en tant que multiplicité unie. Le mouvement de l'âme donne lieu à un autre genre de multiplicité.

5. Ficin, *In Phaed.*, *sum.*, chap. 23, p. 160-161 : « amittere pennas ».

6. Ficin, *In Phaedr.*, *sum.*, chap. 23, p. 159-161.

7. Ficin, *In Phaedr.*, *sum.*, chap. 23, p. 160.

peuvent *qu'alternativement*[1]. Quand l'âme est occupée à former le monde naturel, elle se contracte et tombe dans un corps mondain[2].

Cette conception est loin d'être originale. L'exigence de continuité propre au néoplatonisme conduit, d'une part, à considérer la nature et la matière comme une manifestation de l'intelligence, d'autre part, à assigner à l'âme universelle une fonction providentielle, formatrice de la réalité sensible[3]. Celle-ci n'est pas tant une excroissance qu'une totalité organisée et, partant, belle[4]. De surcroît, le rapport problématique entre la génération et la contemplation, qui traverse le *Banquet*, se pose à nouveau dans le *Phèdre*, où il est résolu justement par le mouvement. Toute âme a le pouvoir de descendre dans la génération et de remonter à la contemplation des réalités divines, de manière alternée et cyclique, à cause de l'infinité du temps[5].

Le trait spécifique de la réflexion de Ficin réside plutôt dans la signification attribuée à la génération. L'âme ne se charge pas seulement de former et d'organiser la réalité sensible, mais prend soin d'elle, en la nourrissant et la faisant croître. La conception hermétique de la tâche propre à l'homme, l'adoration des réalités divines et la prise en charge du monde sensible, s'exprime par l'amour maternel de l'âme pour son fils. Ficin utilise cette image non seulement pour souligner l'attachement affectif de l'âme pour le corps dans la génération, mais aussi pour en démontrer la liberté. L'âme ne cède pas au corps par contrainte, mais par l'amour qu'elle lui porte, « tamquam filio et suo operi », comme à son fils et à son œuvre[6]. La liberté généreuse de l'âme est étroitement liée à sa fonction providentielle.

Sur ce point, Ficin réinterprète Plotin. Il faut avoir l'audace de soutenir que l'âme n'est pas ce qu'il y a de plus parfait, sinon la production de tout ce qui est contingent, voire laid, serait nécessaire[7]. La Providence se charge

1. Ficin, *In Phaedr., sum.*, chap. 16, p. 147.

2. Ficin, *In Phaedr.*, chap. 8, p. 102.

3. Plotin, *En.*, 33, (II, 9), 16, 11-31. On doit exclure l'hypothèse d'une coupure entre ici et là-bas. Celui qui nie la Providence de l'âme universelle manque de piété, parce qu'il présuppose que le monde a été abandonné. La Providence organise plus les totalités que les parties du monde.

4. Car comme le dit Plotin, *En.*, 39 (VI, 8), 18, 2-7, l'Un est en dehors de lui-même, tout en étant lui-même, parce qu'il embrasse et est la mesure de toutes les choses. On peut dire aussi qu'il est au-dedans des choses et en leur profondeur. Voir Ficin, *TP*, IV, 1, t. 1, p. 146.

5. Proclus, *ET*, 206.

6. Ficin, *TP*, IX, 1, t. 2, p. 17. Mais il n'y a aucune référence au culte de Marie.

7. Plotin, *En.*, 48 (III, 3), 16, 12.

du monde : elle confère une beauté qu'il n'aurait pas lui-même. La donation est généreuse, mais limitée à la capacité de la recevoir. C'est pourquoi les dons de la Providence à la nature sont beaux, mais ils doivent être refusés pour choisir la vie véritable de l'intelligible[1]. En revanche, la générosité maternelle de l'âme pour son fils donne plus que ce qui est dû[2]. C'est un amour excessif et conduit à des erreurs, pour lesquels Ficin montre une certaine indulgence[3]. Par conséquent, les dons de la Providence sont démesurés : ils offrent aux êtres au-dessus de l'âme des propriétés opposées sans produire des contradictions ; à l'âme, dont l'essence est composée de divisibilité et d'indivisibilité, des opposés mais en forme égale, suivant le modèle de l'harmonie musicale[4]. Les dons de l'âme aux êtres engendrés sont également généreux. En tant que *medium* entre les réalités divines et intelligibles, l'âme opère également comme la figure géométrique du triangle, au sommet duquel se trouve l'unité, de laquelle dérivent de chaque côté trois nombres, pairs, impairs et ainsi de suite[5]. La génération des nombres désigne les fonctions de l'âme dans son opération providentielle :

> Puisqu'elle est cependant le principe prochain du mouvement ordonné et de la génération, on en conclut par une raison plausible que sa multiplicité est très harmonieuse : de cette harmonie dépend l'harmonie du corps aussi bien céleste qu'élémentaire, de même que de l'harmonie qui est dans l'intelligence du musicien dérive habituellement celle que l'on perçoit dans les voix et dans les sons[6].

1. Plotin, *En.*, 27 (IV, 3), 14, 5-13. C'est le mythe de Prométhée. Il façonna son épouse, Pandore, à laquelle les dieux offrirent des dons magnifiques. Prométhée, qui représente la Providence, les refusa, afin de choisir la vie de l'intellect. Voir J. Laurent, *Les fondements de la nature, op. cit.*, p. 214-226.

2. Bien loin de la simple inclination de l'âme pour le corps, voir Proclus, *In Tim.*, I, 152, 32.

3. La générosité, dépourvue d'envie, est un trait du démiurge, *Tim.*, 29d-29e, repris par Plotin, *En.*, 33 (II, 9), 17, 15-21 dans cette acception limitée de la Providence.

4. Ficin, *TP*, XVII, 2, t. 3, p. 153.

5. Ficin, *TP*, XVII, 2, t. 3, p. 154. Voir D. J. O'Meara, *Pythagoras Revived. Mathematics and Philosophy in Late Antiquity*, Oxford, Clarendon, 1989 et M. Celenza, « Pythagoras in the Renaissance : The Case of M. Ficino », *op. cit.*, p. 667-711.

6. Ficin, *TP*, XVII, 2, t. 3, p. 155 : « Deinde vero cum ordinatae motionis generationisque proximum sit principium, probabili ratione concluditur numerositatem eius esse maxime consonantem, a cuius consonantia corporis continue tum caelestis tum elementalis consonantia non aliter pendeat quam ab ipsa quae in musici mente harmonia est, illa deinceps, quae in vocibus et quae in sonis harmonia sentitur, et fluere soleat ».

Deux remarques s'imposent. Si les concepts d'art et de beauté se développent au Moyen Âge séparément, le premier renvoyant plus à l'artisan qu'à l'artiste, le second n'assumant pas le statut d'un transcendantal, alors Ficin partage largement cette perspective[1]. L'œuvre d'art (*artificium*) n'est que l'imitation de la nature[2], à partir d'une conception préalable, comme dans le cas de la composition musicale. La nature et l'homme travaillent comme des artisans[3], mais celle-là en organisant de l'intérieur (*intrinsecus ... temperans*) la matière informe, tandis que l'homme agit de l'extérieur sur une matière qu'il ne maîtrise pas totalement[4]. S'il est vrai que l'homme, en voulant s'assimiler à Dieu, semble par moments imiter la démiurgie elle-même[5] et prendre la place de Dieu sur terre (*vicem Dei*)[6], il rencontre cependant l'altérité absolue de la matière, qu'il ne crée point. L'homme montre de l'*ingenium*[7], mais il serait anachronique de considérer celui-ci comme l'expression du génie, lequel a besoin d'une tout autre conception de la subjectivité et devra attendre d'autres lumières. À y regarder de près, l'imitation humaine de la démiurgie se traduit par la reprise et l'adaptation de la Providence :

> La Providence universelle est le propre de Dieu qui est la cause universelle ; ainsi l'homme qui pourvoit d'une manière générale à tous les êtres, vivants et non vivants est dans une certaine mesure un dieu[8].

1. Sur cette séparation, signalée par maints chercheurs, voir O. Boulnois, *Au-delà de l'image*, *op. cit.*, p. 360-362. Je ne suis pas sûre, en revanche, que le premier humanisme italien soit le berceau de l'artiste créateur. Leonardo da Vinci se voit plus comme un ingénieur et un mathématicien, un philosophe de la nature qui en interprète les lois, dont l'artiste demeure *nipote* (même pas le fils !). Voir E. Franzini, *Il mito di Leonardo. Fenomenologia della creazione artistica*, Milano, Unicopli, 1987. Par ailleurs, sur l'appréciation réservée d'un Botticelli, peintre humaniste de la beauté et de l'amour, voir F. Mariani Zini, « Le jugement suspendu : la calomnie à Florence (Botticelli) », *Traditio* 53, 1998, p. 231-249 et surtout C. Villa, « Per una lettura della "Primavera". Mercurio "retrogrado" e la retorica nella bottega di Botticelli », *Strumenti critici*, 1998, p. 1-28, laquelle a interprété le tableau *La primavera* comme une représentation de la philologie et non comme l'explosion des idéaux prétendument humanistes de la beauté et de la créativité.

2. Ficin, *TP*, IV, 1, t. 1, p. 146-147.

3. Parfois Ficin utilise *faber*, parfois *artifex*, mais toujours dans un contexte où l'artisan tire une forme de l'intérieur, en étudiant les raisons séminales de la nature.

4. Ficin, *TP*, IV, 1, t. 1, p. 1476-147.

5. Ficin, *TP*, XIV, 4, t. 2, p. 260.

6. Ficin, *TP*, XIII, 3, t. 2 p. 225.

7. Ficin, *TP*, XIII, 3, t. 2, p. 224.

8. Ficin, *TP*, XIII, 3, t. 2, p. 225 : « Universalis providentia Dei, qui est universalis causa, propria est. Homo igitur qui universaliter cunctis et viventibus et non viventibus providet est

La Providence humaine s'exprime en particulier dans les œuvres de l'ingénierie civile (l'irrigation des champs) ou militaire (la construction des armes est utile pour se défendre !). C'est un travail d'organisation et de construction selon un plan : la beauté réside dans son ordre. Ce n'est donc pas un hasard si l'art le plus élevé par lequel l'homme s'approche de Dieu est le gouvernement de la cité. Les hommes semblent *presque* les émules de la nature, non ses esclaves (*quasi non servi simus naturae, sed aemuli)*[1], grâce à la fabrication des arts, mais ils sont semblables à Dieu quand ils gouvernent les autres hommes, à partir de l'art, très stoïcien, de la maîtrise de soi[2].

Mais il y a la Providence de l'homme et la Providence de l'âme : malgré leur identité, leur opération est différente[3] : la première agit et construit, la seconde engendre. Cette conception est cohérente avec la tentative du *De Amore* de lier étroitement la génération et la contemplation aux pouvoirs de l'âme. Les critères d'individuation de l'âme ont trait à ces pouvoirs.

Rationalité

Ficin est sensible à deux difficultés héritées da la pensée plotinienne, d'une part, la justification non seulement de la *multiplicité* des âmes, mais aussi de leurs *différences* et, d'autre part, *l'origine* de leur individualité. Dérivent-elles de l'Âme comme hypostase ou bien de l'Âme du monde ? Pourquoi ces deux modalités de l'âme sont-elles dites « sœurs »[4] ?

Une réponse cohérente est possible, si l'on situe les critères de l'individualité de l'âme dans l'Âme elle-même. Sur ce point, Ficin adopte une position critique à l'égard de Plotin, puisqu'il ne conçoit pas l'individualité de l'âme au sein de l'intellect, en considérant les déterminations empiriques comme une perte[5]. Puisque les âmes rationnelles dérivent du

quidam Deus ». Mais Ficin précise aussitôt après qu'il s'agit d'être le dieu des animaux et des plantes. La Providence humaine réside surtout dans la tâche de corriger, compléter, perfectionner la nature.

1. Ficin, *TP*, XIII, 3, t. 2, p. 223.

2. Ficin, *TP*, XIII, 3, t. 2, p. 225-226.

3. Sur l'activité providentielle de l'homme, Plotin, *En.*, 30 (III, 8), 3, 39-43.

4. Plotin, *En.*, 27 (IV, 3) et 8 (IV, 9). Voir H. J. Blumenthal, *Soul and Intellect. Studies in Plotinus and Later Neoplatonism,* Aldershot, Ashgate/Variorum, 1993.

5. Plotin, *En.*, VI, 5 (23), 12, 27-24. Le fait d'ajouter des déterminations ôte à l'âme son unité et sa totalité, la conduisant vers le non-être. Sur l'intellect comme critère d'individuation des âmes, voir Ch. Tornau, « Qu'est-ce qu'un individu ? Unité, individualité et conscience de soi dans la métaphysique plotinienne de l'âme », *Les Études Philosophiques* 3, 2009, p. 333-360.

démiurge et non de l'Âme du monde, l'âme comme instance garde un rapport plus direct avec l'unité principielle. Toutefois, puisque l'âme se caractérise surtout comme *unité-et-multiplicité*[1], il est légitime de situer la distinction des formes individuelles à ce niveau[2]. Ficin est très conscient de la différence entre la *singularité,* se formant au cours des vicissitudes contingentes, et l'*individuation* qui définit la modalité de la participation à l'intelligible[3]. Il exclut en effet les idées des choses singulières (*singularium non sunt idee*), notamment des différents mouvements de l'univers, des natures particulières, de la variété des temps et des lieux (*differentes mundi motus, naturas particulares, varietates temporum atque locorum*)[4].

Mais il faut distinguer l'âme de Socrate de l'âme de Platon. Comme Plotin l'avait reconnu, les hommes diffèrent non seulement par leur matière, mais aussi par leurs formes, lesquelles n'imitent pas un modèle unique, à la différence des statues de Socrate par rapport à son original[5]. Étant donné la répétition du cycle, la forme redeviendrait elle-même, après les transmigrations de l'âme, qui font penser au *Phèdre*. Mais Plotin rejette cette hypothèse aussitôt après l'avoir envisagée, puisqu'il se trouve devant la question embarrassante : le cycle revient-t-il au même ou doit-on supposer qu'apparaisse quelque chose de différent[6] ?

Toutefois, Plotin établit une analogie qui le conduit à « ne pas avoir peur de l'infinité des semences et des formes rationnelles, puisque l'âme contient en soi le tout »[7]. De même que l'artisan, la nature, les parents

1. Non que cet aspect soit absent dans l'œuvre de Plotin, mais l'un-multiple de l'intelligence prévaut sur l'un-et-multiple de l'âme ; *En.*, 31 (V, 8), 9, 5-30. Sur les différences entre l'Intelligence et les intelligences d'une part, entre l'Âme et les âmes d'autre part, voir Plotin, *En.*, 6 (IV, 8), 3, 5-19 et Ficin, *TP*, XVII, 2, t. 3, p. 151-154.

2. Une des questions les plus débattues est : est-ce que Plotin admet les formes individuelles ? Voir Plotin, *En.*, 5 (V, 9), 12, 3-10 et 18 (V, 7), 1, 13-15. Voir A. H. Armstrong, « Form, Individual and Person in Plotinus », *Dionysius* 1, 1977, p. 49-68 ; F. Ferrari, « La collocazione dell'anima e la questione dell'esistenza di idee di individui », *Rivista di storia della filosofia* 53, 1998, p. 629-653 ; D. Nikulin, « Unity and Individuation of The Soul in Plotinus », dans R. Chiaradonna (a cura di), *Studi sull'anima in Plotino*, Napoli, Bibliopolis, 2005, p. 275-304.

3. De même que Plotin, comme le montre R. Chiaradonna, « Plotino : il "noi" e il *Nous* (*En.*, V, 3 (49), 8, 37-57) », dans G. Aubry et F. Ildefonse (éd.), *Le moi et l'intériorité*, Paris, Vrin, 2008, p. 277-293.

4. Ficin, *In Parm.*, chap. 8, I, p. 58-59.

5. Plotin, *En.*, 18 (V, 7), 1, 22-24.

6. Plotin, *En.*, 18 (V, 7), 2, 17-25

7. Plotin, *En.*, 18 (V, 7), 3, 21-25.

produisent tous des objets divers, des formes différentes et des enfants qui ne se ressemblent pas, bien que nous ne sachions pas saisir exactement telle différence dans la nature, de même les formes rationnelles de l'âme et les semences naturelles doivent engendrer quelque chose de *nouveau*, compris comme la production ou la transmission de *quelque chose de différent dans l'identique*[1]. Ficin développe cette réflexion en trois points. D'abord, le principe d'individuation des âmes humaines ne peut pas dériver de la matière quantitativement déterminée. Il réfute ainsi la fonction que Thomas accorde à la *materia signata*[2] et concède (*forte concedemus*) que les étants composés ne puissent être pensés sans le concours de la matière et de la forme[3]. De manière cohérente, Ficin considère constamment la production des déterminations de l'extension comme un dispositif de projection continue et de transformation du point en figure, puis en plan, enfin en solide. Par ailleurs, il associe les projections au déploiement des niveaux de réalité dans la procession[4]. Ensuite, la nature unique de l'espèce peut se répartir en plusieurs individus en raison de certains modes inhérents à la forme elle-même (*propter insitos quosdam ipsi formae modos*)[5]. Enfin, la variété, qui exprime l'unité inédite propre à l'être procédé, désigne ici également la multiplicité différenciée des corps à laquelle correspond un nombre déterminé de formes et d'âmes :

> En revanche les formes incorporelles, mais formes du corps, telles que sont les âmes rationnelles, parce qu'elles ne tirent pas leur origine de la matière, n'en tirent pas non plus leur nombre. Et parce que la divine Providence les a destinées non seulement à contempler la divinité, mais aussi à gouverner les corps, de même qu'elle a voulu qu'il y ait un nombre déterminé de corps variés, c'est-à-dire un nombre d'hommes composés pour embellir son œuvre, de même elle dispose d'un nombre déterminé d'âmes[6].

1. Plotin, *En.*, 18 (V, 7), 3, 7-14 et 2,5-16.

2. Thomas d'Aquin, *De ente et essentia*, *op. cit.*, chap. 2, 370a-373b.

3. Ficin, *TP*, XV, 13, t. 2, p. 71, invoque ici cependant l'accord partiel des Péripatéticiens et de certains Platoniciens.

4. Ficin, *In Phaedr.*, chap. 8, p. 106-107 : l'unité, le point, la ligne, la surface plane et le solide correspondent à l'un, l'intelligence, l'âme, le ciel et la région *sub celo*.

5. Ficin, *TP*, XV, 13, t. 2, p. 71.

6. Ficin, *TP*, XV, 13, t. 3, p. 71 : « Formae autem non corporales quidem, sed corporis, quales sunt animae rationales, quia non habent originem a materia, neque ab ea numerum habent. Quia vero non modo ad divinitatis intuitum, verum etiam ad gubernacula corporum divina providentia illas instituit, sicut voluit certum esse variorum corporum, id est hominum compositorum numerum ad sui operis ornamentum, ita certum ordinat numerum animarum ».

Non que le nombre des corps détermine le nombre des âmes. Tant s'en faut. Il s'agit plutôt de souligner que l'âme possède une individualité par le nombre et non par l'espèce[1]. De surcroît, la belle variété implique un incrément de sens. Dieu veut librement un univers composé de figures et de couleurs bien agencées, en raison de l'attirance, toute platonicienne, de l'étant pour le Bien originaire :

> Enfin, la principale fin en vue de laquelle Dieu veut que toutes choses existent, ce n'est pas à vrai dire qu'elles soient, mais plutôt qu'elles soient bien et se trouvent bien. Et si c'est pour cela surtout qu'elles sont telles qu'elles sont, c'est certainement pour le même motif qu'elles sont aussi nombreuses qu'elles le sont. Par conséquent, Dieu a voulu qu'il y ait plusieurs intelligences dans la même espèce, non seulement pour que l'espèce existe et soit conservée, mais pour qu'elle soit bien et se trouve bien. Or un tel habitus consiste dans un agencement en tous points varié et dans une activité heureuse suivant des modes partout et toujours variés[2].

En somme, la production de quelque chose de différent,et, partant, de nouveau, dans l'identité se situe décidément au niveau des âmes rationnelles, qui se distinguent par leurs formes individuelles. La multiplicité des corps n'en est pas seulement la manifestation contingente, la limite où la Providence cesse d'opérer pour rester libre. Au contraire, la variété belle des corps exprime la générosité dépourvue d'envie du démiurge, corrigée par l'amour excessif de la mère. L'incrément de la variété exprime la tendance constitutive vers le Bien qui ne conduit pas seulement l'étant à sa source originaire, mais lui permet d'être bien, de devenir meilleur. Toutefois, l'individualité de l'âme ne dépend pas de sa rencontre avec le corps physique, mais de certains modes inhérentes à la forme qui se traduisent par des *habitus* variés. Ce point doit être éclairci.

L'individualité de l'âme se situe au niveau de l'âme rationnelle, puisque la modalité propre à l'âme, qu'il s'agisse de l'Âme comme hypostase, de l'Âme du monde ou de l'âme démonique, héroïque et

1. La distinction remonte à Aristote, *Top.*, I, 7, *passim* et fut discutée par les néoplatoniciens, car l'identité par nombre est plus distinctive que celle par l'espèce.

2. Ficin, *TP*, XV, 13, t. 3, p. 73 : « Denique finis praecipuus, cuius gratia Deus omnia esse vult, haud proprie est, ut sint, immo potius ut bene sint ac bene se habeant. Ac si huius gratia sunt praecipue, qualiacumque sunt, certe eiusdem gratia sunt, quotcumque sunt. Quapropter Deus plures in eadem specie mentes non ideo esse voluit, ut species ipsa sit solumque servetur, immo ut bene sit optimeque se habeat. Eiusmodi vero habitus in ornatu quodam undique vario et actione variis ubique modis beata consistit ».

humaine, c'est la raison [1]. Ainsi la multiplicité des âmes et leurs différences dépendent-elles de leurs modalités d'expliciter les opérations de la raison. Celle-ci ne définit pas tant la rationalité que la modalité d'être de l'âme. Elle ne se donne pas entièrement d'un coup, mais se déploie. Le développement est son trait constitutif, c'est pourquoi son activité cognitive est un *habitus* discursif. Ficin emprunte sans doute cet aspect à Priscien, pour qui la descente de l'âme implique un passage substantiel de l'*eidos* au *logos* [2]. La rationalité est, pour Priscien comme pour Ficin, à la fois l'expression de l'âme humaine [3] et la propriété essentielle de toute âme. Dès lors, puisque le mouvement et surtout l'auto-mouvement sont également les traits distinctifs de l'âme, force est de reconnaître qu'ils doivent également se déployer pour être. La génération est donc une modalité de ce mouvement rationnel. Elle dépend directement du déploiement propre à l'âme, alors que Priscien tend à réduire la rationalité à son développement cognitif. La contemplation, la génération et la Providence des âmes sont les manifestations de la raison, voire des *habitus*, que chaque âme peut exprimer de manière individuelle, puisque il y a différents points de vue sur la divinité (*propter alium atque alium divinitatis intuitum*) :

> Ainsi la bonté divine a-t-elle doté de divers moyens les yeux et les dispositions intellectuelles des différentes âmes pour que, par une route différente nous nous dirigions vers les différentes possessions des innombrables biens divins [4].

Le temps de changer

Toutefois, l'aspect significatif du développement rationnel de l'âme est sa *temporalité*. En tant qu'instance médiatrice entre l'être et le non-être, la temporalité propre à l'Âme comme hypostase caractérise *a fortiori* l'âme individuelle. Le discours, la cognition, le mouvement et la génération de l'âme ne se produisent pas instantanément, mais ont besoin de se déployer

1. Ficin, *TP*, IV, 1-2, t. 1, p. 144-173 et XVII, 1- 3, t. 3, p. 148-175. C. Vasoli, « La *ratio* nella filosofia di Ficino » (1994), *Quasi sit deus*, *op. cit.*, p. 263-280.

2. Priscien (Simplicius ?), *Commentaire au De Anima*, 217, 31. Voir C. Steel, *The Changing Self*, *op. cit.*, chap. 6.

3. Dans le cadre de l'interprétation des puissances active et passive du *De Anima*, III, 4-5 que Priscien attribue à l'âme humaine.

4. Ficin, TP, XV, 3, t. 3, p. 72 : « Itaque variorum animorum intellectuales oculos et affectus diversis temperavit modis ut diverso tramite ad diversas multiplicium divinorum bonorum possessiones proficiscamur ».

dans le temps[1]. Les circuits de l'âme dans le sillage des dieux, voire ses transmigrations, sont étroitement liés au déroulement d'un *ordre spécifique dans le temps*. D'abord, Ficin se pose la question : « pourquoi dans la descente de l'âme, trouve-t-on le temps avant le lieu ? », dont la réponse justifie la nature temporelle de l'âme, sans nécessairement la considérer comme une perte. Trois raisons sont évoquées : le temps est plus spirituel que le lieu ; la descente advient par une progression graduelle de l'unité vers la multiplicité ; si chaque changement local implique un changement temporel, l'inverse n'est pas vrai[2].

Mais l'interrogation en arrière-fond porte sur la nature du changement que la chute dans le corps impose à l'âme humaine. Plusieurs éléments inclinent à supposer que Ficin adopte la lecture selon laquelle la substance de l'âme change. D'abord, puisque Ficin veut rendre raison de l'âme comme instance médiatrice, entre l'intellect et le sensible, le divisible et l'indivisible, sa transformation substantielle dans la descente semble s'imposer. Ensuite, la rationalité de l'âme humaine, comme déploiement non seulement cognitif, mais aussi productif de génération, implique plus une véritable sortie hors de soi qu'une projection de soi. Ces conséquences théoriques ne sont pas contradictoires avec les exigences concernant le salut de l'âme. D'une part, puisque Ficin considère que la théurgie et les rites d'initiation sont nécessaires pour engager la conversion de l'âme, il doit en présupposer un changement radical. D'autre part, le christianisme impose de penser le temps comme une irruption et une chute, insérées dans une histoire du salut.

Il est donc légitime de penser que Ficin n'ait pas été étranger à la conception de Jamblique, amplement discutée par la tradition néoplatonicienne. Puisque l'âme est une entité médiatrice, le changement de l'âme doit être, pour Jamblique, substantiel. Quoique l'âme ne perde pas son identité et garde la possibilité de redevenir elle-même[3], elle est simultanément et également changement et permanence. Son trait distinctif, l'auto-mouvement désigne alors la capacité de rester soi-même tout en changeant[4]. Somme toute, l'interprétation de Jamblique satisfait l'exigence plotinienne, mentionnée tantôt, de penser les critères

1. Plotin, *En.*, 27 (IV, 3), 10, 27-39 insiste, au contraire, sur la production de l'univers de la part de l'âme dans un cadre *spatial*, en utilisant l'image des arts de la sculpture et de l'architecture.

2. Ficin, *TP*, IV, 1, t. 1, p. 167.

3. La position de Jamblique se trouve exprimée dans Priscien (Simplicius ?), *In de an.*, 220, 13-14.

4. Priscien (Simplicius ?), *In de an.*, 26, 23-26.

d'individuation des âmes rationnelles pour comprendre comment la transformation du différent dans l'identique produit quelque chose de nouveau[1]. Pourtant, Ficin semble adopter ici le point de vue de Proclus, selon lequel le changement ne concerne que les actes de l'âme :

> En effet, puisque l'âme développe, non pas simultanément, mais graduellement toute l'opération par laquelle elle agit toujours, il est clair qu'elle n'a pas toute entière, en même temps, cette puissance infinie d'opérer toujours… Elle reçoit donc toujours la puissance d'agir toujours. C'est pourquoi elle n'agit pas toujours d'une manière uniforme, mais tantôt d'une façon, tantôt d'une autre, de sorte qu'on pourrait dire, en résumé, que tout ce qui agit dans le temps, soit corps, soit âme, reçoit continuellement la puissance d'opérer peu à peu, mais ne la possède jamais absolument tout entière. C'est pourquoi les Platoniciens jugent que l'âme non seulement existe toujours, mais même qu'elle est toujours engendrée, c'est-à-dire qu'au fur et à mesure qu'elle puise sa force, elle déploie des formes intrinsèquement différentes et varie continuellement ses désirs et ses actes. Donc dans la mesure où elle est elle-même la cause vitale de son mouvement, elle se procure en quelque sorte à elle-même une vie essentielle et illimitée et est censée exister de cette façon, mais dans la mesure où elle déploie cela en un temps illimité et reçoit peu à peu cette puissance d'en-haut, on en conclut assurément qu'elle est perpétuellement engendrée par un autre[2].

Ficin reprend ici presque à la lettre (sans le mentionner) un passage tiré du commentaire de Proclus au *Timée*, examinant la possibilité de la génération de l'âme[3]. C'est un texte significatif, parce qu'il semble présenter une thèse plus proche de Jamblique. Au lieu d'affirmer que seuls

1. Sur le rapport de Jamblique à Plotin, voir D. P. Taormina dans D. P. Taormina *et al.* (a cura di), *I frammenti delle epistole. Giamblico*, Napoli, Bibliopolis, 2010, p. 135-180.

2. Ficin, *TP*, XVII, 2, t. 3, p. 152 : « Cum enim non totam operationem suam anima, per quam semper operatur, simul explicet, sed paulatim, constat eam hanc infinitam semper operandi virtutem haud totam simul habere… Igitur semper accipit virtutem semper agendi. Propterea non similiter semper, sed alias aliter agit, ut summatim dici possit, quicquid temporaliter agit, sive corpus, sive anima, accipere quidem continue paulatim operandi virtutem, numquam vero simul totam penitus possidere. Quamobrem anima non solum semper esse, sed etiam gigni semper a platonicis iudicatur, scilicet quatenus vim suam haurit paulatim et formas intrinsecus alias aliter explicat atque affectus actionesque continue variat. Igitur quatenus vitalis ipsa sui motus causa est, quodammodo sibimet essentialem interminatamque suppeditat vitam, atque ita esse censetur, quatenus vero infinito id explicat tempore vimque eiusmodi paulatim a superioribus accipit, nimirum gigni perpetuo ab alio iudicatur ».

3. Proclus, *In Tim.*, II, 119, 29-132, 3. Voir C. Steel, *The Changing Self, op. cit.*, chap. 3, § 3.

les actes de l'âme changent dans la descente[1], Proclus soutient que la substance de l'âme est toujours en devenir et que ses différentes opérations renvoient à des *logoi* qui en déterminent l'activité[2]. Cette apparente contradiction est levée en soulignant que ces *logoi* sont les parties où a lieu le devenir de l'âme, sans en altérer la substance. Mais l'on peut aussi faire l'hypothèse que les facultés de l'âme soient des substances en tant que principes formateurs, se déployant de manière hiérarchique[3]. En définitive, l'âme demeure ce qu'elle est tout en changeant[4].

Quoi qu'il en soit, il faut examiner l'usage de ce passage par Ficin. Manifestement, Ficin l'utilise pour définir l'autonomie relative de l'âme et sa dépendance causale à l'égard du premier principe. La notion de génération ne peut être réduite ici à la création. Celle-ci fait venir à l'existence les êtres et les conserve en tant que monde crée. La création est continue parce qu'elle ne cesse de créer de nouveaux êtres et de maintenir le monde, pris dans sa totalité, les créatures étant vouées à la mort. Mais la conservation n'est pas, pour Ficin, le but de la génération, qui vise plutôt à apporter un incrément de sens par la mise en forme providentielle d'un monde beau et la multiplicité harmonieuse et variée des âmes[5].

Le problème, en fait, n'est pas de conserver l'actualité de l'être, une fois qu'elle a été réalisée, mais d'assurer que l'âme reçoive continûment le pouvoir infini d'opérer. Car l'âme, intermédiaire entre le sensible et l'intelligible, n'obtient l'entière plénitude de sa puissance ni en un seul moment, ni à un moment déterminé, mais de manière continue. Le genre d'éternité qui convient à l'âme tombant dans le corps doit tenir compte du déploiement de son temps, lequel est scandé par la gradualité et la variété plutôt que par la simultanéité de ses opérations. De manière conséquente, de même que la procession est caractérisée par la puissance infinie de production, de même l'âme se définit par le pouvoir infini, mais graduel, d'opérer par ses facultés. Comme cause vitale et principe de mouvement, l'âme jouit d'une autonomie relative et d'une forme d'infinité, mais elle est

1. Proclus, *In Tim.*, III, 335, 24-240, 14. La distinction entre les fonctions, les facultés et la substance remonte à Aristote, *De l'âme*, II, 4, 415a 18-20. Elle devient un instrument méthodologique et heuristique dans le néoplatonisme, Proclus, *ET*, 16.

2. Proclus, *In Tim.*, II, 124, 20-131, 23.

3. Proclus, *ET*, 190. Voir M. Perkams, « An Innovation by Proclus : the Theory of the Substantial Diversity of the Human Soul », dans *Proklos. Methode, Seelenlehre, op. cit.*, p. 176-185.

4. L'identité est également gardée, malgré le changement radical, par Damascius, *In Parm.*, IV, p. 41-46.

5. Il le répète souvent, Ficin, *TP*, XV, 13, t. 3, p. 73, *passim*.

toujours engendrée au sens où elle reçoit son pouvoir infini d'opérer dans un temps illimité par la cause dont elle dépend. Ce qui est continué est le pouvoir d'agir, donc de connaître et de produire, et non l'actualité de son être.

Ce n'est pas un hasard si Ficin reprend, par le biais de Proclus, la conception de *genesis* comme dépendance et non celle, envisagée par Jamblique, concernant les êtres qui parfois sont, parfois ne sont pas[1]. Le passage du non-être à l'être aurait pu être repris par Ficin pour concilier justement la création *ex nihilo* et le devenir de l'âme, d'autant plus que celle-ci vient directement de Dieu. Mais ce n'est pas la voie qu'il a choisie. En revanche, Ficin se hâte d'affirmer à nouveau le mélange en l'âme de l'être et du non-être, et non sa venue à l'être à partir du néant[2]. Ainsi les âmes peuvent-elles exercer le pouvoir rationnel selon leur rang, sans miner l'unité de l'âme comme instance. Elles n'ont pas des temps différents, mais des modalités diverses de réaliser leurs activités : les âmes supérieures opèrent simultanément, les âmes inférieures et humaines procèdent alternativement et graduellement.

Pourtant, la question n'est pas ainsi suffisamment élucidée. Qu'est-ce *qui* change lorsque l'âme tombe dans le corps ? La réponse doit définir exactement le rapport entre l'identité et la différence, laissé indéterminé par Plotin. Est-ce que l'âme devient quelque chose d'autre, tout en restant la même, ou bien se transforme-t-elle en une autre chose ? À moins de dissoudre l'âme elle-même, son essence formelle doit être considérée comme identique. À y regarder de près, la controverse porte surtout sur les modalités de participation de l'âme. L'insistance de Ficin sur les modes ou les *habitus* montre qu'il est conscient des termes de la discussion. Sa solution est exprimée clairement dans le commentaire au *Parménide*. L'essence de l'âme demeure identique, mais le changement en est un aspect constitutif, de sorte qu'elle peut être comparée à Protée :

> …qui change ses formes avec une telle puissance qu'il semble devenir différent à chaque moment et continûment mourir et renaître[3].

1. Sur les différentes acceptions de *genesis*, Aristote, *De caelo*, I, 11, 280b6-20. Sur son interprétation néoplatonicienne, voir C. Steel, *The Changing Self*, *op. cit.*, chap. 3, § 1.

2. Ficin, *In Parm.*, XCVI, t. 2, p. 256-257 : « Dans tout flux qui procède à partir d'*avant* vers le *après*, le non-être est mélangé avec l'être ». (« In quolibet enim fluxu per prius atque posterius procedente non esse cum esse miscetur ».)

3. Ficin, *In Parm.*, XCVI, t. 2, p. 260-261 : « ac si Proteus ille formas tanta potestate commutet, ut alter deinceps evasisse videatur et alter et interire iugiter atque renasci ». Protée

Les images utilisées par Ficin pour définir l'âme comme Protée, caméléon, phénix[1] désignent un changement radical lequel n'implique cependant pas une déperdition. L'âme n'est pas transformée par un événement extérieur comme la chute, mais par la modification interne de ses dispositions[2] :

> Certainement lorsque l'âme assume une certaine disposition de formes, de raisons et d'actes, elle devient, c'est-à-dire qu'on peut dire que se produit également cette disposition. Mais quand cesse cette disposition, alors elle meurt, c'est-à-dire elle cesse de se trouver dans telle disposition. Comme le phénix elle périt et renaît continûment d'elle-même et à l'intérieur d'elle-même, mais de manière certainement plus excellente[3].

Le changement concerne donc les modes de la participation de l'âme, les dispositions et les conditions mêmes de l'âme qui ne sont pas seulement ses actes. La génération et la contemplation sont certes deux opérations différentes, mais elles impliquent un changement de l'âme entière. Toutefois, ces transformations sans interruption et spontanées (*iugiter ... sponte*) viennent de l'intérieur de l'âme et par elle. Cela signifie que *toute l'âme* est concernée par de telles modifications. C'est en ce sens que toutes les âmes, et non seulement les âmes humaines, possèdent le mouvement comme leur propriété essentielle, lequel doit être interprété comme l'expression du pouvoir de changer, tout en restant identique. Qui plus est, le changement apporte un incrément de sens : *l'âme se perfectionne, elle devient presque meilleure (quasi perfici)*[4]. Le retour au même désigne, comme le suggérait Plotin, quelque chose de nouveau qui est l'unité interne du différent dans l'identique.

Les affinités entre Ficin et la lignée de pensée post-plotinienne sont patentes, notamment l'insistance sur le changement interne et continu des modalités de la participation qui concernent ses dispositions et non seulement ses actes, ainsi que la conviction que l'auto-mouvement

représente dans l'œuvre de Ficin l'âme rationnelle ou les opérations de la *mens* humaine : Ficin, *TP*, X, 1 et XI, 3.

1. Ficin, *In Parm.*, XCVI, t. 2, p. 262-263 et XCVII, p. 268-269.

2. Ficin, *In Parm.*, XCVI, t. 2, p. 262-263.

3. Ficin, *In Parm.*, XCVII, t. 2, p. 268-269 : « Profecto dum certam hanc formarum et rationum actionumque habitudinem induit, tunc anima fieri, id est eiusmodi habitudo effici dicitur. Dum vero hanc exuit, tunc quoque perire, id est desinere iam ita se habere, atque ita perpetuo ferme phoenicis instar ex se et in seipsam, sed certe multo praestantius, interit atque renascitur. »

4. Ficin, *In Parm.*, XCVI, p. 264. Naturellement elle peut connaître un surcroît de désordre et passer d'un état meilleur à un état pire (« a meliore habitu in peiore »).

implique également un changement et un perfectionnement dans les âmes supérieures[1]. Pourtant, Ficin insiste sur le fait que l'âme n'est pas le lieu de la coïncidence des opposés[2], mais *neutrum oppositorum*, leur centre (*centrum*) ou pilier (*cardo*), où un mélange se produit sans confusion. C'est pourquoi l'instant doit être considéré comme un signe médiateur (*signum medium*) entre le repos et le mouvement, indivisible, dans lequel aucun des mouvements opposés n'est présent[3]. Cette indivisibilité médiatrice justifie l'alternance entre la contemplation et la génération et est nécessaire pour que :

> ...les dispositions opposées ne deviennent pas une seule disposition et que l'âme ne soit pas affectée simultanément par des dispositions opposées... [4].

En définitive, tout en restant dans un horizon conceptuel néoplatonicien, Ficin élabore une conception de l'âme qui cherche à rendre compte de ses conditions d'individualité et de temporalité que la réflexion de son temps avait soulignées. L'âme ne s'engage pas seulement dans un souci de soi dont l'unité est acquise par une forme de vie qui demeure constante malgré les vicissitudes de l'existence. Au contraire, l'âme individuelle est, pour Ficin, caractérisée par un pouvoir interne et illimité de transformation. De manière conséquente, de même que l'être nouveau est l'unité inédite d'un multiple, de même l'âme, comme instance médiatrice, déterminée par l'auto-mouvement, se définit comme une identité dans la différence, principe interne de ses propres changements. La rationalité, comprise comme déploiement, rend raison de la temporalité propre à l'âme individuelle sans en présupposer la dissolution. L'indivisibilité de l'instant permet à l'âme de ne pas être troublée par des dispositions opposées simultanées, mais de réaliser ses modalités de manière alternée et individuelle, notamment la génération et la contemplation. Le corps n'est pas un critère d'individuation, mais fait partie de l'âme individuelle lorsqu'elle est disposée à engendrer et à s'incarner. De manière notable, les changements sont intégrés dans un processus de perfectionnement. *Devenir meilleur* est sûrement un idéal ancien, mais Ficin le lie étroitement, grâce aux

1. Damascius, *In Parm.*, IV, 43, 3-47,7.

2. L'âme, comme *coincidentia oppositorum*, est une conception qui caractérise Jamblique, voir Priscien (?), *In de an.*, 6, 4-5, puis un certain humanisme cusanien, auquel Ficin, me semble-t-il, demeure étranger.

3. Ficin, *In Parm.*, XCVIII, t. 2, p. 274-275.

4. Ficin, *In Parm.*, XCVIII, t. 2, p. 278-279 : « ...ne oppositi habitus fiant habitus unus, neve anima simul habitibus afficiatur oppositis... ».

ressources conceptuelles du néoplatonisme, aux transformations temporelles de toute l'âme.

Les critères d'individuation trouvent leur lieu dans la rationalité de l'âme qui exprime l'identité d'une essence formelle et le changement constant de ses modalités de participation. Celles-ci justifient la multiplicité des âmes ainsi que leur diversité, puisque l'identité et la différence sont leurs traits constitutifs. On peut distinguer l'Âme du monde, les âmes des sphères et les âmes des démons, des héros et des hommes selon la modalité individuelle et temporelle de leurs dispositions[1]. Les âmes des hommes, étant les plus humbles, n'ont pas le pouvoir de contempler les réalités intelligibles et de gouverner les corps en même temps, mais graduellement, voire en alternance[2]. Suivant Jamblique, trois degrés d'âme se situent entre les âmes divines et les nôtres : les âmes des anges, exprimant la stabilité du principe ; les âmes des démons, engagés dans la procession vivifiante de l'univers selon un ordre providentiel ; les âmes des héros qui, se chargeant des procédures de purification, préparent la conversion[3].

Dès lors, la question sur le rapport entre l'unité de l'Âme et la multiplicité différenciée des âmes est résolue, si le principe d'individuation est situé dans l'âme elle-même, comprise comme unité-et-multiplicité. Par ailleurs, le problème entre les deux « sœurs », l'Âme comme instance et l'Âme du monde, ne se pose plus. Car il ne s'agit pas de multiplier les hypostases selon leurs rapports *externes* à l'égard de l'intellect, voire de l'Un, mais de distinguer, *à l'intérieur* de l'âme, des classes se différenciant par les modalités d'exécuter les mêmes dispositions.

Or, si l'âme entière change, tout en restant la même, alors l'attelage entier tombe et remonte. L'aide des rites de purification, de la prière et de la théurgie est ainsi fondée[4]. À la différence de Plotin, les voyages hors de soi ne sont pas vains, mais nécessaires pour parfaire l'âme et fonder sa capacité de se mouvoir toute entière à travers tous les niveaux de la procession[5]. La singularité de l'âme se définit par ses voyages.

1. Ficin, *TP*, IV, 1, t. 1, p. 164-165.

2. Ficin, *TP*, XVII, 3, t. 3, p. 158.

3. Ficin, *TP*, XVII, 2, t. 3, p. 157-158.

4. D'autant plus que, comme nous l'avons signalé, le temps du Purgatoire ne joue pas de rôle dans la pensée de Ficin. C'est encore un point où Ficin prend ses distances à l'égard du temps chrétien et de son insertion dans une histoire du salut.

5. M. J. B. Allen, *The Platonism*, *op. cit.*, p. 97 *sq.* et p. 106 *sq.*

LA SINGULARITÉ D'UN "*INGENIUM*"

Providence, destin et nature

Dans ce cadre, la singularité de l'âme n'est conçue ni comme l'arrachement d'une existence à l'anonymat, ni comme une entité originale séparée de tout horizon cosmologique ou ontologique, mais comme la réalisation de ses modalités cognitives et productives dans le temps, selon ses propres circuits planétaires. Le choix de vie et la destinée singulière de l'âme dépendent de deux facteurs principaux : le dieu dont elle a suivi le cortège et le temps de ce compagnonnage [1]. La remontée de l'âme, après sa chute, peut donc être conçue comme un retour à son propre astre [2]. Ces dieux-astres correspondent aux cortèges des douze divinités, avec Zeus en tête, que les âmes suivent, comme le raconte le mythe du *Phèdre* [3].

Ce qui doit être noté ici est que la lecture ficinienne du *Phèdre* demeure fidèle à son interprétation dynamique de la chute de l'âme individuelle. Sur ce point, Ficin prend ses distances par rapport à l'approche théologique de Proclus. D'une part, il ne suit pas l'analyse détaillée de la fonction des dieux jeunes dans la constitution de l'âme [4] et la fabrication des vivants mortels. Cette génération implique le surgissement du temps et la création des planètes ou des dieux planétaires, qui en sont l'instrument [5]. La raison réside peut-être dans la distinction entre les dieux qui se tiennent au bord du monde et s'occupent de la distribution des âmes, et les dieux dans le monde, qui sont en charge de leur ensemencement. Une telle subordination des jeunes dieux aux dieux transcendants se traduit par la tendance à assimiler les planètes, instruments du temps, aux astres fixes, et à faire dépendre les âmes astrales des dieux « recteurs ». Ceux-ci, représentés par Zeus et les douze divinités du *Phèdre*, demeurent extérieurs au monde. En revanche, Ficin, considère ces divinités comme essentielles pour la détermination de la singularité de l'âme et les situe dans le ciel des astres.

Ce n'est donc pas un hasard si Ficin n'adopte pas le point de vue théologique du *Phèdre* de Proclus, dans laquelle l'âme est presque absente. Le mythe de l'attelage ailé est censé ici établir les propriétés des dieux intelligibles-intellectifs, par lesquels l'Un et l'être se trouvent séparés,

1. Ficin, *TP.*, XVII, 3, t. 3, p. 159 *sq.*
2. Proclus, *In Tim.*, III, 53.1-199.12 ; 262.9-12 ; 279.6-30.
3. Platon, *Phèdre*, 246e-247a ; Proclus, *In Tim.*, I, I, 5.4-6 ; III, 307.32-308.3. Voir A. Lernould, *Physique et théologie, op. cit.*, p. 39-79.
4. J. Opsomer, « La démiurgie des jeunes Dieux selon Proclus », *op. cit.*, p. 5-49.
5. Proclus, *In Tim.*, III, 307.32-308.3.

notamment grâce à l'altérité introduite par le nombre[1]. L'exégèse se concentre sur les éléments du mythe qui ne concernent pas directement l'âme, mais les lieux divins comme la « voûte céleste » et la « plaine de la vérité », affirmant que ceux-ci ne possèdent ni figure, ni couleur, ni dimension[2]. Par ailleurs, même si Proclus reconnaît que l'âme peut être représentée par l'attelage ailé[3], il souligne que *cette image ne lui convient qu'exceptionnellement,* tandis qu'elle sied parfaitement et « à plus forte raison » à Zeus et à son cortège[4]. Ainsi Zeus est-il considéré comme le véritable aurige[5]. En définitive, Proclus lit le *Phèdre* en mettant entre parenthèses les circuits des âmes individuelles, des héros ou des hommes, en privilégiant les périples divins, en parfait accord avec son projet théologique.

En revanche, pour Ficin, les voyages à travers les circuits planétaires déterminent la singularité de l'âme, laquelle se définit par la tension constitutive entre le destin et le libre choix de vie. À cet égard, Ficin partage la conviction largement diffusée selon laquelle l'âme, avant d'entrer dans un corps humain, traverse la sphère des astres, où elle acquiert ses traits distinctifs[6], qui en caractérisent les vicissitudes affectives et cognitives sur terre et dans la série de ses transmigrations[7]. Il reprend à son compte la réflexion néoplatonicienne sur le destin[8], qui concerne principalement le cycle universel de la conversion de *toute* âme et les parcours individuels de *chaque* âme. Ceci est d'autant plus significatif que Plotin lui-même, rétif à reconnaître l'influence décisive des astres[9], concède que l'individualité des âmes dépend, en partie au moins, de leur corps, de leurs destinées astrologiques ou de leur éducation[10]. Une telle singularité oscille entre une

1. Proclus, *Théologie*, IV, 30, 89.6-14.

2. Proclus, *Théologie*, IV, 6, 9, 11,15, 16 et le résumé en 18.

3. Proclus, *Théologie*, VI, 16, 77, 25-27 ; 79, 14-18.

4. Proclus, *Théologie*, VI, 16, 77.27-78.3 ; VI, 18, 86.14-87.5.

5. Proclus, *Théologie*, VI, 19, 87, 15-25 ; 88, 10-15.

6. *Ascl.,* chap. 22 et chap. 23.

7. Macrobe, *In Somn., op. cit.*, I, 11, 12 et 12, 13-14 ; Proclus, *In Remp.*, II, 161 et *In Tim.,* III, 298, 27-29 ; Porphyre, *Sent.* 32 ; Ficin, *TP*, XVII, 3, t. 3, p. 158-161.

8. Force est de constater que Ficin n'emprunte pas ses catégories de pensée à la réflexion chrétienne sur ce sujet : voir J. Marenbon, *Le temps, la prescience et les futurs contingents de Boèce à Thomas d'Aquin,* Paris, Vrin, 2005, chap. 5 (sur Thomas d'Aquin).

9. Plotin critique l'interprétation astrologique du destin en *En.*, 3 (III, 1), 4-6, après avoir condamné la conception stoïcienne de l'Âme du monde comme nécessité. Toutefois, il ne nie pas une certaine concaténation causale qui justifie les divinations et les prophéties en *En.*, 3 (III, 1), 8, 1-5.

10. Plotin, *En.*, 27 (IV, 3), 27, 15, 8-10

forme de nécessité *naturelle* et la rationalité logique, chaque âme exprimant l'universel selon une loi spécifique[1]. Ficin, en revanche, cherche à montrer que le destin de l'âme, notamment au moment de sa chute dans un corps, ne suppose pas une contrainte, mais un instinct naturel qui convient aussi bien à l'âme singulière qu'à l'ordre de l'univers (*ex naturali instinctu ... ordini universi coniuncto*)[2]. Il accomplit, à ce propos, trois opérations. Il considère l'activité rationnelle de l'âme dans le monde comme une œuvre artisanale, voire artistique ; il distingue plusieurs ordres de connexion causale, notamment la providence, le destin et la nature ; finalement, il interprète l'influence des dieux planétaires dans le cadre du choix responsable d'une forme de vie.

D'abord, bien que Ficin semble s'inspirer de la conception stoïcienne du destin, il n'en reprend pas deux aspects majeurs : la théodicée et le classement des différentes causes[3]. Au lieu de justifier le mal dans le monde, Ficin estime que l'âme produit les êtres de l'univers selon une rationalité « artiste »[4]. Si la totalité de l'univers ne peut être confondue avec l'unité absolue, qui n'appartient qu'à Dieu[5], l'âme est cependant le premier moteur de l'univers, puisqu'elle est le principe du mouvement[6]. Le mouvement signifie plus une forme de plénitude vitale que le rapport entre ce qui meut et ce qui est mû. À partir de ce présupposé, Ficin propose des arguments « à plus forte raison ». Si le mouvement exprime une forme d'organisation autosuffisante, à plus forte raison le ciel et ses astres présentent un rythme uniforme et varié, qui est le signe d'une rationalité conséquente[7]. Si tout organisme sur terre porte en soi la vie, comme une expression du mouvement, à plus forte raison l'Âme du monde, qui est l'artisan de la nature, est vivante[8]. Si le mouvement spontané est le signe

1. Plotin, *En.*, 27 (IV, 3), 13, 17-32.

2. Ficin, *TP*, XVII, 3, t. 3, p. 162.

3. Les Stoïciens, repris par Cicéron, ont distingué les causes premières, sustentatrices, des causes auxiliaires, prochaines et des causes antécédentes. Voir F. Mariani Zini, « Cicero On Conditional Right », dans D. M. Gabbay *et al.* (eds), *Approches to Legal Rationality*, Dordrecht *et al.*, Springer, 2010, p. 25-47.

4. Ficin, *TP*, IV, 1, t. 1, p. 147, p. 160-161, p. 170.

5. Ficin, *TP*, IV, 1, t. 1. p. 149 ; 162 et IV, 2, t. 1, p. 166-167 distingue trois totalités, selon l'essence (l'ange), le point (l'âme) et le moment (la matière). Dieu est l'unité absolue au-dessus du nombre.

6. Les aristotéliciens se trompent : seule l'âme donne le mouvement, non pas comme une substance séparée, mais par un lien intime avec ce qui est mû : Ficin, *TP*, IV, 1, t. 1, p. 157-158.

7. Ficin, *TP*, IV, 1, t. 1, p. 156

8. Ficin, *TP*, IV, 1, t. 1, p. 160.

d'une vie intérieure autonome, à plus forte raison l'univers palpite de cette régularisation interne, compte tenu de son mouvement circulaire[1].

Cette célébration de l'ordre du monde, qui fait signe vers une démiurgie artisanale, dépend du *Timée,* mais aussi de *Nature des dieux* de Cicéron. Ici, Balbus, le stoïcien, estime que l'organisation de l'univers révèle une démiurgie providentielle[2]. Bien que la croyance en la providence divine soit critiquée par le sceptique Cotta[3], Cicéron affirme, en conclusion, que l'exposé de Balbus lui semble être le « plus vraisemblable »[4]. Car Balbus établit une sorte de convergence entre la démiurgie platonicienne et la nature artiste, revendiquée par les stoïciens[5]. Au-delà de tout raisonnement, c'est la contemplation de la beauté qui produit la croyance dans le divin[6]. Ficin partage cette conviction qui suppose une forme de rationalité de l'âme à l'œuvre dans l'univers, sans réduire la démiurgie à la production de la nature et en éludant le danger du déterminisme. De même que Cicéron, il considère également que la classification stoïcienne des causes ne doit éliminer ni le fortuit, ni la responsabilité volontaire[7]. La typologie des *causes* stoïciennes est ici remplacée par la distinction entre trois *ordres* différents, auxquels l'âme participe :

> Trois ordres de choses semblent concerner l'âme humaine : la providence, le destin, la nature. La providence est l'enchaînement des intelligences, le destin l'enchaînement des âmes, la nature l'enchaînement des corps[8].

Par rapport à la notion de cause, la série de ces trois ordres souligne la nature temporelle de l'enchaînement déterminé des événements, au lieu de considérer tout moment antécédent comme la cause de ce qui suit. Cette approche est tout à fait cohérente avec la conception de la rationalité des

1. Ficin, *TP*, IV, 1, t. 1, p. 159.

2. Cicéron, *La nature des dieux*, XXII, 58 ; XXXIX, 73 ; XXXV, 90.

3. Cicéron, *La nature des dieux*, III, XXVII, 59-XXXII, 81. Sur la signification de ce texte dans la Florence du XVe siècle, voir C. Auvray-Assayas, « L'ordre du deuxième livre du *De natura deorum* de Cicéron : Ange Politien et la philologie moderne », *Revue d'histoire des textes* 27, 1997, p. 87-108.

4. Cicéron, *La nature des dieux*, XL, 95. Sur la critique du *fatum*, voir Cicéron, *Traité du destin*, 28, 31-34 et *Sur la divinisation*, I, 126.

5. Diogène Laërce, *Vies*, *op. cit.*, VII, 139-142 ; Cicéron, *La nature des dieux*, II, XXII, 57 ; XXXII, 81.

6. Cicéron, *La nature des dieux*, XXXVIII, 98.

7. Cicéron, *Traité du destin*, 28-30 et 34.

8. Ficin, *TP*, XIII, 2, t. 2, p. 206 : « Tres rerum ordines ad humanam animam pertinere videntur : providentia, fatum, natura. Providentia est series mentium, fatum, series animarum, series corporum ». Sur la distinction entre la providence et le destin, Platon, *Tim.*, 41d8-e3.

âmes comme déploiement de dispositions variées. Car Ficin ne comprend pas ces ordres comme des déterminations stables qui circonscrivent l'individualité de l'âme, mais comme des conditions. L'âme s'engage avec elles dans une dialectique d'autonomisation, afin d'établir sa singularité : elle se fraye un chemin individuel, en prenant possession de son destin, lequel désigne principalement la fonction vivifiante des âmes qui régissent l'ordre cosmologique[1]. Celui-ci ne désigne pas une nécessité fatale, puisque la nature divine de l'intellect permet à l'âme de se soustraire à l'enchaînement des causes et des effets[2].

La rationalité de l'âme humaine conduit à s'affranchir de ces conditions, parce qu'elle constitue la médiation spécifique entre la série universelle de la providence, l'individualité de la séquence des âmes dans leurs courses planétaires et la contingence des corps[3]. L'intelligence est donc au-dessus du destin, dans la providence ; l'idole, comme image de l'âme rationnelle, se trouve dans le destin, au-dessus de la nature ; la nature est soumise au destin, au-dessus du corps :

> Ainsi l'âme est-elle placée dans l'ordre de la providence, du destin, de la nature, non seulement comme patiente, mais comme agissante[4].

L'âme n'est pas servile, mais libre : elle *choisit* son propre démon intérieur, au sens de l'orientation singulière qu'elle donne à la configuration tracée par la providence, le destin et la nature[5]. L'influence des dieux planétaires est plus l'expression d'une conduite assumée de manière responsable, que l'effet d'une causalité régie par les étoiles. Cette approche se retrouve dans la lecture ficinienne de la thèse platonicienne du nombre fatal et du retour de l'âge d'or, où la forme de vie est conçue comme l'éducation d'un *ingenium*.

1. On peut mesurer ici la distance ficinienne à l'égard de Plotin et de Proclus, pour qui la providence est divine et appartient au niveau supérieur, tandis que le destin concerne les choses inférieures : Plotin, *En.*, 5 (III, 5), 15 et Proclus, *Trois études sur la providence*, éd. et trad. fr. D. Isaac, Paris, Belles Lettres, 1985-1986 ; *ET*, 120.

2. Ficin, *TP*, XIII, 2, t. 2, p. 207-209.

3. Ficin, *TP*, XIII, 2, t. 2, p. 210.

4. Ficin, *TP*, XIII, 2, t. 2, p. 209 : « Sic anima in providentiae, fati, naturae legibus, non ut patiens modo ponitur, se ut agens ».

5. Ficin, *TP*, XIII, 2, t. 2, p. 209 ; Platon, *Rép.*, X, 617e.

Le retour du règne de Saturne

Le *De numero fatali* (*Le nombre fatal,* 1496)[1] est le commentaire d'un passage problématique de la *République*, où est évoqué le retour de la *gens aurea*, de la race d'or[2]. La question principale porte sur la signification de ce temps à la fois ancien et nouveau pour la destinée humaine. Apparemment, le retour du règne de Saturne est considéré par Ficin comme un événement lié à la disposition favorable des astres, de même que tous les grands moments de l'histoire. Mais si tel était le cas, l'histoire dépendrait de manière considérable de l'influence astrale.

En réalité, dans la *République*, il est question de comprendre les causes pour lesquelles une cité idéale connaît la discorde. Mais la cité idéale ne peut pas dégénérer, car le changement signifie une indigence fautive. Le recours à un ordre mathématique, étroitement dépendant de la configuration astrale, permet de penser ce déclin comme extérieur à l'idéalité de la cité, ne compromettant guère sa perfection, et comme inévitable, étant commandé par le ciel et demeurant inconnu aux magistrats[3]. Car Platon, tout en donnant des lois précises pour déterminer aussi bien le nombre parfait des générations divines que le nombre géométrique présidant aux bonnes naissances (donc à l'histoire des générations), affirme que « quelque habiles que soient les chefs de la cité », ceux-ci ne le connaîtront point. Ficin avoue, au début de son commentaire, que ce passage a terrorisé tous les platoniciens[4] et qu'il désire avancer seulement des arguments vraisemblables. Il souligne, d'une part, *le contraste entre le caractère calculable en principe, mais inconnaissable de fait, du nombre parfait ou fatal*: d'autre part, *le mélange des races d'Hésiode* que Platon présente ici et ailleurs comme coexistantes (« vos races d'or, d'argent, d'airain, de fer »)[5]. La difficulté principale de ce texte réside dans l'articulation de trois éléments : le niveau divin de perfection ; l'ordre géométrique structurant le monde céleste et influençant l'histoire des générations ; la réflexion sur le choix responsable de la vie bonne, les races étant des formes de vie qui

1. Édition critique, intr. et trad. ang. M. J. B. Allen, *Nuptial Arithmetics*, Berkeley, University of California Press, 1994 (désormais cité Ficin, *NA*). Voir en particulier les chap. 2 et 4 de l'introd. Après ce texte, Ficin se consacra, dans les trois dernières années de sa vie, à la lecture de Paul, notamment de *l'Epitre aux Romains*.

2. Platon, *Rép.*, VIII, 546b-547c.

3. Cette solution a été critiquée par Aristote, *Pol.*, V, 1316a1-b26.

4. Ficin, *NA*, chap. p. 172-173.

5. Platon, *Rép.,* 415a-417b.

coexistent. Ficin cherche alors à concevoir un ordre du temps, calqué sur l'ordre cosmologique, qui n'exclue pas la responsabilité morale.

Pour ce faire, il établit une médiation susceptible de lier la providence, le destin et la vie bonne des générations. Cette exigence se trouve exprimée dès le premier chapitre. Ici l'ordre mathématique des corps célestes établit une première articulation. Car les conversions (*peritropai*) circulaires des sphères gouvernent les révolutions célestes (*periphorai*), lesquelles s'adaptent également aux choses terrestres (*rebus terrenis*)[1]. Connaissant les rapports entre ces trois facteurs, il est possible pour l'homme d'envisager les moments propices de la fertilité. Cependant, il n'est pas aisé, sauf pour Dieu, de déterminer ces mesures. Le temps opportun, à savoir le temps où les sphères, les planètes et les choses s'accordent, reste inconnu. L'ordre mathématique doit donc être accompagné par l'ordre de la rhétorique. Outre le système des proportions, les conversions, les révolutions et les choses terrestres s'accordent par une accommodation réciproque, effectuée par des modalités de persuasion. Il y a donc un mode de relation qui n'est pas strictement défini à l'avance. La prédisposition à suivre les lois du destin n'est pas le résultat d'une nécessité. Certes, il faut reconnaître que :

> Non seulement les dispositions des corps en général, mais aussi d'une certaine manière la variété des passions et des dispositions caractérielles, des habitudes et des mœurs sont conduites par une certaine loi naturelle et fatale… Cependant, on estime que la condition des dispositions caractérielles humaines est sujette à des conversions et à des révolutions diverses et comptées par des nombres différents[2].

Ce n'est donc pas la *nature* de l'homme qui est déterminée, mais ses *dispositions singulières* en tant qu'*ingenium*. Celui-ci est sujet à des conversions et à des révolutions multiples. Puisque les mouvements du ciel sont multiples, *il n'y a pas un seul nombre fatal ou parfait, mais plusieurs*.

Ficin définit, par la suite, la nature composite de l'ordre temporel. En premier lieu, il se réfère à l'année parfaite du *Timée*[3], quand tous les corps célestes reviennent à leur position initiale. Néanmoins, il adapte cette année céleste aux différentes sortes de temps, y compris celui des

1. Ficin, *NA*, chap. 1, p. 172-173.

2. Ficin, *NA*, chap. 1, p. 174-175 : « Non solum vero dispositiones corporum omnino sed quodammodo etiam affectuum ingeniorumque et morum varietates fatali hac et naturali quadam lege ducuntur… Humanorum vero ingeniorum conditio conversionibus revolutionibusque aliis per alios quoque numeros computatis subiecta putatur ».

3. Platon, *Tim.*, 39d.

catastrophes naturelles et humaines. La grande année devient alors une unité constituée par des parties et des moments divers, légitimant les passages entre le temps de la vie du monde et la vie des hommes, laquelle est marquée par la durée et les changements. Afin de trouver l'accord entre la mathématique du *cosmos* et le temps des générations, Ficin tend à mathématiser l'univers : il attribue à chaque chose un nombre, qu'il fait dépendre du rapport entre l'Un et la Dyade. Toutefois, au lieu de privilégier le *rôle ascendant* des mathématiques, comme moment de la remontée vers l'Un, il prend également en considération leur *vertu descendante*, soucieuse de se conformer aux choses terrestres. Il détermine alors les différents genres de nombre, en articulant la providence divine, le destin et le choix de la vie bonne.

Puisqu'il veut éviter une conception déterministe de l'histoire des générations, telle qu'elle serait présupposée par la nécessité de l'ordre mathématique du monde, il propose une *médiation* entre le libre choix de la vie bonne et l'influence de l'ordre céleste. Après avoir rappelé que l'âme se divise en irascible, rationnelle (qui est, à son tour, pratique et intellectuelle) et concupiscible, ces aspects se liant l'un à l'autre par des rapports musicaux, il conseille d'éduquer, d'adopter une *disciplinam* qui apprend à choisir constamment telle ou telle proportion dans sa propre disposition. De manière cohérente avec les critères d'individuation de l'âme, les *ingenia* expriment la composition singulière de leurs dispositions, actes, facultés dans un horizon limité de races. Celles-ci traduisent les possibilités anthropologiques de combinaison de nos tendances constitutives vers la vie active ou contemplative, ou des tempéraments, la colère ou la concupiscence[1]. Les proportions harmonieuses s'acquièrent par l'exercice, la diète, l'accord avec les humeurs et les éléments, et l'écoute de la musique des astres. La détermination de l'histoire des générations est finalement écartée par cette éducation et intériorisation de l'ordre mathématique des proportions. Puisque les nombres parfaits sont tous des multiples de six[2], il faut suivre ces nombres et ces proportions dans la discipline de la vie pour capter la bonne influence de l'ordre céleste.

En résumant, l'individualité des âmes est établie par les opérations *rationnelles* propres à l'Âme universelle, dans son autonomie relative par rapport à l'intellect. Les circuits planétaires permettent de concevoir la

1. Celui qui opte pour la race d'or, plus contemplative, doit par exemple adopter le rapport de 4 à 3 entre l'intelligence et la raison : Ficin, *NA*, chap. 12, p. 206-207.

2. Ficin, *NA*, chap. 17, p. 226-228, le nombre six est aussi la parfaite condition, chap. 2, p. 174-155.

singularité de l'âme dans une dialectique entre trois ordres de connexion : la providence, le destin et la nature, auxquels la rationalité de l'âme peut se soustraire, au moins partiellement. Le retour de l'âge d'or n'est pas considéré comme une fatalité, mais comme une disposition ou une habitude que les hommes adoptent, en s'éduquant à la science des proportions harmonieuses.

Dès lors, lorsque Ficin annonce le nombre fatal 8128 en relation à la conjonction astrale entre Saturne et Jupiter, il ne se réfère pas à la palingenèse du monde, mais à l'acquis d'un *ingenium* caractérisé par la tempérance, l'équité, la constance[1]. Il s'agit, comme dans l'âme individuelle, d'une transformation, où le changement n'en dissout pas l'identité, mais apporte un incrément de sens. Comme le souligne Ficin, lorsque les attitudes de constance et de tempérance sont stables dans nos corps et dans nos âmes :

> De cette manière l'âge de Saturne pourra revenir et nos dispositions, comme le désire fortement Platon, seront transformées du fer en argent, en or[2].

Ficin cite, en conclusion, les célèbres vers de la IV e Eglogue de Virgile sur le retour de l'ordre des siècles *ab integro* et l'avènement de la nouvelle progéniture[3]. Mais il ne fait pas mention du *puer*, image que le christianisme avait interprétée comme la prophétie de la venue du Christ. Ici, comme en d'autres occasions, Ficin déçoit les attentes, se montrant rétif à la conciliation entre le christianisme et le platonisme, même là où la tradition culturelle a déjà etabli un accord. Dans la culture florentine, après Dante, le fait de ne pas enrôler Virgile dans la téléologie du salut est une attitude étonnante. Cette réserve à l'égard d'un Virgile chrétien exprime sans doute la conscience ficinienne des difficultés que l'âme rencontre pour rentrer chez soi.

Patries, exils

Un mythe, très commenté par les néoplatoniciens, fut le retour d'Ulysse à Ithaque. Ses péripéties expriment les vicissitudes de l'âme, perdue dans le monde sensible et oublieuse de sa véritable patrie céleste. Quand la

1. Ficin, *NA*, chap. 17, p. 228-230.

2. Ficin, *NA*, chap. 17, p. 230-232 : « ...quandoque secula nobis Saturnia revertantur atque (ut Plato hic vehementer optat) ingenia ex ferreis in argentea et aurea transformentur ».

3. Virgile, *Eglogues(Bucoliques),* trad. fr. E. de Saint Denis, Paris, Belles Lettres, 1942, IV, 15-17.

magicienne Circée transforme ses ingénus compagnons en porcs, Ulysse leur crie : « Fuyons d'ici »[1]. Le charme de la magicienne représente les faux biens terrestres qui détournent du chemin qui nous ramène à la maison. Porphyre a consacré une œuvre brève, mais fondamentale[2], à l'interprétation allégorique de l'épisode où Ulysse cache les dons des Phéaciens dans l'antre des nymphes Naïades[3]. Pour Porphyre, Ulysse est l'image de l'âme placée devant à un choix capital puisque les deux portes de l'antre représentent la descente dans la matière ou le retour à l'origine.

On le sait: Ulysse rentrera finalement à la maison, l'esprit apaisé. Repartira-t-il ? La nostalgie, comme douleur du retour et désir de sa patrie lointaine, affecte le néoplatonicien pendant son séjour mondain. Ne signifie-t-elle pas également l'impossibilité de ce retour ? On ne peut plus rétablir un état originaire: le voyage nous a rendu différents, presque étrangers à ce qui a été notre point de départ et notre demeure. La nostalgie de la patrie est un sentiment *pneumatique*[4], car elle joue le rôle médiateur dans les voyages de l'âme : le retour est l'anticipation d'un nouveau départ de même que le départ avait suscité tout de suite l'espérance du retour.

Mais le retour dans la patrie est, pour Ficin, bien plus problématique. L'arrogance d'Ulysse, qui est ostracisé par Dante du royaume des bienheureux, est incompatible avec l'humilité chrétienne. Ainsi Ficin préfère-t-il évoquer les péripéties d'Enée[5]. Ce choix ne s'explique pas seulement par la canonisation du Virgile chrétien et, partant, du *pius* Enée. Car Virgile exprime effectivement, dans sa poésie, le désir d'un profond renouvellement de l'univers ainsi que l'indétermination d'une telle palingenèse, ressentie comme un présage, mais encore incertaine. Dès lors, Virgile traduit surtout, par les voyages d'Enée, les appréhensions, les déceptions, les prémonitions qui accompagnent la douleur de l'exil et la quête, ou la reconquête, de sa propre patrie. Pour Enée, à la différence d'Ulysse, partir et revenir ont une signification paradoxale.

1. Plotin, *En.*, 1 (I, 6), 8, 6-22

2. Porphyre, *De antro nympharum*, éd. L. G. Westerink, New York-Buffalo, Aretusa, 1969 ; trad. fr. Y. Le Lay, *L'Antre des nymphes*, Lagrasse, Verdier, 1989. Voir J. Pépin, « The Platonic and Christian Ulysses », dans D. J. O'Meara (ed.), *Neoplatonism and Christian Thought*, New York, State University of New York Press, 1982, p. 8 *sq*.

3. Homère, *Odyssée*, XIII, 101-112.

4. V. Jankélévitch, *L'irréversible et la nostalgie*, Paris, Flammarion, 1974, p. 341-386.

5. Voir la référence à la patrie, « à une Italie qui ne fait que se dérober » dans Ficin, *TP*, XIV, 7, t. 2, p. 271, citantVirgile, *Enéide*, trad. fr. P. Veyne, Paris, Belles Lettres, V, 629, p. 165.

Enée est troyen, il n'a aucune envie de quitter Troie. Le destin lui impose de chercher une autre patrie que la sienne, qu'il doit abandonner aux flammes. Le fantôme de sa femme, Creusa, lui indique alors le lieu et l'oracle d'Apollon lui enjoint de chercher la mère primitive[1]. Pourtant, Enée se trompe : seule une vision nocturne lui révélera la véritable patrie[2]. Il y a trop de patries, donc il n'y en a aucune. La patrie qu'Enée ressent comme la sienne, Troie, n'est plus (Jupiter lui-même dira qu'elle est morte) mais lui et ses compagnons continuent de se considérer comme des Troyens, si bien que la guerre avec les Latins est inéluctable. La patrie future est censée être ancienne, mais on ne sait plus ou pas encore la reconnaître comme telle. Le retour ne peut être qu'ambigu. Car les Troyens d'Enée ne sont pas les Latins, pour qui le Latium est la véritable patrie. Le retour dans la patrie est donc pour les amis d'Enée l'arrivée dans une nouvelle terre, qu'ils mettent à sang et à feu. L'exil et la patrie sont des constructions mentales, élaborées *après coup*. La paix sera possible seulement quand une troisième voie sera trouvée : les Troyens cesseront de se représenter comme tels et, tout en ayant vaincu les Latins, ils deviendront eux-mêmes Latins, parce qu'ils en adopteront la langue[3]. De ce « mélange avec le sang ausonien sortira une race » qui surpassera en piété les hommes et les dieux[4].

Ainsi l'exil et la patrie d'Enée sont-ils des réalités dialectiques, prises entre l'absence et la présence, un passé que l'on a oublié et un futur que l'on pressent. Le point d'arrivée est un nouveau départ, une nouvelle race, qui est l'issue du meilleur mélange entre les Latins et les Troyens. La conversion pour Ficin est exactement ceci : un heureux mélange *entre pas encore et pourtant déjà*[5]. C'est pourquoi, comme nous l'avons signalé, la nouvelle ère de la quatrième églogue de Virgile, est interprétée par Ficin comme un temps préparé par les esprits humains, les *ingenia*, et non

1. Virgile, *Enéide*, *op. cit.*, III, 96, p. 87.

2. Avec Anchise, il pense d'abord qu'il s'agit de Crète. Puis, grâce à une vision nocturne, il comprend que c'est l'Italie.

3. Virgile, *Enéide*, *op. cit.*, XII, 835-837, p. 413. Jupiter en personne décrète qu'il fera des tous les Troyens des Latins parlant d'une même voix.

4. Virgile, *Enéide*, *op. cit.*, XII, 838-839, p. 413.

5. C'est la formule : *Noch nicht und doch schon*, que l'esclave répète à un Virgile agonisant dans le roman de H. Broch, *Der Tod des Vergil* (1945), Frankfurt a. M., Suhrkamp, 197 ; trad. fr. A. Kohn, *La mort de Virgile*, Paris, Gallimard, 1995. Ce roman raconte les derniers jours de Virgile comme un voyage intérieur d'initiation et d'ascèse néoplatonicien, passant par l'eau-l'arrivée, le feu-la descente, la terre-l'attente et l'éther-le retour. Il exprime très clairement les difficultés de la conversion et le désir d'un renouvellement que l'on ne sait pas encore définir.

comme une prophétie annonçant la venue du Christ. C'est pourquoi il ne mentionne pas l'enfant de l'églogue, mais souligne que le règne de Saturne reviendra seulement quand les dispositions de Jupiter seront acquises. Car l'immobilité contemplative de Saturne, lointaine des hommes, ne peut pas rendre raison de l'articulation du temps interne à l'histoire des générations, laquelle commence ici et maintenant. La nouvelle race d'or est une race qui, comme les Troyens et les Latins de Virgile, est mélangée, où le fer se transforme en or et en argent. C'est Jupiter qui, comme dans l'*Enéide*, produit le mélange heureux de la nouvelle race [1].

En définitive, plus que la troisième voie entre le christianisme et le néoplatonisme, Ficin emprunte à Virgile la conception d'une nouvelle génération d'hommes, qui est le produit dialectique du meilleur mélange entre des dispositions différentes, que les *ingenia* peuvent apprendre dans leur séjour mondain. Il s'agit d'accomplir une forme de vie qui est en quelque sorte déjà là, dont le modèle ne doit pas être cherché dans un tout autre monde, mais dans les anticipations d'une patrie qu'on aura appris à reconnaître, où qu'elle soit.

Pourtant, une question cruciale demeure. Est-ce que le corps fait partie de l'individualité de l'âme ou désigne-t-il seulement l'homme, considéré comme le composé de l'âme et du corps ? La réponse n'implique pas seulement la définition de l'individualité, voire de la singularité de l'âme, mais aussi la détermination exacte du *sujet* de l'immortalité.

Qui meurt ?

1. 1 Ficin, *NA*, chap. 17, p. 230-233.

CHAPITRE VII

LES CORPS DE L'ÂME

PORTRAIT D'ÂME AVEC CORPS

Tuniques, véhicules

L'âme conduit l'attelage ailé du *Phèdre*, le dirigeant aussi bien vers les niveaux inférieurs, en accomplissant sa fonction cosmologique, que vers les plans supérieurs, en s'engageant sur le chemin de retour vers le premier principe. Cette mobilité pluridirectionnelle est représentée par le *véhicule éthéré* de l'âme, lequel est composé de la cinquième essence, à savoir du *spiritus*, à la frontière de l'organique et du psychologique[1]. L'Âme du monde, non le démiurge, engendre à la fois les dieux planétaires et le *spiritus*, qui en partage la nature stellaire. D'abord, le *spiritus* transmet les formules et les raisons séminales à la réalité sensible, puisqu'il est « l'auteur le plus proche », après l'âme, de la génération de la vie sensible. Il permet de retrouver dans les choses elles-mêmes leur formule séminale et de remonter la chaîne de l'être.

C'est pourquoi le véhicule éthéré fait partie intégrante de l'attelage ailé, à savoir de l'âme entière. Lorsque l'âme tombe, le corps spirituel la suit fidèlement. Ainsi le *véhicule* de l'âme[2] remplit-il trois fonctions majeures dans la psychologie néoplatonicienne : *défensive, connective et destinale*[3].

1. G. Verbeke, *L'Evolution de la doctrine du pneuma du stoïcisme à S. Augustin*, Paris-Louvain, Peeters, 1945, p. 206-219.

2. Platon, *Phèdre* 246a-247b ; *Tim.*, 41d-e ; 69e.

3. M. Di Pasquale Barbanti, *Ochema-pneuma, phantasia nel neoplatonismo*, Catania, CUECM, 1998, chap. 1.

En premier lieu, tout comme les idées ne peuvent pas se communiquer immédiatement dans la réalité sensible, l'âme ne s'incarne pas directement dans un corps mondain, mais exige une médiation qui en protège la pureté, tout en la rendant apte à assumer une forme sensible. Elle se contracte dans un corps céleste qui est conçu parfois comme un véhicule, parfois comme une ou plusieurs tuniques dont elle s'envelopperait. La tunique exerce la même fonction que le voile dont les dieux se ceignent pour se dissimuler dans la nature, se donnant à voir aux initiés, qui savent en reconnaître la forme originaire.

Ensuite, le véhicule justifie les opérations accomplies par l'âme dans ou par le corps, sans que celle-là dépend de celui-ci. Si l'âme était séparée du corps par essence, on ne pourrait pas expliquer comment la plupart de ses opérations s'effectue par le truchement de la perception et de ses dérivés. Par conséquent, les néoplatoniciens utilisaient souvent l'image[1] du musicien, de l'harmonie et de la corde pour représenter le lien de l'âme au corps[2]. L'âme ne se sert pas directement du corps, comme le musicien n'utilise pas immédiatement la corde d'un instrument, car il a besoin de l'harmonie, sans laquelle la corde ne vibrerait pas de manière mélodique.

Surtout, il fallait trouver une parade à la philosophie aristotélicienne, qui avait montré le rôle central des images dans l'élaboration de la pensée[3]. L'entéléchie, affirmant que l'âme est la forme ou l'acte du corps, avait miné la conviction néoplatonicienne selon laquelle l'âme est une entité indépendante du corps[4]. Car le corps posséderait la vie en puissance,

1. Outre la définition habituelle selon laquelle le corps est l'instrument de l'âme : Platon, *Alcibiade Premier*, 129d-130e, repris par Plotin, *En.*, 2 (IV, 7), 1, 20-25, lequel propose plus une hypothèse qu'une thèse, à savoir : « Si le corps était un instrument de nous-mêmes, alors il serait temporel » ; Ficin, *In Plotinum, Op.*, II, p. 1148-1150.

2. Platon, *Les Lois*, 896a-b et *Phédon*, 85e-86b ; Plotin, *En.*, 26 (III, 6), 4, 47-52 ; Porphyre, *Sent.*, 18 ; Ficin, *TP*, XVII, 2, t. 3, p. 155 : la *consonantia* du corps est comparée à la *harmonia in musici mente*.

3. Aristote, *De l'Âme*, III 7, 431a16. Voir Ch. Tornau, « Plotinus' Criticism of Aristotelian Entelechism in *Ennead* IV 7(2), 85, 25-50 », dans *Studi sull'anima in Plotino*, *op. cit.*, p. 149-178.

4. À cet égard Ficin, *TP*, XV, 5, t. 3, p. 34 refuse de considérer l'hypothèse, proposée par Aristote, *De l'âme*, I, 413a9 selon laquelle l'âme serait dans le corps comme le pilote dans le navire. Il reprend les critiques de Plotin, *En.*, 27 (IV, 3), 21, 6-15. Si le pilote fait avancer le navire, c'est grâce au gouvernail. L'âme se trouve plutôt dans ce gouvernail. Car le pilote ne fait que manœuvrer, tandis que l'âme donne au corps quelque chose, à savoir le mouvement et la vie. Ficin emprunte également à Plotin, *En.*, 27 (IV, 3), 22,1-8 la comparaison, selon laquelle l'âme est présente dans le corps comme la lumière dans l'air, ou mieux, comme l'air dans la lumière. Voir la traduction ficinienne de Plotin, *Op.*, p. 387-388. Toutefois, Ficin, *TP*,

comme un œil pourrait voir si la vue, à savoir, l'âme réalisait sa fonction [1]. Une telle conception de l'âme est théoriquement irrecevable pour les platoniciens, puisqu'elle suppose que l'âme ne soit pas séparable du corps [2], mais se caractérise comme une des propriétés ou des dispositions de celui-ci [3]. Deux solutions principales ont été apportées à ce problème, l'une intégrative, l'autre inventive. La première tente de réinterpréter l'entéléchie dans un cadre platonicien : on reconnaît alors que l'âme peut être la forme d'un corps déjà *informé* [4]. Il s'agit cependant plus d'un corps avec des traces d'âme que de l'animation du corps proprement dite. La seconde propose, par la notion de *véhicule*, une nouvelle conception de l'âme, qui considère en partie positivement les facultés de la perception, de l'imagination, de la mémoire et, partant, le changement subi par l'âme par sa chute dans le corps. L'âme est séparée du corps mondain, mais s'accompagne d'un corps astral, éthéré ou spirituel qui est son char ou véhicule, permettant d'expliquer les opérations de l'âme dans et par le corps.

Pourtant, cette interprétation, qui est censée réduire l'influence du corps terrestre sur l'âme, introduit une nouvelle dépendance corporelle, fût-elle astrale. Ce risque est sciemment pris, puisque le véhicule de l'âme se charge d'une *fonction d'individualisation*. Les néoplatoniciens ne se sont pas bornés à comprendre le corps comme une prison de l'âme, mais l'ont aussi considéré comme une composante décisive dans la constitution de soi-même [5]. Car le véhicule de l'âme n'ambitionne pas seulement d'expliquer les opérations de l'âme dans le corps, sans en compromettre la transcendance, mais aussi de rendre compte de son *immortalité individuelle*, en se chargeant des transformations de l'âme *avant la vie et après la mort*.

Revivre

On comprend donc aisément pourquoi les opinions des néoplatoniciens se sont partagées sur l'immortalité du corps astral. Tandis que, pour Plotin, le véhicule ne joue pas de rôle significatif [6], car l'âme ne descend pas

XV, 5, t. 3, p. 34, préfère considérer l'âme comme une présence qui remplit l'air de multiples couleurs.

1. Aristote, *De l'Âme*, II 1, 412 a28-b 18.
2. Aristote, *De l'Âme*, II 413a20 ; III, 429a22 ; *Mét.*, Z 17.
3. Aristote, *De l'Âme*, I 1, 402a 4.
4. Plotin, *En.*, 52 (II, 3), 9, 30-39.
5. M. Zambon, « Il significato filosofico dell'*ochema* dell'anima », dans *Studi sull'anima, op. cit.*, p. 306-335.
6. Plotin, *En.*, 27 (IV, 3), 15, 1-7.

vraiment de son lieu supérieur, Jamblique considère que le corps astral est porteur des facultés inférieures comme la perception ou l'imagination, dont l'acquisition dans la descente de l'âme en implique un changement substantiel[1]. Il distingue, en outre, les tuniques transitoires, de plus en plus épaisses, enveloppant l'âme dans son existence mondaine, du véhicule qui, produit par le démiurge, est immortel comme l'âme[2]. C'est pourquoi la théurgie concerne à la fois l'âme et le corps astral. Mais Porphyre propose une forme de compromis, en accord avec sa conception de la théurgie. Il préfère utiliser la notion de corps pneumatique, afin d'en limiter la portée. Tandis que l'âme rationnelle est créée par le démiurge, l'âme irrationnelle et son corps éthéré sont l'œuvre des sphères célestes. L'âme irrationnelle fait retour dans les sphères célestes quand le corps mondain meurt. Néanmoins, le corps éthéré peut également suivre l'âme immortelle dans ses péripéties *post-mortem*. De la sorte, l'âme immortelle est accompagnée d'un corps pneumatique sur lequel se sont imprimés les souvenirs de ses passions et de ses conduites particulières. Chaque âme détermine, au moins partiellement, son destin après la mort, puisque son corps pneumatique, qui l'a escortée, devient l'objet spécifique de la théurgie[3]. Toutefois, la partie intellectuelle de l'âme exerce ses fonctions sans faire appel au corps pneumatique : le sage dédaigne les pratiques théurgiques[4].

Ainsi la prolifération des corps caractérise-t-elle la tentative de concevoir *l'immortalité individuelle de l'âme*, constituée à la fois par ses vicissitudes morales, s'imprimant sur la surface transparente de son véhicule, et par ses opérations dans le corps mondain, lesté de ses lourdes tuniques terrestres. À cet égard, Proclus distingue trois corps[5] : le véhicule impassible, perpétuel et indivisible, congénital à l'âme, qui est l'œuvre du démiurge et peut, purifié, remonter aux astres ; un corps astral, dépendant des jeunes dieux planétaires, qui correspond à l'âme irrationnelle, en tant que corps pneumatique immatériel. Celui-ci est destiné à survivre dans le ciel, comme le corps astral de Porphyre, mais ne suit plus l'âme individuelle. Enfin, il y a le corps terrestre, corruptible et mortel. Le véhicule congénital à l'âme endosse alors plusieurs tuniques matérielles dont il se débarrasse, en remontant vers les sphères planétaires. La purification théurgique concerne principalement le corps astral, mais implique aussi la

1. Jamblique, *Myst.*, II, 9, V, 15.
2. Voir le témoignage de Proclus, *Théologie*, III, 18.23-19.5.
3. Porphyre, *Sent.*, 7 et 29.
4. Porphyre, *Sent.* 41.
5. Proclus, *ET*, 196, 207, 209, 211 ; *In Tim.*, III, 233. 15-18 ; 238, 18-21.

réintégration du véhicule congénital à l'âme, puisque celui-ci l'accompagne dans ses périples.

Or Ficin, tout en partageant avec le christianisme la conviction que la *perfection* de l'âme ne peut pas se passer du corps[1], n'en reprend pas les traits majeurs. Au lieu de supposer la résurrection du corps *à la fin des temps*[2], il évoque souvent l'hypothèse d'un véhicule éthéré, d'un *corpus animae proximus*[3], qui accompagnerait *toujours* l'âme, avant la vie et après la mort[4]. Bien que les âmes rationnelles, à la différence des intelligences angéliques, soient séparables en puissance de leurs *vehicula*, elles le ne peuvent pas en acte : le corps spirituel est, comme le soulignait Jamblique, la tunique immortelle de l'âme (*immortale animae indumentum*) :

> Par conséquent, les âmes rationnelles, en tant que médiations, doivent toujours être telles qu'elles soient séparables en puissance, parce que si on leur enlève leur corps elles ne périront pas, mais y soient toujours unies en acte, parce qu'elles tiennent de l'éther le corps familier qu'elles conservent immortel par leur propre immortalité[5].

Il y a mort et mort. Le corps physique se désagrège, mais le corps éthéré est le corps familier de l'âme, qui vit de son immortalité. C'est par ce biais que l'on avertit la présence volatile, mais palpable des défunts, où que soient leurs âmes, en restant près des vivants, pour leur tenir compagnie et leur offrir protection et consolation[6]. Ainsi l'attelage ailé désigne l'âme

1. Ficin, *TP*, I, IV, 2, t. 1, p. 169 préfère parler de la restauration du monde en lieu de résurrection.

2. Selon, au moins, Jean, 6, 39. Il est intéressant de remarquer que, selon Paul, Co., 15, 44, notre corps animé (*soma psuchikon*) deviendra le corps spirituel (*soma pneumatikon*), tandis que, pour les néoplatoniciens, les corps pneumatiques ou éthérés accompagnent depuis toujours l'âme. Dit autrement : à la différence de Paul, Phil., 3, 20, selon lequel le Christ « transfigurera » (*metaskhematisei*) le corps mondain en corps glorieux, il ne s'agit pas, pour les néoplatoniciens, de transformer *l'ochema*.

3. On peut penser à Hadrien, vieux et souffrant, qui définit son corps comme « ce fidèle compagnon, cet ami plus sûr, mieux connu de moi que mon âme » : M. Yourcenar, *Mémoires d'Hadrien* (1951), Paris, Gallimard, 1974, p. 11.

4. Ficin, *In Phaed., sum.*, chap. 20, p. 152 ; *TP*, XVI, 7, t. 3, p. 134 *sq.* ; XVII, 1-4, t. 3, p. 148-175 ; XVIII, 4, t. 3, p. 192 *sq.* Ficin, *TP*, XVI, 5, t. 3, p. 122, souligne lui-même cette différence entre les chrétiens et les platoniciens, suivant Thomas d'Aquin, *CG*, IV, 83.

5. Ficin, *TP*, XVIII, 4, t. 3, p. 193 : « Ex quo sequitur rationales animas tamquam medias tales esse debere, ut virtute quidem separabiles sint, quia si illis subtrahantur corpora, non peribunt, actu autem sint semper coniunctae, quia familiare corpus nanciscuntur ex aethere, quod servent per immortalitatem propriam immortale… ».

6. Ficin, *TP*, XVI, 5, t. 3, p. 124.

entière dans la mesure où celle-ci ne peut pas être dissociée de son corps spirituel[1]. Par ailleurs, Ficin suit Proclus, en supposant qu'il y a trois corps : le corps éthéré, le corps aérien et le corps composé[2]. Tandis que le véhicule éthéré est immortel en vertu de l'immortalité de l'âme, le corps mondain est mortel. En revanche, le corps aérien est intermédiaire, puisqu'il possède une vie de longue durée : il retourne dans le domaine des astres après la mort de l'âme individuelle.

Dans ce cadre, le corps éthéré ne doit pas être confondu avec *l'idolum*[3]. Car l'âme projette sur le corps éthéré son *idole*, décrite « comme la queue d'une comète ou l'ombre de l'âme »[4], à savoir les représentations parfois confuses de la *phantasia*, qui opèrent une médiation entre les idées célestes et la vie perceptive terrestre. Si le véhicule disparaissait, l'idole serait supprimée[5], mais puisque tel n'est pas le cas, on peut supposer que l'idole elle-même survive. Cependant, l'idole et le véhicule possèdent un statut différent. L'idole établit, comme le corps aérien de Proclus, une médiation démonique entre le corps spirituel et le corps éthéré. Elle est l'espèce mortelle de l'âme et le siège d'une imagination confuse et irrationnelle, mais elle possède également les puissances de production et d'animation qui définissent exactement la tâche de l'âme à l'égard du corps. Pour les platoniciens, l'idole est l'image de l'âme rationnelle (*simulacrum rationalis animae*) :

> Cette idole contient les semences de tous les mouvements et de toutes les qualités que l'âme développe dans le corps[6].

L'idole est donc l'expression du destin, entendu comme l'ordre de connexion propre aux âmes, lesquelles transmettent à la matière, par les semences, les espèces naturelles[7].

En définitive, Ficin distingue deux formes d'individualité. Le véhicule éthéré, qui accompagne l'âme avant la vie et après la mort, définit la véritable individualité de l'âme, qui demeure constante malgré tout son vaga-

1. Ficin, *In Phaed.*, chap. 5, p. 100-101.
2. Ficin, *TP*, XVII, 2, t. 3, p. 154 et XVIII, 4, t. 3, p. 195-196. En reprenant l'image du même et de l'autre du *Timée*, 35b-c, Ficin soutient que les trois véhicules (*aethereum, aereum, compositum corpus)* s'accordent entre eux en vertu d'accords musicaux.
3. Plotin, *En.*, IV, 3 (27), 10, 38-40.
4. Ficin, *TP*, XVIII, 4, t. 3, p. 194.
5. Ficin, *TP*, XVIII, 4, t. 3, p. 195.
6. Ficin, *TP*, XIII, 2, t. 2, p. 207 : « In hoc idolo insunt semina motionum et qualitatum omnium quae in corpore explicantur ab anima ».
7. Ficin, *TP*, XIII, 2, t. 2, p. 209-210.

bondage. L'idole, par contre, n'est que l'image (*eidolon*) de l'âme rationnelle[1] et, en tant que corps aérien, se charge de la médiation entre le corps composé et le corps éthéré. Elle renvoie aux vicissitudes de l'âme dans sa situation mondaine, tout en gardant le rapport avec les circuits célestes par le biais des démons. L'idole désigne donc la nature *la plus contingente de l'individualité*, telle qu'elle s'exprime plus dans les existences des hommes que dans les voyages de l'âme. Pourtant, Ficin conçoit ces deux sortes d'individualité dans une tension dialectique. Quoique il estime que l'idole et le véhicule soient suspendus lorsque l'âme s'unit à Dieu par le centre, ou par la fleur de l'intelligence[2], il reconnaît que de tels moments sont rares, le souci du corps s'imposant sans cesse[3]. Par ailleurs, il ne conçoit pas tant l'idole comme la trace après la mort dans la mémoire des gestes et faits des hommes que comme une projection de l'imagination sur le véhicule, dont les représentations proviennent des visions de l'âme, acquises pendant ses circuits planétaires.

On peut finalement apprécier l'originalité de cette dialectique ficinienne, en examinant les hésitations d'Augustin à propos de l'hypothèse du corps spirituel. Augustin reprend à sa façon la réflexion de Porphyre sur le corps pneumatique. Après avoir refusé longtemps l'hypothèse du véhicule spirituel de l'âme[4], il semble l'admettre lorsqu'il s'interroge sur le sort de l'âme après la mort[5]. L'exigence de penser le déplacement local de l'âme, sortie de son corps mondain, ainsi que la possibilité d'avoir des visions de l'enfer en état de transe, le conduisent à croire qu'un corps spirituel accompagne l'âme lorsqu'elle quitte son séjour terrestre. Ce corps spirituel paraît faire signe vers le corps de la Résurrection, d'autant plus que le *spiritus* est voué dans les Écritures à exprimer l'âme tout entière[6]. Pourtant, suivant l'enseignement de

1. Plotin, *En.*, 27 (IV, 3), 10, 35-40.

2. Ficin, *TP*, XIII, 4, t. 2, p. 239-243.

3. Comme une pierre jetée dans l'air ne peut que retomber, *TP*, XIII, 4, t. 2, p. 243.

4. Les images de la tunique et du voile sont présentes dans la pensée chrétienne : voir Gn., 3, 21 et surtout Paul, Co, 5, 4, affirmant que, pour revêtir notre habitation céleste, il faut ou bien être nu (mort) ou bien se « survêtir », si l'on est vivant.

5. Augustin, *De Genesi ad litteram libri duodecim*, *op. cit.*, XII, 9, 20 ; 20, 39 ; 24, 51 ; 32, 60.

6. G. Watson, « *Phantasia* from the Late Hellenistic Period to Early Neoplatonism », *Aufstieg und Niedergang der römischen Welt*, 36. 7, 1994, p. 4766-4810 ; J. Pépin, « Saint Augustin et le symbolisme néoplatonicien de la vêture », dans *Augustin magister*, I, 1954, p. 293-306 ; *id.*, « Pourquoi l'âme automotrice aurait-elle besoin d'un véhicule ? » dans J. J. Clearly (ed.), *Traditions of Platonism*, Aldershot, Ashgate/Vivarium, 1999, p. 293-305. Malgré les emprunts ficiniens à Augustin, *De Immortalitate animae* (*L'immortalité de l'âme*),

Porphyre, un tel corps spirituel n'appartient pas à la sphère de l'éther et n'est pas non plus créé par le démiurge. Il s'apparente plutôt aux démons et à leur lieu, l'air. Bien qu'il soit l'idole ou le simulacre suivant l'âme impure dans l'au-delà, il n'est pas promis à une survie individuelle, se dissolvant dans les régions stellaires quand l'âme est finalement purifiée. Il est donc difficile d'identifier un tel simulacre de corps, provisoire et démoniaque, au corps de la résurrection, d'autant plus qu'Augustin emprunte également à Porphyre l'idée que la dimension spirituelle et pneumatique de l'âme est inférieure à la partie intellectuelle. Celle-ci n'a nullement besoin des pouvoirs perceptif et imaginatif qui caractérisent celle-là[1]. En revanche, Ficin estime que le corps spirituel et éthéré est congénital à l'âme et porte sur lui l'idole démoniaque et aérienne, qui se trouve ainsi constitutivement liée au niveau supérieur. C'est parce que l'âme entière est accompagnée avant la vie et après la mort par le véhicule éthéré qu'elle éprouve une forte affection pour le corps physique, qui n'en est que l'image.

L'attachement affectif de l'âme pour le corps

Ficin s'interroge de manière pressante sur *l'attachement affectif* de l'âme pour le corps[2] : « Pourquoi les âmes sont-elles enfermées dans des corps terrestres ? » ; « Pourquoi l'âme s'amuserait-elle à donner la vie au corps, pour la lui enlever ? ». Ensuite : « Si les âmes sont divines, pourquoi sont-elles si troublées ? ». Finalement : « Pourquoi les âmes s'éloignent-elles des corps à regret ? ». La nature des réponses, au moins en partie, suggère d'examiner de plus près l'influence d'Avicenne sur Ficin, lequel a toujours tenu en haute estime le philosophe musulman[3]. Trois aspects méritent d'être soulignés. Tout d'abord, Avicenne et Ficin ne se bornent pas à caractériser le lien de l'âme et du corps comme une propension de celle-là pour celui-ci[4]. Les deux auteurs estiment que l'âme est chevillée au

1939, BA 5, p. 221-397 la signification du corps spirituel dans la conception de l'immortalité de l'âme marque une césure profonde parmi les deux auteurs.

1. Voir les fragments du *De regressu animae* de Porphyre sous la plume d'Augustin, en particulier *De regr. an.* 287aF=*De Civ. Dei*, *op. cit.*, X, 27, 8-25 ; 61-64, éd. A. Smith, *Porphyrii Fragmenta*, Stuttgart-Leipzig, Teubner, 1993.

2. Ficin, *TP*, XVI, 1, t. 3, p. 106 ; XVI, 5, t. 3, p. 121 ; XVI, 7, t. 3, p. 131 ; XVI, 7, t. 3, p. 142.

3. Sur la diffusion d'Avicenne en Italie, voir D. N. Hasse, *Avicenna 's « De Anima » in the latin West. The Formation of a Peripatetic Philosophy of the Soul (1160-1300)*, London-Torino, Aragno, 2000.

4. À la différence de Plotin, *En.*, 2 (IV, 7), 13, 1-14. L'âme entre dans le corps, mue par le désir de produire un ordre semblable au monde intelligible qu'elle a contemplé. Elle est grosse

corps, par lequel elle est même attirée, en vue de réaliser sa propre perfection[1]. Ensuite, une telle perfection ne dénote pas la dépendance de l'âme par rapport au corps, mais exprime une exigence propre à l'individuation de l'âme, laquelle s'attache ce corps-ci et non un autre[2]. Finalement, la notion de la *relation* définit le lien de l'âme et du corps, qui ne contredit pas le fait que celui-ci soit l'instrument de celle-là[3]. Dès lors, tous deux se méfient de la notion d'entéléchie, qu'ils révisent profondément. Pour Avicenne, la définition de l'âme comme perfection du corps détermine une certaine relation au corps, mais non l'essence de l'âme[4]. Pour Ficin, dans le sillage du néoplatonisme, il faut présupposer dans l'entéléchie un corps déjà informé. L'âme est l'instance centralisatrice des toutes les facultés[5], de sorte que la différente disposition du corps à être informée n'est pas contradictoire avec la thèse de la réception du flux de la procession selon la disponibilité des êtres[6].

Pourtant, un tel accomplissement aussi bien qu'une telle réciprocité seraient impossibles sans l'affection de l'âme pour le corps, laquelle va au-delà de la simple inclination évoquée par Plotin[7]. L'amour de l'âme pour le corps explique le désir de complétude éprouvé pour les réalités individuelles et inférieures, une générosité que la seule bienveillance divine ne saurait justifier[8]. Mais, pour Ficin, l'amour maternel prévaut sur la relation

de cet ordre, empressée d'accoucher, bien qu'elle soit affectée par les douleurs de l'enfantement.

1. La sixième section du « Livre de la guérison », à savoir « Le livre de l'âme » (*Kitab al-Nafs*) composé d'une introduction et de cinq traités, dont la source principale est le « *De Anima* » d'Aristote, fut traduite en latin pendant le XIIe siècle. Voir *Avicenna Latinus, Liber de Anima seu Sextus de Naturalibus, I-III,* éd. S. Van Riet, introd. G. Verbeke, Louvain-Leiden, Peeters-Brill, 1972; IV-V, Louvain-Leiden, Peeters-Brill, 1968. Voir aussi *Avicennas De Anima (Arabic text) being the Psychological Part of the Kitab al-Shifa*, éd. F. Rahman, London *et al.*, Oxford University Press, 1959 (désormais cité Avicenne, *De Anima*) ; ici V, 3, p. 108-109 ; Ficin, *TP*, XVI, 1, t. 3, p. 113.

2. Avicenne, *De Anima,* V, 3, p. 106-107 ; Ficin, *TP*, XVI, 7, t. 3, p. 139.

3. Avicenne, *De Anima,* V, 3, p. 107-108 ; Ficin, *TP*, IX, 1, t. 2, p. 17.

4. Avicenne, *De Anima,* I, 1, p. 18. Voir Th.-A. Druart, « The Human Soul's Individuation and Its Survival after the Body Death : Avicenna on the Causal Relation between Body and Soul », *Arabic Science and Philosophy* 10, 2000, p. 259-273.

5. Avicenne, *De Anima,* V, 7, p. 167 *sq.* ; Ficin, *TP*, XV, 4, t. 3, p. 29-32.

6. A. Hasnawi, « *Fayd* (épanchement, émanation) », dans A. Jacob (éd.), *Encyclopédie philosophique universelle*, Paris, P.U.F., 1990, II, p. 966-972.

7. Plotin, *En.*, 28, (IV, 4), 4, 12-14 ; *passim.*

8. Ficin, *TP*, XVI, 6, t. 3, p. 130 et 7, 137.

exemplaire entre le père et le fils, privilégiée par Avicenne. L'âme informe le corps, lui donne vie, mouvement et structure [1]. C'est le souci maternel du corps qui légitime la douleur de la séparation. Si Ficin estime que la cohabitation entre l'âme et le corps est si brève, afin que la première n'oublie pas trop vite sa destination divine [2], il souligne cependant que l'âme est troublée par le corps à cause du soin qu'elle lui prodigue. Ainsi l'âme laisse-t-elle à regret le corps, de même qu'on quitte douloureusement un ami [3].

Dans ce cadre, Ficin interprète à sa façon l'hypothèse dite de « l'homme volant » [4], par laquelle Avicenne propose une véritable expérience mentale. Il suffit de s'imaginer comme si l'on avait été créé d'un seul coup, tombant dans l'air ou dans le vide. On établirait ainsi que son véritable « soi-même » surgit comme l'attestation d'une existence distincte du corps. Avicenne vise à montrer que le « moi » véritable et, partant, le noyau de l'identité personnelle de l'homme se situe dans une présence indubitable et intuitive à soi-même [5]. À première vue, Ficin reprend la même préoccupation : l'introspection dévoile à l'homme la présence spirituelle de l'âme, prouvant qu'elle n'est rien de corporel. Toutefois, pour Avicenne, la nature fictive de l'hypothèse va de pair avec sa radicalité : une telle présence immédiate de soi-même et à soi-même n'est pas une expérience ordinaire, puisque la connaissance de l'essence de l'âme implique un mouvement de réflexion, lequel a besoin de l'intervention de l'intellect agent [6]. La distinction entre le savant et l'ignorant ne doit pas être effacée.

Ficin, en revanche, atténue le caractère radicalement fictif de l'expérience de pensée. Il ne s'agit pas ici d'un homme créé d'un seul coup, mais immédiatement parvenu à l'âge adulte, constitué cependant de telle manière qu'il n'appréhende rien par les sens. Il suggère que l'exemple d'un aveugle suffirait [1]. Il n'est donc pas nécessaire de penser qu'il tombe dans le

1. L'âme est la « fabrique du corps », comme le souligne Ficin, *TP*, XVI, 7, t. 3, p. 137-139.

2. Ficin, *TP*, XVI, 5, t. 3, p. 120-121.

3. Ficin, *TP*, XVI, 8, t. 3, p. 143.

4. Avicenne, *De anima,* I, 1, p. 36-37. Voir M. E. Marmura, « Avicenna's "Flying Man" in Context », *Monist* 69, 1986, p. 383-395 ; Ficin, *TP*, VI, 2, t. 1, p. 231-232.

5. A. Hasnawi, « La conscience de soi chez Avicenne et Descartes », dans J. Biard et R. Rashed (éd.), *Descartes et le Moyen Âge*, Paris, Vrin, 1997, p. 283-291.

6. D. Gutas, « Intellect without Limits : The Absence of Mysticism in Avicenna », dans M. C. Pacheco et J. J. Meirinhos (éd.) *Imagination et intellect*, Turnhout, Brepols, 2006, I, p. 351-372.

vide. Surtout, il ne prend pas tant en considération la présence immédiate de soi que la connaissance de soi. Son intérêt n'est pas de lier une telle attestation de soi à l'identité personnelle[2], mais de prouver que la *mens* ne peut se représenter l'âme qu'en termes incorporels :

> Comment l'esprit se la représentera-t-il ? Colorée, longue, large ? Que nenni. Mais un aveugle n'appréhende rien de tel[3].

Dès lors, l'expérience de pensée d'Avicenne est sciemment insérée, par Ficin, dans une analyse de la méthode pédagogique. L'introspection définit la présence immédiate à soi-même, laquelle est une expérience indicible que seule une fiction peut suggérer. Ficin poursuit alors sa réflexion, en reprenant le mythe platonicien de la caverne[4]. La sortie de la caverne ainsi que le retour dans le monde des ombres sont interprétés comme une voie méthodique pour connaître le rapport de l'âme au corps, voire aux objets extérieurs. Le prisonnier des ombres doit apprendre à reconnaître les réalités terrestres par degrés convenables, afin de s'en détacher et regarder les êtres invisibles et divins, sans que sa vue soit blessée par leur lumière intense[5].

Le véhicule éthéré accompagne donc l'âme dans tous ses voyages : il assure une forme de continuité dans le temps et hors du temps, avant la vie et après la mort. Il est la médiation entre la vie corporelle et la nature spirituelle, qui enveloppe l'âme de ses tuniques et la protège. C'est pourquoi il exerce un rôle cognitif important dans la production des images, entre la perception et l'intellection.

1. Ficin, *TP*, VI, 2, t. 1. p. 231.

2. Ficin ne parle pas de perception ou d'aperception de soi, encore moins de conscience.

3. Ficin, *TP*, VI, 2, t. 1, p. 231 : « At qualem cogitabit ? Num coloratam, longam aut amplam ? Minime. Caecus enim similia non apprehendit ».

4. Ficin, *TP*, VI, 2, t. 1, p. 232-234 : Platon, *Rép*., VII, 259 *sq*.

5. Ficin, *TP*, VI, 2, t. 1, p. 233.

PHANTASIA

Imagination et intellect

Un des lieux majeurs de la discussion sur le rôle productif des images fut le différent sur la philosophie d'Averroès et des "averroïstes"[1], qui étaient accusés de nier l'immortalité de l'âme individuelle. On leur prêtait en effet la thèse du « monopsychisme », affirmant la nature séparée et unique de l'intellect patient. La source de cette théorie est le texte controversé d'Aristote, affirmant que l'intellect se divise en « patient » (possible ou passible) et « agent ». Aristote propose à cet égard une comparaison : l'intellect opérerait comme la lumière faisant passer en acte les couleurs des corps visibles. Non que les corps visibles soient auparavant dépourvus de couleur, mais ils sont colorés en puissance, puisque la lumière que l'on perçoit est essentiellement une affection du milieu transparent ou diaphane, à laquelle la lumière elle-même appartient. Bien que l'intellect "patient" ne souffre aucun changement, il est cependant défini comme corruptible, tandis que l'intellect agent est considéré comme immortel[2].

Averroès interprète cette image de la manière suivante. D'abord, de même que la vue est mue par les couleurs quand elles sont en acte, ce qui ne s'accomplit qu'en présence de la lumière, qui les fait passer de la puissance à l'acte, de même les intentions de l'imagination (les images ou *phantasmata*) meuvent l'intellect patient[3], lorsqu'elles sont devenues intelligibles en acte, grâce à l'intellect agent. Ces deux actions, recevoir et produire l'intelligible, appartiennent à l'âme[4]. Les images jouent donc un rôle central dans la connaissance. Averroès soutient que l'intellect « matériel » ne conçoit rien sans l'imagination, qui le prépare à recevoir l'acte, de même que la matière est disposée à recevoir l'action de l'art. Les facultés

1. Les guillemets s'imposent, puisque l'averroïsme latin est en partie un « mythe historiographique », inauguré par E. Renan, *Averroès et l'Averroïsme*, Paris, Michel Lévy, 1866. Voir D. Calma, *Études sur le premier siècle de l'averroïsme latin. Approches et textes*, Turnhout, Brepols, 2011 ; D. N. Hasse, « *Averroica secta.* Notes on the Formation of Averroist Movements in Fourteenth Century Bologna and Renaissance Italy », dans J.-B. Brenet (éd.), *Averroès et les Averroïsmes juif et latin*, Turnhout, Brepols, 2007, p. 307-331.

2. Aristote, *De l'âme*, III, 4, 429a10-435b25-5, 430a25.

3. Averroès, *Commentarium magnum in Aristotelis « De anima libros »*, éd. F. Stuart Crawford, Cambridge (Mass.), The Medieval Academy of America, 1953 ; trad. fr. partielle A. de Libera, *L'intelligence et la pensée, Grand Commentaire du De Anima. Livre III (429a10-435b25)*, Paris, Flammarion, 1998 (désormais cité Averroès, *L'intelligence*), ici comm. 4 et 5, p. 53-56 ; p. 69-70, le définit comme « matériel ».

4. Averroès, *L'intelligence*, comm. 17 et 18, p. 104-109.

imaginative, remémorative et cogitative qui saisissent le caractère intentionnel et non sensible de la chose perçue renvoient toutes à la *chose imaginée*[1]. La faculté cogitative est rationnelle, mais elle n'appréhende pas encore l'universel. Sa fonction est de séparer l'intention de la forme saisie par la faculté imaginative[2].

Lorsque Ficin prend position sur l'averroïsme, il emprunte à Thomas d'Aquin[3] ses arguments philosophiques principaux[4]. Le quinzième livre de la *Théologie* suit l'ordre d'argumentation thomasien, puisqu'il réfute successivement trois affirmations averroïstes : l'âme ou mieux l'intellect n'est pas la forme du corps[5] ; l'intellect possible est séparé et unique ou, en d'autres termes, l'individu humain ne pense pas[6] ; il n'y a pas pluralité d'intellects ou d'âmes[7]. Il en partage également la conviction selon laquelle l'intellect actif et l'intellect patient sont deux parties de l'âme humaine[8], en estimant que l'intelligence doit être également l'acte de sa faculté intérieure de penser[9]. Il développe, finalement, les contradictiones de la conception d'Averroès sur le plan de la transmission du savoir.

1. Averroès, *L'intelligence*, comm. 20, p. 117-118 ; Aristote, *De l'âme*, III, 5, 430a20-25.

2. Averroès, *L'intelligence*, comm. 20, p. 118. La faculte cogitative a une double fonction : abstractive et conservatrice dans la mesure où elle dépose l'intention individuelle dans la mémoire.

3. Voir M. Boenke, « M. Ficinos Integration der aristotelischen Psychologie in die platonische Philosophie », dans *ead.*, *Körper, Spiritus, Geist. Psychologie vor Descartes*, München, Fink, 2005, p. 32-35 et B. Copenhaver, « Ten Arguments in Search of a Philosopher : Averroes and Aquinas in Ficino's "Platonic Theology" », dans *The Rebirth*, *op. cit.*, p. 155-190.

4. Comme pour Thomas d'Aquin, il est important pour Ficin, *TP*, XV, 14, t. 3, p. 76 *sq.*, de discuter les arguments d'un point de vue philosophique, l'hérésie du monopsychisme étant manifeste. C'est pourquoi Ficin traite de manière secondaire les conséquences néfastes de l'averroïsme sur la liberté de l'homme comme créature, *TP*, XV, 8, t. 3, p. 47 *sq.* et Thomas d'Aquin, *CG*, II, chap. 60, mais tient à souligner le désaccord entre Aristote et Averroès.

5. Thomas d'Aquin, *Tractactus de unitate intellectus contra Averroistas*, éd. Léonine, XLIII, Roma, 1976 ; trad. fr. A. de Libera, *L'unité de l'intellect contre les averroïstes*, dans *Contre Averroès*, Paris, Flammarion, 1994 (désormais cité Thomas d'Aquin, *Contre Averroès)*, ici chap. 3 ; *CG*, II, chap. 69-70 ; Ficin, *TP*, XV, 3-6, t. 3, p. 16-40.

6. Thomas d'Aquin, *Contre Averroès*, chap. 4 ; *CG*, II, chap. 73-74 ; Ficin, *TP*, XV, 7-14, t. 3, p. 40-72.

7. Thomas d'Aquin, *Contre Averroès*, chap. 5 ; *CG*, II, chap. 75 ; Ficin, *TP*, XV, 14-18, t. 3, p. 72-104.

8. Ficin, *TP*, XV, 11, t. 3, p. 60-64 ; Thomas d'Aquin, *CG*, II, chap. 78 et *Contre Averroès*, 2, 34-35, p. 110-113 ; *ST*, I, qu. 76, art. 1-2.

9. Ficin, *TP*, XV, 7, t. 3, p. 45 et 11, t. 3, p. 64-65 ; Thomas d'Aquin, *Contre Averroès*, 3, 70, p. 142-145 et 4, 84, p. 1598-161.

Pourtant, la reprise des arguments thomasiens sert ici une autre conception du rôle de l'image. Certes, pour Thomas, c'est le même homme qui perçoit et intellige[1]. Néanmoins, il considère les images comme les traces ou les représentations sensibles, abstraites par l'intellect agent. Par ailleurs, les espèces intelligibles ne sont pas directement ce qui est connu, mais ce par quoi l'intellect connaît. Pour Ficin, en revanche, les images ne sont pas tant des traces perceptives que des reflets projetés sur le corps éthéré. Celui-ci est le siège de l'imagination laquelle se charge de faire parvenir à l'âme les représentations, dûment spiritualisées. L'âme ne perçoit pas directement les objets de sens, mais par une image intérieure, produite par le véhicule éthéré :

> Mais l'esprit qui est le véhicule de l'âme, est frappé par tous les corps. Ce heurt n'échappe pas à l'attention de l'âme. En tant que telle passion ou telle agitation de l'esprit n'échappe pas à l'attention de l'âme, on dit que nous avons une sensation. Mais à partir de cette sensation immédiate, la puissance intérieure de l'âme passe à une autre activité analogique[2].

Or, Thomas réfute expressément la thèse néoplatonicienne de *l'ochema*[3], qui se charge d'abord, pour Ficin, de la fonction de sens internes. Ceux-ci opèrent l'intériorisation et la spiritualisation de la perception, en transformant les contenus de la sensation en objets intentionnels[4]. La reprise de cet argument augustinien sert ici à déterminer le lien entre la connaissance des formes abstraites et la saisie des formes séparées. Le but de Ficin est de montrer que la connaissance des formes séparées est possible : elle ne se réduit ni à l'abstraction thomasienne, ni à l'assimilation avec l'intellect, théorisée par les averroïstes.

On comprend alors pourquoi la conception des images et de l'imagination est un élément significatif de la tentative ficinienne de se frayer, ici encore, une troisième voie. Il adopte alors à plusieurs reprises une image plotinienne : l'âme ne se trouve pas dans le corps, mais elle le contient.

1. Thomas d'Aquin, *ST*, I, qu. 76, art. 1.

2. Ficin, *TP*, IX, 5, t. 2, p. 30 : « Sed spiritus qui est animae currus, a corporibus quibusque pulsatur. Pulsatio huiusmodi non latet animam. Ut talis quaedam passio sive agitatio spiritus animam non latet, sentire dicimus. Statim vero ex hoc subito sentiendi actu vis interior animi ad opus aliud huic persimile excitatur ».

3. Thomas d'Aquin, *Contre Averroès*, 3, 74, p. 148-149.

4. La réflexion sur le sens internes se développe à partir d'Avicenne, *De Anima*, III, 8, bien qu'elle se trouve *in nuce* dans Proclus, *In Tim.*, III, 286. Elle reprend en partie les discussions de l'Antiquité sur le sens commun d'Aristote. Voir D. Modrak, *The Power of Perception*, Chicago, University of Chicago Press, 1987 ; C. di Martino, *Ratio particularis. Doctrines des sens internes d'Avicenne à Thomas d'Aquin*, Paris, Vrin, 2008.

Le modèle récurrent de l'enveloppement est censé expliquer à la fois le rapport entre le corps et l'âme et la relation de celle-ci à l'intellect :

> Et de même qu'en enveloppant la surface du corps l'âme reçoit d'en haut la vie intellectuelle, de même en pénétrant les profondeurs du corps, elle donne à la partie inférieure la vie animale [1].

Dès lors, les âmes supérieures contiennent les corps, mais les âmes inférieures sont contenues par les corps. Les âmes intermédiaires sont aussi bien contenues dans les corps que contenant les corps. Ici l'âme reçoit de l'intellect les formes intelligibles, tandis qu'elle donne vie aux corps, en les pénétrant. L'intellect agent et divin enveloppe l'âme humaine, laquelle contient l'intellect patient[2]. L'âme humaine rationnelle est une forme intermédiaire, à la fois formée et forme, contenue et contenant, dont une partie appartient à elle-même (son mouvement vital), tandis qu'une autre partie (son intelligence) lui est extérieure[3]. Ainsi Ficin défend-il ici deux thèses qui vont à l'encontre de Thomas. D'abord, il estime qu'il y a des formes intelligibles qui, contenues de *manière innée* dans l'âme humaine[4], sont éclairées par l'intellect agent[5]. Ensuite, à partir de l'hypothèse des formes innées, il suppose des *formes intermédiaires* entre la forme séparée et la forme abstraite[6].

Dans ce cadre, le véhicule éthéré ne se borne pas à exercer la fonction du sens interne, mais il assure la médiation entre les formes séparées et les formes abstraites[7]. Si Ficin affirme que la *mens* n'a pas besoin de la *phantasia* pour penser les intelligibles purs[8], il soutient cependant que les images de celle-ci sont formées par la *mens* elle-même :

1. Ficin, *TP*, XV, 5, t. 3, p. 22 : « Et sicut ambiendo corporis superficiem anima vitam intellectualem sumit ab alto, sic intima corporis penetrando animalem vitam tribuit infimo ». Plotin, *En.*, 27 (IV, 3), 9, 36-50 affirme que l'âme enveloppe le corps du monde comme un filet, rempli d'eau, dans la mer de l'être.

2. Ficin, *TP*, XV, 2, t. 3, p. 22-23 et 4, p. 36.

3. Ficin, *TP*, XV, 2, t. 3, p. 22 et 6, t. 3, p. 38.

4. L'intellect agent qui est en nous est défini comme l'art inné de « fabriquer » les *species* : Ficin, *TP*, XV, 11, t. 3, p. 64-65. Pour une autre explication de l'art de l'intellect agent, voir Thomas d'Aquin, *CG*, II, 78.

5. Ficin, *TP*, XV, 11, t. 3, p. 59-60. Par contre, pour Thomas d'Aquin, *ST*, I, qu. 84, art. 3-4, la connaissance ne dépend ni des idées innées, ni de l'illumination par un intellect supérieur.

6. Ficin, *TP*, XV, 2, t. 3, p. 17-20.

7. Il est à la frontière donc du couple *imaginatio/phantasia* : voir N. Trinnanzi, *Umbra naturae. L'immaginazione da Ficino a Bruno*, Roma, Edizioni di storia e letteratura, 2000.

8. Ficin, *TP*, XV, 8, t. 3, p. 54.

> L'intelligence forme par elle-même et de manière illimitée la fantaisie [1].

Il faut supposer alors la nature spirituelle et éthérée de l'image, non seulement pour critiquer le modèle de l'abstraction, mais aussi pour contrer la thèse averroïste de la continuation de l'intelligence en nous. De même que la conversion au premier principe serait un inutile retour du même au même, si la procession n'apportait pas un incrément de sens, de même l'intelligence se prolongeant en nous serait sans profit, si elle devait passer par des images constitutivement imparfaites. Comme le souligne Ficin :

> Nous demanderons ensuite à Averroès : Est-ce que l'intelligence, lorsqu'elle comprend en nous, devient plus parfaite ou plus imparfaite, ou bien ni l'un ni l'autre ? Si elle ne devenait ni l'une ni l'autre, cette agitation perpétuelle serait inutile, puisque son opération serait inutile. Bien plus, elle n'agirait même pas, car un mouvement ne tend pas vers un terme indifférent. Si elle devenait plus parfaite, la perfection de l'intelligence éternelle dépendrait toujours d'images temporelles. Ce qui est toujours imparfait perfectionnerait donc ce qui est parfait, d'autant plus que les Averroïstes prétendent que l'intelligence n'est pas mue et formée par notre fantaisie, comme le miroir par l'objet. Si elle devenait plus imparfaite, comment serait-elle toujours en mouvement vers l'imparfait ? Quel appétit la porte constamment vers une déficience [2] ?

Ficin n'a sans doute pas saisi la spécificité de l'image dans la pensée d'Averroès, mais il en a vu la difficulté du point de vue d'un platonicien. Sa préoccupation principale n'est pas de revendiquer l'expérience singulière de la pensée, contre l'anonymat d'une pensée qui se prolonge dans un support intellectif humain qui n'en est pas le sujet, mais de réfuter l'idée qu'il y ait de la passivité dans l'âme.

1. Ficin, *TP*, XV, 15, t. 3, p. 85 : « Mens autem ex se phantasiam format et absque fine ».

2. Ficin, *TP*, XV, 10, t. 3, p. 56 : « Interrogabimus deinceps Averroem, numquid mens, dum in nobis intelligit, perfectior fiat an imperfectior, an neutrum ? Si neutrum, inanis erit perpetua haec agitatio, nihil operando proficiens. Immo nec operabitur quidem, nam ad indifferentem terminum non fit motus. Si perfectior, aeternae mentis perfectio semper a simulacris temporalibus dependebit. Semper id quod est imperfectum id quod perfectius est perficiet, praesertim cum aliter velint moveri ac formari eam a phantasia nostra quam a corpore speculum. Sin imperfectior, quomodo semper movetur ad imperfectum ? Quo appetitu assidue nititur ad defectum ? ».

La passivité de l'âme

Pourtant, le modèle de la continuation ne devrait pas être étranger à Ficin. Bien que Ficin convienne avec Thomas qu'il serait absurde d'attribuer à un intellect séparé et unique ce qui est le propre de l'homme[1], il en admet la dépendance à l'égard d'un principe transcendant. Il estime, différemment de Thomas, que la connaissance humaine n'est pas une *action immanente*, mais une *opération transitive,* provenant d'une instance extérieure et impersonnelle[2]. À cet égard, Ficin défend le modèle du moteur compris comme une modalité de transmission propre à la procession de l'Un, qui fonde la participation de tous les étants à leur principe originaire[3], tandis que Thomas estime que si, par exemple, l'intellect était uni à Socrate comme à un moteur, on ne pourrait déduire ni que la pensée est en Socrate, ni que Socrate lui-même pense[4]. Pour Ficin, par contre, non seulement l'âme est caractérisée par le mouvement, mais elle est aussi l'instance médiatrice entre le mouvement et le mû et, partant, entre l'intellect et le corps, le divisible et l'indivisible[5].

À cet égard, Ficin ne conteste à Averroès ni le recours à une instance transcendante, ni à un modèle de connaissance transitif, puisqu'il adopte lui-même ces deux présupposés. La continuation ou le contact entre l'homme et l'intellect ne s'opposent pas à la participation de l'âme. Que l'individu soit le suppôt de la connaissance, mais non son principe, n'est pas un propos étranger à la thèse propre au néoplatonisme selon laquelle l'individu trouve son véritable soi dans la conversion au principe originaire, anonyme et impersonnel[6]. Au lieu de signifier une perte de soi, la conjonction avec l'intellect fonde la possibilité de la divinisation de l'âme humaine, laquelle se trouve transformée dans une nouvelle entité. Car les véritables objections à l'encontre d'Averroès sont motivées par les nouvelles ressources conceptuelles que le néoplatonisme offre pour penser la *deificatio* de l'homme. Ficin estime que la jonction ne concerne pas tant l'homme et l'intellect séparé que l'âme et le principe originel, à savoir l'Un qui est au-dessus de l'intellect et de l'être. La divinisation de l'homme ne se

1. Ficin, *TP*, XV, 6, t. 3, p. 39 et 7, p. 40-41.

2. Sur Thomas d'Aquin, voir A. de Libera, *Archéologie du sujet* I, *op. cit.*, p. 68 *sq.*

3. Ficin, *TP*, XV, 3, t. 3, p. 28-29 ; 5, p. 35-36 ; 11, p. 60-62.

4. Thomas d'Aquin, *Contre Averroès*, 3, 72, p. 144 *sq.*

5. On peut mesurer, encore une fois, la distance de Ficin par rapport à Thomas, en soulignant que pour celui-ci l'homme est l'horizon ou la frontière de plusieurs mondes, *CG*, II, chap. 68, tandis que pour celui-là il les médiatise en lui.

6. Comme le remarque R. Sorabji, *Self*, *op. cit.*, p. 115-138.

traduit pas par l'assimilation à l'intellect agent, grâce à la prolongation de la pensée en l'intellect humain, mais est accomplie par la conversion de l'âme, toute entière, dans l'Un, enrichi par les unités inédites de la procession. Ficin ne reproche pas à Averroès d'avoir enraciné la connaissance de l'universel dans les images, mais de ne pas en avoir compris la nature spirituelle, portée par le véhicule éthéré de la *phantasia*[1]. L'hypothèse du corps spirituel lui permet en effet d'éviter deux difficultés : la dépendance de l'image de la perception et la césure entre la faculté cogitative et l'intellect.

En définitive, la critique du rapport de l'imagination avec l'intellect ne dérive pas seulement des exigences ficiniennes de médiation et de continuité, mais surtout du danger qu'un néoplatonicien y aperçoit, à savoir la supposition qu'une partie ou une modalité de l'âme soit passive. Autrement dit : ce qui est problématique, pour Ficin, dans la philosophie d'Averroès n'est pas tant la séparation de l'intellect que sa *passivité*. Assurément, une telle remontrance est injustifiée. Averroès distingue la passivité propre à la perception, qui implique un changement, de la réceptivité de l'intellect, lequel ne subit pas de changement lorsqu'il reçoit un intelligible. Car l'intellect n'est ni un corps, ni une faculté existant dans le corps[2]. Si une telle réceptivité n'a rien en commun avec celle de la matière première, l'imagination intentionnelle, saisissant les formes individuelles, suppose néanmoins un corps ou une faculté existant dans le corps[3]. La continuité ou la distinction entre les intentions imaginées et l'intellect apparaît problématique[4], puisque ce qui « transite, se continue » est une espèce de passivité incompatible avec la nature de l'âme, laquelle est pour un néoplatonicien essentiellement active, mouvante et vivante.

À cet égard, une des solutions néoplatoniciennes, afin de réfuter la passivité de l'intellect aristotélicien, était de proposer une autre conception de la *phantasia*[5], à partir de la conviction que toute pensée est accompagnée par une image. Celle-ci opère comme un miroir sur lequel les idées, dépourvues de forme et de figure, peuvent être représentées[6]. Les images de la *phantasia* sont considérées comme des médiations schématiques

1. Ficin, *TP*, IX, 5, t. 2, p. 30-32.

2. Averroès, *L'intelligence,* comm. 2-4, p. 50-57 ; Aristote, *De l'âme*, III, 4, 429a13-20.

3. Averroès, *L'intelligence,* comm. 5, p. 57-59 ; Aristote, *De l'âme*, III, 4, 429a21-24.

4. Averroès, *L'intelligence,* comm. 5, p. 61 *sq*. Ce problème est traité sous l'angle de l'éternité ou de la nature corruptible des intentions, voir Aristote, *De l'âme*, III, 4, 429a21-24.

5. H. Blumenthal, *Aristotle and Neoplatonism in Late Antiquity. Interpretations of the Anima*, London, Duckworth, 1996, p. 155 *sq*.

6. Plotin, *En.*, 46 (I, 4), 10, 1-30 ; 27 (IV, 3), 30, 1-16 ; Porphyre, *Sent.*, 16.

donnant une représentation possible aux intelligibles, lesquels ne peuvent être connus que par une saisie intellectuelle. L'image de la pensée n'est pas une trace intentionnelle de la perception, mais un apparaître auquel on ne peut qu'assentir et qui opère l'hypotypose de la pensée[1]. La *phantasia* permet donc d'intégrer l'abstraction dans la participation et de réviser le concept de passivité. D'abord, les néoplatoniciens considèrent que la formation des espèces ou des concepts n'est pas possible sans la présence de formes idéales dans la *mens* humaine, l'abstraction caractérisant également la capacité de raisonner des animaux. Les universaux sont transmis par l'intellect à l'âme humaine, où ils assument une forme discursive en tant que *logoi*[2]. L'âme projette les *logoi* sur l'écran de la *phantasia* qui les transforme en images. Il est donc possible d'interpréter la présence assoupie des *logoi* comme la partie active de l'intellect dans l'âme, qui est *toujours* active, mais à la façon d'une respiration que l'on pratique sans art ni conscience[3]. L'activité de projection et de discursivité indique le réveil des *logoi* par les schèmes figuratifs de la *phantasia*.

S'il y a quelque chose comme de la passivité dans l'âme, elle se situe alors dans cette activité de projection. Le concept de « passible » acquiert donc une double signification : il signifie la disposition de l'âme à pâtir, sinon elle ne pourrait pas assumer un corps mortel[4], et désigne l'imperfection de la *phantasia*[5] dans sa collaboration avec l'intellect, puisque la discursivité et la projection représentent les idées, mais ne coïncident pas avec elles. Puisque la passivité désigne une imperfection due à la représentation de la copie par rapport à l'original ainsi qu'une forme d'activité assoupie qui doit être réveillée, elle peut alors être admise par le modèle néoplatonicien de connaissance par participation. L'hypothèse d'un *nous pathetikos,* ventilée, mais pas vraiment proposée à partir de Proclus[6], exprime l'exigence théorique d'une médiation entre l'imagination et l'intellect, afin de pouvoir donner une représentation aux formes.

À cet égard, la *phantasia* est, pour Ficin, une activité productive et schématique, de sorte que la *passivité* de l'intellect ne signifie pas la réceptivité, mais l'imperfection de la représentation des *logoi* par rapport aux formes séparées, purement intelligibles. Car le corps spirituel, qui est

1. Plotin, *En.*, 26 (III, 6), 1, 8-11 ; 28 (IV, 4), 3, 7-9.

2. Plotin *En.*, 28 (IV, 4), 3, 7-8 ; Proclus, *In Parm.*, 892.40-894.24.

3. Voir C. Steel, « Breathing Thought : Proclus on the Innate Knowledge of Soul », *op. cit.*, p. 293-310.

4. Plotin, *En.*, 52 (II, 3), 10, 5-8.

5. Plotin, *En.*, 28 (IV, 4), 3, 10-12.

6. Proclus, *In Euclidis Elementa*, éd. G. Friedlein, Leipzig, Teubner, 1873, 52, 4-8.

le siège de l'imagination ainsi que de la *phantasia*, est caractérisé par une action schématique. D'une part, il schématise les perceptions en objets intérieurs, afin de les présenter à l'âme ; d'autre part, il convertit les formes pures de l'intellect en représentation possibles, en réveillant les formes intermédiaires, innées mais assoupies, dans l'âme[1]. La *mens* informe la *phantasia* au point que les espèces intelligibles contiennent en un certain sens les images[2]. Ainsi l'intelligence n'a-t-elle pas besoin des images ou des *phantasmata* de l'imagination, lorsque les *phantasmata* sont considérés comme les traces de la perception corporelle. Toutefois, l'intelligence a besoin (*eget*) des images comme d'un support ou plutôt comme d'un accompagnement de l'espèce (*tamquam fundamento vel comite aliquo speciei*) : dans ce cas, les images sont comme les reflets ou les copie de l'espèce intelligible :

> Et suivant le commandement de l'intellect, il se forme souvent dans la fantaisie une nouvelle image qui convient à cette espèce universelle de l'intelligence, comme un modèle resplendit dans la copie... Ainsi l'intelligence et la fantaisie, qui sont les deux yeux de la même âme et tout à fait voisins, s'ouvrent en même temps et regardent le même objet chacune à sa manière. Et tandis que la fantaisie pense à tel homme, l'intelligence pense à l'homme en général et inversement. En cela consiste leur coopération naturelle... Ainsi quand l'âme se rapproche d'elle-même par la fantaisie, elle atteint les intentions non sensibles des images non sensibles. Quand par la raison elle revient en elle-même, elle atteint les raisons non sensibles, qui inclinent vers les intentions non sensibles. Quand elle s'élève au-dessus d'elle-même par l'intelligence, comme les anges, elle atteint les raisons non sensibles, désormais séparées des intentions non sensibles[3].

1. Ficin, *TP*, IX, 5, t. 2, p. 31-32 ; XIII, 1, p. 198-200 et p. 207-211 ; XV, 15, t. 3, p. 85-92.

2. Il ne s'agit donc ni de la coprésence de l'espèce intelligible dans deux sujets, ni d'une trace perceptive.

3. Ficin, *TP*, X, 6, t. 2, p. 77-78 : « Atque etiam secundum intellectus imperium formatur saepe novum in phantasia simulacrum universali illi speciei conveniens, in quo resplendet species illa mentis universalis, sicut in imagine splendet exemplar... Ita mens et phantasia, qui gemini oculi sunt eiusdem animae atque admodum proximi, simul aperiuntur atque eodem pro modo suo conspiciunt. Et dum phantasia hunc cogitat hominem, mens universalem hominem cogitat et converso. Atque haec est concursio naturalis... Quando per phantasiam ad se regreditur, insensibiles intentiones imaginum sensibilium. Quando (*i. e.* animus) per rationem in se revertitur, insensibiles rationes ad intentiones insensibiles declinantes. Quando per mentem supra se surgit, instar angeli, insensibiles rationes iam ab imaginariis intentionibus segregatas ».

Ficin propose donc sa conception des rapports entre l'intellect agent, l'intellect possible et la *phantasia*. D'abord, plus que deux parties, la *mens* humaine a deux opérations, l'intelligence et l'imagination. Leur rapport n'implique pas tant la subordination de l'une à l'autre que leur collaboration. Cependant, la métaphore des yeux est utilisée aussi pour signifier le rapport entre l'intellect actif et l'intellect passif dans l'homme, comparés aux yeux d'un chat[1], suggérant ainsi le possible recouvrement entre la passivité de l'intellect et la réceptivité de l'imagination. Car les facultés sont emboîtées les unes dans les autres, de sorte que l'abstraction est conçue comme une modification dans l'attitude intentionnelle de l'âme dans un processus cognitif caractérisé par la continuité. L'âme se sépare des images sensibles, en se repliant sur elle-même ou en changeant de regard, en dirigeant autrement son attention sur les intentions non sensibles des représentations sensibles. Dans cette approche cognitive, l'imagination est le reflet qui permet aux idées d'avoir une représentation et aux perceptions d'être spiritualisées.

C'est pourquoi Ficin interprète l'image aristotélicienne de la lumière et des couleurs selon le modèle schématique de la *phantasia*, laquelle est considérée comme un écran de projection ou un miroir :

> Quand la fantaisie contemple en elle-même l'image de cet homme, comme étant celle de Socrate, la lumière de la puissance active ne tarde pas à frapper cette image comme le rayon reflété par l'eau sur le mur opposé y produit un cercle brillant et tremblotant, ainsi la lumière même de la puissance active frappant l'image particulière d'homme, conçue par la fantaisie et réfléchie à partir de cette image sur la puissance passive de l'intellect, engendre sur cette dernière une espèce qui représente non plus Socrate en un tel endroit et à tel moment, mais la nature d'homme commune à chaque individu[2].

L'intellect actif frappe les images de la *phantasia*, comme un rayon de soleil frappe la surface de l'eau. Celle-ci reflète sur un mur opposé l'image, en produisant un cercle tremblotant et brillant de ce rayon, de même que la

1. Ficin, *TP*, XI, 2, t. 2, p. 96.

2. Ficin, *TP*, XI, 2, t. 2, p. 94 : « Quando igitur phantasia in se hominis huius, ut Socratis, hoc tale simulacrum contuetur, mox lumen virtutis illius agentis simulacrum istud pulsat, non aliter quam solis radius aquam. Atque ut radius hic solis ab aqua repercussus in oppositum parietem ibi circulum procreat splendidum atque tremulum, ita lumen ipsum virtutis agentis pulsans particulare simulacrum hominis phantasia conceptum atque ex eo simulacro in vim intellectus capacem reflexum, in hac ipsa inde speciem quamdam parit, quae non amplius Socratem hunc in hoc loco et tempore positum refert, sed hominis naturam singulis personis aeque communem… ».

phantasia réfléchit l'image sur la puissance passive de l'intellect. À ce point, la lumière active, mais réfléchie, produit sur l'écran de l'intellect une espèce qui, comme le cercle lumineux, ne restitue plus une image individuelle, mais projette l'intelligible schématisé dans une représentation visible[1].

Il est patent que l'opération schématique de la *phantasia* transforme l'interprétation très controversée depuis Averroès de l'image du mur, afin de ne pas considérer l'âme humaine comme passive : Thomas reproche à Averroès une telle passivité[2]. Car les images sont pensées par un intellect possible extérieur, mais non par l'homme, de même que le mur (l'âme humaine) ne voit pas ses couleurs (les espèces, se trouvant dans deux suppôts), lesquelles sont appréhendées par la vue (intellect possible). Ficin accomplit deux opérations significatives. D'une part, il élimine les couleurs et les diaphanes en les remplaçant par la projection d'une image géométrique et par la surface d'eau de la *phantasia*[3]. Il se soustrait ainsi à un modèle de connaissance fondé sur le rapport de la puissance à l'acte. D'autre part, il attribue la surface du mur à l'intellect possible et non plus à l'âme humaine, en la concevant comme un écran sur lequel se reflètent les images de la *phantasia*. La passivité de l'intellect possible n'implique donc pas qu'il y ait de la pensée sans qu'un individu pense, mais que l'opération passive de l'âme consiste dans sa capacité d'être un écran de projection.

Pourtant, Ficin est conscient d'un problème soulevé par Thomas d'Aquin. Pourrait-on dire que cet homme-ci pense si l'on remplaçait le mur par un miroir ? L'âme pourrait ainsi refléter la pensée de l'instance séparée, en se l'appropriant. Pour Thomas, cependant, la nature spéculaire de l'âme ne la rendrait pas plus active[4]. Ficin reprend expressément la question, en adoptant, de manière cohérente avec sa théorie de la participation, la solution du miroir. D'une part, le reflet permet de justifier l'unité et la continuité des puissances cognitives, médiatisées par le véhicule de la *phantasia*. D'autre part, il légitime également l'expérience individuelle de la pensée. Certes, les natures du mur et du reflet sont différentes. Mais si le mur était remplacé par le miroir, l'union des éléments serait plus étroite. Pour cela, il ne faut pas se borner à considérer le miroir comme une surface de réception, mais aussi de projection. En effet, il y a deux miroirs. Le premier est la surface d'eau de la *phantasia* qui projette les images sur le

1. Ficin, *TP*, XI, 2, t. 2, p. 94.
2. Thomas d'Aquin, *Contre Averroès*, 3, 65, p. 138 *sq*.
3. Ficin, *TP*, XV, 5, t. 3, p. 35.
4. Thomas d'Aquin, *Contre Averroès*, chap. 3, 65, p. 139.

miroir de l'intellect possible, afin que l'intellect actif, dans l'homme, les reconnaisse comme ses propres reflets. C'est donc le même rayon qui se réfléchit différemment selon la diversité des miroirs, pouvant finalement se voir lui-même :

> De même que le visage ne se voit que s'il regarde un miroir, d'où il est réfléchi différemment selon la diversité de miroirs eux-mêmes, de même le rayon de l'intelligence provenant des images est réfléchi différemment sur l'intelligence selon la diversité des images [1].

Que l'imagination soit le miroir de l'âme est une conviction néo-platonicienne [2]. Ficin développe la proximité entre l'intellect et la *phantasia*, afin d'attribuer également à l'intellect possible le pouvoir spéculatif [3]. C'est pourquoi, pour Ficin, l'intellect et la *phantasia* peuvent également être comparés à Protée, qui symbolise le pouvoir de produire et d'assumer plusieurs formes. Ficin peut ainsi intégrer le processus d'abstraction dans l'action transitive et participative de la connaissance, en comprenant la cognition comme une forme de projection et assignant la juste place à la passivité de l'intellect [4].

En résumant, Ficin présente une conception originale de ce que signifie *être soi-même*. L'immortalité ne concerne pas seulement l'âme, mais aussi son corps. Celui-ci ne peut pas être compris comme le corps de la Résurrection, promis après la mort. Il s'agit du corps spirituel qui accompagne l'âme avant, pendant et après la vie. L'âme n'est donc pas seule : son compagnonnage avec le corps spirituel définit précisément ce que signifie être ou devenir soi-même. En cohérence avec sa conception de l'âme comme médiatrice et mélange sans confusion des contraires, le soi, pour

1. Ficin, *TP*, XI, 2, t. 2, p. 96 : « ...sicut vultus se non videt, nisi intueatur in speculum, unde etiam varius repercutitur pro speculorum ipsorum varietate, quemadmodum et mentis radius a simulacris pro diversitate simulacrorum diversus reverberatur in mentem ».

2. Plotin, *En.*, 46 (I, 4), 10, 1-30 ; Avicenne, *De anima*, IV, 2, p. 12 *sq.* (sur le rapport entre l'imagination, le songe et la prophétie) et IV, 4, p. 54 *sq.* (sur l'influence de l'âme sur le corps, notamment dans le cas de la guérison).

3. Ficin, *In Phaedr., sum.,* chap. 25, p. 172, n'identifie pas l'intellect passif avec la mémoire, à la différence d'Augustin, *Conf.*, *op. cit.*, X, 12.19. Le risque serait de le considérer comme un dépôt, aux dépens de l'activité inventive et dynamique de la *phantasia*.

4. Ainsi Ficin s'oppose à la comparaison aristotélicienne de l'intellect avec une tablette de cire, critiquée déjà par Plotin, *En.*, 26 (III, 6), 3, 28-30, *passim* ; Ficin, *TP*, XII, 2, t. 2, p. 158-159 et XV, 2, t. 3, p. 17, où il reprend, plutôt, la dématérialisation des images, opérée par l'interprétation plotinienne de la métaphore stoïcienne de la cire. Car, pour Plotin, *En.*, 26 (III, 6), 1, 8-11, lorsqu'on considère l'empreinte que le sceau de l'intellect laisse sur la cire de la *phantasia*, il faut y voir surtout le tracé d'un schéma ou d'une figure qui est déjà intelligible.

Ficin, se constitue par ses opérations pneumatiques, notamment par les projections schématiques de l'imagination, qui permettent de donner une représentation sensibles aux idées transcendantes. Mais il ne se borne pas à une activité cognitive. Le soi exprime surtout une forme de proximité et d'attachement entre l'âme et le corps spirituel, dont l'unité ne peut pas être comprise comme une entéléchie. Car les vicissitudes de l'attelage ailé traduisent un tout autre horizon métaphysique, dont l'âme, avec son corps, assure l'unité différenciée. Ainsi le lien de l'âme à son corps spirituel est-il irréductible aux figures modernes de la conscience ou de l'individu.

CONCLUSION

Il nous faut maintenant revenir sur les résultats de ce parcours. Tout d'abord, ce livre a proposé une *lecture systématique* de Ficin en tant qu'*auteur néoplatonicien*, au sens que sa pensée est structurée par les réseaux conceptuels et les problèmes *endogènes* à la philosophie néoplatonicienne. La détermination de la genèse et de l'ordre de l'être est pensée à partir du processus de procession et conversion vers l'Un ; la fonction de la magie est établie dans le cadre de la théologie physique et de son rapport problématique avec la théurgie ; la définition de la nature et des pouvoirs de l'âme est obtenue par une confrontation serrée avec les thèses néoplatoniciennes les plus significatives sur l'intellect et l'âme comme instances universelles ainsi que sur les péripéties astrales de l'âme individuelle. Ces sujets centraux, rappelés ici à titre d'exemple, montrent la part constitutive du néoplatonisme dans la réflexion de Ficin.

Toutefois, il serait erroné de comprendre une telle contribution en termes d'influence, fût-elle considérable. Le néoplatonisme ne trace pas seulement les coordonnées préliminaires à la mise en forme de toute question, mais offre des ressources conceptuelles novatrices pour résoudre les problèmes philosophiques majeurs, discutés avec acuité par les savants de l'époque. Être *platonicus* ne signifie pas, pour Ficin, cultiver avec nostalgie une tradition de pensée révolue et ignare des avancées théoriques les plus saillantes de la pensée médiévale. Au contraire, sa lecture intensive des sources néoplatoniciennes méconnues lui fournit des dispositifs de pensée et des réseaux de notions qui permettent d'élaborer des thèses originaires et de prendre position dans les débats contemporains. La question principale, qui a orienté cet essai, était de suivre le défi principal de la métaphysique de Ficin : montrer que la procession du réel hors du premier principe ne fait pas seulement apparaître des êtres, mais il produit aussi *des êtres nouveaux*. Ceux-ci sont compris comme des unités différenciées inédites. Cette perspective ne se réduit pas à la tentative de concilier le platonisme avec le christianisme, notamment avec la notion de création. Au contraire, elle fait toucher du doigt les difficultés d'une telle entreprise. Pour autant, la tentative de penser la venue à l'être, et non seulement l'apparaître, des êtres nouveaux dans l'horizon de continuité néoplatonicien, conditionne toutes les décisions métaphysiques majeures de Ficin : sa conception de l'universalité quasi-transcendantale du beau ; la détermination de la composition de l'étant ; la médiation spécifique de l'âme comme productrice des meilleurs mélanges, les critères d'individuation de l'âme humaine, finalement le rapport que l'âme entretient avec ses corps, mondain et éthéré, et la fonction de celui-ci dans l'imagination.

Reprenons pour terminer de manière succincte les résultats de chaque chapitre.

Dans le premier chapitre, nous avons reconstitué le contexte historique du débat sur l'amour et l'intellect dans la cour florentine, pour définir les enjeux du *De amore*, le commentaire ficinien du *Banquet*. Ce livre propose une forme de vie spirituelle aux milieux laïcs de la cour, en critiquant l'idéal universitaire de la félicité mentale. À l'apprenti philosophe sont présentées les principales thèses néoplatoniciennes sur la procession du réel à partir de l'Un originaire. Ficin prend ici congé de Denys l'Aréopagite qui avait influencé le platonisme chrétien médiéval et était encore significatif pour Pic. Car il ne partage ni la théologie négative, ni l'approche symbolique de Denys, encore moins l'image d'un Dieu ivre d'amour et de jalousie à l'égard de soi-même. Au contraire, Ficin souligne plus l'exercice effectif de l'Un dans la procession que son ineffabilité et affirme la *perméabilité positive* de tous les degrés de la procession. La notion de transcendance est cependant pensée sans donner lieu à une forme d'immanentisme. L'aspiration à l'unité prévaut toujours sur la totalité.

Dans le chapitre II, nous avons examiné la conception ficinienne de la conversion vers l'Un, dans son expression morale et dans son fondement métaphysique. Ficin présente en fait une doctrine de la vertu qui prend en compte autant l'homme de bien que l'homme désireux de s'assimiler à Dieu. Mais son originalité réside dans la tentative de penser la procession et la conversion comme un processus qui produit des êtres nouveaux, apportant un incrément de sens. Ainsi la conversion vers l'Un originaire ne peut-elle pas être comprise comme l'inutile retour du même au même. La réflexion sur la *beauté comme quasi-transcendantal* est le moment significatif de ce projet.

Dans le chapitre III, nous nous sommes interrogés sur la signification de l'acte de croire dans la pensé de Ficin, afin de déterminer les rapports entre la philosophie, la théologie et la religion, en définissant la part de la tradition hermétique. Est ainsi apparue une réflexion cohérente sur le lien entre la *dialectique naturelle et l'acte de croire,* d'une part, entre la croyance et la consolation devant la peur de la mort, de l'autre. Nous avons souligné que la dialectique et la croyance sont considérées par Ficin comme *naturelles,* au sens où elles renvoient à la notion stoïcienne de l'*oikeiosis*, réinterprétée par Cicéron.

Dans le chapitre IV, nous avons abordé la question cruciale de la nature de l'âme comme instance ontologique, autour de laquelle toutes les thèses métaphysiques sont élaborées. Nous avons montré que Ficin, du point de vue *métaphysique,* propose un modèle de procession des êtres à la fois plus universel et plus déterminé que la dérivation des classes de l'intellect de Proclus. Car *son but est de déterminer les propriétés spécifiques de tout étant, intelligible, psychique ou sensible*. Pour ce faire, il transfère à l'âme les fonctions attribuées par Proclus à l'intellect, notamment les pouvoirs de connecter et de diviser. Ici l'enjeu principal était de définir précisément le genre de multiplicité et d'unité propres à l'intellect et à l'âme. Dans ce cadre, l'âme n'est plus considérée seulement comme le meilleur point de vue ou l'accès à la métaphysique, mais comme la condition essentielle de la constitution étagée de l'unité processuelle. L'âme est, en effet, le *pouvoir de produire les meilleurs mélanges*, déterminant ainsi l'unité différenciée et spécifique de tout étant. Nous avons souligné ici que l'âme et l'étant partagent la même composition ontologique : ils sont tous deux un mélange sans confusion entre la limite et l'illimité, l'un et le multiple, l'être et le non-être. D'une certaine façon, Ficin poursuit la réflexion là où la *Théologie platonicienne* de Proclus s'était sciemment arrêtée, à savoir au seuil de l'âme. Mais un tel élargissement en transforme les enjeux. À cet égard, Ficin reprend à son compte la réflexion post-plotinienne sur l'âme de Jamblique et sans doute de Damascius.

Le chapitre V analyse l'interprétation des conséquences tirées de la formulation négative de l'hypothèse du *Parménide* : *si l'un n'est pas*. Car Ficin reprend l'exigence propre au néoplatonisme post-plotinien d'en déduire de manière exhaustive toutes les conséquences. Il en résulte non seulement une révision de la notion d'altérité, mais une analyse fine de ce qui reste de l'un dans le dénivellement de l'un-être dans le non-être. Ficin cherche à déterminer les différentes modalités de la multiplicité, entendue comme le non-être de l'un, qui peuvent être attribuées à l'un-qui-est, jusqu'à l'impossibilité pour l'âme de se représenter, voire de *fingere*, une quelconque forme d'unité. Bien qu'il y ait une perte progressive d'unité, toutes les manifestations déduites ne sont pas des modalités fallacieuses. Si tel était le cas, le sophiste ne pourrait jamais être capturé. Cela conduit Ficin à s'interroger sur le quelque chose, *aliquid*, et à proposer une conception originale, alternative aux coordonnées tracées par la réflexion médiévale sur les transcendantaux.

Avec le chapitre VI les traits individuels de l'âme sont examinés. Grâce à l'interprétation du mythe de l'attelage ailé dans le *Phèdre*, Ficin s'insère sciemment dans la discussion propre à l'école néoplatonicienne sur les critères d'individualité de l'âme, conçue à la fois comme *individuation* de l'âme universelle et comme *singularité*, caractérisée par un destin spécifique et par un choix de vie responsable. Puisque les interprétations de la chute de l'âme dans le corps et de ses péripéties pour remonter aux réalités divines se sont ici opposées, Ficin s'y attarde pour présenter sa propre conception. Nous avons constaté, d'abord, que l'apparente conformité de Ficin à la thèse plotinienne, selon laquelle l'âme demeure au moins en partie attachée à l'intellect, entre en contradiction avec d'autres thèses, comme la démission de la capacité contemplative et la justification de la théurgie. Nous avons donc cherché à reconstituer la cohérence de la position ficinienne, sans invoquer un simple compromis.

Dans le chapitre VII, nous avons étudié les présupposés et les conséquences de la thèse ficinienne, reprise à Proclus, selon laquelle l'âme s'accompagne de trois corps. La notion néoplatonicienne d'*ochema* est réélaborée, afin de trouver une alternative au composé de l'âme et du corps ainsi qu'à l'entéléchie, tout en revendiquant l'attachement affectif de l'âme pour son corps spirituel. L'enjeu était ici de déterminer précisément qui meurt et qui survit. À ce propos, le compagnonnage entre l'âme et son corps spirituel présuppose une forme de vie corporelle après la mort, qui est inconciliable avec la Résurrection chrétienne. D'une part, le corps éthéré exerce également une fonction cognitive importante, en tant que pouvoir schématique de l'imagination entre le sensible et l'intelligible. L'hypothèse du corps spirituel apporte une solution adéquate à la difficulté de comprendre le rapport entre l'abstraction des concepts et la saisie des formes séparées, en empruntant une voie originale, s'opposant aussi bien aux averroïstes qu'à Thomas d'Aquin. En particulier la reprise de la *phantasia* néoplatonicienne conduit à élaborer une explication cohérente de la relative passivité d'intellect ainsi que de l'hypotypose des formes séparées. D'autre part, l'unité de l'âme avec son corps spirituel présente une conception de ce qui signifie être soi-même, qui est étrangère aux figures modernes de l'individu et de la conscience.

J'ai cherché à montrer constamment comment Ficin s'astreint au régime sec de l'argumentation philosophique, où tout énoncé doit être justifié, qu'il s'agisse de déterminer la composition de l'étant, le non-être de l'être, de légitimer les pratiques théurgiques ou encore de consoler de la peur de la mort.

BIBLIOGRAPHIE

SOURCES PRIMAIRES

Philosophie grecque

ARISTOTE, *Aristotelis opera, edidit Academia Regia Borussica*, éd. I. Bekker, 5 vol., Berlin, G. Reimer, 1831-1870.

DIOGENE LAERCE, *Vies et doctrines des philosophes illustres*, trad. fr. M.-O. Goulet-Cazé (dir.), Paris, Livre de Poche, 1999.

Epicuri ethica et epistulae, éd. C. Diano, Firenze, Sansoni, 1946 (reprint 1974).

GALIEN, *Traités philosophiques et logiques*, trad. fr. P. Pellegrin (dir.), Paris, Flammarion, 1998.

PLATON, *Œuvres complètes*, éd. A. Diès, Paris, Les Belles Lettres, 1923.

SEXTUS EMPIRICUS, *Contre les professeurs*, trad. fr. P. Pellegrin (dir.), Paris, Flammarion, 2002.

Stoicorum veterum fragmenta, éd. H. von Arnim, 3 vol., Leipzig, Teubner, 1903-1905 ; vol. 4, index M. Adler, Leipzig, Teubner, 1924 (SVF).

Néoplatonisme païen

Commentaire sur le Parménide de Platon, trad. G. de Moerbeke, éd. C. Steel, Leiden, Brill, 1982-1985.

DAMASCIUS, *In Parmenidem commentarius,* dans *Damascii successoris Dubitationes et solutiones de primis principiis*, éd. C. A. Ruelle, 2 t., Paris, Klincksieck, 1889 (le 1e tome contient le *De principiis,* qui s'étend jusqu'au 2e t., p. 4. Le 2e tome comprend le commentaire *In Parmenidem*).

– *Commentaire du Parménide de Platon*, éd. L. G. Westerink et J. Combès, 4 t., Paris, Les Belles Letttres, 2003.

– *Des premiers principes*, éd. L. G. Westerink, trad. fr. J. Combès, Paris, Les Belles Lettres, 3 vol., 1986-1991.

HERMIAS, *In Platonis Phaedrum scholia*, éd. P. Couvreur, Paris, Bouillon, 1901 (éd. C. Zintzen, Hildesheim, Olms, 1971).

JAMBLIQUE, *De Mysteriis*, éd. E. des Places, Paris, Les Belles Lettres, 1966 (revue en 2003) ; éd. et trad. ang. E. C. Clarke *et al.*, Iamblichus, *On the Mysteries*, Atalanta, Atalanta Society of Biblical Literature, 2003.

MACROBE, *Commentarii in Somnium Scipionis,* éd. et trad. fr. M. Armisen-Marchetti, 2 vol., Paris, Les Belles Lettres, 2003.

OLYMPIODORE, *In Platonis Phaedonem commentaria*, éd. W. Norvin, Leipzig, Teubner, 1913.

Oracles chaldaïques avec un choix de commentaires anciens, éd. E. des Places, Paris, Les Belles Lettres, 1971.

PLOTIN, *Enneadi,* éd. P. Henry et H.-R. Schwyzer, V.1 (*En.*, I-III), Paris, Desclée de Brouwer, 1951 ; V. 2 (*En.*, IV-V), Paris, Desclée de Brouwer, 1959 ; V. 3 (*En.*, VI), Paris, Desclée de Brouwer, 1973 ; trad. fr. E. Bréhier, *Ennéades*, Paris, Les Belles Lettres, 1924-1928 ; trad. fr. P. Hadot (dir.), Paris, Cerf, 1990- (traités, par ordre de publication : 50, 9, 38, 49, 53, 3, 4, 21, 25, 51, 54, 36, 1, 2) ; trad. fr. L. Brisson et J.-F. Pradeau (dir.), Paris, Flammarion, 2002-2010 ; trad. fr. J. Bertier, *Traité 34* (VI, 6) Paris, Vrin, 1980.

PORPHYRE, *La Vie de Plotin I : Travaux préliminaires et index grec complet,* éd. et trad. fr. L. Brisson *et al.*, préface J. Pépin, Paris, Vrin, 1982.

– *De antro nympharum*, éd. L. G. Westerink, New York-Buffalo, Aretusa, 1969 ; trad. fr. Y. Le Lay, *L'Antre des nymphes*, Lagrasse, Verdier, 1989.

– *Sententiae ad intelligibilia ducentes*, éd. E. Lamberz, Leipzig, Teubner, 1975 ; trad. fr. L. Brisson *et al.*, *Sentences*, Paris, Vrin, 2005.

– *Porphyrii Fragmenta*, éd. A. Smith, Stuttgart, Teubner, 1993.

– *Lettre à Marcella*, éd. E. des Places, Paris, Les Belles Lettres, 1982.

– *In Parmenidem*, éd. P. Hadot dans *id.*, *Porphyre et Victorinus*, Paris, Études augustiniennes, 1968, I, p. 102-143.

– *Lettera a Anebo*, éd. A. R. Sodano Napoli, L'Arte, 1958.

– *Gegen die Christen* (*Contre les Chrétiens)*, éd. A. von Harnack, Berlin, Abhandlungen der königlich preussischen Akademie der Wissenschaften, 1916 et 1921.

PROCLUS, *Elementatio theologica,* éd. et trad. ang. E. R. Dodds, Oxford, Clarendon, 1933 (seconde édition en 1963 avec Addenda & Corrigenda) ; trad. fr. J. Trouillard, *Eléments de Théologie*, Paris, Aubier, 1965.

– *In Platonis Theologiam libri sex,* éd. et trad. fr. H. D. Saffrey et L. G. Westerink, *Proclus, Théologie platonicienne,* 6 vol., Paris, Les Belles Lettres, 1968-1997.

– *In Platonis Timaeum Commentaria*, éd. E. Diehl, Leipzig, Teubner, 1903-1906, 3 vol. ; trad. fr. A. J. Festugière, *Proclus. Commentaire sur le Timée*, Paris, Vrin, 1966-1969 ; éd. et trad. ang. D. Baltzy et H. Tarrant, *Proclus, Commentary on Plato's Timaeus,* Cambridge, Duckworth, 2007.

– *In Platonis Rempublicam Commentaria*, éd. G. Kroll, Leipzig, Teubner, 1899-1901 ; trad. fr. A. J. Festugière, *Proclus. Commentaires sur la République*, Paris, Vrin, 1970.

– *In Platonis Parmenidem*, éd. et trad. ang. G. R. Morrow et J. M. Dillon, *Proclus' Commentary on Plato's Parmenides*, Princeton, Princeton University Press,

1987 ; *Proclus, Commentaire sur le Parménide*, éd. C. Luna, A. Ph. Segonds (et C. Steel), Paris, Les Belles Lettres, 2007 ; éd. et trad. ang. A. Gribomont, P. d'Hoine, C. Macé et C. Steel, *Procli In Platonis Parmenidem Commentaria*, t. 1, livre I-III, Oxford, Clarendon, 2007 ; t. 2, livres IV-V, Oxford, Clarendon, 2008.

– *In Alcibiadem*, éd. et trad. fr. A. Ph. Segonds, *Sur le premier Alcibiade de Platon*, Paris, Les Belles Lettres, 1985-1986.

– *In Euclidis Elementa*, éd. G. Friedlein, Leipzig, Teubner, 1873.

– *Trois études sur la providence*, éd. et trad. fr. D. Isaac, Paris, Les Belles Lettres, 2003.

SIMPLICIUS, *In Aristotelis Physicorum libros commentaria Physicam*, éd. H. Diels, CAG, IX-X, Berlin, Beimer 1882 et 1885 (reprint Berlin, de Gruyter, 1954 et 1969).

– (attribution incertaine à Simplicius), *In libros Aristotelis De Anima commentaria*, éd. M. Hayduck, CAG XI, Berlin, Beimer, 1882.

STOBAEUS IOHANNES, *Anthologion*, éd. C. Wachsmuth et O. Hense, Berlin, Wiedmann, 1884-1923 (reprint, 1958 et 1999).

TIMEE DE LOCRES, *De natura*, éd. W. Marg, Leiden, Brill, 1972.

Philosophie et culture romaines

AULUS GELLIUS, *Noctium Atticarum libri XX, editio princeps*, Roma, Ioannes Andreas, 1469.

CICERON, *De oratore*, éd. et trad. fr. E. Courbaud, *De l'orateur*, Paris, Les Belles Lettres, 1938.

– *De natura deorum*, éd. W. Ax, Leipzig, Teubner, 1933 ; trad. fr. C. Auvray-Assayas, *La nature des dieux*, Paris, Les Belles Lettres, 2002.

– *De Officiis*, éd. O. Plasnerg et W. Ax, Leipzig, Teubner, 1969 ; trad. fr. M. Testard, *Les devoirs*, Paris, Les Belles Lettres, 1965.

– *De fato*, éd. R. Giomini, Leipzig, Teubner, 1975 ; trad. fr. A. Yon, *Traité du destin*, Paris, Les Belles Lettres, 1933.

– *Tusculanae Disputationes*, ed. T. W. Dougan & R. M. Henry, Cambridge, Cambridge University Press, 1905-1934 ; éd. G. Fohlen et trad. fr. J. Humbert, *Les Tusculanes*, Paris, Les Belles Lettres, 1931.

– *Topica*, ed. T. Reinhardt, Oxford, Oxford University Press, 2003 ; trad. fr. H. Bornecque, *Les Topiques*, Paris, Les Belles Lettres, 1960.

LUCRECE, *De rerum natura libri sex*, ed. C. Bailey, Oxford, Clarendon, 1947 ; trad. fr. J. Kany-Turpin, *De la nature*, Paris, Aubier, 1993.

OVIDE, *Amores, Ars Amatoria, Remedia amoris*, ed. E. J. Kenney, Oxford, Oxford University Press, 1977 ; trad. fr. H. Bornecque, *L'art d'aimer*, Paris, Les Belles Lettres, 1960 ; trad. fr. D. Robert, *Les remèdes de l'amour*, dans Ovide, *Ecrits érotiques*, Arles, Acte Sud, 2003.

– *Metaformosi*, éd. W. S. Anderson, Leipzig, Teubner, 1977 ; trad. fr. G. Lafaye, *Métamorphoses*, Paris, Les Belles Lettres, 1925 : I-V ; 1928 : VI-X.

SENEQUE, *Ad Lucilium epistulae morales*, ed. L. D. Reynolds, Oxford, Oxford University Press, 1965 ; trad. fr. P. Veyne (dir.), *Sénèque. Entretiens. Lettres à Lucilius*, Paris, Laffont, 1993.

VIRGILE, *Enéide*, trad. fr. P. Veyne, Paris, Albin Michel/Les Belles Lettres, 2012.

– *Bucoliques*, trad. fr. E. de Saint Denis, Paris, Les Belles Lettres, 1942.

Néoplatonisme chrétien. Patristique

AUGUSTIN D'HIPPONE, *Œuvres*, Turnhout, Brepols, « Bibliothèque augustinienne », édition bilingue (notée BA, avec la tomaison) :

– *De Immortalitate animae, L'immortalité de l'âme*, 1939, BA 5, p. 221-397.

– *De magistro/De libero arbitrio, Le maître/Sur le libre arbitre*, 1941, BA 6.

– *De vera religione, La vraie religion*, 1951, BA 8.

– *Confessiones, Confessions*, 1962, BA 13-14.

– *De Trinitate, La Trinité*, 1955, BA 16.

– *De Civitate Dei, La Cité de Dieu*, 1959-1960, BA 33-37.

– *De Genesi ad litteram libri duodecim, La Genèse au sens littéral*, 1972, BA 48-49.

– *Soliloquia, Soliloques*, éd. et trad. fr. P. de Labriolle, intr. B. Groethuysen, Paris, Schiffrin, 1927

– *Quaestio de ideis*, éd. et trad. fr. G. Madec, *Revue thomiste* 103, 2003, p. 358-362.

BOECE, *De consolatione Philosophiae*, éd. C. Moreschini, München-Leipzig, Saur, 2000 ; trad. fr. J.-Y. Guillaumin, *La consolation de Philosophie*, Paris, Les Belles Lettres, 2002.

– *Opuscula Sacra*, éd. C. Moreschini, München-Leipzig, Saur, 2000, p. 186-194 ; trad. fr. A. Tisserand, *Traités théologiques*, Paris, Flammarion, 2000.

Corpus Hermeticum, éd. A. D. Nock et A. J. Festugière, 4 vol., Paris, Les Belles Lettres, 1946.

DENIS L'AREOPAGITE (PSEUDO), *Corpus dionysiacum I (DN)*, éd. B. R. Suchla, Berlin, de Gruyter, 1990 ; *II (CH, EH, MT, Lettres)*, éd. G. Heil et A. M. Ritter, Berlin, de Gruyter, 1990-1991 ; trad. fr. M. de Gandillac, *Œuvres complètes* (PG 3), Paris, Aubier, 1980.

IRÉNÉE DE LYON, *Adversus haereses*, trad. fr. A. Rousseau, *Contre les hérésies* Paris, Cerf, 1965-1982.

ISIDORE DE SEVILLE, *Etymologiarum sive originum libri XX*, ed. W. M. Lindsay, Oxford, Oxford University Press, 1911.

LUCIUS CAELIUS FIRMIANUS, dit LACTANCE, *Divinae Institutiones*, éd. et trad. fr. P. Monat, *Les institutions divines*, Paris, Cerf, 1986.

SINESIOS DE CYRENE, *Opuscules I*, éd. et trad. fr. J. Lamoureux et N. Aujoulat, Paris, Les Belles Lettres, 2004.

Philosophie en Islam médiéval

AVERROES, *Aristotelis opera cum Averrois commentarii,* Venezia, Editio Juntina, 1562-1574 (reprint Frankfurt a. M., Minerva, 1962).

– *Commentarium magnum in Aristotelis « De anima libros »,* ed. F. Stuart Crawford, Cambridge (Mass.), The Medieval Academy of America, 1953 ; trad. fr. partielle A. de Libera, *L'intelligence et la pensée, Grand Commentaire du De Anima. Livre III (429a10-435b25),* Paris, Flammarion, 1998.

AVICENNE, *Avicenna latinus. Liber De Anima seu de sextus de naturalibus*, I-III, éd. S. Van Riet, intr. G. Verbeke, Louvain-Leiden, Peeters-Brill, 1972 ; IV-V, éd. S. Van Riet, intr. G. Verbeke, Louvain-Leiden, Peeters-Brill, 1968.

– *Avicennas De Anima (Arabic Text), being the Psychological Part of the Kitab al-Shifa*, éd. F. Rahman, London *et al.*, Oxford University Press, 1959.

– *Liber de philosophia prima sive scientia divina (Metaphysica=al-Ilahiyyat)*, éd. S. Van Riet, intr. G. Verbeke, 2 vol., Louvain-Leiden, Peeters-Brill, vol. 1 (*Tractatus I-IV*) 1977 ; vol. 2 (*Tractatus V-X*) 1980.

– *Liber de causis,* trad. fr. O. Boulnois *et al.*, Paris, Vrin, 1990.

Philosophie et culture médiévales dans l'Occident latin : XII-XIVe siècles

ALBERT LE GRAND, *Alberti Magni Opera Omnia,* Münster, Aschendorff (avec la tomaison) :

– *Super Ethica, pars I : Libri 1-5* et *pars II : libri 6-10*, éd. W. Kübel, 1968, t. XIV, *partes* I et II.

– *Super Dionysii Mysticam Theologiam et Epistulas*, éd. P. Simon, 1978, t. XXXVII, pars 2 ; trad. fr. E.-H. Weber, *Commentaire de la Théologie mystique*, Paris, Cerf, 1993.

– *De causis et processu universitatis a prima causa*, éd. W. Fauser S. J., t. XVIII, pars II, 1993.

– *De Mineralibus I-II,* éd. A. Borgnet, *Opera omnia*, Paris, Vivès, 1890, t. 5, p. 1-116 ; trad. fr. A. Angel, *Saint Albert le Grand, Le monde minéral. Les pierres*, Paris, Cerf, 1995.

BACON Roger, *De retardatione accidentium senectutis*, ed. A. G. Little & E. Withington, Oxford, Clarendon, 1928.

– *Opus maius,* ed. J. H. Bridges, 3 vol., Oxford, Clarendon, 1987-1990 (reprint Frankfurt a. M., Minerva, 1964).

– *Epistula de secretis operibus artis et naturae et de nullitate magiae*, ed. J. S. Brewer, *R. Bacon Opera quaedum hactenus inedita*, London, Longman, 1859, I, p. 522-551.

DANTE ALIGHIERI, *La Divina Commedia*, éd. N. Sapegno, (Scandicci) Firenze, La Nuova Italia, 1956 ; trad. fr. H. Lognon, *La divine comédie*, Paris, Garnier, 1966.

DUNS SCOTUS, *Prologue de la Lectura*, éd. et trad. fr. G. Sontag, *La Théologie comme science pratique*, Paris, Vrin, 1996.

GUILLAUME D'AUVERGNE, *Opera omnia*, Orléans-Paris, Dupuis, 1674 (reprint Frankfurt a. M., Minerva, 1963).

GUILLAUME D'OCKHAM, *Quodlibeta septem* dans *Opera theologica*, 10 vol., Institut franciscain, University of St. Bonaventure (New York), IX, 1980.

SIGER DE BRABANT, *Questions de métaphysique*, éd. C. A. Graiff, Louvain, Éditions de l'institut supérieur de philosophie, 1948.

– *Écrits de logique, de morale et de physique*, éd. B. Bazan, Louvain-Paris, Peeters, 1974.

THOMAS D'AQUIN, *Beati Dionysii De divinibus nominibus expositio*, éd. C. Pera, Torino, Marietti, 1950.

– *De ente et essentia*, trad. fr. et intr. A. de Libera et C. Michon, *L'étant et l'essence*, Paris, Seuil, 1996.

– *Summa theologiae,* dans *Sanctii Thomae de Aquino Opera omnia iussu impensaque Leonis XIII P. M. edita, IV-XII,* Roma, Ex Typographia Polyglotta S. C. de Propaganda Fide, 1888-1906 ; trad. fr. A.-M. Rouguet (dir.), *Somme de théologie*, 4 vol., Paris, Cerf, 1984-1986.

– *Quaestio de spiritualibus creaturis*, éd. J. Cos, *Opera omnia iussu impensaque Leonis XIII P. M. edita, XXIV* Roma, Ex Typographia Polyglotta S. C. de Propaganda Fide, 2000.

– *Summa contra Gentiles,* dans *Sanctii Thomae de Aquino Opera omnia iussu impensaque Leonis XIII P. M. edita XIII-XV,* Roma, Typis Riccardi Garroni, 1918-1930 ; trad. fr. V. Aubin, C. Michon et D. Moreau, *Somme contre les Gentils*, 4 vol., Paris, Flammarion, 1999.

– *Super Boetium de Trinitate, Expositio libri Boetii De Ebdomadibus*, éd. P.-M. Gils, *Sanctii Thomae de Aquino Opera omnia iussu impensaque Leonis L P. M. edita,* Roma, Ex Typographia Polyglotta S. C. de Propaganda Fide, 1992.

– *Tractactus de unitate intellectus contra Averroistas*, éd. Léonine, XLIII, Roma, 1976 ; trad. fr. A. de Libera, *L'unité de l'intellect contre les averroïstes*, dans *Contre Averroès*, Paris, Flammarion, 1994.

– *De veritate I*, éd. et trad. fr. Ch. Brouwer et M. Peeters, *Première question disputée. La vérité*, Paris, Vrin, 2002.

Philosophie et culture XV-XVIIe *siècles*

ALBERTI L.B., *De Pictura* (1435), éd. L. Mallé, Firenze, Sansoni, 1950 ; trad. fr. J.-L. Schefer, *Sur la peinture*, Paris, Macula, 1992.

BESSARION, *In calumniatorem Platonis libri IV,* dans L. Mohler, *Kardinal Bessarion als Theologe, Humanist und Staatsmann,* 3 vol., Paderborn, Schöningh, 1923-1942.

GEORGE DE TREBIZONDE, *Comparationes phylosophorum Platonis* et *Aristotelis*, Venezia, 1458 (reprint Frankfurt a. M., Minerva, 1965).

LANDINO C., *Disputationes Camaldulenses*, éd. P. Lohe, Firenze, Sansoni, 1980.

LEIBNIZ G. W., *Principes de la nature et de la grâce fondés en raisons* (1714), Paris, P.U.F., 1986.

MARULLE, *Carmina*, éd. et trad. fr. J. Chomarat, *Hymnes naturels*, Genève, Droz, 1996.

PIC DE LA MIRANDOLE J., *Commento dello illustrissimo signor conte Iovanni Pico Mirandolano sopra una canzona d'amore composta da Girolamo Benivieni cittadino florentino secondo la mente et opinione de' platonici*, dans *Opera omnia* (1572), éd. E. Garin, Firenze, Vallecchi, 1942 ; trad. fr. S. Toussaint, dans *id.*, *Les Formes de l'Invisible, essai sur l'Ineffabilité au Quattrocento*, Lausanne, Éditions de l'Âge d'Homme, 1989.

– *De Ente et Uno ; Heptaplus*, dans *Opera omnia* (1572), éd. E. Garin, Firenze, Vallecchi, 1942 ; éd. et trad. fr. O. Boulnois et G. Tognon, *Œuvres philosophiques*, Paris, P.U.F., 1993.

– *Conclusiones DCCCC* (1486), éd. A. Biondi, Firenze, Olschki, 1995 ; trad. fr. B. Schefer, *900 Conclusions philosophiques, cabalistiques et théologiques*, Paris, Alia, 1999.

PLETHON G. G., *Traité des lois*, éd. C. Alexandre et trad. fr. A. Pellissier, Paris, 1858 (rééd. partielle R. Brague, Paris, Vrin, 1982).

POLITIEN A., *Opera omnia*, éd. I. Maier, 3 vol., Torino, Bottega d'Erasmo, 1970-1971.

SPINOZA, *Ethica ordine geometrico demonstrata* (1677), trad. fr. A. Guérinot, Paris, Ivrea, 1993.

Œuvres de Marsile Ficin

Marsili Ficini Florentini, Opera et quae hactenus exitere et quae in lucem nunc primum prodiere omnia, Basilae, ex officina Henricpetrina, 1563 (2 vol., 4 t.), repr. anast. par P. O. Kristeller et M. Sancipriano, Torino, Bottega d'Erasmo, 1959 ; désormais cité *Op.*, (réimpr. Ivry sur Seine, Phénix, 1999, introd. S. Toussaint).

Supplementum ficinanium. Marsili Ficini Florentini Philosophi Platonici opuscola inedita et dispersa, éd. P. O. Kristeller, 2 vol., Firenze, Olschki, 1937.

Traductions

ALCINOOS, *De doctrina Platonis*, avant 1464 (*Op.*, II, p. 1945-1962).

DENYS AREOPAGYTE (PS.), *De mystica theologia et de divinis nominibus cum commentariis*, 1490, Firenze (*Op.*, II, p. 1013 *sq.*).

IAMBLICUS, *De Mysteriis*, 1488, Venezia, 1497 (*Op.*, II, p. 1873-1908).

HERMES TRISMEGISTE, *Pimander*, 1463, Treviso, 1471 (*Op.*, II, p. 1836-1857).

PLATO, *Opera omnia*, 2 vol., Firenze, 1482-1484.

PLOTINUS, *Enneades* et *Vitae Plotini* de Porphyrius, 1484-1486, Firenze, 1492 (*Op.*, II, p. 1538-1800).

PORPHIRIUS, *De occasionibus sive causis ad intelligibilia nos ducentibus* et *excerpta* du *De Abstinentia*, 1488 (*Op.*, p. 1929 et p. 1932 *sq.*).

PRISCIANUS, Commentaires au *De sensu* et au *De Phantasia et intellectu* de Théophraste, 1488 (*Op.*, II, p. 1801-1835).

PROCLUS, *excerpta* des *In Alcibibiadem* et *De sacrificio et magia*, 1488 (=*Op.*, II, p. 1908 et p. 1928 *sq.*).

SYNESIOS, *De Somniis*, 1488 (*Op.*, II, p. 1968-1978).

Commentaires

In Platonis Convivium de amore, 1468 (*Op.*, II, p. 1320-1363) ; éd. et trad. fr. P. Laurens, *Commentaire sur le Banquet de Platon*, Paris, Les Belles Lettres, 2002.

Argumentum seu commentarius in Phaedrum et summae capitum in eundem, après 1490 (*Op.*, II, p. 1363-1386) ; éd. et trad. ang. M. J. B. Allen, *Marsilio Ficino and the Phaedran Charioteer*, Berkeley, University of California Press, 1981.

Commentaria Marsili Ficini Florentini Philebum Platonis, 1460 ca. (*Op.*, II, p. 1207-1269) ; éd. et trad ang. M. J. B. Allen, *The Philebus Commentary*, Berkeley, University of California Press, 1975.

Compendium Platonicae theologiae, 1476 (*Op.*, I, p. 690-697).

Compendium in Timeum et distinctiones capitum in eundem, 1484 et 1491 (*Op.*, II, p. 1438-1484).

In Parmenidem, 1493-1494 ca. (*Op.*, II, p. 1136-1195).

Commentarius seu potius distinctiones et summae capitum in Sophistam, 1493-1494 ca. (*Op.*, II, p. 1285-1294) ; éd. et trad. ang. M. J. B. Allen, *Icastes : M. Ficino's Interpretation of Plato's Sophist,* Berkeley, University of California Press, 1989.

In Platonis de numero fatali, après 1492, éd. et trad. ang. M. J. B., Allen, *Nuptial Arithmetic : M. Ficin's Commentary on the Fatal Number in Book VIII of Plato's Republic*, Berkeley, University of California Press, 1994.

Argumenta in Platonem, Firenze, 1475 (*Op.*, II, p. 1130-1136).

Commentaria in Plotinum, Firenze, 1486-1490 et 1492 (*Op.*, II, p. 1537-1800).

Commentaria in Platonem, Firenze, 1496.

Lettres

De divino furore (*Op., II,* p. 612-615).

In Epistulas D. Pauli, après 1490 (*Op.*, II, p. 425-472).

Epistolarium libri XII, Venezia 1495 (*Op.*, II, p. 607 *sq.*) ; éd. S. Gentile, *Lettere. Epistolarium familiarum liber I*, Firenze, Olschki, 1990 ; II, Firenze, Olschki, 2010 ; éd. et trad. ang. A. Bertoluzzi *et al.*,*The Letters of Marsilio Ficino,* 6 vol., London, Shepheard-Walwyn, 1975- ; trad. fr. J. Reynaud et S. Galand, *Correspondance, Livre I, Epistolarium (1457-1475),* Paris, Vrin, 2014 (et choix de lettres par les mêmes trad. *M. Ficin. Lettres*, Paris, Vrin, 2010).

Œuvres

De voluptate, 1457 (*Op.*, I, p. 986-1012).

Theologia platonica de immortalitate animorum (1468-1474), Firenze, 1484 (*Op.*, I, p. 78-424) ; éd. et trad. fr. R. Marcel, *Théologie platonicienne de l'immortalité des âmes*, 3 vol., Paris, 1964-1970 ; trad. ang. M. J. B. Allen et J. Hankins (dir.), *Platonic Theology*, 6 vol., Cambridge (Mass.), Harvard University Press, Villa I Tatti, 2001-2006.

De Christiana religione, 1474-1476 (*Op.*, I, p. 1-77).

Quaestiones quinque de mente, 1476 (*Op.*, I, p. 675-682).

Quid sit lumen in corpore mundi, in anima, in Deo, 1476 (*Op.*, I, p. 717-720).

De raptu Pauli ad tertium caelum, 1476 (*Op.*, I, p. 697-706)

De Vita libri tres, 1489 (*Op.*, I, p. 493-579) ; éd. et trad. ang. C. V. Kaske et J. R. Clark, *Three Books of Life*, Binghamton, State University of New York at Binghamton, 1989 ; trad. fr. G. le Fèvre de la Boderie (1582), revue par Th. Gontier, *Les trois livres de la vie*, dans *Corpus des œuvres philosophiques en langue française*, Paris, Fayard, 2000. Ed. lat-all. M. Boenke, *Drei Bücher über das Leben*, München, Fink, 2012.

Auteurs contemporains

JANKELEVITCH V., *L'irréversible et la nostalgie*, Paris, Flammarion, 1974.

– *La mort*, Paris, Flammarion, 1977.

PERELMAN CH. et L. OLBRECHTS-TYTECA, *Traité de l'argumentation. La nouvelle rhétorique*, Bruxelles, Éditions de l'Université de Bruxelles, 1983 (4e édt.)

WHITE J., « Analogical reasoning », dans D. Patterson (ed.), *A Companion to Philosophy of Law and Legal Theory*, Oxford *et al.*, Blackwell, 1996, p. 583-590.

LITTÉRATURE SECONDAIRE

Philosophie grecque

ACKRILL J.-L., « Plato and the *copula* : "Sophist" 251-259 » (1957) dans *id.*, *Essays on Plato and Aristotle*, Oxford, Clarendon, 1997, chap. 5.

AUBENQUE P., « Une occasion manquée : la genèse avortée de la distinction entre l'"étant" et le "quelque chose" », dans P. Aubenque (éd.), *Études sur le* Sophiste *de Platon*, Naples, Bibliopolis, 1991, p. 365-385.

BERTI E., « Consequenze inaccettabili e accettabili delle ipotesi del "Parmenide" », dans V. Vitello (a cura di), *Il Parmenide di Platone,* Napoli, Bibliopolis, 1992, p. 47-74.

BODEÜS R., « Je suis devin (*Phèdre* 242c). Remarques sur la philosophie selon Platon », *Kernos3 : Oracles et Mantique en Grèce ancienne,* 1990, p. 45-52.

BRISSON L., « Du bon usage du dérèglement ("Symposium") », dans J.-P. Vernant *et al.* (éd.), *Divination et Rationalité*, Paris, Seuil, 1974, p. 220-248.

– « S'il (=le monde) est un. La seconde partie du *Parménide* de Platon, considérée du point de vue de Parménide et de Zénon », dans M. Barbanti et F. Romano (a cura di), *Il « Parmenide » di Platone e la sua tradizione*, Catania, CUECM, 2002, p. 41-57.

BRUNSCHWIG J., « La théorie stoïcienne du genre suprême et l'ontologie platonicienne », dans J. Barnes et M. Mignucci (eds), *Matter and Metaphysics*, Napoli, Bibliopolis, 1988, p. 1-81.

CASTON V., « Something and nothing : the Stoics on Concepts and Universals », *Oxford Studies in Ancient Philosophy* 17, 1999, p. 145-214.

DIXSAUT M., « La négation, le non-être et l'autre dans le *Sophiste* », dans *Études sur le* Sophiste, *op. cit.*, p. 165-213.

– *Platon et la question de l'âme. Études platoniciennes II*, Paris, Vrin, 2013.

DODDS E. R., « The "Parmenides" of Plato and the Origins of the Neoplatonic One », *Classical Quarterly* 22, 1928, p. 129-142.

ERLER M., « Hilfe der Götter und Erkenntnis des Selbst. Sokrates als Göttergeschenk bei Platon und den Platonikern », dans Th. Kobusch et M. Erler (Hrsg.), *Metaphysik und Religion. Zur Signatur des Spätantiken Denkens*, München-Leipzig, Saur, 2002, p. 387-413.

FERRARI F., « Unità e oggetto del "Parmenide" », dans *Il « Parmenide » di Platone e la sua tradizione*, *op. cit.*, p. 85-107.

FREDE D., « Out the Cave : what Socrates Learned from Diotima », dans R. M. Rosen et J. Farrell (eds), *Nomodeiktes. Greek Studies in Honor of Martin Ostwald*, Ann Arbor, University of Michigan Press, 1993, p. 397-422.

GAUTHIER R.-A., *Magnanimité. L'idéal de la grandeur dans la philosophie païenne et dans la théologie chrétienne*, Paris, Vrin, 1951.

GRAESER A., « Wie über Ideen sprechen ? "Parmenides" », dans Th. Kobusch et B. Mojsich (Hrsg.), *Platon. Seine Dialoge in der Sicht neuer Forschungen*, Darmstadt, Wissenschaftliche Buchgesellschaft, 1996, p. 146-166.

FRONTEROTTA F., *Methexis. La teoria platonica delle idee e la partecipazione delle cose empiriche*, Pisa, SNS, 2001.

HALFWASSEN J., *Der Aufstieg zum Einen. Untersuchungen zu Platon und Plotin*, Stuttgart, Teubner, 1992.

– « Der Demiurg : seine Stellung in der Philosophie Platons und seine Deutung im antiken Platonismus », dans A. Neschke-Hentschke (éd.), *Le* Timée *de Platon. Contributions à l'histoire de sa réception*, Louvain-Paris, Peeters, 2000, p. 39-62.

HORN CH., « Der platonische *"Parmenides"* und die Möglichkeit seiner Prinzipientheoretischen Interpretation », *Antike und Abendland* 41, 1995, p. 95-114.

KAHN CH. H., « Some philosophical uses of "to be" in Plato », *Phronesis* 26, 1981, p. 105-134.

MIGLIORI M., *Dialettica e verità. Commentario storico-filosofico al « Parmenide » di Platone*, Milano, Vita e Pensiero, 1990.

– « L'unità del "Parmenide" e il suo intento protrettico », dans *Il Parmenide e la sua tradizione*, *op. cit.*, p. 59-84.

MIGNUCCI M., « Plato's "Third Man Argument" in the "Parmenides" », *Archiv für Geschichte der Philosophie* 72, 1990, p. 143-181.

MODRAK D., *The Power of Perception*, Chicago, University of Chicago Press, 1987.

MOJSISCH B., « Platon, Plotin, Ficino. Wichtigste Gattungen-eine Theorie aus Platons "Sophistes" », dans B. Mojsisch et O. Pluta (Hrsg.), *Historia philosophiae medii aevi,* Amsterdam-Philadelphia, Grüner, 1991, p. 19-38.

MORAVCSIK J., « Being and Meaning in the "Sophist" », *Acta philosophica Fennica* 14, 1962, p. 23-78.

NUSSBAUM M., « The Speech of Alcibiades. A Reading of Plato's "Symposium" », *Philosophy and Literature* 3, 1979, p. 131-172.

PATTERSON R., « The Ascent in Plato's "Symposium" », dans J. J. Clearly (ed.), *Proceeding of the Boston Area Colloquium in Ancient Philosophy*, vol. VII, 1991, Leiden, Brill, p. 193-214.

PECK A. L., « Plato and the *megista gene* of the "Sophist" », *Classical Quarterly*, 1952, p. 32-56.

RIEDWEG CH., *Mysterienterminologie bei Platon und Klemens von Alexandrien,* Leiden, Brill, 1987.

ROWE CH., *Il « Simposio » di Platone*, Sankt Augustin, Akademia, 1998.

SEDLEY D., « Becoming like God in the "Timaeus" and Aristotle », dans T. Calvi et L. Brisson (eds), *Interpreting the Timaeus-Critias*, St. Augustin, Akademia, 1997, p. 327-339.

SORABJI R., *Self. Ancient and Modern Insights about Individuality, Life and Death*, Oxford-Chicago, Chicago Universtity Press, 2006.

SPELLMAN L., « Patterns and Copies. The Second Version of the "Third Man" », *Pacific Philosophical Quarterly* 64, 1983, p. 165-175.

VERBEKE G., *L'Évolution de la doctrine du pneuma du stoïcisme à S. Augustin*, Louvain-Paris, Peeters, 1945.

Philosophie et culture romaines

AUVRAY-ASSAYAS C., *Cicéron*, Paris, Les Belles Lettres, 2005.

INWOOD B., *Reading Seneca. Stoic Philosophy at Rome*, Oxford, Oxford University Press, 2005.

LOLITO G., *Suum esse. Forme dell'interiorità senecana*, Bologna, Patron, 2002.

MARIANI ZINI F., « Les topiques oubliée de Cicéron », dans J. Biard et F. Mariani Zini (éd.), *Histoire du syllogisme topique d'Aristote à Leibniz*, Turnhout, Brepols, 2009, p. 65-92.

– « Cicero On Conditional Right », dans D. M. Gabbay *et al.* (eds), *Approches to Legal Rationality*, Dordrecht *et al.*, Springer, 2010, p. 25-47.

– « Crédibilité, croyance, confiance. Le legs de la tradition romaine », *Concepts rhétoriques, raisons topiques, Revue de métaphysique et de morale* 2, 2010, p. 170-194.

Néoplatonisme païen

ABBATE M., « Il Bene nell'interpretazione di Plotino et di Proclo », dans M. Vegetti (a cura di), *Platone. La Repubblica*, Napoli, Bibliopolis, 2003, p. 625-678.

ARMSTRONG A. H., « Form, Individual and Person in Plotinus », *Dionysius* 1, 1977, p. 49-68.

BALTES M., *Timaios Lokros. Über die Natur des Kosmos und der Seele. Komm.*, Leiden, Brill, 1972.

BEIERWALTES W., « Proklos's Begriff des Guten aus der Perspektive seiner Platon-Deutung », dans A. Kijewska (ed.), *Being or Good? Metamorphoses of Neoplatonism*, Lublin, Lublin University Press, 2004, p. 99-120.

BLUMENTHAL H. J., « The Psychology of Plotin and Later Platonism », dans J. J. Clearly (ed.), *The Perennial Tradition of Neoplatonism*, Leuven, Leuven University Press, 1978, p. 269-290.

– *Soul and Intellect. Studies in Plotinus and Later Neoplatonism*, Aldershot, Ashgate/Vivarium, 1993.

– *Aristotle and Neoplatonism in Late Antiquity. Interpretations of the Anima*, London, Duckworth, 1996.

– « The History and Destiny of the Individual Soul in Plotinus », dans A. Charles-Saget (éd.), *Retour, repentir et constitution de soi*, Paris, Vrin, 1998, p. 114-132.

BRISSON L., *Orphée et l'orphisme dans l'Antiquité gréco-romaine*, Aldershot, Ashgate/Vivarium, 1995.

– « Les "Oracles chaldaïques" dans la "Théologie platonicienne" de Proclus », dans A. Ph. Segonds et C. Steel (éd.), *Proclus et la « Théologie platonicienne »*, Leuven-Paris, Leuven Universtity Press-Les Belles Lettres, 2000, p. 109-162.

CHIARADONNA R., *Sostanza, movimento e analogia: Plotino critico di Aristotele*, Napoli, Bibliopolis, 2002.

– « Plotino : il "noi" e il "Nous" (*En.*, V 3 (49), 8, 37-57) », dans G. Aubry et F. Ildefonse (éd.), *Le moi et l'intériorité*, Paris, Vrin, 2008, p. 277-293.

COMBES J., *Études néoplatoniciennes*, Grenoble, Jérôme Millon, 1989.

COURTINE J.-F., Inventio analogiae. *Métaphysique et ontothéologie*, Paris, Vrin, 2005.

D'ANCONA C., « Plotinus and Later Platonic Philosophers on the Causality of the First Principle », dans P. G. Lloyd (ed.), *The Cambridge Companion to Plotinus*, Cambridge, Cambridge University Press, 1996, p. 356-385.

– « To Bring Back the Divine in Us to the Divine in the All », dans *Metaphysik und Religion, op. cit.*, p. 517-565.

– « Le rapport modèle-image dans la pensée de Plotin », dans D. De Smet *et al.* (éd.), *Miroir et savoir. La transmission d'un thème platonicien des Alexandrins à la philosophie arabo-musulmane*, Leuven, Leuven University Press, 2008, p. 1-47.

– (ed.), *The Libraries of the Neoplatonism*, Leiden, Brill, 2007.

DILLON J. M., « Image, Symbol and Analogy : Three Basic Concepts of Neoplatonic Allegorical Exegesis », dans R. Baine Harris (ed.), *The Significance of Neoplatonism*, Norfolk, SUNY, 1976, p. 247-262.

– « Proclus and the Parmenidean Dialectic », dans J. Pépin et H. D. Saffrey (éd.), *Proclus lecteur et interprète des Anciens*, Paris, CNRS, 1987, p. 165-175.

– *The Platonic Heritage. Further Studies in the History of Platonism and Early Christianity*, Aldershot, Ashgate/Vivarium, 2012, XVIII.

– « Weise oder Scharlatane ? Chaldäerbilder der griechisch-römischen Kaiserzeit und die Chaldäischen Orakel », dans H. Seng et M. Tardieu (Hrsg.), *Die Chaldäischen Orakel : Kontext, Interpretation, Rezeption*, Heidelberg, Winter, 2010, p. 19-42.

DI PASQUALE BARBANTI M., *Ochema-pneuma e phantasia nel neoplatonismo*, Catania, CUECM, 1998.

DODDS E. R., « The "Parmenides" of Plato and the Origins of the Neoplatonic One », *Classical Quarterly* 22, 1928, p. 129-142.

DÖRRIE H., « Religiosität des Platonismus im IV und V Jh. N. Chr. », dans H. Dörrie (éd.), *De Jamblique à Proclus*, Vandoeuvres-Genève, Fondation Hardt, 1975, p. 257-286.

EMILSSON E. K., *Plotinus on Intellect*, Oxford, Oxford University Press, 2007.

EVRARD E., « *Phantasia* chez Proclus », dans M. Fattori et M. Bianchi (a cura di), *Phantasia-Imaginatio*, Roma, Edizioni dell'Ateneo, 1988, p. 57-68.

FERRARI F., « La collocazione dell'anima e la questione dell'esistenza di idee di individui », *Rivista di storia della filosofia* 53, 1998, p. 629-653.

FESTUGIERE A. J., *La Révélation d'Hermès Trismégiste*, Paris, Gabalda, 1944.

FOWDEN G., *The Egyptian Hermes : A Historical Approach to the Late Ancient Pagan Mind*, Cambridge, Cambridge University Press, 1986.

FRAISSE J.-Cl., *Plotin. L'Intériorité sans retrait*, Paris, Vrin, 1985.

FREDE M., « Monotheism and Pagan Philosophy in Later Antiquity », dans P. Athanassiadi et M. Frede (eds), *Pagan Monotheism in Late Antiquity*, Oxford, Oxford University Press, 1999, p. 41-67.

GIRGENTI G., *Il pensiero forte di Porfirio. La mediazione fra henologia platonica e ontologia aristotelica*, Milano, Vita e Pensiero, 1995.

GLEEDE B., « Die vierzehnstufige Theogonie des "Parmenides". Syrianus und Proklos' Beitrag zur Interpretation des rätselhaftesten von Platons Dialogen », *Zeitschrift für Antikes Christentum* 12, 2008, p. 135-149.

HADOT P., «Être, vie, pensée chez Plotin et avant Plotin », dans *Les Sources de Plotin*, Vandoeuvres-Genève, Fondation Hardt, 1960, p. 105-157.

– « Fragment d'un commentaire de Porphyre sur le *Parménide* », *Revue d'Études Grecques* 74, 1961, p. 410-438.

– *Porphyre et Victorinus*, Paris, Études augustiniennes, 1968.

– *Exercices spirituels et philosophie antique* (1981), Paris, Albin Michel, 2002.

– « Simplicius or Priscianus ? On the Author of the Commentary on Aristotle's "De Anima" (CAG XI) : A Methodological Study », *Mnemosyne* 55, 2002, p. 159-199.

– *Le Voile d'Isis*, Paris, Gallimard, 2004.

HELMIG CH., « Die atmende Forme in der Materie. Einige Überlegungen zum *evulon eidos* in der Philosophie des Proklos », dans M. Perkams et R. M. Piccione (Hrsg.), *Proklos. Methode, Seelenlehre, Metaphysik*, Leiden, Brill, 2006, p. 259-277.

HOFFMANN PH., « L'expression de l'indicible dans le néoplatonisme grec de Plotin à Damascius », dans C. Lévy et L. Pernot (éd.), *Dire l'évidence,* Paris, L'Harmattan, 1997, p. 335-390.

– « La triade chaldaïque : *eros, aletheia, pistis* de Proclus à Simplicius », dans *Proclus et la théologie*, *op. cit.*, p. 459-489.

– « What Was a Commentary in Late Antiquity ? The Exemple of the Neoplatonic Commentators », dans M. L. Gill et P. Pellegrin (eds), *A Companion to Ancient Philosophy*, Oxford, Blackwell, 2006, p. 567-622.

– « *Eros, Aletheia, Pistis … et Elpis*. Tétrade chaldaïque, triade néoplatonicienne (fr. 46 des Places, P. 26 Kroll) », dans *Die Chaldäischen Orakel*, *op.cit.*, p. 255-324.

KARAMANDIS G., « Plotinus on Quality and Immanent Form », dans R. Chiaradonna et F. Trabattoni (eds), *Physics and Philosophy of Nature in Greek Neoplatonism*, Leiden, Brill, 2009, p. 79-100.

KOBUSCH TH., « Das Eine ist nicht das Ganze. Die Idee der Totalität im Werk des Proklos, besonders in der "Platonischen Theologie" », dans *Proclus et la « Théologie »*, *op. cit.*, p. 311-324.

LANE FOX R., *Pagans and Christians*, London, Penguin Books, 1986.

LAURENT J., *Les fondements de la nature selon Plotin. Procession et participation,* Paris, Vrin, 1992.

LERNOULD A., « La dialectique comme science première chez Proclus », *Revue des Sciences Philosophiques et Théologiques* 71, 1987, p. 509-536.

– *Physique et théologie. Lecture du* Timée *de Platon par Proclus*, Villeneuve d'Ascq, Presses du Septentrion, 2001.

LINGUITI A., *L'ultimo Platonismo : principi e conoscenza*, Firenze, Olschki, 1990.

LLOYD A. C., *The Anatomy of Neoplatonism*, Oxford, Clarendon, 1990.

METRY-TRESSON C., *L'aporie de l'expérience de la pensée dans le « Peri Archeos » de Damaskios*, Leiden, Brill, 2012.

MORESCHINI C., *Apuleio e il platonismo*, Firenze, Olschki, 1978.

– *Dall'Asclepius al Crater Hermetis : studi sull'ermetismo latino tardo-antico e rinascimentale*, Pisa, Giardini, 1985.

NASEMANN B., *Theurgie and Philosophy in Jamblichs "De Mysteriis"*, Stuttgart, Teubner, 1991.

NIKULIN D., « Unity and Individuation of the Soul in Plotin », dans R. Chiaradonna (a cura di), *Studi sull'anima in Plotino*, Napoli, Bibliopolis, 2005, p. 203-222.

O'MEARA D. J., *Pythagoras Revived. Mathematics and Philosophy in Late Antiquity,* Oxford, Clarendon, 1989.

– « La science métaphysique (ou théologie) comme exercice spirituel », dans *Proclus et la théologie*, *op. cit.*, p. 279-290.

– *Platonopolis. Platonic Political Philosophy in Late Antiquity,* Oxford, Clarendon, 2003.

OPSOMER J., « La démiurgie des jeunes Dieux selon Proclus », *Les Études Classiques* 71, 2003, p. 5-49.

— et STEEL C., « Did Christian Neoplatonism Evolve Directly From the Ancient Philosophical Tradition ? », dans P. A. Miller et Ch. Platter (eds), *History in Dispute*, Detroit *et al.*, St. James Press, 2005, p. 204-211.

PERKAMS M., « An Innovation by Proclus : the Theory of the Substantial Diversity of the Human Soul », dans *Proklos. Methode, Seelenlehre*, *op. cit.*, p. 176-185.

– *Selbstbewusstein in der Spätantike. Die neuplatonischen Kommentare zu Aristoteles' de Anima*, Berlin, de Gruyter, 2008.

ROMANO F., « L'uso di *dunamis* nel "De mysteriis" di Giamblico », dans F. Romano et R. D. Cardullo (a cura di), *Dunamis nel neoplatonismo*, Firenze, La Nuova Italia, 1996, p. 79-106.

– « L'idée de causalité dans la "Théologie platonicienne" de Proclus », dans *Proclus et la « Théologie »*, *op. cit.*, p. 325-337.

– *L'uno come fondamento. La crisi dell'ontologia classica,* a cura di G. R. Giardina, Catania, CUECM, 2004.

SAFFREY H. D., *Recherches sur le néoplatonisme après Plotin*, Paris, Vrin, 1990.

SCHÄFER C., « *Moné*, *proodos* und *epistrophé* in der Philosophie des Proklos und des Areopagiten Dionysius », dans *Proklos : Methode, Seelenlehre*, *op. cit.*, p. 340-362.

SCHNIWIEND A., *L'éthique du sage chez Plotin*, Paris, Vrin, 2003.

SENG H., *Kosmagoi, Azonoi, Zonaioi. Drei Begriffe chaldäischer Kosmologie und ihr Fortleben*, Heidelberg, Winter, 2009.

SHAW G., *Theurgy and the Soul. The Neoplatonism of Iamblichus*, Pennsylvania, Pennsylvania University Press, 1995.

SHEPPARD A., « Proclus' Attitude to Theurgy », *Classical Quarterly* 32, 1982, p. 211-224.

– « Plato's "Phaedrus" in the "Theologia platonica" », dans *Proclus et la théologie, op. cit.*, p. 415-423.

SFAMENI GASPARRO G., « La gnosi ermetica come iniziazione e mistero »(1965), dans *ead.*, *Gnostica e Hermetica*, Roma, Edizioni dell'Ateneo, 1982, p. 303-330.

STEEL C., *The Changing Self. A Study on the Soul in Later Neoplatonism : Iamblichus, Damascius and Priscianus,* Bruxelles, Académie Royale de Belgique, 1978.

– « Breathing Thought : Proclus on the Innate Knowledge of Soul », dans J. Cleary (ed.), *The Perennial Tradition of Neoplatonism*, Leuven, Leuven University Press, 1998, p. 293-310.

– « Le *Sophiste* comme texte théologique dans l'interprétation de Proclus », dans E. P. Bos et P. A. Meijer (eds), *On Proclus an his Influence in Medieval Philosophy*, Leiden, Brill, 1992, p. 51-64.

– « Conversion vers soi et constitution de soi selon Proclus », dans *Retour, repentir et constitution de soi, op. cit.*, p. 161-176.

– « Une histoire de l'interprétation du *Parménide* dans l'Antiquité », dans *Il Parmenide di Platone e la sua tradizione, op. cit.*, p. 11-40.

– « Proclus on the Mirror as a Metapher of Participation », dans *Miroir et savoir, op. cit.*, p. 79-96.

TAORMINA D. P., *Il lessico delle potenze dell'anima in Giamblico*, Firenze, La Nuova Italia, 1990.

— *et al.* (a cura di), *I frammenti delle epistole. Giamblico*, Napoli, Bibliopolis, 2010.

TORNAU CH., «Wissenschaft, Seele, Geist. Zur Bedeutung einer Analogie bei Plotin (*Enn.*, IV, 9, 5 et VI, 2, 20)», *Göttinger Forum für Altertumswissenschaft* 1, 1998, p. 87-111.

– « Der Eros und das Gute bei Plotin und bei Proklos », dans *Proklos : Methode, Seelenlehre, Metaphysik, op. cit.*, p. 201-229.

– « Qu'est-ce qu'un individu ? Unité, individualité et conscience de soi dans la métaphysique plotinienne de l'âme », *Les Études Philosophiques* 3, 2009, p. 333-360.

TROUILLARD J., « Le *Parménide* de Platon et son interprétation néoplatonicienne », *Revue de Philosophie et Théologie* 2, 1973, p. 83-100.

– « Procession néoplatonicienne et création judéo-chrétienne », *Néoplatonisme*, Fontenay-aux-Roses, ENS, 1981, p. 1-30.

VAN DER KERCHOVE A., *La voix d'Hermès. Pratiques rituelles et traités hermétiques*, Leiden, Brill, 2012.

VAN LIEFFERINGE C., *La Théurgie. Des Oracles Chaldaïques à Proclus*, *Kernos*, Supplément 9, Liège, 1999.

VAN RIEL G., « Ontologie et théologie. Le *Philèbe* dans le troisième livre de la *Théologie platonicienne* de Proclus », dans *Proclus et la théologie*, *op. cit.*, p. 399-413.

WATSON G., « *Phantasia* from the Late Hellenistic Period to Early Neoplatonism », *Aufstieg und Niedergang der römischen Welt*, 36. 7, 1994, p. 4766-4810.

ZAMBON M., « Il significato filosofico dell'*ochema* dell'anima », dans *Studi sull'anima in Plotino, op. cit.*, p. 306-335.

– *Porphyre et le Moyen Platonisme*, Paris, Vrin, 2002.

Néoplatonisme chrétien. Patristique

BARBANTI PASQUALI M., *Macrobio. Etica e psicologia nei "Commentarii in Somnium Scipionis"*, Catania, CUECM, 1989.

BEIERWALTES W., « Unity and Trinity in Dionysius and Eriugena », *Hermathena* 157, 1994.

– *Platonismus im Christentum*, Frankfurt a. M., Klostermann, 1998.

BODEI R., *Ordo amoris. Conflitti terreni e felicità celeste*, Bologna, Il Mulino, 1991.

BOULNOIS O., *Au-delà de l'image. Une archéologie du visuel au Moyen Âge. Ve – XVIe siècle*, Paris, Seuil, 2008.

CRABBE A. M., « Anamnesis and Mythology in the "De consolatione Philosophiae" », dans L. Orbetello (a cura di), *Atti del congresso internazionale di studi boeziani*, Roma, Herder, 1981, p. 311-325.

DE ANDIA Y., *Homo vivens. Incorruptibilité et divinisation de l'homme selon Irénée de Lyon*, Paris, Études augustiniennes, 1986.

– *L'Union à Dieu chez Denys*, Leiden, Brill, 1996.

DE RIJK L. M., « Boèce logicien et philosophe : ses problèmes sémantiques et sa métaphysique de l'être », dans *Atti del congresso internazionale di studi boeziani*, *op. cit.*, p. 141-156.

DILLON J. M. et KLITENIC S., *Dionysius Areopagite and the Neoplatonic Tradition : Despoilling the Hellenes*, Aldershot, Ashgate/Vivarium, 2007.

DODDS E. R., *Pagan and Christian in an Age of Anxiety*, Cambridge, Cambridge University Press, 1965.

DÖRRIE H., « Was ist Spätantiker Platonismus ? », dans *id.*, *Platonica minora*, München, Fink, 1976, p. 508-523.

ERLER M., « Die helfende Hand Gottes. Augustins Gnadenlehre im Kontext des kaiserzeitlichen Platonismus », dans Th. Fuhrer (Hrsg.), *Die christliche-philosophischen Diskurse der Spätantike. Texte, Personen, Institutionen*, Stuttgart, Steiner, 2008, p. 189-204.

FUHRER TH., « Die Platoniker und die "Civitas Dei" (Buch VIII-X) », dans Ch. Horn (Hrsg.), *Klassiker Auslegen. Augustinus, Civitas Dei*, Berlin, Akademie Verlag, 1997, p. 87-108.

– « Philosophie und Christliche Lehre im Widerstreit. Augustins Bemühungen um eine Integration », *Zeitschrift für Antikes Christentum* 1, 1997, p. 291-301.

GALLONIER A., « Axiomatique et théologie dans le *De Hebdomadibus* », dans A. de Libera *et al.* (éd.), *Langages et philosophie. Hommage à J. Jolivet*, Paris, Vrin, 1997, p. 311-333.

KOBUSCH TH., « Christliche Philosophie : das Christentum als Vollendung der antiken Philosophie », dans *Metaphysik und Religion, op. cit.*, p. 239-259.

JEAUNEAU E., « Denys l'Aréopagite, promoteur du néoplatonisme en Occident », dans L. Benakis (éd.), *Néoplatonisme et philosophie médiévale*, Turnhout, Brepols, 1997, p. 1-23.

LILLA S., *Dionigi Aereopagita e il platonismo cristiano*, Brescia, Morcelliana, 2005.

LUSCOMBE D., « Denis the Ps. Areopagite in the Writings of Nicholas of Cusa, M. Ficino and Pico », dans *Néoplatonisme et philosophie médiévale*, *op. cit.*, p. 93-109.

MARENBON J., *Boethius*, Oxford, Oxford University Press, 2003.

– *Le temps, la prescience et les futurs contingents de Boèce à Thomas d'Aquin*, Paris, Vrin, 2005.

MARION J.-L., *Au lieu de soi. L'approche de Saint Augustin*, Paris, P.U.F., 2008.

MAYER C., « Creatio, creator, creatura », dans C. Mayer *et al.* (Hrsg.), *Augustinus-Lexikon*, Basel, Schwabe, 1998, vol. 2, p. 76-91.

MORESCHINI C., *Storia dell'ermetismo cristiano*, Brescia, Morcelliana, 2000.

PEPIN J., «Saint Augustin et le symbolisme néoplatonicien de la vêture», dans *Augustin magister* I, 1954, p. 293-306.

– « Pourquoi l'âme automotrice aurait-elle besoin d'un véhicule ? », dans *Perennial Traditions of Platonism*, *op. cit.*, p. 293-305.

– « The Platonic and Christian Ulysses », dans D. J. O'Meara (ed.), *Neoplatonism and Christian Thought*, New York, State University of New York Press, 1982.

SCHÄFER CH., *Philosophy of Dioniysius the Areopagite. An Introduction to the Structure and the Content of the Teatrise "On the divine Names"*, Leiden, Brill, 2006.

VON IVANKA E., *Plato Christianus*, Einsiedeln, Johannes Verlag, 1964.

Philosophie en Islam médiéval. Averroïsme latin.

ADAMSON P., *The Arabic Plotinus. A Philosophical Study of the Theology of Aristotle,* London, Duckworth, 2002.

CALMA D., *Études sur le premier siècle de l'averroïsme latin. Approches et textes*, Turnhout, Brepols, 2011.

D'ANCONA COSTA C., *Recherches sur le* Liber de causis, Paris, Vrin, 1995.

DI MARTINO C., *Ratio particularis. Doctrines des sens internes d'Avicenne à Thomas d'Aquin*, Paris, Vrin, 2008.

DRUART Th.-A., « The Human Soul's Individuation and Its Survival after the Body Death: Avicenna on the Causal Relation between Body and Soul », *Arabic Science and Philosophy* 10, 2000, p. 259-273.

GUTAS D., « Intellect without Limits: The Absence of Mysticism in Avicenna », dans M. C. Pacheco et J. J. Meirinhos (éd.) *Imagination et intellect*, Turnhout, Brepols, 2006, I, p. 351-372.

HASNAWI A., « *Fayd* (épanchement, émanation) », dans A. Jacob (éd.), *Encyclopédie philosophique universelle*, Paris, P.U.F., 1990, II, p. 966-972.

– « La conscience de soi chez Avicenne et Descartes », dans J. Biard et R. Rashed (éd.), *Descartes et le Moyen Âge*, Paris, Vrin, 1997, p. 283-291.

HASSE D. N., *Avicenna's « De Anima » in the latin West. The Formation of a Peripatetic Philosophy of the Soul (1160-1300),* London-Torino, Aragno, 2000.

MARMURA M. E., « Avicenna's "Flying Man" in Context », *Monist* 69, 1986, p. 383-395.

RENAN E., *Averroès et l'Averroïsme*, Paris, Michel Lévy, 1866.

SEBTI M., « Réceptivité et spéculation dans la noétique d'Avicenne », dans *Miroir et savoir*, *op. cit.*, p. 145-187.

Philosophie et culture médiévales dans l'Occident latin: XII-XIVe siècles. Nouvelle scolastique

AERTSEN J. A., *Medieval Philosophy and the Transcendentals. The Case of Thomas Aquinas*, Leiden, Brill, 1996.

– *Medieval Philosophy as Transcendental Thought. From Philipp the Chancellor to Francisco Suarez*, Leiden, Brill, 2012.

BIANCHI L., *L'errore di Aristotele. La polemica contro l'eternità del mondo nel XIII secolo*, Bergamo, Lubrina, 1984.

– *Il vescovo e i filosofi*, Bergamo, Lubrina, 1990.

BIARD J., *Guillaume d'Ockham et la théologie*, Paris, Cerf, 1999.

— et CELEYRETTE J. (éd.), *De la théologie aux mathématiques. L'infini au XIVe siècle*, Paris, Les Belles Lettres, 2005.

— et MARIANI ZINI F. (éd.), *Ut philosophia poesis. Questions philosophiques dans l'œuvre de Dante, Pétrarque et Boccace,* Paris, Vrin, 2008.

BOULNOIS O., *Être et représentation. Une généalogie de la métaphysique moderne à l'époque de Duns Scot (XIIe - XIVe siècle),* Paris, P.U.F., 1999.

– « Le besoin de philosophie. Théologie et structure des métaphysiques médiévales », dans J. L. Solère et Z. Kaluza (éd.), *La servante et la consolatrice. La philosophie dans ses rapports avec la théologie au Moyen Âge,* Paris, Vrin, 2002, p. 45-94.

CAIAZZO I., *Lectures médiévales de Macrobe. Les* Glosae Colonienses super Macrobium, Paris, Vrin, 2003.

CASAGRANDE C. et VECCHIO S., *I sette vizi capitali. Storia dei peccati nel Medioevo*, Torino, Einaudi, 2000.

CHIECCHI G., *La parola del dolore. Primi studi sulla letteratura consolatoria fra Medioevo e Rinascimento*, Padova, Antenore, 2005.

CORTI M., *La felicità mentale. Nuove prospettive per Cavalcanti e Dante*, Torino, Einaudi, 1983.

COURTINE J.-F., *Suarez et le système de la métaphysique*, Paris, P.U.F., 1990.

DALES R. C., *Medieval Discussions of the Eternity of the World*, Leiden, Brill, 1990.

DE LIBERA A., *Penser au Moyen Âge*, Paris, Seuil, 1991.

– *Raison et foi. Archéologie d'une crise d'Albert le Grand à Jean-Paul II*, Paris, Seuil, 2003.

– *Métaphysique et noétique. Albert le Grand*, Paris, Vrin, 2005.

– *Archéologie du sujet. Naissance du sujet I*, Paris, Vrin, 2007.

DE MURALT A., *L'enjeu de la philosophie médiévale. Études thomistes, scotistes, occamiennes et grégoriennes*, Leiden, Brill, 1993.

– *Néoplatonisme et aristotélisme dans la métaphysique médiévale*, Paris, Vrin, 1995.

DRONKE P., *Fabula : Explorations into the Uses of Myth in Medieval Platonism*, Leiden, Brill, 1975.

FAES DE MOTTONI B., *Il Platonismo medievale*, Torino, Loescher, 1979.

FEDERICI VESCOVINI G., *Le Moyen Âge magique. La magie entre religion et science aux XIIIe et XIVe siècles*, Paris, Vrin, 2011.

GENTILI S., *L'uomo aristotelico alle origini della letteratura italiana*, Roma, Carocci, 2005.

GILSON E., *Saint Thomas moraliste*, Paris, Vrin, 1974 (2e éd., Thomas d'Aquin, *Textes sur la morale*, choisis et commentés par E. Gilson, Paris, Vrin, 1998).

GREGORY T., *Anima mundi. La filosofia di Guglielmo di Conches e la Scuola di Chartres*, Firenze, Sansoni, 1995.

– *Mundana sapientia*, Roma, Edizioni di Storia e di Letteratura, 1992.

HUDRY F., « Le Livre des vingt-quatre philosophes et les méfaits de la sphère », dans P. Affé *et al.* (éd.), *Adorare caelestia, gubernare terrena*, Turnhout, Brepols, 2011, p. 21-42.

IMBACH R., *Dante, la philosophie et les laïcs*, Paris-Fribourg, Éditions de l'Université de Fribourg-Cerf, 1996.

KLIBANSKY R., « Plato's "Parmenides" in the Middle Age and the Renaissance. A Chapter in the Study of Platonic Studies », *Mediaeval and Renaissance Studies* I, 1943.

KOBUSCH TH., « *Ens inquantum ens* und *ens rationis*. Ein aristotelisches Problem in der Philosophie des Duns Scotus und Wilhelm Ockham », dans J. Marenbon (ed.), *Aristotle in Britain during the Middle Ages*, Turnhout, Brepols, 1996, p. 157-175.

– « Der "Timaios" in Chartres », dans T. Leinkauf et C. Steel (Hrsg.), *Platons « Timaios » als Grundtext der Kosmologie in Spätantike, Mittelalter und Renaissance,* Leuven, Leuven University Press, 2005, p. 235-252.

LE GOFF J., *Les Intellectuels au Moyen Âge*, Paris, Seuil, 1975.

– *Un autre Moyen Âge*, Paris, Gallimard, 1999.

LUCENTINI P., *Platonismo, ermetismo e eresia nel Medioevo*, Louvain-La-Neuve, FIDEM, 2007.

MAHE J.-P., « Théorie et pratique dans *l'Asclepius* », dans P. Lucentini *et al.* (éds), *Hermetism from Late Antiquity to Humanism*, Turnhout, Brepols, 2003, p. 5-23.

MARIANI ZINI F., *L'économie des passions. Essai sur le « Décaméron »de Boccace*, Villeneuve d'Ascq, Presses du Septentrion, 2012.

MORESCHINI C., *Dall'Asclepius al Crater Hermetis : studi sull'ermetismo latino tardo-antico e rinascimentale*, Pisa, Giardini, 1985.

MÜLLER J., *Natürliche Moral und Philosophische Ethik bei Albertus Magnus*, Munster, Aschendorff, 2001.

– « Der Begriff des Guten im zweiten Ethikkommentar des Albertus Magnus. Untersuchung und Edition von "Ethica" Buch I, Traktat 2 », *Recherches de Théologie et de Philosophie Médiévale* 69, 2002, p. 318-370.

NARDI B., « La dottrina di Alberto Magno sull'*inchoatio formae* », dans *id.*, *Studi di filosofia medievale*, Roma, Edizioni di Storia e di Letteratura, 1960, p. 68-90.

– « L'averroismo del primo amico di Dante », *Studi danteschi* XXV, 1985, p. 43-79.

PARRI I., *La via filosofica di Ermete. Studio sull'Asclepius*, Firenze, Polistampa, 2005.

PLUTA O., *Kritiker der Unsterblichkeitsdoktrin in Mittelalter und Renaissance*, Amsterdam, Grüner, 1986.

PORRO P., « Introduzione. Dalla "Metafisica" alla metafisica e ritorno : una storia medievale », *Quaestio 5. Metaphysica, sapientia, scientia divina. Soggetto e statuto della filosofia prima nel Medioevo*, Turnhout, Brepols, 2005, p. IX-LI.

ROSEMANN R. W., « *Aliquid* : ein vergessenes Transzendentale », dans J. A. Aertsen et A. Speer (Hrsg.), *Was ist Philosophie im Mittelalter ?*, Berlin, de Gruyter, 1999, p. 529-537.

ROSIER-CATACH I., *La Parole comme acte*, Paris, Vrin, 1994.

SPEER A., *Die entdeckte Natur. Untersuchungen zu Begründungsversuchen einer scientia naturalis im 12. Jahrhundert*, Leiden, Brill, 1995.

– « Lichtkausalität. Zur Verhältnis von dionysischer Lichttheologie und Metaphysik bei Albertus Magnus und Thomas von Aquin », dans *Die Dionysios-Rezeption im Mittelalter*, *op. cit.*, p. 343-372.

STURLESE L., « Saints et magiciens : Albert le Grand en face d'Hermès Trismégiste », *Archives de Philosophie* 42, 1980, p. 615-634.

– « Filosofia in volgare », dans Bray N. et Sturlese L. (a cura di), *La filosofia in volgare nel Medioevo*, Louvain-La-Neuve, FIDEM, 2003, p. 1-14.

VALENTE L., « La terminologia semantica nella teologia del XII secolo », dans M. Lenzi *et al.* (a cura di), *Medioevo e filosofia. Per A. Maierù*, Roma, Viella, 2013, p. 87-107.

WEBER E. H., « L'Apophantisme dionysien chez Albert le Grand et dans son école », dans Y. de Andia (éd.), *Denys l'Aréopagite et sa postérité en Orient et en Occident*, Paris, Études augustiniennes, 1997, p. 379-405.

WEILL-PAROT N., *Les images astrologiques au Moyen Âge et à la Renaissance. Spéculations intellectuelles et pratiques magiques (XIIIe – XVe siècles)*, Paris, Champion, 2002.

Philosophie et culture en Italie au XVe siècle

AUVRAY-ASSAYAS C., « L'ordre du deuxième livre du *De natura deorum* de Cicéron : Ange Politien et la philologie moderne », *Revue d'histoire des textes* 27, 1997, p. 87-108.

BEIERWALTES W., « Neuplatonisches Denken als Substanz der Renaissance », *Studia leibnitiana* 7, Wiesbaden, 1978, p. 1-18.

BOEHM G., *Bildnis und Individuum. Über den Ursprung der Porträtmalerei in der italienischen Renaissance*, München, Prestel, 1985.

BOULNOIS O., « La dignité de l'image ou l'humanisme est-il métaphysique ? », dans P. Magnard (éd.), *La dignité de l'homme*, Paris, Vrin, 1995, p. 103-123.

CHASTEL A., *L'art et l'humanisme à Florence au temps de Laurent le Magnifique*, Paris, P.U.F., 1959.

COPENHAVER B., « How to do magic, and why : philosophical prescriptions », dans J. Hankins (ed.), *The Cambridge Companion to Renaissance Philosophy*, Cambridge, Cambridge University Press, 2007, p. 137-171.

COPPINI D., « L'ispirazione per contagio : *furor* e *remota lectio* nella poesia latina del Poliziano », dans V. Fera e M. Martelli (a cura di), *A. Poliziano, poeta, scrittore, filologo*, Firenze, Le Lettere, 1998, p. 127-164.

DE PACE A., *La scepsi, il sapere e l'anima. Dissonanze nella cerchia laurenziana*, Milano, LED, 2002.

EBBERSMEYER S., *Sinnlichkeit und Vernunft. Studien zur Rezeption und Transformation der Liebestheorie Platons in der Renaissance*, München, Fink, 2002.

FRANZINI E., *Il mito di Leonardo. Fenomenologia della creazione artistica*, Milano, Unicopli, 1987.

GAMBINO LONGO S., *Savoir de la nature et poésie des choses. Lucrèce et Epicure à la Renaissance*, Paris, Champion, 2004.

GARIN E., *Giovanni Pico della Mirandola : Vita e dottrina*, Firenze, Le Monnier, 1937.

– « Platonici bizantini e Platonici italiani », *Rivista critica di storia della filosofia* 12, 1957, p. 3-21.

– *La Cultura filosofica del Rinascimento italiano,* Firenze, Sansoni, 1961.

– *Ermetismo del Rinascimento*, Roma, Editori Riuniti, 1988.

GENTILE S., « Giorgio Gemisto Pletone e la sua influenza sull'umanesimo fiorentino », dans P. Viti (a cura di), *Firenze e il consilio del 1439*, Firenze, Olschki, 1994, t. 2, p. 813-832.

HANKINS J., *Plato in the Italian Renaissance*, 2 vol., Leiden, Brill, 1992.

– *Humanism and Platonism in the Italian Renaissance,* 2 vol., Roma, Edizioni di storia e di letteratura, 2004.

HASSE D. N., « *Averroica secta*. Notes on the Formation of Averroist Movements in Fourteenth Century Bologna and Renaissance Italy », dans J.-B. Brenet (éd.), *Averroès et les Averroïsmes juif et latin*, Turnhout, Brepols, 2007, p. 307-331.

KESSLER E., « The intellectual Soul », dans Ch. Schmitt *et al.* (eds), *The Cambridge History of Renaissance Philosophy*, Cambridge, Cambridge University Press, 1988, p. 488-534.

KLIBANSKY R., PANOFSKY E., SAXL F., *Saturn and Melancholy. Studies in the History of Natural Philosophy, Religion and Art,* New York, Basic Books, 1964.

KRAYE J., « The Philosophy of the Italian Renaissance », dans G. H. R. Parkinson (ed.), *Routledge History of Philosophy. IV : The Renaissance and Seventeenth-Century Rationalism*, London-New York, Routledge, 1993, p. 19-69.

LA BRASCA F., *C. Landino et la culture florentine de la Renaissance*, 3 vol., Lille, Atelier National, 1989.

LEINKAUF TH., « Aspekte und Perspektiven der Präsenz des "Timaios" in Renaissance und Früher Neuzeit », dans *Platons « Timaios » als Grundtext der Kosmologie*, *op. cit.*, p. 363-386.

LENTZEN M., « Le virtù, *vita activa, vita contemplativa* e il concetto di nobiltà nelle opere di C. Landino », dans F. La Brasca et Ch. Trottmann (éd.), *Vie solitaire, vie civile. L'humanisme de Pétrarque à Alberti*, Paris, Champion, 2011, p. 195-208.

MARIANI ZINI F., « Le jugement suspendu : la calomnie à Florence (Botticelli) », *Traditio* 53, 1998, p. 231-249.

– « Langue et traduction de la poésie chez Politien. "*Doctaque me triplici recinet facundia lingua*" », dans D. de Courcelles (éd.), *Traduire et adapter à la Renaissance*, Paris, École Nationale des Chartes, 1996, p. 11-33.

– « L'inquiétude des mondes : Marulle lecteur de Platon et de Lucrèce », dans *Le Timée de Platon. Contributions à l'histoire de sa réception, op. cit.*, p. 200-233.

– « Topique et argumentation dans le premier humanisme italien », dans J. Biard (éd.), *Le langage mental du Moyen Âge à l'Âge classique*, Louvain-la-Neuve, Peeters, 2009, p. 221-219.

MOHLER L., *Kardinal Bessarion als Theologe, Humanist und Staatsmann*, Paderborn, Schöningh, 1923-1942.

MONFASANI J., *George of Trebizond : A Biography and Study of His Rhetoric and Logic*, Leiden, Brill, 1976.

– « Pseudo-Dionysius the Areopagite in Mid-Quattrocento Rome »(1987), dans *id.*, *Language and Learning in Renaissance Italy. Selected Articles*, Aldershot, Ashgate/Vivarium, 1994, IX.

– « Pletone, Bessarione e la processione dello Spirito Santo. Un testo inedito e uno falso »(1994), dans *id.*, *Byzantine Scholars in Renaissance Italy. Cardinal Bessarion and Other Emigrés. Selected Essays*, Aldershot, Ashgate/Vivarium, 1995.

– « *Prisca Theologia* in the Plato-Aristotle Controversy before Ficino », dans J. Hankins et F. Meroi (eds), *The Rebirth of Platonic Theology. For M. J. B. Allen*, Firenze, Olschki, 2013, p. 47-62.

MORESCHINI C., « Gli "Oracula Chaldaica" nel Rinascimento italiano : alcune osservazioni », *Koinonia*, 2009, p. 143-169.

NARDI B., *Saggi sull'aristotelismo padovano : XV e XVI secoli*, Firenze, Sansoni, 1958.

PONTANI A., « Note sulla controversa platonica-aristotelica del Quattrocento », dans *ead.*, *Contributi di filologia greca medievale e moderna*, Catania, Edizioni dell'Università di Catania, 1989, p. 99-165.

SCHMITT CH. B., « *Prisca Theologia* et *philosophia perennis :* due temi del Rinascimento italiano e la loro fortuna », dans G. Tarugi (a cura di), *Il pensiero italiano del Rinascimento e il tempo nostro*, Firenze, Olschki, 1970, p. 211-236.

TAMBRUN B., *Pléthon. Le retour de Platon*, Paris, Vrin, 2008.

– « F. Gémiste Pléthon et la doctrine de Zoroastre », dans S. Gentile et S. Toussaint (a cura di), *M. Ficino. Fonti, testi, fortuna*, Roma, Edizioni di storia e letteratura, 2006, p. 121-143.

TARDIEU M., « Pléthon, lecteur des "Oracles" », *Mêtis* II, 1987, p. 141-164.

TAVONI M., *Latino, grammatica, volgare : storia di una questione umanistica*, Padova, Antenore, 1984.

TOUSSAINT S., *Les Formes de l'Invisible. Essai sur l'Ineffabilité au Quattrocento*, Lausanne, 1989.

– *L'esprit du Quattrocento. Le* "De ente et uno" *de Pic de la Mirandole*, Paris, Champion, 1995.

TRINKAUS CH., *In our Image and Likeness. Humanity and Divinity in Italian Humanist Thought*, 2 vol., Chicago, Constable, 1970.

VALCKE L., *Pic de la Mirandole. Un itinéraire philosophique*, Paris, Les Belles Lettres, 2005.

VASOLI C., « L'esempio della vita speculativa nelle "Camaldulenses Disputationes" di C. Landino : Paolo del Pozzo Toscanelli », dans *Vie solitaire, vie civile, op. cit.*, p. 601-618.

VILLA C., « Per una lettura della "Primavera". Mercurio "retrogrado" e la retorica nella bottega di Botticelli », *Strumenti critici*, 1998, p. 1-28.

ZAMBELLI P., *L'ambigua natura della magia. Filosofi, streghe, riti nel Rinascimento*, Milano, Il Saggiatore, 1991.

Marsile Ficin

AASDALEN U. I., « The First Pico-Ficino Controversy », dans S. Clucas *et al.*, (eds), *Laus Platonici Philosophi. Marsilio Ficino and His Infuence*, Leiden, Brill, 2011, p. 66-88.

ALBERTINI T., *M. Ficino. Das Problem der Vermittlung von Denken und Welt in einer Metaphysik der Einfachheit*, München, Fink, 1997.

ALLEN M. J. B., *The Platonism of M. Ficino : A Study of his "Phaedrus" Commentary, its Sources and Genesis*, Berkeley, University of California Press, 1984.

– *Icastes : M. Ficino's Interpretation of Plato's « Sophist »*, Berkeley, University of California Press, 1989.

– *Plato's Third Eye : Studies in M. Ficino's Metaphysics and its Sources*, Aldershot, Ashgate/Vivarium, 1995.

– *Synoptic Art. M. Ficino on the History of Platonic Interpretation*, Firenze, Olschki, 1998.

– « M. Ficino, Daemonic Mathematics et the Hypotenuse of the Spirit », dans A. Grafton et N. Siraisi (eds), *Natural Particulars : Nature and the Disciplines in the Renaissance Europe*, Cambridge (USA)-London, MIT Press, 1999, p. 127-137.

– « Paul Oskar Kristeller and Marsilio Ficino. *E tenebris revocaverunt* », dans J. Monfasani (ed.), *Kristeller Reconsidered. Essays on his Life and Scholarship*, New York, Ithaca Press, 2006, p. 1-18.

– « To Gaze Upon the Face of God Again : Philosophic Statuary, Pygmalion and M. Ficino », *Rinascimento* 48, 2008, p. 123-136.

– « M. Ficino on Saturn, the Plotinian Mind and the Moster of Averroes », *Brunelliana & Campanelliana* 16, 2010, p. 11-29.

BEIERWALTES W., *M. Ficinos Theorie des Schönen im Kontext des Platonismus*, Siztungsberichte der Heidelberger Akademie der Wissenschaften, phil.-hist. Klasse, Jg. 1980.

– « Marsilio Ficino », dans *id.*, *Plotino. Un cammino di liberazione verso l'interiorità, lo spirito e l'uno*, Milano, Vita e Pensiero, 1993, p. 85-90.

– « L'interpretazione ficiniana del "Parmenide" platonico », dans *Il « Parmenide » di Platone e la sua tradizione*, *op. cit.*, p. 389-410.

BOCCUTO G., « La presenza di Lucrezio negli scritti filosofici di Marsilio Ficino », *Atene e Roma* 32, 1987, p. 152-166.

BOENKE M., « M. Ficinos Integration der aristotelischen Psychologie in die platonische Philosophie », dans *ead.*, *Körper, Spiritus, Geist. Psychologie vor Descartes*, München, Fink, 2005, p. 29-50.

CARLINI A., « M. Ficino e il testo di Platone », *Rinascimento* XXXIX, 1999, p. 3-36.

– « M. Ficino e il testo di Platone »(2), dans *M. Ficino. Fonti, testi, fortuna*, *op. cit.*, p. 25-64.

CASTELLI P., « "I prodigi vani" e gli antichi sapienti : astrologia, magia e teurgia negli scritti del Ficino », dans P. Castelli (a cura di), *Il lume del sole. M. Ficino, medico dell'anima*, Firenze, Opus Libri, 1984, p. 35-50.

– « La metafora della pittura nell'opera di M. Ficino », dans *M. Ficino. Fonti, testi, fortuna*, *op. cit.*, p. 216-239.

CELENZA M., « Antiquité tardive et platonisme florentin », dans F. Mariani Zini (éd.), *Penser entre les lignes. Philologie et Philosophie au Quattrocento*, Villeneuve d'Ascq, Presses du Septentrion, 2001, p. 197-226.

– « Pythagoras in the Renaissance : The Case of M. Ficino », *Renaissance Quarterly* 52, 1999, p. 667-711.

CIAVOLETTA M., « *Eros/Ereos* ? M. Ficino's Interpretation of Guido Cavalcanti's *Donna me prega* », dans K. Eisenbichler et O. Zorzi-Pugliese (eds), *Ficino and Renaissance Neoplatonism*, Ottawa, Dovehouse Editions Canada, 1986, p. 39-48.

COPENHAVER B., « Scholastic Philosophy and Renaissance Magic in the "De Vita" of M. Ficino », *Renaissance Quarterly* 37, 1984, p. 523-554.

– « Renaissance Magic and Neoplatonic Philosophy : "Ennead" IV. 3-4 in Ficino's "De Vita coelitus comparanda" », dans G. C. Garfagnini (a cura di), *M. Ficino e il ritorno di Platone,* Firenze, Olschki, 1986, p. 351-369.

– « Astrology and Magic », dans *The Cambridge History of Renaissance Philosophy*, *op. cit.*, p. 264-300.

– « Ten Arguments in Search of a Philosopher : Averroes and Aquinas in Ficino's "Platonic Theology" », dans *The Rebirth*, *op. cit.*, p. 155-190.

CORRADI M., « Il "Simposio" e il "De Amore" di Ficino », *Rivista di filosofia neoscolastica* 69, 1977, p. 406-422.

CRISTIANI M., « Dionigi dionisiaco : M. Ficino e il "Corpus Dionysianum" », dans P. Pini (a cura di), *Il neoplatonismo nel Rinascimento*, Roma, Istituto dell'Enciclopedia Italiana, 1993, p. 185-203.

DAGRON T., « Ficin et la conception néoplatonicienne de la matière », dans S. Toussaint (éd.), *M. Ficin ou les mystères platoniciens*, Paris, Les Belles Lettres, 2002, p. 163-177.

DE PACE A., « Ficino e Plutarco : storia di un equivoco », *Rivista di storia della filosofia* LI, 1996, p. 113-135.

DILLON J. M., « Ficino and God of the Platonists », dans *Laus Platonici Philosophi, op. cit.*, p. 11-24.

EDELHEIT A., *Ficino, Pico and Savonarola.The Evolution of Humanist Theology*, Leiden, Brill, 2008.

ETIENNE A., « Entre interprétation chrétienne et interprétation néoplatonicienne du *Timée* » : M. Ficin », dans *Le* Timée *de Platon. Contributions à l'histoire de sa réception, op. cit.*, p. 173-200.

– « M. Ficin, lecteur et interprète du *Parménide* à la Renaissance », dans A. Neschke-Hentschke (éd.), *Images de Platon et lectures de ses œuvres. Les interprétations de Platon à travers des siècles*, Louvain-Paris, Peeters, 1997, p. 153-185.

ERLER M., « Das Socratesbild in Ficinos Argumenta zu den kleineren platonischen Dialogen », dans A. Netschke-Henschke (Hrsg.), *Argumenta in Dialogos Platonis*, Basel, Schwabe, 2010, p. 247-267.

FELLINI S., « C. Landino e M. Ficino sull'origine dell'anima », *Rinascimento* 50, 2010, p. 263-298.

FÖRSTEL CH., « M. Ficino e il parigino greco 1816 di Plotino », dans *M. Ficino. Fonti, storia e fortuna, op. cit.*, p. 65-88.

FREDE D., « Ficinos "Philebos" », dans E. Rudolph (Hrsg.), *Die Renaissance als erste Aufklärung*, Tübingen, Mohr Siebeck, 1997, p. 35-56.

GARIN E., « *Phantasia* e *imaginatio* fra Ficino e Pomponazzi », dans *Phantasia-imaginatio, op. cit.*, p. 3-20.

GENTILE S., « Per la storia del testo del "Commentarium in Convivium" di M. Ficino », *Rinascimento* 21, 1981, p. 3-27.

– « In margine all'epistola "De Divino furore" di M. Ficino », *Rinascimento* 23, 1983, p. 33-77.

— *et al.* (a cura di), *M. Ficino e il ritorno di Platone : mostra di manoscritti, stampe e documenti (17 maggio-16 giugno 1984). Catalogo*, Firenze, Le Lettere, 1984.

– « Note sui manoscritti greci di Platone utilizzati da M. Ficino », dans *Scritti in onore di Eugenio Garin*, Pisa, Scuola Normale Superiore, 1987, p. 51-84.

– «Sulle prime traduzioni dal greco di M. Ficino », *Rinascimento* XXX, 1990, p. 57-104.

– « Giorgio Gemisto Pletone e la sua influenza sull'umanesimo fiorentino », dans P. Viti (a cura di), *Firenze e il consilio del 1439*, Firenze, Olschki, 1994, t. 2, p. 813-832.

— et GILLY C. (a cura di), *Ficino e il ritorno di Ermete*, Firenze, Centro Di, 1999.

– « Marginalia umanistici e tradizione platonica », dans V. Fera *et al.* (eds), *Talking to the Text: Marginalia from Papyri to Print*, Messina, Centro Interdipartimentale di Studi Umanistici, 2002, I, p. 407-432.

– « Ficino, Epicuro e Lucrezio », dans *The Rebirth, op. cit.*, p. 119-137.

HANKINS J., « Monstrous Melancholy : Ficino and the Physiological Causes of Atheism », dans *Laus Platonici Philosophi, op. cit.*, p. 25-44.

HIRAI H., *Le concept de semence dans les théories de la matière à la Renaissance de Marsile Ficin à Pierre Gassendi*, Turnhout, Brepols, 2005.

IDEL M., « *Prisca Theologia* in M. Ficino and Some Jewish Treatements », dans M. J. B. Allen *et al.* (eds), *M. Ficino. His Theology, His Philosophy, His Legacy,* Leiden, Brill, 2002, p. 137-148.

KLEIN R., *La forme et l'intelligible. Ecrits sur la Renaissance et l'art moderne*, Paris, Gallimard, 1970.

KLITENIC WEAR S., « Ficino's Hymns and the Renaissance Platonic Academy », dans *Laus Platonici, op. cit.*, p. 133-148.

KODERA S., « Narcissus, Divine Gazes and Bloody Mirrors : the Concept of Matter in Ficino », dans *Ficino. His Theology, His Philosophy, His Legacy, op. cit.*, p. 285-306.

KRISTELLER P. O., « The Scholastic Background of M. Ficinos, with an Edition of Unpublished Texts », *Traditio* II, 1944, p. 247-318.

– *The Philosophy of M. Ficino* (1938), New York, Columbia University Press, 1943 (*Il Pensiero filosofico di M. Ficino*, 1938, Firenze, Le Lettere, 1953).

– *Studies in Renaissance Thought and Letters,* Roma, Edizioni di storia e di letteratura, 1993.

— et PEROSA A., « Un nuovo trattatello inedito di M. Ficino », *Rinascimento*, 1950, p. 25-43.

LAUSTER L., *Die Erlösungslehre Ficinos. Theologiegeschichtliche Aspekte des Renaissanceplatonismus*, Berlin-New York, de Gruyter, 1988.

LAZZARIN F., « Note sull'interpretazione ficiniana del "Parmenide" di Platone », *Academia* 5, 2003, p. 17-37.

– « Esistono idee di tutte le realtà ? Ficino e un'aporia tradizionale del neoplatonismo antico », *Rivista di filosofia neoscolastica* 98, 2006, p. 39-98.

– « Finito e infinito nella concezione di M. Ficino », *Rivista di filosofia neoscolastica* CII, 2010, p. 591-601

LEINKAUF TH., « Philosophie und Religion bei M. Ficino », *Accademia* 4, 2002, p. 29-57.

– « M. Ficinos Platon-Kommentar », dans R. Häfner et M. Völkel (Hrsg.), *Der Kommentar in der Frühen Neuzeit*, Tübingen, Niemeyer, 2006, p. 79-114.

LUSCOMBE D., « Denis the Ps. Areopagite in the Writings of Nicholas of Cusa, M. Ficino and Pico », dans *Néoplatonisme et philosophie médiévale, op. cit.*, p. 93-109.

MALMSHEIMER A., *Platons* Parmenides *und M. Ficinos* Parmenides *Kommentar. Ein kritischer Vergleich*, Amsterdam, Grüner, 2001.

MARIANI ZINI F., « *Aliquid* : être quelque chose », dans S. Rahman et J. M. Sievers (éd.), *Normes et fictions*, *Cahiers de logique et épistémologie*, vol. 11, London, King's College Publications, 2011, p. 75-92.

MONFASANI J., « M. Ficino and the Plato-Aristotle Controversy », dans *M. Ficino : His Theology, His Philosophy, His Legacy*, *op. cit.*, p. 179-202.

MEGNA P., *Lo* Ione *platonico nella Firenze medicea*, Messina, Centro Interdipartimentale di Studi Umanistici, 1999, 2e éd.

– « M. Ficino e il Commento del “Timeo” di Proclo », *Studi medievali e umanistici* 1, 2003, p. 93-135.

– « Fra Ficino e Proclo », dans F. Bausi et V. Fera (a cura di), *In Laurentia Laurus. Per M. Martelli*, Messina, Centro Interdipartimentale di Studi Umanistici, 2004, p. 313-362.

MORESCHINI C., « L'ermetismo del Rinascimento da M. Ficino a L. Lazzarelli », *Aries* 5, 2005, p. 33-60.

– « Ancora alcune considerazioni su M. Ficino e l'ermetismo », dans *M. Ficino. Fonti, testi, fortuna*, *op. cit.*, p. 89-120.

PERRONE COMPAGNI V., « Maritare il mondo. Magia naturale ed ermetismo », dans A. Clericuzio et G. Ernst (a cura di), *Il Rinascimento italiano e l'Europa V*, Treviso, Angelo Colla, 2008, p. 95-110.

PODOLAK P., « *Unitas apex animae*. Il commento ficiniano allo ps. Dionigi Areopagita fra aristotelismo, platonismo e mistica medievale », *Accademia* 9, 2009, p. 27-60.

RABASSINI A., « Il bene e le ombre. Excerpta finiciani dal commento alla “Repubblica” di Proclo », *Accademia* I, 1990, p. 49-66.

– « *Amico lucis*. Considerazioni sul tema della luce in M. Ficino », dans *M. Ficino. Fonti, testi, fortuna*, *op. cit.*, p. 255-294.

RICKLIN TH., « M. Ficino und Diogenes Laertius. Vor der mitunter beachtlichen Tragweite scheinbar banaler Neuverschriftlichungen », dans M.-Ch. Leitgeb *et al.* (Hrsg.), *Platon, Plotin und M. Ficino. Studien zu den Vorläufen und der Rezeption des Florentiner Neuplatonismus*, Wien, Wiener Studien Beiheft 33, 2009, p. 95-119.

RUDOLPH E., « Ficin platonicien ou néoplatonicien ? », dans *Ficin ou les mystères néoplatoniciens*, *op. cit.*, p. 209-216.

SAFFREY H. D., « Notes platoniciennes de M. Ficin dans un manuscrit de Proclus, cod. Riccardianus 70 » (1959) dans *id.*, *L'héritage des Anciens au Moyen Âge et à la Renaissance*, Paris, Vrin, 2003, p. 69-94.

— et SEGONDS A. PH., « Ficin sur les *De Mysteriis* de Jamblique », *Humanistica* 1/2, 2006, p. 117-124.

SHEPPARD A., « The Influence of Hermias on M. Ficino's Doctrine of Inspiration », JWCI, XLIII, 1975, p. 422-431.

SNYDER J. G., « M. Ficino's Critique of the Lucretian Alternative », *Journal of the History of Ideas* 72, 2, 2011, p. 165-181.

STEEL C., « Ficino and Proclus. Arguments for the Platonic Doctrine of the Ideas », dans *The Rebirth*, *op. cit.*, p. 63-100.

TAMBRUN B., « M. Ficin et le Commentaire de Pléthon sur les “Oracles Chaldaïques” », *Accademia*, 1999, p. 9-48.

TANTURLI G., « M. Ficino e il volgare », dans *M. Ficino. Fonti, testi, fortuna, op. cit.*, p. 184-213.

TARABOCCHIA CANAVERO A., « S. Agostino nella "Theologia platonica" di M. Ficino », *Rivista di filosofia neoscolastica* 70, 1978, p. 626-646.

– « Fra ermetismo e neoplatonisme : l'immagine della "natura maga" in M. Ficino », dans *Néoplatonisme et philosophie médiévale*, *op. cit.*, p. 273-291.

TERRACCIANO P., « Fra Atene e Alessandria. Origene nella "Theologia Platonica" di M. Ficino », *Viator* XLII, 2011, p. 265-294.

TRINNANZI N., *Umbra naturae. L'immaginazione da Ficino a Bruno*, Roma, Edizioni di storia e letteratura, 2000.

VANHAELEN M., « M. Ficin, traducteur et interprète du *Charmide* de Platon », *Academica*, 2001, p. 23-52.

– « The Pico-Ficino Controversy. New Evidence in Ficino's Commentary on Plato's "Parmenides" », *Rinascimento* 49, 2009, p. 301-341.

– « L'entreprise de traduction et d'exégèse de Ficin dans les années 1486-1489. Démons et prophétie à l'aube de l'ère savonarolienne », *Humanistica*, 2010, p. 125-137.

VASOLI C., « Metafisica e sapienza in Ficino », *Giornale di metafisica* VIII, 1986, p. 227-242.

– « Ficino e il "De Christiana religione" », dans O. Pluta (Hrsg.), *Die Philosophie im 14. und 15. Jahrhundert*, Amsterdam, Grüner, 1988 p. 151-190.

– *Quod sit deus. Studi su M. Ficino*, Lecce, Conte, 1999.

– « L'Un-Bien dans le commentaire de Ficin à la *Mystica Theologia* du Pseudo-Denys », dans P. Magnard (éd.), *M. Ficin. Les platonismes à la Renaissance*, Paris, Vrin, 2001, p. 179-193.

VERNIER J.-M., « De l'influence d'Albert le Grand sur M. Ficin », *Revue de sciences philosophiques et théologiques* 96, 2012, p. 269-292.

VITI P., « Ficino, Plato e Savonarola », dans *M. Ficino. Fonti, testi, fortuna, op. cit.*, p. 295-318.

WEILL-PAROT N., « Pénombre ficinienne : le renouveau de la théorie de la magie talismanique et ses ambiguïtés », dans *M. Ficin ou les mystères platoniciens*, p. 71-90.

WESTERINK L. G., « Ficino's Marginal Notes on Olympiodorus in Riccardi Greek ms. 37 », *Traditio*, XXIV, 1968, p. 351-378.

WURM A., *Platonicus Amor. Lesarten der Liebe bei Platon, Plotin und Ficino*, Berlin, de Gruyter, 2008.

ZERBINO M. C., « Appunti per uno studio della traduzione di M. Ficino dal "Timeo" platonico », *Repubblica litterarum* XX, 1997, p. 123-165.

INDICES

INDEX NOMINUM

AUTEURS ANCIENS, MÉDIÉVAUX ET MODERNES

AUTEURS CONTEMPORAINS

INDEX RERUM

Ulysse, image de, 211, 212
Un, 9, 12, 32-35, 37, 39, 40, 52, 55, 59, 61, 69-72, 77, 80, 81, 120, 123-126, 137, 142, 149, 151, 162, 164, 165, 168, 170-173, 175, 176, 181, 188, 203, 231, 328, 241

TABLE DES MATIÈRES

Achevé d'imprimer par Corlet, Imprimeur, S.A. - 14110 Condé-sur-Noireau
N° d'Imprimeur : 168071 - Dépôt légal : octobre 2014 - *Imprimé en France*